Bossow

Mayday, Mayday …

Günter Bossow

Mayday, Mayday ...

Schiffshavarien der 80er und 90er Jahre

Einbandgestaltung: Andreas Pflaum

Bildnachweis:
Alexander L. Kielland-Bericht (S. 177, 178, 181, 182); *American Eagle*-Bericht (S. 114 ,117);
Betelgeuse-Bericht (S. 103, 105, 106, 107); *British Trent/Western Winner*-Bericht (S. 53, 54, 55, 56,
57, 58, 59); *Estonia*-Bericht (S. 53, 54, 55, 56, 57, 58, 59); *Estonia*-Bericht der deutschen
Expertengruppe (S. 10, 11, 15, 17, 129/1, 130); *Exxon Valdez*-Bericht (S. 82);
Ocean Ranger-Bericht (S. 138, 190, 191); *Queen Elizabeth 2*-Bericht (S. 134/1, 136/1);
Scandinavian Star-Bericht (S. 120, 122, 123, 125); *Seaforth Jarl*-Bericht (S. 146);
Seastar-Bericht (S. 127/2) *Silja Europa*-Bericht (S. 135/2); *Tuo Hai/Tenyo Maru*-Bericht (S. 49);
Vinca Gorthon-Bericht (S. 157, 158, 159, 160, 161); Fr. Fassmer & Co (S. 139/3, 140/2);
Germanischer Lloyd (S. 139/1, 215); IMO (S. 137/2); Kvaerner Ships Equipment (S. 144/2);
Mac Gregor GmbH (S. 144/1); Permalight (S. 141/2); STN Atlas Elektronik (S. 139/2); Viking
(S. 141/2); World Maritime University (S. 219, 220); The Institute of London Underwriters
(S. 203/2, 204); Sammlung Bossow (S. 12, 28, 29, 44, 85, 93, 94, 104, 109, 110, 136, 133, 132/1,
137/1, 142/2, 143/3, 151, 228);
Bossow: alle geographischen Strichzeichnungen

ISBN 3-613-50320-4

1. Auflage 1999

Lektor: Oliver Schwarz
Innengestaltung: PHG Lithos Planegg
Gesamtherstellung: Fotolito Longo, Bozen
Printed in Italy

Inhalt

Vorwort

Unfälle gehörten schon immer zum Leben der menschlichen Gesellschaft und werden es trotz aller Bemühungen um ihre Vermeidung auch weiterhin sein – ob auf Schiene oder Straße, zu Wasser oder in der Luft. So ereigneten sich in den zurückliegenden Jahrzehnten auch in der Seeschiffahrt immer wieder zahlreiche Havarien: Kollisionen, Strandungen, Untergänge und Brände, in vielen Fällen mit hohen Verlusten an Menschenleben oder erheblicher Umweltverschmutzung verbunden.

Ein Teil der hier geschilderten Seeunfälle – wie zum Beispiel der katastrophale Untergang des Fährschiffes *Estonia* im Jahre 1994 – war so spektakulär, daß die internationalen Medien ausführlich darüber berichteten. Aber manche Havarie, die hier dargestellt wird, ist einem breiteren Kreis nicht bekanntgeworden. Diese Unfälle waren auch nicht in jedem Fall außergewöhnlich schwer – sie sollen hier nur die Vielfalt der Havariearten und der beteiligten Schiffstypen abrunden.

Alle Schilderungen basieren auf den Originalberichten der Schiffahrtsbehörden, Administrationen oder Kommissionen, die den jeweiligen Seeunfall untersuchten. Es war nicht immer leicht, aus den umfangreichen Berichten von oft mehreren hundert Seiten eine relativ kurze Fassung zu formulieren, die den Schiffsunfall korrekt, komplex und interessant widerspiegelt.

Dabei wurde großer Wert auf Verständlichkeit für den Leserkreis gelegt, für den das Buch in erster Linie gedacht ist: den an der Schiffahrt interessierten Laien – den »Shiplover«, wie heute vielfach gesagt wird. Die Vielzahl der Berichte und die unterschiedlichen Arten der weltweiten Seeunfälle, wie hier geschildert, werden aber auch den mit der Seefahrt verbundenen Insider interessieren, denke ich.

Die Verteilung der behandelten Unfälle auf Schiffs-Flaggenstaaten und geographische Regionen entspricht nicht der Wirklichkeit, sondern ist auf das Material, das zur Verfügung stand, und die daraus getroffene Auswahl der Havariefälle zurückzuführen.

Betrachtet man die Ursachen der Seeunfälle, so zeigen sich in vielfältiger Weise menschliche Verhaltensweisen und technische Unzulänglichkeiten oder Fehler, aber nicht selten auch die bedauerliche Priorität der Kostenminimierung des Schiffsbetriebes vor der Sicherheit.

Oft ist man nach einem Schiffsunfall – wie auch bei anderen Unfällen – geneigt, dafür einen einzelnen »Sündenbock« ausfindig machen zu wollen. Bei näherer Untersuchung stellt sich dann aber vielfach heraus, daß eine ganze Kette von falschen Entscheidungen oder Handlungen, Unterlassungen und menschlichen Fehlverhaltens zum Unfall führte – eine Kette, deren Anfang in manchem Fall bereits an Land zu suchen ist.

Wie schwierig es unter Umständen sein kann, die Auswirkungen eines Seeunfalles zu minimieren, zeigten Brand und Strandung des *MS Pallas*, die sich im Spätherbst 1998 nach Fertigstellung des Manuskriptes dieses Buches ereigneten.

Die Holzladung des italienischen Frachters *Pallas* (7997 GT), der sich auf der Fahrt von Schweden nach Afrika in der Nordsee befand, geriet am 25. Oktober 1998 in Brand. Trotz des schweren Wetters mit hochgehendem Seegang konnte die Besatzung durch selbstlosen Hubschraubereinsatz fast vollzählig gerettet werden, was auch bei dieser Havarie das allerwichtigste war. Mehrere Schlepper bzw. zum Schleppen geeignete Schiffe – teils sehr moderne Fahrzeuge – versuchten dann drei Tage lang, den besatzungslosen Frachter abzuschleppen und vor einer Strandung zu bewahren. Bei Windstärke von Bft. 8–10 und 6–8 m hohen Wellen wurden immer wieder erfahrene Seeleute durch Hubschrauber auf die *Pallas* gebracht. Trotz stärkster Rollbewegungen des Schiffes (40°–50° nach jeder Seite) versuchten sie unter teils lebensgefährlichem Einsatz, Schlepptrossen fest zu machen. Viermal brach die jeweils mühevoll hergestellte Verbindung nach dem Anschleppen. Es gelang nicht, eine ausreichend kräftige Trossenverbindung herzustellen. So konnte letztlich die Strandung des immer noch brennenden Frachters vor der nordfriesischen Insel Amrun nicht verhindert werden. Austretendes Öl, in der Menge unvergleichbar geringer als bei manchen Tankerunfällen, richtete im sensiblen Wattenmeer großen Schaden an der Umwelt an. Es dauerte Wochen, bis das Feuer endgültig gelöscht und das Öl aus dem Wrack vollständig abgepumpt war.

An dem Seeunfall des Frachters *Pallas* wird deutlich, daß es trotz moderner Technik und aufopferungsvollem Einsatz von Seeleuten und Hubschrauberbesatzungen bei sehr widrigen Umständen, wie außergewöhnlich schlechtem Wetter, nicht immer möglich ist, negative Nachwirkungen von Schiffshavarien zu verhindern. Die eingehende Untersuchung des Unfalls, die zum Zeitpunkt der Drucklegung dieses Buches erst begann, muß zeigen, ob es Veranlassung gibt, durch bessere landseitige Organisation und Koordination die Notfallmaßnahmen in der Deutschen Bucht noch effektiver zu gestalten.

Die Internationale Seeschiffahrtsorganisation IMO (International Maritime Organization) und ihre 155 Mitgliedstaaten hatten für den jährlichen Weltschiffahrtstag im Jahre 1997 das Motto gewählt: »Optimale Sicherheit der Schiffahrt erfordert die Konzentration auf den Menschen«. Und so wird in der Tätigkeit der IMO in den nächsten Jahren in ganz besonderer Weise der »menschliche Faktor« mit dem Ziel der Reduzierung der Zahl der Seeunfälle im Mittelpunkt stehen.

In den letzten Kapiteln dieses Buches sind die jüngeren und gegenwärtigen internationalen Bemühungen zur Erhöhung der Schiffssicherheit dargestellt. Umfassender als hier konnte dies allerdings nicht geschildert werden, das Gebiet ist einfach zu groß und komplex. Selbst Fachleute übersehen im einzelnen jeweils nur noch Teilbereiche. Wenn dem Leser der Eindruck vermittelt werden kann, daß international ständig an der Weiterentwicklung der Sicherheit auf See gearbeitet wird, ist der Zweck meiner Ausführungen erreicht.

Für die Überlassung der Untersuchungsberichte hier geschilderter Seeunfälle möchte ich mich bei den im Quellenverzeichnis aufgeführten Schiffahrtsbehörden bedanken, auch bei der IMO für Unfallstatistiken und -auflistungen. Ein Dank gilt auch denjenigen Unternehmen und Institutionen, die Fotos oder Skizzen zur Verfügung stellten.

Für kritische Bemerkungen oder hilfreiche Hinweise bin ich stets aufgeschlossen.

Günter Bossow

Der Untergang der *Estonia* – die *Titanic*-Katastrophe der 90er Jahre?

Allen anderen Berichten über Schiffsunfälle vorwiegend in den beiden letzten Jahrzehnten dieses Jahrhunderts sei die Schilderung der Katastrophe des Kenterns und Untergangs der Ro/Ro-Fahrgastfähre *Estonia* im Jahre 1994 vorangestellt. Dieses schwere Desaster zeigt im Grunde eine erschütternde Übereinstimmung mit den Ursachen des Untergangs der *Titanic* vor mehr als 80 Jahren, nämlich die immer wieder auftretende Unterschätzung des Sicherheitsrisikos und die oft vorherrschenden kommerziellen Interessen zusammen mit menschlichen Schwächen.

Die Ro/Ro-Fahrgastfähre *Estonia* kenterte und sank am 28. September 1994 auf einer Fahrt von Tallin (Estland) nach Stockholm (Schweden) und riß 852 Menschen in den Tod. Von den 989 Fahrgästen und Besatzungsmitgliedern an Bord überlebten nur 137 diese schwerste Schiffskatastrophe in der Ostsee in Friedenszeiten. Die Nachricht über das furchtbare Unglück war zunächst kaum faßbar und löste eine solche internationale Reaktion aus, wie sie vielleicht derjenigen nach der *Titanic*-Katastrophe im Jahre 1912 ähnelte.

Schon am Tage nach diesem Desaster, am 29. September 1994, wurde durch Entscheidung der Ministerpräsidenten von Estland, Finnland und Schweden eine gemeinsame Untersuchungskommission dieser drei Länder gebildet. Diese Kommission bestand aus je drei Mitgliedern aus jedem Land unter dem Vorsitz eines der

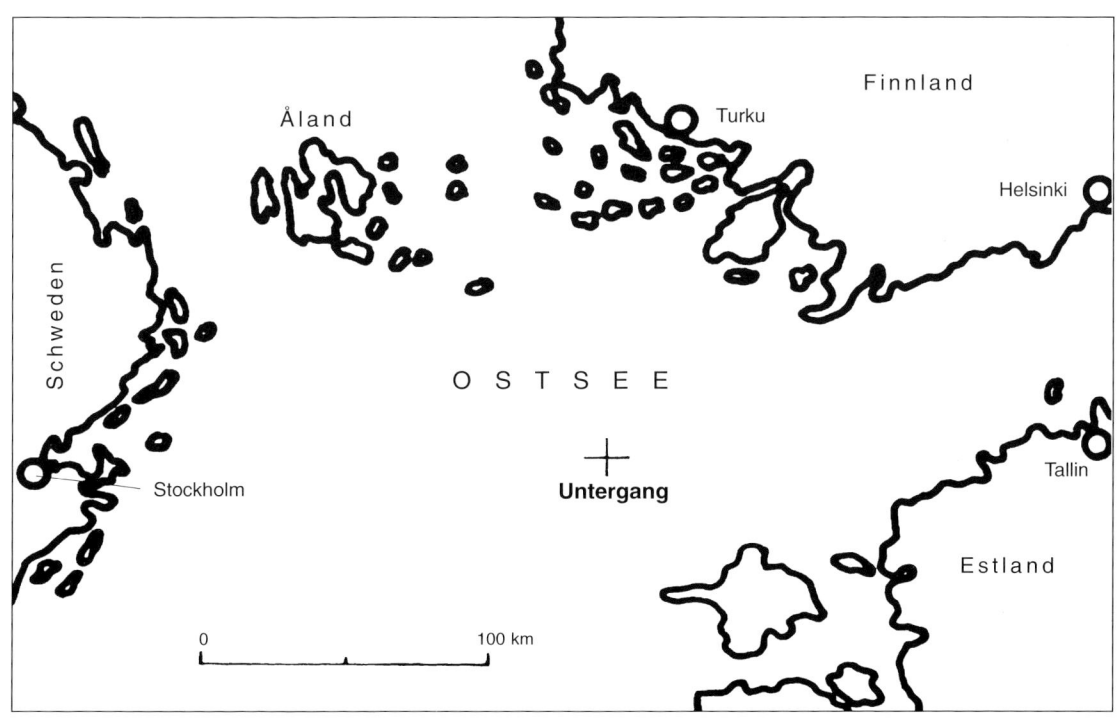

Die Position der *Estonia* zum Zeitpunkt des Unglücks.

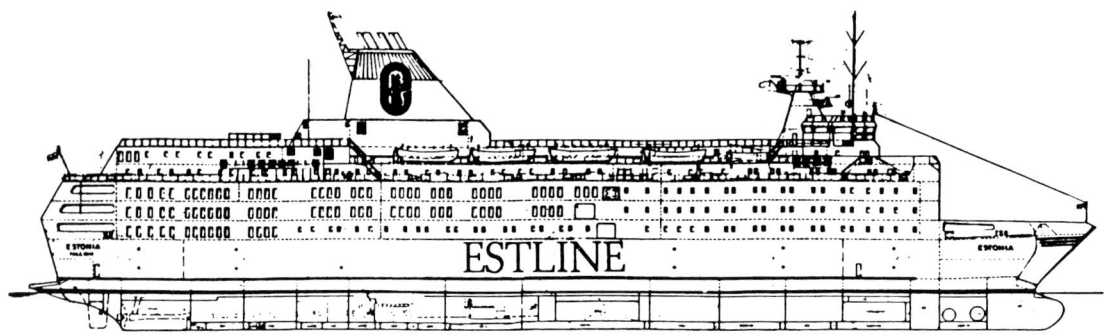

Seitenansicht der Ro/Ro-Fahrgastfähre *Estonia*.

Mitglieder aus Estland, dem Flaggenstaat der Fähre *Estonia*. Von jedem Land wurden zur Unterstützung der Kommission zusätzlich Experten benannt.

Die Havarie

Die Fahrgastfähre *Estonia* war 1980 für den Verkehr zwischen Finnland und Stockholm in Dienst gestellt worden und führte diesen Fährbetrieb unter verschiedenen Reedereien durch. Im Januar 1993 wurde sie von einer estnischen Reederei für den Fährverkehr zwischen Estland und Schweden übernommen.

Zum Zeitpunkt ihrer Fertigstellung, damals unter dem Namen *Viking Sally*, war sie die zweitgrößte in der Ostsee operierende Fähre. Sie wurde kurz nach der Ro/Ro-Fähre *Diana II*, der sie nahezu glich, in Betrieb genommen.

Die *Estonia*, so ihr Name unter der estnischen Reederei, hatte eine Länge von 155,5 m, eine Vermessung von 15.598 Bruttoregistertonnen (GT) und war für maximal 2000 Fahrgäste vorgesehen. Vier Dieselmotoren mit einer Leistung von je 4400 kW wirkten über Getriebe auf zwei Wellen mit Verstellpropellern und verliehen dem Schiff eine maximale Dienstgeschwindigkeit von 21 Knoten (kn). Zwei Bugstrahlruder bewirkten hohe Manövrierfähigkeit. Im Januar 1994 installierte Flossenstabilisatoren sollten die Schlingerbewegungen im Seegang dämpfen. Auf zehn Decks waren alle für den Fährdienst erforderlichen Räume und Einrichtungen vorhanden. Die Decks 2 und 3 bildeten das über die gesamte Schiffslänge durchgehende Fahrzeugdeck, das vorn durch ein Bugvisier mit einer dahinterliegenden Rampe und hinten durch zwei Rampen abgeschlossen wurde. Die Decks 2 und 3 zusammen hatten die lichte Höhe des Fahrzeugdecks, in das als Deck 2 ein Hängedeck für PKWs herabgelassen werden konnte. Die Fahrgastkabinen befanden sich auf den Decks 1 (unterhalb des Fahrzeugdecks), 4, 5 und 6. Auf den Decks 4, 5 und 6 waren auch Foyer, Lounge, Shops, Restaurants, Cafés und Bars angeordnet. Auf dem Bootsdeck, Deck 7, lagen die Unterkünfte der Besatzung, Deck 8 war dem Kapitän und den Offizieren vorbehalten. Die Brücke auf Deck 9 war mit den modernsten Navigations- und sonstigen Schiffsführungseinrichtungen ausgerüstet. Die Decks waren durch eine Anzahl Treppen sowie fünf Lifts miteinander verbunden.

Die Rettungseinrichtungen entsprachen dem »Internationalen Schiffssicherheitsvertrag SOLAS 1970«. Auf jeder Schiffsseite waren fünf motorgetriebene offene Rettungsboote angeordnet; die insgesamt zehn Boote hatten ein Fassungsvermögen von 692 Personen. Auf den Decks 7 und 8 befanden sich 63 aufblasbare Rettungsinseln für 1575 Personen, zusätzlich zehn starre Flöße für insgesamt 120 Mann auf dem obersten Deck. 2498 Rettungswesten, davon 200 für Kinder, waren in Behältern auf Deck 7 gelagert. Das Feuer- und Rauchmeldesystem war mit 1212

Estonia mit geöffnetem Bugvisier und geschlossener Rampe.

Sensoren ausgestattet. Über das Schiff waren 197 Alarmglocken und elf Alarmsirenen verteilt. Die Lautsprecheranlage konnte sowohl von der Brücke als auch von der Rezeption aus bedient werden.

Die Fluchtwege zum Bootsdeck waren in den Korridoren, auf den Treppen und in den Aufenthaltsräumen durch Pfeile markiert. In jeder Kabine befand sich eine Alarminstruktion in schwedischer und englischer Sprache.

Die folgende Darstellung des Ablaufs der Reise am 27./28. September 1994 und der Unfallkatastrophe basiert auf dem Bericht der Untersuchungskommission, dem unter anderem 258 Zeugenaussagen von 134 Überlebenden zugrunde lagen.

Am 27. September 1994 war für 19.00 Uhr der Beginn einer fahrplanmäßigen Überfahrt der *Estonia* von Tallin nach Stockholm vorgesehen.

Die Beladung mit Fahrzeugen durch die Bugöffnung begann um 16.20 Uhr und wurde kurz vor der Abfahrt abgeschlossen. Sie wurde vom 2. Offizier A (an Bord befanden sich zwei 2. Offiziere) beaufsichtigt, der die großen Trailer dicht bei dicht im hinteren und im mittleren Teil des Wagendecks und die kleineren LKWs sowie die PKWs im vorderen Teil aufstellen ließ. Die Decksmannschaft war beauftragt worden, wegen des zu erwartenden Wetters die Fahrzeuge besonders sorgfältig zu sichern, was in der Regel durch vier Laschings pro Wagen geschah.

Die Wettervorhersage für die zu laufende Route enthielt für die Mitternachtsstunden eine Wellenhöhe von 2,5–3,5 m, was nicht als zu schweres Wetter angesehen wurde.

Mit geringer Verspätung verließ die *Estonia* Tallin um 19.15 Uhr. Die Fahrt verlief zunächst mit etwa 19 kn relativ dicht an der Küste entlang.

Ab 22.00 Uhr wurde das Wetter zunehmend rauher. Die Windgeschwindigkeit nahm von 11–15 m/s auf 14–18 m/s zu und die Wellenhöhe von 2,0–3,0 m auf 3,0–4,0 m. Die Schiffsgeschwindigkeit nahm ab. Um 00.25 Uhr wurde eine geringe Kursänderung nach WNW entsprechend der normalen Routenführung vorgenommen. Nun hatte der SW-Wind eine Geschwindigkeit von 16–20 m/s mit Spitzenwerten von 23 m/s angenommen. Die Wellenhöhen waren auf 3,5–4,5 m mit einzelnen Wellen von bis zu 7,0 m angestiegen. Obgleich inzwischen die Stabilisierungsflossen ausgefahren waren, wurden die Schlinger- und Stampfbewegungen immer heftiger. Die Wellen schlugen von Backbord voraus mit großer Wucht gegen das Vorschiff.

Auf der Brücke hatten der 2. Offizier B und der 3. Offizier Wache sowie ein Matrose. Letzterer hatte die Aufgabe, stündlich eine Kontrollrunde durch das Schiff zu gehen und dazwischen als zusätzlicher Ausguck tätig zu sein. Der Kontrollgang begann jeweils zur halben Stunde und dauerte meist etwa 25 Minuten.

Als dieser Matrose sich kurz vor 01.00 Uhr des 28. September auf dem Fahrzeugdeck in der Nähe der vorderen Rampe befand, erfuhr das Vorschiff eine heftige Aufwärtsbeschleunigung, die ihn fast zu Fall gebracht hätte. Gleichzeitig nahm er einen scharfen metallischen Schlag im Bereich des Schiffsbugs wahr. Er meldete dies etwa fünf Minuten vor 01.00 Uhr der Brücke. Der Matrose blieb noch fünf Minuten in der Nähe der Rampe, hörte aber keine weiteren ungewöhnlichen Geräusche. Nachdem er seine Runde über die Decks 1 und 0 fortgesetzt hatte, begab er sich wieder auf die Brücke.

Um 01.00 Uhr wechselten die Wachoffiziere auf der Brücke. Nun übernahmen der 2. Offizier A

Das nahezu leere Fahrzeugdeck einer Ro/Ro-Fähre zeigt die große Ausdehnung solcher über die ganze Schiffslänge durchlaufender Decks.

und der 4. Offizier die Wache. Es wird als sicher angenommen, daß die ihren Dienst beginnenden Offiziere über das Geräusch auf dem Fahrzeugdeck informiert wurden.

Als der Matrose nach seinem Rundgang kurz nach 01.00 Uhr auf die Brücke zurückkehrte, war unmittelbar vor ihm der Kapitän auf der Brücke eingetroffen. Dieser machte einige allgemeine Bemerkungen über die Geschwindigkeit, die nun etwa 14 kn betrug, und ihre wahrscheinlich verspätete Ankunft in Stockholm. Nichts deutete darauf hin, daß das Erscheinen des Kapitäns auf der Brücke durch Sorge über die herrschende Situation veranlaßt worden sei.

Der 2. Offizier A erhielt einen Telefonanruf, wahrscheinlich von einem Besatzungsmitglied, daß laute Geräusche vom vorderen Teil des Fahrzeugdecks gehört worden seien. Er beauftragte nun den Matrosen der Brücke (nachfolgend als »Brückenmatrose« bezeichnet), kurz nachdem dieser eingetroffen war, den Bootsmann zu rufen und mit diesem zusammen den Bugbereich und die allgemeine Situation zu prüfen. Der Bootsmann war für den Betrieb von Visier und Rampe verantwortlich, und die Tatsache, daß er während seiner Freiwache gerufen wurde, zeigt, daß die Situation von den Wachoffizieren als ernst eingeschätzt wurde.

Die Wachoffiziere hatten zu diesem Zeitpunkt zwei Mitteilungen über Geräusche im Vorschiff erhalten. Die Untersuchungskommission wertete später diese Informationen als so alarmierend, daß die Offiziere zumindest die Geschwindigkeit des Schiffes hätten reduzieren müssen.

Der Brückenmatrose sagte später aus, daß der Kapitän noch auf der Brücke war, als er sich zusammen mit dem Bootsmann auf das Fahrzeugdeck begeben sollte. Es wird daher angenommen, daß der Kapitän über die Situation informiert war und die ergriffenen – beziehungsweise unterlassenen – Maßnahmen billigte. Man geht ferner davon aus, daß er auch im weiteren Verlauf der Ereignisse auf der Brücke verblieben war.

Der Brückenmatrose war der einzige Überlebende der Brückenwache. In seinen späteren Aussa-gen berichtete er über seine weiteren Handlungen und den Verlauf der Ereignisse, wie sie von ihm wahrgenommen worden waren.

Noch um 01.00 Uhr hätte er von der Brücke aus die Spitze des Bug-Fahnenmastes gesehen, ein Zeichen dafür, daß zu diesem Zeitpunkt das Bugvisier noch vorhanden war. Entsprechend der Anweisung hätte er sich auf den Weg zum Fahrzeugdeck begeben. Da der Bootsmann nicht erreicht werden konnte, sei er allein gegangen. Das Schiff hätte inzwischen eine leichte Schlagseite angenommen, und ihm seien bereits Fahrgäste entgegengekommen, die um Hilfe baten. Er mußte sich zur Rezeption auf Deck 5 begeben und dort veranlassen, daß die Türen des Fahrzeugdecks aufgeschlossen wurden. An der Rezeption hätte er einige Minuten warten müssen, da das diensthabende Personal mit einem Fahrgast beschäftigt war. Während dieser Zeit hätte das Schiff so stark nach Steuerbord übergeholt, daß Gegenstände von Tischen und Schränken herunterfielen. Als er dann seinen Weg zum Deck 4 fortsetzte, sei die Treppe voller Menschen und die Situation bereits sehr ernst gewesen. Die Schlagseite habe inzwischen 25°–30° betragen. Er sei zum Deck 7 gelaufen und auf dem Deck gestürzt. Auf dem Boden liegend hätte er über das Sprechfunkgerät die Brücke darüber informiert, daß Fahrgäste in Panik geraten seien und riefen, daß Wasser auf Deck 1 ströme. Diese Mitteilung hätte die Brücke überrascht. Er hätte dann begonnen, Rettungswesten an die Fahrgäste auf Deck 7 zu verteilen.

Im Maschinenkontrollraum hatte der 3. Ingenieur um 00.00 Uhr seinen Wachdienst begonnen. Ebenfalls zu den Überlebenden gehörend, sagte er vor der Untersuchungskommission ausführlich aus. Im Maschinenkontrollraum war ein Monitor angeordnet, der mit Videokameras auf dem Fahrzeugdeck und im Maschinenraum verbunden war. Auf diesem Monitor hätte er zunächst den Brückenmatrosen an der Rampe auf dem Fahrzeugdeck gesehen. Gegen 01.10–01.15 Uhr hätte er so heftige Wellenschläge gespürt, wie er sie vorher noch nicht erlebt habe. Er hätte sofort auf den Monitor gesehen und beobachtet, daß Wasser von den Seiten der Rampe auf das Deck strömte. Das Schiff sei zunächst 2°–3° nach Steuerbord gekrängt und hätte weiterhin geschlingert. Innerhalb weniger Minuten sei die Schlagseite bei nachlassendem Schlingern auf 10°–15° angestiegen. Zu diesem Zeitpunkt seien noch alle vier Hauptmaschinen und zwei Hilfsmaschinen in Betrieb gewesen. Um 01.21 Uhr hörte er den über die Lautsprecher gegebenen Alarm: »Mr. Skylight to number one and two«. Dies war ein codierter Alarm, der ohne Beunruhigung der Fahrgäste bestimmte Sicherheitstrupps an festgelegte Sammelstellen beorderte. Bereits etwa eine Minute später seien die Alarmglocken ertönt und über die Lautsprecheranlage Bootsalarm gegeben worden.

Nach kurzer Zeit habe das Fährschiff eine Krängung von 20°–25° erreicht. Bald seien die Backbord-Maschinen wegen aussetzender Ölschmierung automatisch zum Stillstand gekommen, wahrscheinlich bei etwa 30°–35° Schlagseite. Die Schiffsgeschwindigkeit hätte jetzt nur noch 5–6 kn betragen. Wenige Minuten später hätten sich nacheinander auch die beiden Steuerbord-Maschinen ausgeschaltet. Als gegen 01.30 Uhr die Krängung 40°–45° betragen habe, wären auch die Hilfsmaschinen zum Stehen gekommen, und das auf Deck 8 angeordnete Notstromaggregat wäre automatisch gestartet.

Der 3. Ingenieur sei nun der Auffassung gewesen, im Maschinenkontrollraum nichts mehr tun zu können. Er hätte der Brücke mitgeteilt, daß er sich auf Deck 8 begeben würde, um die Funktion des Notdiesels zu kontrollieren. Als er den Maschinenkontrollraum verließ, waren bereits die wasserdichten Schottüren des Schiffes geschlossen. Im Maschinenkontrollraum sei noch kein Wasser gewesen. Nun hätte der Krängungswinkel bereits etwa 70°–75° betragen. Für den Aufstieg zum Deck 8 hätte er die Treppenaufgänge des Maschinenpersonals benutzt. Unterwegs habe er Geräusche gehört, die auf Verrutschen der Ladung hingedeutet hätten. Als er auf Deck 8 den noch laufenden Notdiesel prüfte,

habe das Schiff bereits auf der Seite gelegen, also mit etwa 90° Krängung. Unmittelbar darauf hätte der Notdiesel schlagartig gestoppt. Nun habe er keine weiteren Pflichten mehr gehabt und sich entlang des Schiffskörpers (wahrscheinlich auf der Schiffsseite) nach achtern begeben.

Aus den Aussagen der Fahrgäste ergab sich über deren Verhalten während der inzwischen verstrichenen Zeit das nachfolgend geschilderte Bild.

Viele Passagiere konnten wegen der heftigen Schiffsbewegungen nicht schlafen, ein Teil von ihnen war seekrank. Im untersten Fahrgastdeck vorn (Deck 1) nahm man die harten Schläge der Wellen gegen das Vorschiff besonders deutlich wahr. Dann erfolgten außergewöhnlich harte Stöße, wobei einige Fahrgäste aus ihren Betten fielen. Ungewöhnliche Geräusche veranlaßten einige Fahrgäste bereits frühzeitig, aufzustehen, sich anzukleiden und auf ein oberes Deck zu gehen. Nun wurden extreme Geräusche wahrgenommen, die später unterschiedlich beschrieben wurden. Wie lautes Quietschen und Kreischen, als wenn etwas Großes und Schweres gleiten würde, hörten es einige. Als harte Schläge, die Fahrgäste gegen die Wände warfen, interpretierten es andere. »Es sei wie eine Kollision gewesen«, lautete eine weitere Aussage. Ein lauter und deutlicher metallischer Schlag wurde vernommen, der sich nach ein oder zwei Minuten wiederholte. Unmittelbar danach hätte die Krängung begonnen. Gegen 01.15–01.20 Uhr verließen die meisten Fahrgäste dieses Decks ihre Kabinen. Im Mittelgang und in den vorderen Kabinen wurde Wasser auf dem Boden beobachtet. Panik erfaßte einige Fahrgäste, die rufend und schreiend hin- und herliefen, zum Teil nur halb bekleidet waren und sich zu den Treppen begaben, wobei sie im Gang aneinander stießen.

Auch auf anderen Decks wurden die ungewöhnlichen Geräusche vom Vorschiff wahrgenommen, wenn auch mit unterschiedlicher Intensität. Sie wurden als harte metallische Schläge gehört, die sich drei- bis viermal wiederholten, nachdem jeweils starke Wellenschläge gegen das Vorschiff erfolgt waren. Zeugen sprachen von Schlägen

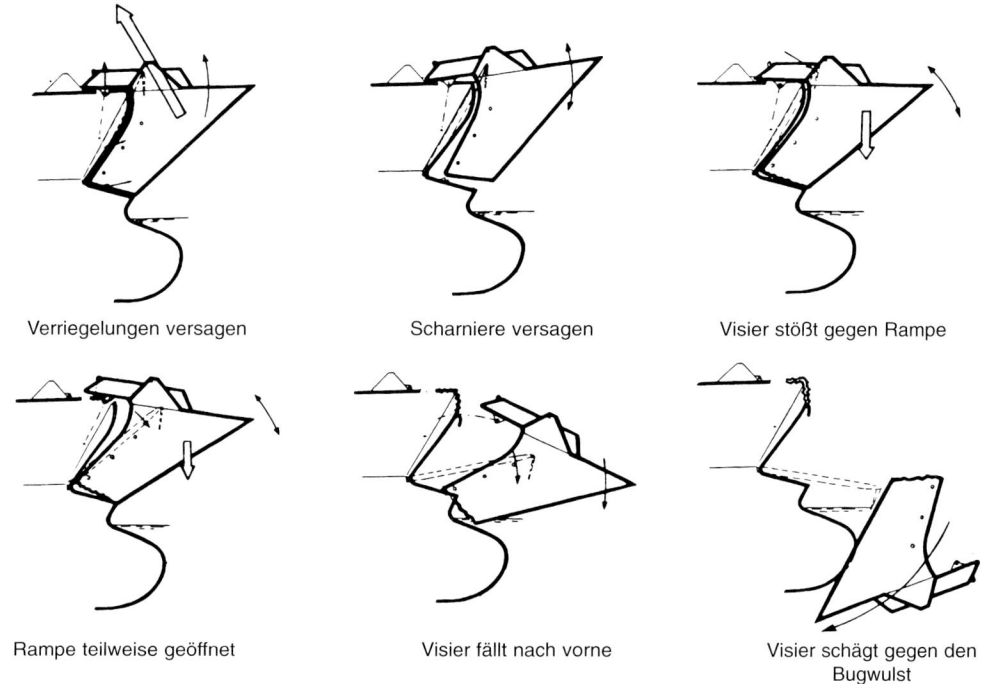

Verriegelungen versagen

Scharniere versagen

Visier stößt gegen Rampe

Rampe teilweise geöffnet

Visier fällt nach vorne

Visier schägt gegen den Bugwulst

Wahrscheinlicher Verlauf des Abfallens des Visiers der *Estonia*.

»wie mit einem schweren Hammer«, und die darauf folgenden Vibrationen seien durch das ganze Schiff gelaufen. Ein Zeuge sprach später von einem »gewaltigen Geräusch, das sich wie ein Schuß anhörte« und im ganzen Schiff widerhallte. Im Pub gab es Bemerkungen wie: »Nun sind wir mit einem Eisberg kollidiert«. Vom 1. Ingenieur wurde später berichtet, daß er gesagt habe: »Es scheint so, als wenn das Bugvisier aufgestoßen worden sei; es würde gut sein, wenn wir das Schiff auf Strand setzen könnten« – der 1. Ingenieur konnte von seiner Kabine aus das Vorschiff übersehen.

Unmittelbar nach den mehrfachen Schlägen holte die *Estonia* nach Steuerbord über. Ruckweise sei das geschehen, wurde von einer Anzahl Überlebender berichtet. Gegen 01.20 Uhr hätte die Schlagseite etwa 30°–35° betragen, was bedeutete, daß diese Schräglage innerhalb von etwa fünf Minuten eingetreten sein muß.

Jetzt begann auf der Fähre ein Kampf ums Überleben, sowohl für die Fahrgäste als auch für die Besatzung. Die Menschen hasteten durch die Korridore und Gänge zu den inneren vorderen und hinteren Treppen, viele nur halb bekleidet, in Unterwäsche, Schlafbekleidung, einige nackt. Viele liefen zunächst hin und her und blockierten sich in den engen Gängen gegenseitig. Männer und Frauen waren in Panik geraten, laute Rufe und Schreie ertönten. Manche fielen hin, blieben liegen oder bewegten sich kriechend weiter, andere mußten über sie hinwegsteigen. Die Kabinentüren in den Gängen waren meist offen. Mit zunehmender Krängung waren die Türöffnungen schwer zu überwinden, Flüchtende fielen hinein und schlugen gegen Möbel oder Kabinenwandung.

Immer mehr Passagiere drängten sich in den Foyers der Decks 4 und 5, von denen die Haupttreppen weiter nach oben führten. Panik und Chaos herrschten, Frauen schrien hysterisch auf. Der Fußbodenbelag in der Eingangshalle löste sich, rutschte weg und riß die darauf stehenden Personen mit, die mit Wucht gegen die Wände

15

prallten. Manche blieben verletzt und blutend liegen. In Nachtklub, Restaurant und Casino hatten sich um Mitternacht noch Fahrgäste aufgehalten, die ebenfalls von der rasch einsetzenden Schlagseite überrascht wurden. Einrichtungen und Spielautomaten kippten um und verletzten Gäste, die nur unter großen Anstrengungen diese Räume verlassen konnten.

Gegen 01.20 Uhr wurde von vielen eine über die Lautsprecheranlage vernehmbare ängstlich klingende Frauenstimme gehört, die in estnischer Sprache rief: »Alarm, Alarm, auf dem Schiff ist Alarm«. Es wurde später angenommen, daß dieser nichtoffizielle Alarmruf von der Rezeption kam.

Kurz danach kam von der Brücke der bereits erwähnte »Mr. Skylight«-Alarm. Es war nun etwa 01.20 Uhr, die Schlagseite des Schiffes hatte ungefähr 30° erreicht. Die Beleuchtung war noch voll in Funktion.

Auf den Treppen zum Bootsdeck entwickelte sich eine völlig chaotische Situation, furchtbare Szenen müssen sich abgespielt haben. Mit zunehmender Schiffsschlagseite konnte man sich nur noch an den Handläufen der Treppengeländer hochziehen, wozu alle Kraft aufgeboten werden mußte. Zunächst wurden auch noch Menschenketten gebildet, durch die manchem geholfen wurde. Besatzungsmitglieder waren hierbei besonders aktiv. Als die Schlagseite zu stark wurde, unterblieb die gegenseitige Hilfe weitgehend. Jeder versuchte nun für sich allein, auf das Bootsdeck zu gelangen. Entkräftete Fahrgäste hingen an den Handläufen, kamen nicht weiter und fielen schließlich hinunter. In einigen Fällen rissen überlastete Handläufe ab, und die Menschen stürzten übereinander ab.

Ältere und schwache Personen blieben völlig erschöpft auf den Treppenabsätzen sitzen oder liegen und blockierten den Weg für Aufwärtsdrängende. Auch vom Schock gelähmte und apathische Passagiere saßen verwirrt und wie versteinert da. Familien und Paare wurden auseinandergerissen und fanden nicht wieder zueinander. Kraftlose Menschen baten jüngere Angehörige, allein weiterzuklettern.

Etwa gegen 01.25 Uhr betrug die Schlagseite ungefähr 40°. Es gelang jetzt nur noch wenigen besonders vitalen Personen, sich unter Aufbietung der letzten Kräfte an den Treppengeländern hochzuziehen. Zeugen berichteten später, daß es nur während der ersten zehn Minuten nach Beginn der Krängung möglich war, das Deck 7 zu erreichen, danach bestand keine Chance mehr. Dies stimmt überein mit der vorerwähnten Schlagseite von 40° gegen 01.25 Uhr.

Die ersten Fahrgäste, die sich frühzeitig auf den Weg gemacht hatten, erreichten das Bootsdeck, Deck 7, noch ohne Gedränge auf den Treppen. Aber schon bald kamen mehr und mehr Passagiere auf dieses Deck. Sobald sie das Bootsdeck betreten hatten, wurden die meisten Menschen wieder ruhiger und hilfsbereiter und unterstützten die auf den Treppen heraufstrebenden Passagiere. Bei diesen Hilfeleistungen zeichneten sich insbesondere Besatzungsmitglieder, Matrosen und Offiziere aus. Auf dem Deck verteilten Offiziere und auch Fahrgäste Rettungswesten und halfen beim Anlegen.

Es wurde von Überlebenden geschätzt, daß nur etwa 250 Passagiere und Besatzungsmitglieder das Bootsdeck erreichten. Soweit sie Rettungswesten angelegt hatten, trugen sie diese über ihrer teilweise sehr dürftigen Bekleidung.

Welche Informationen die Wachoffiziere während des schnellen Verlaufes der Ereignisse insgesamt erhielten, ist nicht bekannt. Die Untersuchungskommission ist jedoch sicher, daß sie zumindest die lauten Geräusche gehört haben müssen, als das abgerissene Bugvisier gegen den Bugwulst stieß. Bekannt ist aus Zeugenaussagen, daß nach diesen kaum zu überhörenden Schlaggeräuschen die Geschwindigkeit reduziert und eine Drehung der *Estonia* nach Backbord eingeleitet wurde. Wenige Minuten später wurden die wasserdichten Türen in den Schotten geschlossen.

3–5 Minuten nach Beginn der Krängung wurden die Wachoffiziere durch den Brückenmatrosen, als dieser das Bootsdeck erreicht hatte, über Sprechfunk darüber informiert, daß die Fahrgäste in großer Zahl von den unteren Decks flohen und berichteten, daß Wasser auf Deck 1 sei.

Etwa zur gleichen Zeit wurde der 3. Ingenieur im Maschinenkontrollraum von der Brücke angewiesen, die Krängung des Schiffes durch Ballastwasser zu kompensieren. Der 3. Ingenieur versuchte daraufhin, Ballastwasser in den Backbord-Krängungstank zu pumpen, aber die Pumpe saugte nur Luft an. Offenbar hatten die Wachoffiziere die wahre Lage nicht erkannt und dachten zu diesem Zeitpunkt noch, daß der schwierige Zustand korrigiert werden könnte.

Nachdem der »Mr. Skylight«-Alarm gegeben worden war, wurde erst gegen 01.22 Uhr der Bootsalarm ausgelöst. Das Schiff hatte nun bereits eine Schlagseite von etwa 35°.

Spätere Untersuchungen, auf die noch eingegangen wird, zeigten, daß eine schnelle Verringerung der Schiffsgeschwindigkeit und eine Änderung des Kurses das Einströmen des Wassers auf das Fahrzeugdeck erheblich reduziert hätten. Der sicherste Zustand des verletzten Schiffes wäre bei Geschwindigkeit Null und einer Lage quer zu den Wellen gewesen. Das Drehen des Schiffes mit dem offenen Bug nach Backbord gegen die hohen Wellen hatte sehr negative Auswirkungen. Der erste »Mayday«-Notruf wurde gegen 01.22 Uhr ausgestrahlt – etwa zur gleichen Zeit, als der Bootsalarm ausgelöst wurde. Es war ein sehr kurzer Notruf, der außer dem Schiffsnamen keine weiteren Informationen enthielt. Die spätere Analysierung des Funkverkehrs ergab, daß dieser erste Notruf vom 2. Offizier A gesprochen worden war. Die Stimme des weiteren Funkverkehrs wurde als diejenige des 3. Offiziers identifiziert, eine Stimme im Hintergrund wurde als die des 1. Offiziers erkannt. Diese beiden Offiziere gehörten nicht zur eingeteilten Brückenwache, sondern hatten sich offenbar wegen des Alarms auf die Brücke begeben. Dort müssen sich nun vier

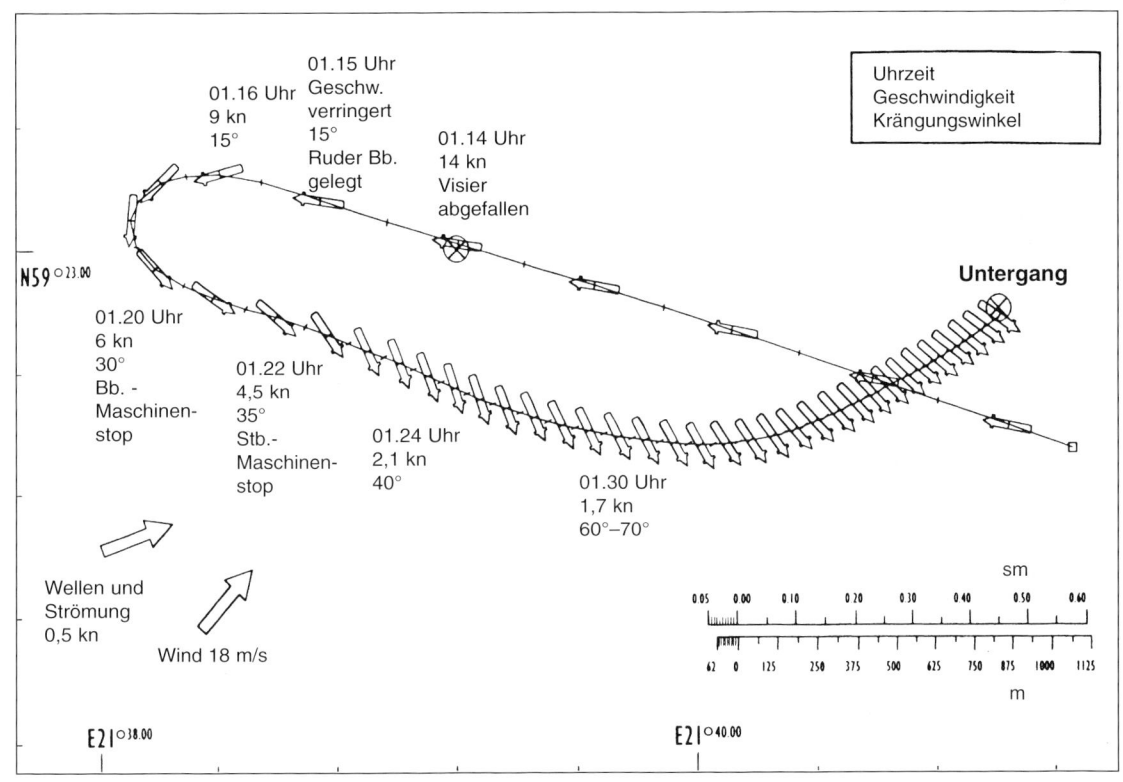

Von einem Navigations-Simulator entworfener Verlauf der Ereignisse bis zum Untergang der *Estonia*.

Offiziere und der Kapitän befunden haben. Der Funkverkehr der *Estonia* vom ersten bis zum letzten abgesetzten Funkspruch dauerte nur acht Minuten. Darin weist nichts darauf hin, daß die Offiziere die Ursache der Schlagseite erkannt hatten und daß ein Wassereinbruch erfolgt war. Dem in finnischer Sprache abgesetzten Funkspruch: »Ja, wir haben hier jetzt ein Problem, eine starke Krängung nach Steuerbord. Ich glaube, daß sie 20°, 30° ist«, folgte später: »Wir haben einen Blackout«. Am Ende des Sprechfunkverkehrs wurde gesagt: »Wirklich schlecht, es sieht hier jetzt wirklich schlecht aus«. Es dauerte etwa sieben Minuten, bevor die *Estonia* ihre Position bekanntgab.

Es wurde gesehen, daß im letzten Stadium der Havarie der 2. Offizier A und der 3. Offizier die Brücke verließen, so daß angenommen wird, daß der Kapitän, der 1. Offizier und der 4. Offizier bis zum Ende des Unfalls auf der Brücke verblieben. Diese Annahme wird durch die spätere Taucheruntersuchung gestützt, bei der drei Tote auf der Brücke gesehen wurden.

Die beiden Offiziere, die die Brücke verlassen hatten, wurden später beim Verteilen von Rettungswesten und bei Versuchen, Rettungsboote und Flöße zu Wasser zu lassen, beobachtet.

Auf dem Bootsdeck, und später auch auf Deck 8, herrschte Aktivität unter den Passagieren und der Besatzung, abgesehen von einigen wenigen, die auch hier tatenlos herumsaßen. Es wurde wegen der Schlagseite vergeblich versucht, Rettungsboote zu lösen und zu Wasser zu lassen. Dann konzentrierten sich zahlreiche Fahrgäste und Besatzungsmitglieder auf die Rettungsflöße. Während es vielen Fahrgästen nicht gelang, die Behälter der Flöße zu öffnen, wurden zahlreiche Rettungsflöße von Offizieren und anderen Seeleuten aktiviert. Ein Teil dieser Flöße wurde jedoch nach dem Aufblasen durch den Wind vom Deck ins Wasser geweht. Andere Besatzungsmitglieder sicherten die aufgeblasenen Flöße durch Fangleinen an der Reling.

Als die *Estonia* auf der Seite lag, zunächst mit etwa 80°, später mit mehr als 90°, hielten sich viele Passagiere an der Reling fest. Manche gingen oder krochen nun auf die Schiffsseite. Andere Männer und Frauen hatten nicht mehr die Kraft, sich über die Reling auf die Schiffsseite zu schwingen. Sie sprangen ins Wasser oder wurden von den Wellen fortgespült.

Manche Rettungsflöße fielen ins Wasser, teils aufrecht, teils umgekehrt mit nach oben weisendem Boden. Ein Teil der Flöße wurde von den Fahrgästen ins Wasser gezerrt oder geschoben. In einigen Fällen gelang eine mehr oder weniger geordnete Besetzung. In anderen schlugen bereits bestiegene Flöße um, oder die Menschen sprangen gleichzeitig auf das Floßdach, ein Durcheinander verursachend.

Zeugen sagten später aus, daß zunächst noch die Notbeleuchtung an Bord der Fähre in Betrieb gewesen sei. Als auch diese erlosch, hätten der Mondschein und die weiße Farbe des Schiffskörpers das Erkennen der Umgebung und die Orientierung ermöglicht.

Als die Schlagseite des Schiffes etwa 130° betrug, brachen Rettungsboote los, wurden vielfach von den Wellen gegen das Schiff geworfen und beschädigt. Mehrere beschädigte Boote schwammen kieloben auf. Rund um die *Estonia* trieben zahlreiche aufgeblasene Flöße, teils aufrecht, teils kieloben. Die See war übersät von leeren Rettungswesten.

Etwa um 01.30 Uhr war das Heck des Schiffes unter Wasser. Die letzte Phase im Leben der *Estonia* war gekommen. Im Wasser sah man zahlreiche Menschen in Rettungswesten treibend, einige bereits tot, mit dem Gesicht im Wasser hängend.

Nur wenige Augenzeugen berichteten über das Sinken der Fähre. Sie ging mit dem Heck voran unter, das Vorschiff habe für einige Minuten unter etwa 45° aus dem Wasser geragt, bis das Schiff in einem Meer von Blasen völlig versank. Im Augenblick des Untergangs seien viele Schreie ertönt, danach sei eine plötzliche Stille eingetreten.

Zahlreiche Rettungsflöße trieben auf der hochgehenden See. Viele waren nicht besetzt, sie hatten sich während des Sinkens der *Estonia* automatisch vom Schiff gelöst und aufgeblasen.

Die im Wasser schwimmenden oder treibenden Menschen versuchten, die Rettungsflöße zu erreichen. Manchem gelang es, mit eigener Kraft ein Floß zu besteigen, andere hielten sich lange an den Leinen der Flöße fest, bis ihnen von innen geholfen wurde oder sie völlig entkräftet losließen und abtrieben.

Auch gekenterte Flöße wurden bestiegen, Menschen sammelten sich auf dem nach oben ragenden glatten Boden. Mehrfach wurden sie von den Wellen heruntergespült, oder das Floß wurde vom Wind umgeworfen und die darauf Sitzenden in die See gespült. Den Kräftigsten gelang es immer wieder, das Floß erneut zu erreichen.

In fast allen besetzten Flößen stand Wasser mehr oder weniger hoch. Das Ausschöpfen half wenig, da die Floßeingänge von den entkräfteten Menschen meist nicht geschlossen werden konnten und immer wieder Wasser eindrang. Man versuchte durch enges Zusammenrücken, sich gegenseitig zu wärmen. Viele waren seekrank in den Flößen – mit allen entsprechenden Folgen.

Die Männer und Frauen in den Flößen halfen sich gegenseitig, so gut es ging und soweit es die Kräfte zuließen. Manche waren sehr aktiv, schossen die im Floßinnern verstauten Signalraketen ab oder hielten die Köpfe von Schwachen oder Verletzten im Innern über Wasser. Andere saßen oder lagen apathisch auf den Floßböden. Von außen hörte man zahlreiche Hilferufe, aber wegen der hochgehenden Wellen konnten die Hilfesuchenden meist nicht gesichtet werden.

Zahlreiche Rettungsflöße blieben leer. Die genau ausgewerteten Aussagen der Überlebenden ergaben, daß 22 Flöße besetzt worden waren, in einigen fanden sehr wenige Menschen Rettung, andere waren mit bis zu 15 Personen besetzt.

Einige Passagiere und Seeleute konnten sich mit Hilfe von aufgeschwommenen Rettungsbooten über Wasser halten. In zwei Fällen saßen sie stundenlang außen auf den gekenterten und kieloben schwimmenden Booten und waren damit voll sowohl dem Wasser als auch dem stürmischen Wind ausgesetzt. Die Temperatur der Luft betrug in der Unglücksnacht 8°–12° C, die des Wassers 11°–13° C. Es ist daher erstaunlich, daß einige der Geretteten einen stundenlangen Aufenthalt im Wasser überlebten, wie zum Beispiel der 2. Ingenieur. Dieser hatte sich zwei Rettungswesten übergestreift und trieb länger als drei Stunden im Wasser, bevor er gerettet werden konnte.

Während die Schiffbrüchigen in den Rettungsflößen oder im Wasser trieben, war eine umfangreiche Rettungsaktion angelaufen. Der erste Hilferuf der *Estonia* um 01.22 Uhr wurde von den Fährschiffen *Mariella* und *Silja Symphony* empfangen. Den zweiten Notruf, nur Minuten später, hörten 14 Radiostationen an Land und auf Schiffen, darunter die finnische Rettungsleitstelle Turku. Die *Estonia* war im finnischen SAR-Gebiet gesunken, und so übernahm Turku die Leitung der Rettungsmaßnahmen und alarmierte Rettungseinheiten und alle für den Rettungsdienst Verantwortlichen in Finnland, Schweden und Dänemark, darunter die Finnische Coast Guard und die SAR-Helikopter.

Die Fahrgastfähre *Mariella* war mit nur 9 Seemeilen (sm) Entfernung am dichtesten an der Unglücksstelle. Sie änderte, wie andere zur Hilfe eilenden Schiffe auch, sofort ihren Kurs. Als sie nur noch etwa vier Seemeilen vom Havaristen entfernt war, verschwand zwischen 01.50 Uhr bis 01.55 Uhr das Echo der *Estonia* vom Bildschirm: Das Schiff war vollständig gesunken.

Die *Mariella* war um 02.12 Uhr das erste Schiff an der Stelle des Untergangs der *Estonia*. Die Männer an Bord sahen die Menschen im Wasser und die Rettungsflöße und -boote. Sie warfen zusätzlich etwa 150 Rettungswesten ins Wasser, konnten aber wegen des schweren Seegangs kein eigenes Bereitschafts- oder Rettungsboot zu Wasser lassen. Sie fierten statt dessen mehrere aufgeblasene Rettungsflöße mit ihren Davits. Mit der quer zur See liegenden *Mariella* fingen sie treibende Flöße der Estonia ab und ließen die Insassen auf ihre eigenen Flöße übersteigen, die sie mittels ihrer Davits wieder an Bord hievten.

Bis 02.40 Uhr waren auch die Fahrgastfähren *Silja Europa* und *Silja Symphony* an der Havarieposition eingetroffen, bis 03.20 Uhr zwei weitere Fähren. Auch diese Schiffe gingen bei der Rettung der Schiffbrüchigen ähnlich wie die *Mariella* vor. Um 12.00 Uhr hatten sich 19 Schiffe zur Hilfeleistung an der Unglücksstelle eingefunden.

Die meisten Männer und Frauen wurden bei dem hohen Seegang durch Rettungshubschrauber geborgen. Der in Bereitschaft stehende finnische Helikopter OH-HVG vom Typ Super-Puma startete um 02.30 Uhr in Turku und traf als erster Helikopter um 03.05 Uhr an der Unglücksstelle ein. Mit Scheinwerfern suchte er nach Flößen und Überlebenden in Rettungswesten. Ein Rettungsmann wurde an einem Seil herabgelassen, legte den aus dem Wasser und aus den Flößen zu rettenden Männern und Frauen die Rettungsschlinge um und ließ sie einzeln von der Winde in den Hubschrauber hochziehen – ein äußerst schwieriges Manöver bei hohem Seegang und starkem Wind. Dieser Helikopter rettete allein 44 Menschen das Leben, die meisten brachte er in zwei Flügen auf die Fähren *Mariella* und *Silja Symphony*. Beim dritten Flug inspizierte er 25 Flöße, fand aber nur noch Tote.

Insgesamt beteiligten sich 19 Hubschrauber aus Finnland, Schweden und Dänemark an der Rettungsaktion. Sie wurden von drei Flugzeugen unterstützt, die hilfreiche Aufklärungsarbeit leisteten. Ein Teil der Geretteten wurde an Land geflogen. Der letzte Überlebende wurde gegen 09.00 Uhr gerettet. Danach wurden durch Hubschrauber und Schiffe nur noch Tote aus der See und aus den Flößen geborgen.

Die zu Hilfe gekommenen Schiffe suchten den ganzen Tag und wurden abends aus der Rettungsaktion entlassen. Suchflugzeuge flogen bis zum 4. Oktober das gesamte in Frage kommende Seegebiet systematisch nach Überlebenden und Opfern ab.

Insgesamt wurden bei der umfangreichen Rettungsaktion von den Schiffen 34 und durch die Hubschrauber 104 Überlebende gerettet. Eine zunächst geborgene Person starb später im Krankenhaus. 94 Personen konnten nur noch tot geborgen werden, 757 wurden vermißt. Die schreckliche Bilanz dieser Schiffskatastrophe waren somit 852 Tote bei nur 137 Überlebenden. Die überlebenden Fahrgäste und Besatzungsmitglieder wurden von der Untersuchungskommission einer umfassenden Befragung unterzogen, die – wie bereits erwähnt – zu 258 Aussagen von 134 geretteten Personen führte.

Die Kommission veranlaßte eine Reihe von Untersuchungen kurz- und längerfristiger Art: Untersuchungen des Wracks mit einem ferngesteuerten Unterwasserfahrzeug, Taucheruntersuchungen, bei denen auch Teile der Visiereinrichtung geborgen wurden, genaue Untersuchung des Visiers nach dessen Bergung, Modellversuche sowie Berechnungen der Belastungen des Visiers im Seegang, detaillierte Untersuchungen zum Versagen des Visiers und hydrodynamische Berechnungen zum Untergang der Fähre.

Das Wrack der *Estonia* wurde in 80 m Wassertiefe (Vorschiff 85 m, Hinterschiff 74 m tief) geortet. Es lag mit einer Steuerbord-Schlagseite von etwa 120° auf dem Meeresboden.

Zunächst mit ferngesteuertem Unterwasserfahrzeug und dann durch Taucheruntersuchungen wurde festgestellt, daß das Visier vollständig abgerissen war – es wurde etwa eine Seemeile westlich des Wracks aufgefunden und bald darauf geborgen.

Bei den Taucheruntersuchungen wurden sowohl Videoaufnahmen gemacht als auch visuelle Beobachtungen vorgenommen. Neben dem Fehlen des Visiers und Beschädigungen der Rampe wurden keine Beschädigungen des Schiffskörpers festgestellt. Jedoch wurde beobachtet, daß zahlreiche Fenster der Fahrgastdecks eingedrückt waren und auf den Decks 5 und 7 einige Außentüren der Aufbauten fehlten. Durch Taucher wurden einige Teile der Visierbefestigung demontiert und geborgen.

Beobachtungen von außen durch die Fenster sowie einige begrenzte Inneninspektionen zeigten trotz sehr schlechter Sicht, daß sich in den

Kabinen, Gängen, Treppenbereichen und öffentlichen Räumen zahlreiche Tote befanden. So wurden bei der Besichtigung der Brücke drei Opfer festgestellt, wie bereits erwähnt.

Die Untersuchung

Die Untersuchungskommission befaßte sich sehr intensiv und umfassend mit dem aus Visier und Rampe bestehenden Bugverschluß des Fährschiffes. Im Bericht der Kommission sind Aufbau, Wirkungsweise und Beschädigungen dieser Einrichtungen detailliert beschrieben.

Die Bugpforte, vielfach als Visier bezeichnet, war eine Stahlkonstruktion, deren Beplattung die Fortsetzung der Außenhaut des Schiffskörpers nach von darstellte. Sie drehte sich beim Öffnen und Schließen um zwei oben angeordnete Bolzen von 80 mm Durchmesser, die schiffs- und visierseitig in Buchsen gelagert waren und so zwei Scharniere bildeten. Die Betätigung des Visiers erfolgte durch zwei Hydraulikzylinder und -kolben.

In geschlossenem Zustand wurde das Visier durch eine Bodenverriegelung (vielfach auch als »Atlantikschloß« bezeichnet) und zwei Seitenverriegelungen gesichert, die als hydraulisch betätigte Bolzenverriegelungen ausgeführt waren. Die Endlagen dieser Bolzen (geschlossen-offen) wurden durch Sensoren erfaßt und auf der Steuerkonsole für die Betätigung von Visier und Rampe durch Kontrollampen (grün-rot) angezeigt. Die Steuerkonsole befand sich in der Nähe von Visier/Rampe. Auf der Brücke wurden nur die Endlagen der beiden Seitenverriegelungen angezeigt.

Zusätzlich zu den hydraulischen Verriegelungen waren zwei manuell zu betätigende Seitenverriegelungen angeordnet, die als Reserve bezeichnet wurden. Zwischen Visier und Schiffskörper befand sich eine umlaufende Gummidichtung.

Das vollständige Abreißen des Visiers war durch das Versagen der beiden Scharniere und der drei Verriegelungen verursacht. Die visierseitigen Buchsen der Scharniere waren von den Stegen der Visierarme, an denen sie angeschweißt waren, abgerissen. Die Buchsen der Bodenverriegelung waren zusammen mit dem Bolzen von 78 mm Durchmesser von den schiffsseitigen Halteblechen abgerissen. Und bei den beiden Seitenverriegelungen waren die Augenbleche auf der Visierseite herausgetrennt, rechteckige Löcher im Visier hinterlassend. Letztlich waren auch die unteren Halterungen der Hydraulikzylinder und -kolben herausgerissen.

Hinter dem Visier war die vordere Laderampe angeordnet, die im Hafen nach dem Öffnen des Bugvisiers für die Ein- oder Ausfahrt der Fahrzeuge herabgelassen wurde. Diese ebenfalls hydraulisch betätigte Rampe ragte mit ihrem oberen Teil in ein kastenähnliches, nach unten offenes Gehäuse des Visiers hinein. Sie drehte sich um vier unten angeordnete Bolzenscharniere und wurde nach dem Schließen mittels Hydraulik durch zwei oben angreifende Haken gegen eine umlaufende Gummidichtung gezogen. In geschlossenem Zustand wurde die Rampe durch insgesamt vier hydraulisch betätigte Bolzenverriegelungen gesichert, zwei auf jeder Seite. Die Positionsmelder (Sensoren) dieser Verriegelungen waren elektrisch in Reihe geschaltet und meldeten daher den Verschlußzustand durch Aufleuchten der grünen Kontrollampen auf der Steuerkonsole und auf der Brücke nur dann, wenn sich alle vier Bolzen in der Endlage befanden.

Die Taucher fanden bei ihren Untersuchungen die Rampe teilgeöffnet vor mit einem oberen Spalt von etwa einem Meter. Die Rampe war deformiert, und die beiden Bolzenscharniere waren auf der Backbordseite herausgerissen. Die Verriegelungsbolzen waren nur zum Teil voll ausgefahren (geschlossene Rampe), die zugehörigen Taschen in der Rampe aufgerissen. Die Befestigungen der beiden Hydraulikkolben waren rampenseitig herausgerissen.

Die Kommission ließ mit einem Modell der *Estonia* im Maßstab 1:35 hydrodynamische Versuche zur Bestimmung der auf das Visier einwirkenden Belastungen im Seegang durchführen. Das vom Schiffskörper getrennte Visier war dabei an einer Sechs-Komponenten-Waage befestigt, die der Ermittlung der auftretenden Kräfte und Momente bei unterschiedlichen Schiffsgeschwindigkeiten, Wellenhöhen und Richtungen der anlaufenden Wellen diente. Die Versuche wurden durch theoretische Betrachtungen und Berechnungen der aus dem Seegang resultierenden Belastungen ergänzt.

Es zeigte sich, daß die unter den Unfallbedingungen (Schiffsgeschwindigkeit 14 kn, Wellenhöhe 4 m) auftretenden Kräfte, die auf die einzelnen Befestigungspunkte des Visiers (Scharniere, Seitenverriegelungen, Bodenverriegelung) wirkten, wesentlich höher waren, als nach Auffassung der Kommission von der Bauwerft der Konstruktion zugrundegelegt worden waren. Die Kommission zog daraus die Schlußfolgerung, daß die Ausgangsannahmen für die Konstruktion der Visierbefestigungen nicht der Realität entsprochen hätten. Für den Fährverkehr zwischen Tallin und Stockholm hätten die Befestigungen des Bugvisiers um ein Mehrfaches kräftiger dimensioniert sein müssen, um ausreichende Sicherheit zu gewährleisten.

Interessante Erkenntnisse wurden durch Modellversuche und Berechnungen über den Verlauf des Wassereinbruchs und das Sinken der *Estonia* gewonnen. Die Ergebnisse zeigten, daß ein Wassereinbruch auf das Fahrzeugdeck allein zwar zu einem erheblichen Krängungswinkel, aber noch nicht zum vollständigen Sinken der Fähre geführt hätte. Bei einer Schlagseite von etwa 35°, verursacht durch ungefähr 2000 t Wasser auf dem Fahrzeugdeck, tauchten jedoch Fenster und Türen der Fahrgastdecks ins Wasser. Das durch offene Türen und zerborstene Fenster einströmende Wasser führte dann zum endgültigen Kentern und zum Untergang des Schiffes.

Bei abgerissenem Visier und voll geöffneter Rampe werden bei 14 kn Geschwindigkeit und schräg von vorn kommenden 4 m hohen Wellen in jeder Minute 300–600 t Wasser auf das Fahrzeugdeck geströmt sein. Eine Verringerung der Geschwindigkeit auf etwa 10 kn, so wurde berechnet, hätte die einströmende Wassermasse auf etwa die Hälfte verringert. Die Untersuchungen ergaben ferner, daß bei einer Fahrtrichtung quer zum Seegang, also bei seitlich anlaufenden Wellen, der Wassereinbruch auf das Fahrzeugdeck sehr gering gewesen wäre, solange Geschwindigkeit und Schlagseite der Fähre eine bestimmte Größe nicht überschritten hätten.

Zusammen mit den vorgenannten Untersuchungsergebnissen kam die Kommission zu nachfolgender Auffassung über den Ablauf der Katastrophe.

Die Kette der Ereignisse, die zum Untergang führte, wird gegen 00.55 Uhr ihren Anfang genommen haben, als der seine Runde gehende Brückenmatrose den metallischen Schlag im Vorschiff wahrnahm. Kurz nach 01.00 Uhr werden die Scharniere und Verriegelungen des Bugvisiers nach ein oder zwei heftigen schräg von vorn backbords kommenden Wellenstößen versagt haben. Das Visier wird sich nach vorn bewegt und die Rampe, deren oberer Teil in den Kasten des Visiers hineinragte, zunächst teilweise aufgerissen haben. Das Wasser begann an den Seiten der Rampe auf das Fahrzeugdeck zu strömen. Gegen 01.15 Uhr wird das Visier abgefallen sein und dabei die Rampe voll heruntergerissen haben. (Diese ist später wahrscheinlich durch den Seegang wieder etwas aufgerichtet worden.) Wasser strömte auf das Fahrzeugdeck und verursachte eine schnell zunehmende Schlagseite, die gegen 01.25 Uhr mehr als 40° betrug. Nun wird zusätzlich Wasser durch Türen und zerbrochene Fenster in die Aufbauten eingedrungen sein und die Krängung weiter vergrößert haben, die gegen 01.35 Uhr etwa 80° erreichte. Mit dem Heck voran sank die *Estonia* und war gegen 01.50 Uhr vollständig von der Wasseroberfläche verschwunden.

Die Wachoffiziere hatten nach den Informationen über die metallischen Schläge zunächst die Schiffsgeschwindigkeit noch beibehalten und diese erst mit zunehmender Krängung reduziert. Sie führten dann eine 180°-Kursänderung der Fähre über Backbord aus. Die Offiziere werden nicht erkannt haben, daß das Visier sich vom Schiff gelöst hatte. Dieses war – mit Ausnahme der Spitze des Bug-Fahnenmastes – von der Brücke aus auch nicht zu sehen, und die Kontrollampen der Seitenverriegelung des Visiers werden weiterhin grün aufgeleuchtet haben, da die Verriegelungen einschließlich Bolzen und Sensoren in der geschlossenen Position aus dem Visier herausgerissen und am Schiffskörper verblieben waren. Die Kontrolllampen der Verriegelungen der Rampe werden schon vorher nicht aufgeleuchtet haben, da nicht alle vier Verriegelungen voll ausgefahren waren. Die Untersuchungskommission beurteilte das Verhalten der Brückenoffiziere während der zum Untergang der *Estonia* führenden Ereignisse sehr kritisch. So wurde negativ bewertet, daß die Geschwindigkeit des Schiffes nach den beiden Informationen über die Schlaggeräusche im Vorschiff nicht reduziert wurde. Eine sofortige Verringerung der Fahrt hätte die auf das Fahrzeugdeck eindringende Wassermenge erheblich reduziert und damit die Chance für den Erhalt der Schwimmfähigkeit des Schiffes stark erhöht. Der sicherste Zustand bei dem offenen Bug wäre gewesen, die *Estonia* mit der Geschwindigkeit Null quer zu den Wellen zu legen. Die Kursänderung nach Backbord hingegen hätte das offene Vorschiff zeitweilig den Wellen voll ausgesetzt und den Wassereinbruch verstärkt. Damit sei die Zeit bis zum Eindringen des Wassers in die Aufbauten verkürzt und der Untergang beschleunigt worden.

Offensichtlich, so stellte die Kommission ferner fest, habe die Brückenwache nicht den Bildschirm der auf die Rampe gerichteten Fernsehkamera beobachtet, sonst hätte sie bereits den Beginn des Wassereinbruchs auf das Fahrzeugdeck sehen müssen. Im Maschinenkontrollraum war dieser Wassereinbruch auf dem Monitor erkannt, aber nicht zur Brücke gemeldet worden, sicher in der Annahme, daß diese Beobachtung auch auf der Brücke vorgenommen werden würde.

Die Kommission schätzte ferner kritisch ein, daß der Rettungsboots-Alarm zu spät ausgelöst wurde, keine Informationen über die Lautsprecheranlage für Fahrgäste und Besatzung erfolgten und die Evakuierung nicht organisiert wurde.

Wie schon erläutert, war die Untersuchungskommission der Auffassung, daß die Konstruktion der Befestigungen des Visiers nicht den wirklich im Seegang auftretenden Belastungen entsprochen hätte. Es wurde dazu jedoch vermerkt, daß zum Zeitpunkt des Baus der *Estonia* die Kenntnisse und Erfahrungen der Schiffbauindustrie über die hydrodynamischen Belastungen solcher Bugklappen relativ gering gewesen seien und auch noch keine Entwurfsforderungen von Klassifikationsgesellschaften bestanden hätten. Auch seien Befestigung und Verriegelung des Visiers der *Estonia* weder von der zunächst zuständigen finnischen Schiffahrtsverwaltung noch von der Klassifikationsgesellschaft geprüft und genehmigt worden. Kritisch betrachtet wurde die Kombination Visier-Rampe, die bei einem Abfallen des Visiers nach vorn die Rampe zwangsläufig mit aufreißen mußte. Hingewiesen wurde auch darauf, daß in der Vergangenheit bei Ostseefähren wiederholt Versagen von Visierbefestigungen aufgetreten seien, diese Fälle aber unverständlicherweise nicht für eine Verstärkung der Verriegelung bei der *Estonia* ausgewertet wurden.

Vermerkt wurde in dem Bericht der Untersuchungskommission aber auch, daß die *Estonia* so schwere Seebedingungen wie in der Unfallnacht vorher erst ein- oder zweimal auf einer Reise zwischen Tallin und Stockholm angetroffen habe. Es sei sehr unwahrscheinlich, daß das Schiff während seines früheren Fährbetriebes in vorwiegend geschützten Gewässern zwischen Finnland und Schweden, wofür die Fähre ursprünglich ja bestimmt war, jemals so schwere See von vorn oder schräg von vorn durchfahren hätte.

Die Kommission stellte in ihrem Bericht fest: »Der allgemeine Erhaltungszustand des Visiers war zufriedenstellend. Vorhandene kleine Instandhaltungsmängel stellten keine für den Unfall relevanten Faktoren dar«.

Der Bericht der von Estland, Finnland und Schweden gebildeten gemeinsamen Untersuchungskommission wurde erst drei Jahre nach dem Untergang der *Estonia* veröffentlicht. Inzwischen war von der Internationalen Seeschiffahrtsorganisation IMO auf einer Konferenz im November 1995 in London und auf zwei europäischen Regionalkonferenzen im Frühjahr 1996 in Stockholm bereits eine ganze Reihe neuer und teilweise sehr einschneidender Sicherheitsmaßnahmen für Ro/Ro-Fahrgastfähren beschlossen worden. Die gemeinsame Untersuchungskommission der *Estonia* konnte sich daher in ihrem Bericht bei den Schlußfolgerungen auf diese zwischenzeitlich vereinbarten Maßnahmen beziehen. Einige zusätzliche Empfehlungen betrafen unter anderem die Anzeige-/Alarmsysteme, Schlechtwetter-Richtlinien und die Evakuierungszeit von Fahrgastfähren. Anzeige-/Alarmsysteme von Schiffspforten sollten sich auf den Gesamtzustand von Verschlüssen beziehen und nicht nur auf die Funktion einzelner Elemente. Betriebseinschränkungen von Fähren bei Schlechtwetter seien in die Schiffszertifikate einzutragen. Für alle in Betrieb befindlichen Fahrgastschiffe wurde vorgeschlagen zu untersuchen, wieviel Zeit bei Havarien für die Evakuierung von Fahrgästen und Besatzung zur Verfügung stehe. Es sollten Maßnahmen ergriffen werden, Zeit und Möglichkeiten der Evakuierung zu erhöhen.

Die Auffassung der gemeinsamen Untersuchungskommission über den zufriedenstellenden Erhaltungszustand des Visiers der *Estonia* zum Zeitpunkt der Havarie wird keinesfalls von einer deutschen Expertengruppe geteilt, die im Auftrage der Bauwerft der Fähre den Unfall untersuchte. Die Ergebnisse der von ihr vorgenommenen Zeugenbefragungen, Untersuchungen sowohl des Visiers als auch anderer vom Wrack der Fähre geborgenen Teile sowie die Analyse von Unterwasseraufnahmen sind in einem Bericht und in einer außergewöhnlich umfangreichen Bilddokumentation zusammengefaßt.

Danach hätten fehlende und fehlerhafte Gummidichtungen sowie Beschädigungen des Visiers durch Fahrten im Eis dazu geführt, daß sich das Visier auf See teilweise mit Wasser füllte und dieses durch die verzogene und undichte Rampe mit einem teilweisen Spalt von 2 cm bereits vor der Havarie auf das Fahrzeugdeck drang. Spiele in den Verriegelungen und die nicht anliegenden Gummidichtungen hätten schon früher zu Vibrationen des Visiers im Seegang geführt, die von Fahrgästen wahrgenommen worden seien. Völlig unsachgemäße Reparaturen mit tiefen Brennriefen hätten die Visierscharniere erheblich geschwächt und hier wie auch an weiteren Stellen zu einer gefährlichen und folgenschweren Rißbildung geführt. Die Buchsen des Atlantikschlosses des Visiers seien bei einer Reparatur statt mit einer 8 mm starken Schweißnaht mit einer nur 3 mm starken Naht mit den Halteblechen verbunden worden. Das Visier sei so verzogen gewesen, daß sich der Bolzen des Atlantikschlosses nicht mehr hydraulisch betätigen ließ, sondern nur durch Hammerschläge gelöst oder eingetrieben werden konnte. Die Kabel des Sensors für die Anzeige des Verschlußzustandes dieser Verriegelung seien durchtrennt worden. Bedingt durch den starken Verzug der Rampe seien nur zwei Bolzen der Seitenverriegelung anstelle der vorhandenen vier richtig in die Taschen der Rampe eingerastet. Die vorstehend genannten und zahlreiche weitere Instandhaltungs- und Wartungsmängel, die nach Auffassung der deutschen Expertengruppe bestanden hätten, sind auf den hier abgebildeten Fotos und Skizzen erkennbar.

So kam diese Expertengruppe in ihrem Bericht zusammenfassend zu folgender Feststellung:

»Die Primärursachen für die *Estonia*-Katastrophe sind der extrem schlechte Wartungszustand von Visier und Bugrampe, ihrer Scharniere und Verriegelungssysteme im Zusammenhang mit einer völlig überhöhten Geschwindigkeit bei den obwaltenden Wind- und Seegangsverhältnissen, die vorhergesagt waren.«

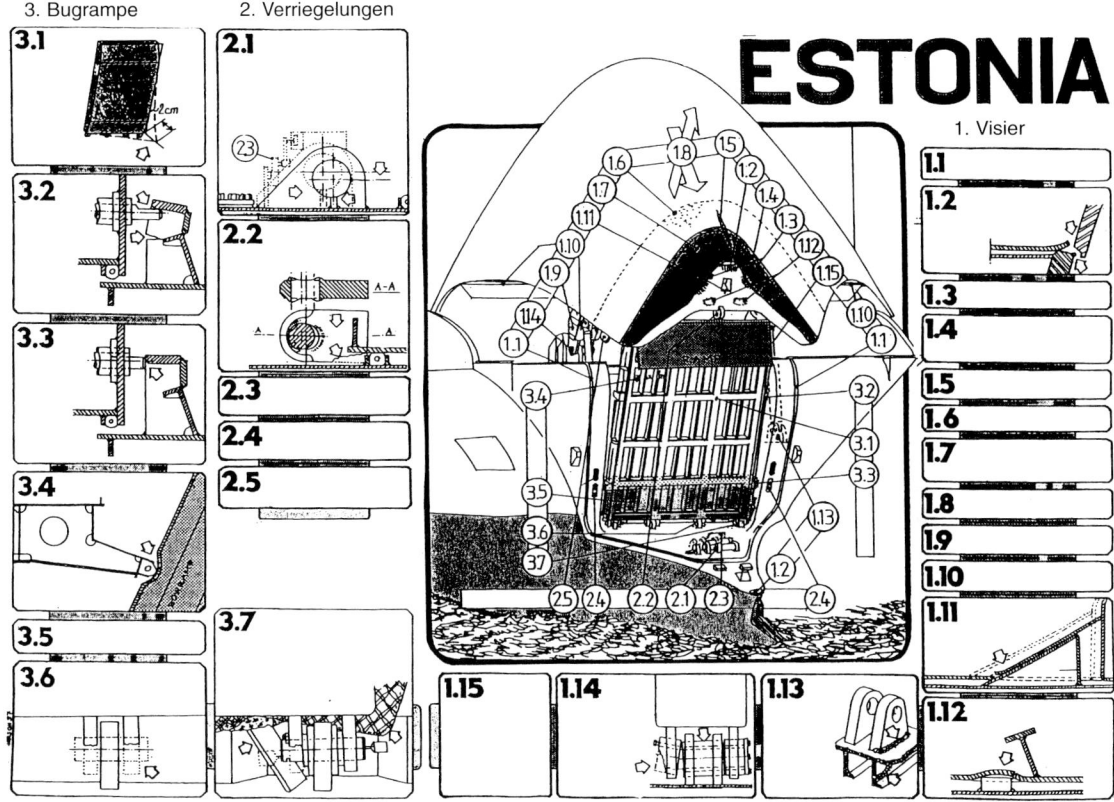

3. Bugrampe 2. Verriegelungen

ESTONIA

1. Visier

Zustand von Visier und Bugrampe der *Estonia* bei Abfahrt aus Tallin am 27.09.1994 (nach Untersuchungen der deutschen Expertengruppe). Ansicht schräg von vorn.

1. Spalte: Fehler an Visier

1.1 – fehlende/beschädigte Gummidichtungen
1.2 – Risse/Löcher/Beschädigungen im Bereich des vorderen Auflagers
1.3 – gerissene Schweißnähte
1.4 – 3. Stringer Bb.: Beschädigungen, Spanten verbogen
1.5 – tiefe, senkrechte Einbeulung
1.6 – Wasserstandsmarkierungen innerhalb des Visiers
1.7 – 3. Stringer: Ölansammlungen, Schuhabdrücke
1.8 – Visier aus der korrekten Geometrie verzogen
1.9 – Visierarme aufwärts gebogen
1.10 – gedrückte Distanzteile
1.11 – Einkerbungen in den Taschen für Positionierungshorn
1.12 – große Einbeulungen/Risse
1.13 – fehlerhaft geschweißte/reparierte Befestigung der Bb.-Hydraulikkolbenstange
1.14 – Stb.-Scharnier: - Bolzen/Buchsen-Ausrichtung fehlerhaft
– Teil einer Buchse abgeschnitten
– fehlende Sicherungsplatte
1.15 – Bb.-Scharnier: - Brennriefen
– Risse in Schweißnähten
– Loch in Buchse

2. Spalte: Fehler an Verriegelungen

2.1 – Atlantikschloß: - Lage verändert
– schwache Schweißnähte
– fehlerhafte Reparatur des Stb.-Auges
– geänderte Größe des Stützbleches
2.2 – manipuliertes Auge des Atlantikschlosses
2.3 – fehlender Sensor des Atlantikschlosses; Kabel durchtrennt
2.4 – manuelle Seitenverriegelungen nicht eingelegt
2.5 – manipulierte Augenbleche der hydraulischen Seitenverriegelungen

3. Spalte: Fehler an Bugrampe

3.1 – gesamte Rampe verdreht
3.2 – aufgerissene Tasche für den oberen Bb.-Verriegelungsbolzen
3.3 – unterer Bb.-Verriegelungsbolzen nicht in die Tasche eingefahren
3.4 – Einbeulung der Bugrampe
3.5 – Wasser- und Ölstandsmarkierungen an der äußeren Rampenseite
3.6 – gebrochene Augenbleche
3.7 – gebrochenes Scharnier: - nicht ausgerichteter Bolzen
– 2-cm-Spalt durch Matratzen und Stofflappen abgedichtet
– zeitweilige Reparatur durch zwischengelegtes Stahlstück

25

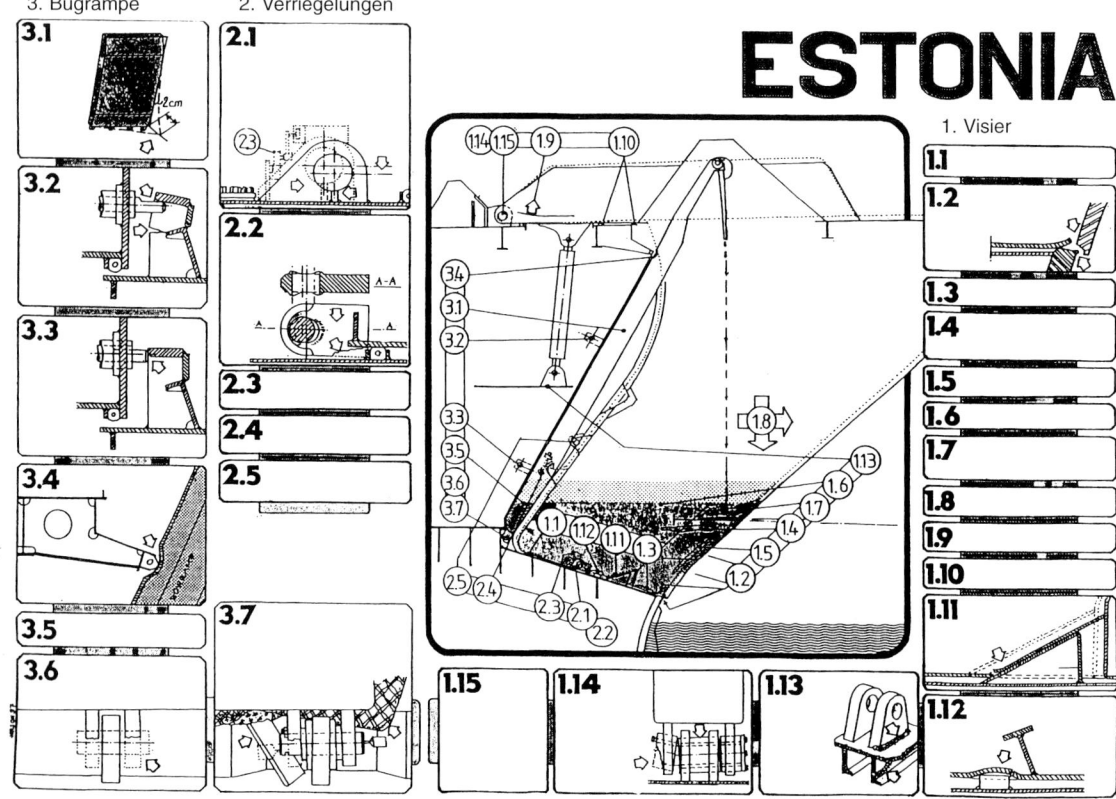

Zustand von Visier und Bugrampe der *Estonia* bei Abfahrt aus Tallin am 27. 09. 1994 (nach Untersuchungen der deutschen Expertengruppe). Seitenansicht.

1. Spalte: Fehler an Visier

1.1 – fehlende/beschädigte Gummidichtungen
1.2 – Risse/Löcher/Beschädigungen im Bereich des vorderen Auflagers
1.3 – gerissene Schweißnähte
1.4 – 3. Stringer Bb.: Beschädigungen, Spanten verbogen
1.5 – tiefe, senkrechte Einbeulung
1.6 – Wasserstandsmarkierungen innerhalb des Visiers
1.7 – 3. Stringer: Ölansammlungen, Schuhabdrücke
1.8 – Visier aus der korrekten Geometrie verzogen
1.9 – Visierarme aufwärts gebogen
1.10 – gedrückte Distanzteile
1.11 – Einkerbungen in den Taschen für Positionierungshorn
1.12 – große Einbeulungen/Risse
1.13 – fehlerhaft geschweißte/reparierte Befestigung der Bb.-Hydraulikkolbenstange
1.14 – Stb.-Scharnier: - Bolzen/Buchsen-Ausrichtung fehlerhaft
         - Teil einer Buchse abgeschnitten
         - fehlende Sicherungsplatte
1.15 – Bb.-Scharnier: - Brennriefen
         - Risse in Schweißnähten
         - Loch in Buchse

2. Spalte: Fehler an Verriegelungen

2.1 – Atlantikschloß: - Lage verändert
         - schwache Schweißnähte
         - fehlerhafte Reparatur des Stb.-Auges
      - geänderte Größe des Stützbleches
2.2 – manipuliertes Auge des Atlantikschlosses
2.3 – fehlender Sensor des Atlantikschlosses; Kabel durchtrennt
2.4 – manuelle Seitenverriegelungen nicht eingelegt
2.5 – manipulierte Augenbleche der hydraulischen Seitenverriegelungen

3. Spalte: Fehler an Bugrampe

3.1 – gesamte Rampe verdreht
3.2 – aufgerissene Tasche für den oberen Bb.- Verriegelungsbolzen
3.3 – unterer Bb.-Verriegelungsbolzen nicht in die Tasche eingefahren
3.4 – Einbeulung der Bugrampe
3.5 – Wasser- und Ölstandsmarkierungen an der äußeren Rampenseite
3.6 – gebrochene Augenbleche
3.7 – gebrochenes Scharnier: - nicht ausgerichteter Bolzen
         - 2-cm-Spalt durch Matratzen und Stofflappen abgedichtet
         - zeitweilige Reparatur durch zwischengelegtes Stahlstück

Schiffskollisionen –
Alptraum von Kapitänen und Offizieren

1. Die letzte Reise des Fahrgastschiffes *Admiral Nachimow*

Am 31. August 1986 kollidierte das sowjetische Fahrgastschiff *Admiral Nachimow* im Schwarzen Meer vor dem Hafen Noworossisk (heute Rußland) mit dem sowjetischen Massengutfrachter *Petr Vasev*. Bei dem schweren Unglück kamen 423 Fahrgäste und Besatzungsmitglieder ums Leben.

Die Havarie

Die Admiral Nachimow wurde im Jahre 1925 vom Norddeutschen Lloyd als Fracht- und Fahrgastschiff *Berlin* in Dienst gestellt. Es fuhr zunächst im Liniendienst zwischen Bremerhaven und New York und war später für Kreuzfahrten

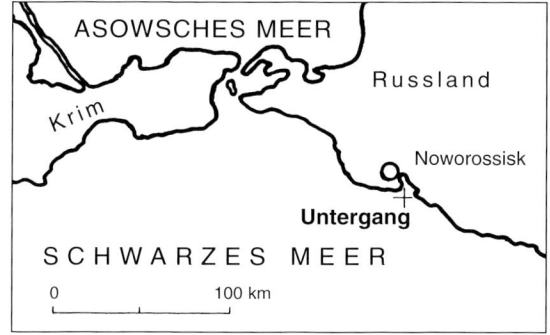

Die Position der *Admiral Nachimow* zum Zeitpunkt des Unglücks.

eingesetzt. Während des Zweiten Weltkrieges sank es im Januar 1945 nach Minentreffer in flachem Wasser vor Swinemünde. Nach Bergung des Wracks erfolgte die Wiederherstellung während einer mehrjährigen Generalüberholung auf der Warnowerft in Warnemünde. Am 2. Mai

1957 wurde das Fahrgastschiff unter dem neuen Namen *Admiral Nachimow*, Vermessung 17.053 GT, an die Schwarzmeer-Reederei der Sowjetunion übergeben.

Nahezu 30 Jahre lang war das Schiff mit 1100 Kabinenplätzen fast ausschließlich im Schwarzen Meer als Kreuzfahrtschiff für sowjetische Fahrgäste in Betrieb, als es 1986 außer Dienst gestellt werden sollte.

Das Massengutfrachtschiff *Petr Vasev* war 1981 in Dienst gestellt worden. Es wies eine Vermessung von 18.000 GT auf.

Am 31. August 1986 lief die *Admiral Nachimow* mit 888 Fahrgästen und 346 Besatzungsmitgliedern zu ihrer letzten Reise aus. Sie verließ den in der Bucht von Cemesk gelegenen Schwarzmeerhafen Noworossisk (Rußland) um 22.00 Uhr mit dem Reiseziel Sotschi (Rußland), nur etwa 250 km entfernt. Die Mole wurde passiert und zunächst mit etwa 10 kn ein Kurs von 154° gelaufen. Da die Schiffsführung mit dem Revier sehr gut vertraut war, befand sich kein Lotse an Bord. Der Kapitän verließ bald nach dem Auslaufen die Brücke, nachdem er die Navigation dem wachführenden erfahrenen 2. Offizier übergeben hatte.

Es herrschten gute Wetterverhältnisse. Die Sicht betrug 10 sm, ein NO-Wind wehte mit 5–6 Beaufort (Bft), und die Wellenhöhe war mit 0,5–0,8 m gering.

Aus dem westlichen Verkehrstrennnungsgebiet kommend, näherte sich zu gleicher Zeit der Massengutfrachter *Petr Vasev* der Bucht. Die Brückenwache ging der 3. Offizier. Das erst fünf Jahre alte Schiff war mit modernen Navigationsgeräten ausgerüstet, so verfügte es unter anderem über zwei ARPA-Radargeräte. Solche Geräte mit integriertem Rechner geben auch den zu erwartenden Passierabstand von sich begegnenden

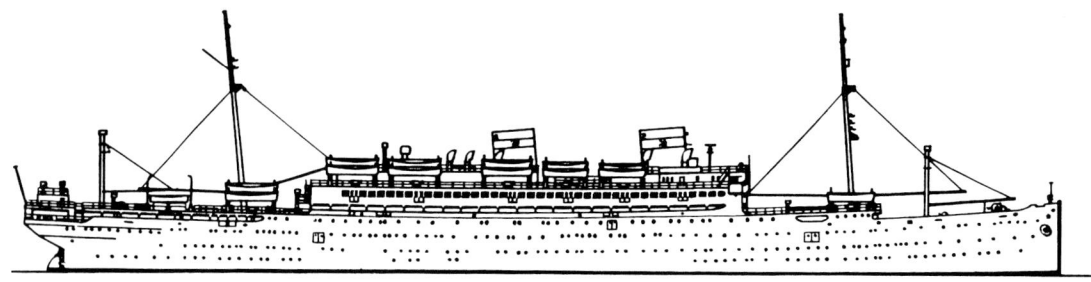

Seitenansicht des Fahrgastschiffes *Admiral Nachimow*.

Schiffen an und alarmieren bei Kollisionsgefahr. Die Verkehrsleitzentrale informierte die *Petr Vasev* über UKW-Sprechfunk über das Auslaufen der *Admiral Nachimow* und wies den Massengutfrachter an, das Fahrgastschiff passieren zu lassen. Dies wurde von der *Petr Vasev* bestätigt. Als der Frachter das Verkehrstrennungsgebiet verließ, änderte der 3. Offizier den Kurs des Schiffes auf O36°, um damit die Bucht vor dem Hafen Noworossisk anzusteuern. Bald erschien der Kapitän auf der Brücke, und der 3. Offizier wies darauf hin, daß die *Admiral Nachimow* gerade auslief und das eigene Schiff diesem Fahrgastschiff Vorfahrt gewähren müsse. Auf dem in Betrieb befindlichen Radargerät war die *Admiral Nachimow* zu erkennen. Unter Beibehaltung von Kurs und Geschwindigkeit beider Schiffe würde der Passierabstand 0,6 Seemeilen betragen. Mit einer Annäherungsgeschwindigkeit von 20 kn fuhren die beiden Schiffe aufeinander zu.

Die *Admiral Nachimow* änderte um 22.57 Uhr ihren Kurs um 6° nach Steuerbord. Gleichzeitig erhöhte sie ihre Geschwindigkeit auf 13,5 kn. Man erkannte die *Petr Vasev* unter 20° an Steuerbord. Das Fahrgastschiff passierte das letzte Tonnenpaar und fragte nun über UKW den Massengutfrachter, ob er ihm die Vorfahrt gewähre. Dieser bestätigte das. Die gleiche Absprache erfolgte sechs Minuten später noch einmal.

Trotz dieser Verständigung behielt die *Petr Vasev* jedoch weiterhin Kurs und Geschwindigkeit bei. Der Kapitän beobachtete den Radarschirm und verfolgte Kursänderung und Geschwindigkeitserhöhung der *Admiral Nachimow*. Das ARPA-Radargerät gab um 23.00 Uhr Alarm wegen einer gefährlichen Annäherung: Bei Beibehaltung von Kurs und Geschwindigkeit würde der Frachter in zwölf Minuten mit dem Fahrgastschiff kollidieren. Trotz dieser Warnung ließ der Kapitän der *Petr Vasev* weitere Zeit verstreichen, bis er nach fünf Minuten auf die Fahrtstufe »Halbe Voraus« zurückging und den Kurs um nur 2° nach Steuerbord änderte. Der Abstand zwischen beiden Schiffen betrug jetzt nur noch 2,3 sm.

Auf der *Admiral Nachimow* beobachtete der 2. Offizier den Massengutfrachter unter gleichbleibender Peilung. Das bedeutete akute Kollisionsgefahr. Es war nicht zu erkennen, daß die *Petr Vasev* das dringend notwendige und zugesagte Ausweichmanöver durchführte. Der Wachoffizier forderte nun den Frachter dringend auf, die Geschwindigkeit zu verringern. Gleichzeitig änderte er den Kurs der *Admiral Nachimow* um 5° nach Backbord.

Aber auch jetzt wurde von der *Petr Vasev* immer noch nicht reagiert, obgleich sich der Abstand zwischen den beiden Schiffen auf 1,5 sm verringert hatte. Mit stoischer und unverständlicher Ruhe nahm der Kapitän diese Annäherung wahr. Die erneute Anfrage der *Admiral Nachimow*, ob er die Maschine gestoppt habe, beantwortete er sogar mit »Ja«, obgleich dies nicht der Wahrheit entsprach.

Das Fahrgastschiff änderte seinen Kurs um weitere 5° nach Backbord.

Das auf der Nordsee verkehrende Fährschiff *Hamburg* nach einer Kollision mit dem Ro/Ro-Schiff *Nordic Stream* im November 1989.

Der Kapitän der *Petr Vasev* leitete die folgenden Manöver langsam und scheinbar recht unentschlossen ein, obgleich das Radargerät nach wie vor höchste Kollisionsgefahr anzeigte. Zunächst ging er mit der Fahrtstufe auf »Ganz langsam Voraus« und eine halbe Minute später auf »Stop«.

Auf der *Admiral Nachimow* änderte der Wachoffizier um 23.09 Uhr den Kurs um noch weitere 10° nach Backbord. Erregt forderte er den Frachter auf, sofort auf Rückwärts zu gehen.

Aber auf der *Petr Vasev* ging der Kapitän nur auf »Ganz langsam Zurück« und erst eine Minute später auf »Halbe Zurück«. Kurz darauf gab er dann endlich die Order »Voll Zurück« und leitete das Rudermanöver »Hart Steuerbord« ein.

Auf der *Admiral Nachimow* begann der 2. Offizier unmittelbar vor der Kollision unglücklicherweise ein »Hart-Backbord«-Manöver. Jetzt kam der Kapitän auf die Brücke geeilt.

Um 23.12 Uhr bohrte sich der mit einem Wulstbug versehene Steven des vollbeladenen Massengutschiffes an der Steuerbordseite unter einem Winkel von 76° tief in den Schiffskörper des Fahrgastschiffes ein. Die empfindlichste Stelle der *Admiral Nachimow* wurde getroffen: Zwischen dem Maschinen- und dem Kesselraum war das Unterwasserschiff aufgerissen, und das Wasser strömte rasch in diese beiden größten Abteilungen. Bei der Kollision betrug die Geschwindigkeit der *Petr Vasev* noch etwa 6 kn, die *Admiral Nachimow* war 14 kn gelaufen.

Das zunächst noch weiterfahrende Fahrgastschiff begann zu krängen, und die Schlagseite nahm schnell zu. Die E-Anlage war ausgefallen, so daß die Beleuchtung erlosch. Die Notdiesel konnten für kurze Zeit gestartet werden, aber nur für zwei bis drei Minuten war die Stromversorgung – und damit die Beleuchtung – wieder hergestellt.

Schon nach sieben Minuten kenterte die *Admiral Nachimow*, 15 Minuten nach dem Zusammenstoß versank sie.

Der größte Teil der Fahrgäste war bald nach dem Auslaufen aus dem Hafen Noworossisk zur Ruhe gegangen. Trotzdem und obgleich das Kentern und der Untergang außerordentlich schnell vor sich gingen, konnten von den 1234 an Bord befindlichen Personen 811 gerettet werden. 423 Fahrgäste und Besatzungsmitglieder verloren jedoch das Leben.

Die Untersuchung

Die zu den schwersten Unfällen der internationalen Fahrgastschiffahrt gehörende Kollision war auf grobe und unverantwortliche Sorglosigkeit beider Schiffsführungen zurückzuführen. In völlig unverständlicher Weise wurde gegen die international gültigen Kollisionsverhütungsregeln verstoßen.

Den Kapitän des Massengutfrachters *Petr Vasev* traf die Hauptschuld. Sein zu spätes und auch dann noch zögerndes Handeln hatte die primäre Ursache des schweren Unglücks gesetzt. Schon eine rechtzeitige Geschwindigkeitsreduzierung hätte zu einem sicheren Passierabstand zwischen beiden Schiffen geführt. Auch eine deutliche Kursänderung anstelle des allmählichen Aufstoppens hätte eine kollisionsvermeidende Wirkung gehabt.

Aber auch die Schiffsführung der *Admiral Nachimow* hatte zu der Katastrophe beigetragen. Da das Fahrgastschiff auf ein Seegebiet zufuhr, in dem zwei Verkehrstrennungswege zusammenliefen, hätte der Kapitän die Brücke nicht so frühzeitig verlassen dürfen, auch wenn der wachhabende 2. Offizier große Erfahrungen und gute Revierkenntnisse hatte. Der 2. Offizier hatte zu lange der Zusicherung der *Petr Vasev* vertraut, dem Fahrgastschiff die Vorfahrt zu lassen. Er hätte frühzeitiger erkennen müssen, daß dies nicht geschah und daraus die Konsequenzen für die Gewährleistung eines sicheren Passierabstandes ableiten müssen.

2. Der Untergang der *Dona Paz* – eine der größten Schiffskatastrophen der Geschichte

Das Fracht- und Fahrgastschiff *Dona Paz* kollidierte am 20. Dezember 1987 in der Inselwelt der Philippinen mit dem Küstentankschiff *Vector*. Der tragische Schiffsunfall, der zu den größten Katastrophen der Weltschiffahrt in Friedenszeiten gehört, führte zum Tod von 70 Besatzungsmitgliedern beider Schiffe und mindestens 1467 Fahrgästen der *Dona Paz*.

Beide Schiffe liefen unter philippinischer Flagge. Das 1963 gebaute Fracht- und Fahrgastschiff *Dona Paz* wies eine Vermessung von 2125 GT, der kleine Tanker *Vector* 630 GT auf.

Die Havarie

Die *Dona Paz* war auf dem Londoner Versicherungsmarkt versichert. Die Londoner Versicherer formulierten in ihrem Jahresbericht 1987 zu dieser Schiffstragödie: »Es gab nur 26 Überlebende von den berichteten 1600 Menschen an Bord (der *Dona Paz*), obgleich es auch die doppelte Anzahl Fahrgäste gewesen sein könnte«. Dies war ein deutlicher Hinweis darauf, daß die angegebene Fahrgastzahl nicht als gesichert angesehen wurde. In dem Untersuchungsbericht über diese Kollision wird nämlich ausgeführt, daß »... der Untergang der Schiffe das Leben einer unbekannten Anzahl von Fahrgästen und den Verlust der Ladung forderte«.

Der schwere Schiffsunfall wurde von einem Untersuchungsausschuß der Philippine Coast Guard untersucht. Da von der *Dona Paz* kein einziger der 59 Offiziere und Mannschaften überlebt hatte und von der 13köpfigen Besatzung der *Vector* lediglich zwei, scheint es nicht möglich gewesen zu sein, den genauen Hergang und Ablauf der Kollision zu klären. Im Abschlußbericht des Untersuchungsausschusses gibt es jedenfalls zahlreiche »weiße Felder«, und damit muß die hier gegebene Darstellung ebenfalls einiges offen lassen.

Im Rahmen der Untersuchung wurden Überlebende des Unglücks, Hafenkapitäne, -lotsen und -inspektoren sowie Vertreter der Reedereien und der Coast Guard als Zeugen gehört. Zum direkten Unfallhergang konnte von den Überlebenden der Passagiere der *Dona Paz* und den beiden geretteten Besatzungsmitgliedern der *Vector* offensichtlich wenig ausgesagt werden.

Die Position der *Dona Paz* zum Zeitpunkt des Unglücks.

Das Fracht- und Fahrgastschiff *Dona Paz* verließ den Hafen von Tacloban (Philippinen) am 20. Dezember 1987 gegen 06.30 Uhr mit dem Ziel Manila (Philippinen). An Bord befanden sich neben der Besatzung von 59 Mann eine große Anzahl von Fahrgästen. Die Zahl der registrierten Passagiere wurde mit 1493 angegeben.

Der Tanker *Vector* hatte seine Reise am 19. Dezember 1987 gegen 08.00 Uhr in Limay auf den Bataan-Inseln (nördlichste Inseln der Philippinen) mit dem Reiseziel Masbate (Philippinen) begonnen. Er war mit 1400 t Benzin, Dieselkraftstoff und Kerosin beladen. Beide Schiffe befanden sich am Abend des 20. Dezem-

ber auf nahezu entgegengesetzten Kursen in der Tablas-Straße östlich der Insel Mindoro. Mit einer wahrscheinlichen Geschwindigkeit von etwa 14 kn lief die *Dona Paz* auf einem Kurs von ungefähr 300°, während der Tanker *Vector* unter 117° mit etwa 4,5 kn lief. Zwischen den Inseln Mindoro und Marinduque kollidierten beide Schiffe gegen 22.00–22.30 Uhr auf der Position 13°15' N, 121°40' O. Ob unmittelbar vor der Kollision noch Manöver von einem oder von beiden Schiffen gefahren wurden, ist dem Untersuchungsbericht nicht zu entnehmen. Auch die beiden Überlebenden der *Vector*, darunter der 2. Offizier, hatten dazu nichts aussagen können, da sie den Zusammenstoß nicht direkt beobachtet hatten.

Eine wichtige Aussage wurde von einem Hafenlotsen gemacht, der den Tanker *Vector* einige Zeit vor dem Unfall aus einem Fluß in die offene See gebracht hatte: Die Ruderanlage war defekt, und zwei Rudergänger seien erforderlich gewesen, um das Ruder von Hand zu bedienen. Dabei sei das Schiff so kursinstabil gewesen, daß es abwechselnd hart nach Backbord und hart nach Steuerbord drehte – die *Vector* habe sich so ständig auf einer Schlangenlinie bewegt. Da das Schiff keinen geraden Kurs halten konnte, habe es sicher bei Nacht ein anderes Schiff dadurch verwirren können, daß es abwechselnd die Backbord- und die Steuerbord-Positionslichter zeigte. Bei der Kollision traf die *Vector* auf der Backbordseite mittschiffs in Höhe des Maschinenraumes auf die Dona Paz. Mehrere Explosionen erfolgten, und Sekunden danach brach auf der *Vector* ein Feuer aus. Dieses griff rasch auf die *Dona Paz* über, und auch auf dem Wasser breiteten sich Flammen aus. Unmittelbar nach dem Zusammenstoß trat auf der *Dona Paz* ein Blackout ein, und alle Lichter erloschen. Die wahrscheinlich im Schiffskörper der *Dona Paz* verkeilte *Vector* wurde zunächst noch von der *Dona Paz* mitgeschleppt und schlug dann mit ihrer Steuerbordseite auf die Backbordseite des Fahrgastschiffes. Nun waren beide Schiffe in Flammen eingehüllt.

Was in den nächsten Minuten geschah und wie die 26 Überlebenden der *Dona Paz* und die zwei Besatzungsmitglieder der *Vector* gerettet wurden, ist in dem Untersuchungsbericht nicht dargestellt. Als das zur Hilfe eilende Motorschiff *Solid Uno* an der Unfallstelle eintraf, war die *Dona Paz* offensichtlich schon gesunken, sie wurde jedenfalls nicht gesichtet. Der Tanker *Vector* befand sich dagegen noch brennend auf dem Wasser. Ein anderes Schiff, die *Don Claudia*, sah bei der Annäherung an die Unfallposition eine hohe Rauchsäule und beobachtete auf dem Radarschirm ein Schiff, wahrscheinlich den Tanker *Vector*, das dann plötzlich verschwand. Der Untersuchungsausschuß schlußfolgerte aus dieser und anderen Zeugenaussagen, daß zuerst das Fahrgastschiff *Dona Paz* und dann das Tankschiff *Vector* gesunken seien.

Die Untersuchung

Der Ausschuß prüfte, soweit im nachhinein möglich, die Seetüchtigkeit der beiden Schiffe zum Zeitpunkt der Kollision. Auch hierzu wurde eine Reihe von Zeugen gehört. Es wurde festgestellt, daß die *Dona Paz* ordnungsgemäß besetzt war, Kapitän und Offiziere hatten die notwendigen und gültigen Befähigungszeugnisse. Das Schiff entsprach dem »Internationalen Schiffssicherheitsvertrag SOLAS« für Fahrgastschiffe, hatte über die entsprechenden Dokumente verfügt und war regelmäßig instandgesetzt und besichtigt worden. Die letzte jährliche Dockung, verbunden mit Reparatur- und Wartungsarbeiten, erfolgte vom 14. Oktober bis 3. November 1987, also wenige Wochen vor dem Unfall. Allerdings waren hinsichtlich der Rettungseinrichtungen von 74 Rettungsflößen für insgesamt 1625 Personen 29 nicht jährlich überprüft worden. Die Zahl der an Bord befindlichen Rettungswesten betrug 1850. Die zugelassene Fahrgastzahl war 1518.

Mehrere Zeugenaussagen bestätigten, daß die *Dona Paz* nicht überladen gewesen sei. Die Freibordmarke hätte sich etwa einen Fuß oberhalb des Wassers befunden. Insbesondere bezeugte auch der Hafenlotse von Tacloban, der das Schiff bei der Abfahrt aus dem Hafen begleitet hatte, daß sich die Freibordmarke oberhalb der Wasseroberfläche befunden hätte.

Der für das Anbordgehen der Fahrgäste im Hafen Tacloban Verantwortliche stand auch nach intensiver Befragung fest zu seiner Aussage, daß die Anzahl der Fahrgäste an Bord der *Dona Paz* vor Verlassen des Hafens Tacloban City mit 1493 diejenige gewesen sei, die in der Bordliste registriert wurde. Es ist dann doch verwunderlich, daß im Untersuchungsbericht folgende Formulierung enthalten ist: »Der Ausschuß erklärte ferner, daß die *Dona Paz*, angenommen sie hätte Fahrgäste über ihre normale Kapazität hinaus geladen, weder überladen noch ihre Seetüchtigkeit durch zusätzliche Passagiere eingeschränkt gewesen wäre, da sich ihre Freibordmarke noch oberhalb des Wassers befand«. Zusammenfassend wurde die volle Seetüchtigkeit des Fracht- und Fahrgastschiffes festgestellt.

Bei dem Tanker *Vector* wurden hingegen zahlreiche Verstöße gegen die internationalen Regeln und Vorschriften sowie diejenigen der philippinischen Handelsschiffahrt festgestellt wie:

- Der Kapitän hatte nur das Befähigungszeugnis eines 2. Offiziers, nicht das eines 1. Offiziers.
- Der 2. Offizier hatte ein niedrigeres Befähigungszeugnis als erforderlich.
- An Bord befand sich kein 3. Offizier.
- Es befand sich kein Funkoffizier auf dem Schiff.
- Der 1. Ingenieur verfügte über keinerlei gültiges Befähigungszeugnis.
- Das Zertifikat über durchgeführte Inspektionen des Schiffes war ungültig.
- Die Ruderanlage war defekt. Von zwei Rudergängern manuell betätigt, führte die Ruderanlage zur ständigen Schlangenlinienfahrt des Schiffes.
- Es lagen weitere ernsthafte technische Mängel vor. So war u.a. die Anlaßeinrichtung der Antriebsmaschine defekt.

- Der Untersuchungsausschuß deckte Täuschungen des Betreibers der *Vector* auf. So hatte der Kapitän in der Vergangenheit der Coast Guard Schiffsdokumente vorgelegt, deren Gültigkeitsdauer gefälscht waren.

In seinem abschließenden Bericht erklärte der Untersuchungsausschuß das Tankschiff *Vector* und seine Eigner und Betreiber für alleinschuldig und -verantwortlich für die Kollision und ihre katastrophalen Folgen. Das Betreiben des seeuntüchtigen Schiffes sei risikoreich und ungesetzlich gewesen, und das Schiff hätte eine »schwimmende und sich bewegende Gefahr für die Schiffahrt« dargestellt.

3. MS *Sloman Ranger* wird nach Kollision kieloben abgeschleppt

Bei schlechter Sicht kollidierte am 12. Juni 1981 das deutsche *MS Sloman Ranger* mit dem japanischen *MS Artemis Island* im Mittelmeer vor der algerischen Küste. Vier Besatzungsmitglieder verloren bei dem Unfall ihr Leben.
Das 1979 gebaute Zwei-Schrauben-Frachtschiff *Sloman Ranger* wies eine Länge von 84 m, eine Vermessung von 999 GT und eine Dienstgeschwindigkeit von 12 kn auf.
Das Frachtmotorschiff *Artemis Island* mit 146 m Länge und einer Vermessung von 10.673 GT war 1976 in Dienst gestellt worden. Seine Antriebsleistung betrug 5965 kW.

Die Havarie

Die *Sloman Ranger* hatte den Hafen Rotterdam (Niederlande) am 5. Juni 1981 mit 2014 t Ladung zu einer Reise nach Tunis (Tunesien) verlassen. Nachdem die Straße von Gibraltar passiert war, wurde ein Kurs von O82° gelaufen. Am 11. Juni kurz vor Mitternacht befand sich das Schiff querab von Cap de l'Aiguille.

MS Artemis Island hatte am 9. Juni 1981 um 07.30 Uhr in Benghazi (Libyen) eine Reise zum US-Golf angetreten. Am 11. Juni wurde La Galite passiert und auf einem Kurs von 260° gefahren.

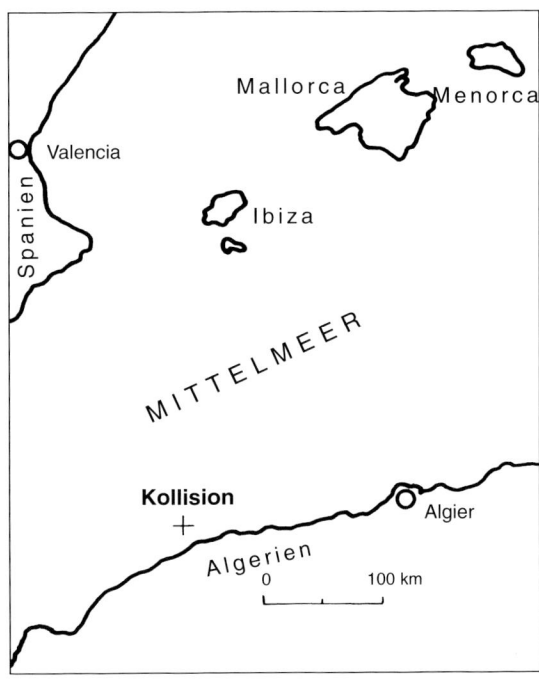

Die Position des *MS Sloman Ranger* zum Zeitpunkt des Unglücks.

Auf der *Sloman Ranger* ging am 12. Juni der 2. Offizier bis 06.00 Uhr die Brückenwache, der Ausguck war besetzt. Von den zwei Radargeräten war nur die Backbordanlage in Betrieb. Um 06.00 Uhr übernahm der Kapitän die Wache. Es war diesig mit einer Sichtweite von nur etwa zwei Seemeilen, eingebettet waren dichtere Nebelfelder. Der Wind blies schwach aus Richtung Osten mit Bft 3.
Im 12-sm-Bereich des Radargerätes befanden sich drei mitlaufende Schiffe. Zwei dieser Mitläufer, die die *Sloman Ranger* überholt hatten, befanden sich etwa sechs beziehungsweise vier Seemeilen Steuerbord voraus. Ein weiteres Schiff auf gleichem Kurs überholte die *Sloman Ranger* an Backbord.

Gegen 06.05 Uhr verließ der 2. Offizier die Brücke und legte sich zur Ruhe, konnte aber nicht einschlafen. Etwa um 06.35 Uhr hörte er, wie die *Sloman Ranger* mit dem Typhon einen langen Ton abgab. Nach Backbord blickend, sah der 2. Offizier ein anderes Schiff. Wenige Augenblicke später erfolgte die Kollision mit der *Artemis Island*.

Die Position war 36° 38'N, 0° 55'O, etwa 12 sm vor der algerischen Küste. Die Sicht zum Zeitpunkt der Kollision betrug höchstens 100 m.

Auf der *Artemis Island* hatte am 12. Juni gegen 05.30 Uhr der 1. Offizier die Wache übernommen. Der Kurs betrug nach wie vor 260°, das Radargerät war eingeschaltet. Der 1. Offizier gab später an, die *Sloman Ranger* erstmals gegen 06.10 Uhr im Radar in einem Abstand von 12 sm geortet zu haben. Ein weiteres Schiff habe sich unter 270° und 10,5 sm Abstand auf Parallelkurs genähert.

Um 06.20 Uhr habe sich die *Sloman Ranger* auf einem O80°-Kurs laufend auf 7 sm genähert. Nun habe er den Kurs der *Artemis Island* von 260° auf 255° geändert. Eine Kursänderung nach Steuerbord hätte er vermieden, um sich dem die *Sloman Ranger* überholenden Schiff nicht zu nähern. Die *Sloman Ranger* habe sich nun auf der Steuerbordseite der *Artemis Island* befunden. Hätte die *Sloman Ranger* ihren Kurs beibehalten, würde der Passierabstand 0,5 sm betragen haben. Aber gegen 06.32 Uhr habe die *Sloman Ranger* plötzlich ihren Kurs nach Steuerbord geändert. Der 1. Offizier der *Artemis Island* bekundete, nun keine Zeit mehr für ein Steuerbord-Manöver gehabt zu haben. Ein bereits um 06.20 Uhr eingeleitetes Backbord-Manöver habe er daher mit »Hart Backbord« fortgesetzt, um eine Kollision zu vermeiden. Innerhalb einer Minute sei es dann doch zum Zusammenstoß mit der *Sloman Ranger* unter einem Winkel von 60°-70° gekommen.

Die *Sloman Ranger* begann nach der Kollision nach Backbord zu krängen. Alles weitere lief dann sehr schnell ab. Auf der Steuerbordseite der Back versuchte der Koch vergeblich, die Rettungsinsel zu lösen. Der 1. Offizier war durch den Typhon-Ton geweckt worden, dann aufgestanden und hatte nach dem Kollisionsstoß seine Rettungsweste angelegt. Ein Matrose war zur Steuerbordseite der Brücke gelaufen und wollte die Steuerbordtür öffnen. Dies gelang trotz der Hilfe durch den Kapitän von innen nicht. Der Matrose bemerkte, daß der Maschinentelegraf auf »Stop« stand. Inzwischen hatte sich die Schlagseite der *Sloman Ranger* auf 90° vergrößert, und der Matrose sprang ins Wasser. Dort sah er den 1. Offizier und fünf weitere Besatzungsmitglieder. Alle sieben Männer, bis auf einen mit angelegter Rettungsweste, schwammen in die Nähe der Backbordseite der *Artemis Island*.

Auf der *Artemis Island* hatte man versucht, das Steuerbord-Rettungsboot auszusetzen, was jedoch wegen im Wasser treibender Container der *Sloman Ranger* nicht gelang. Daraufhin wurde das Backbord-Rettungsboot ausgesetzt. Inzwischen waren die sieben Männer der *Sloman Ranger* an der *Artemis Island* vorbeigetrieben und konnten erst nach etwa 45 Minuten vom Rettungsboot aufgenommen werden. Dieses hatte infolge des dichten Nebels die Verbindung zu seinem Schiff verloren. Nach Abschießen von Leuchtraketen wurden dann alle Bootsinsassen von einem zu Hilfe geeilten griechischen Schiff an Bord genommen.

Der 2. Offizier der *Sloman Ranger* war während des Kenterns mit den Bändern seiner Rettungsweste irgendwo hängengeblieben. Er hatte daher die Rettungsweste ausgezogen, war auch ins Wasser gesprungen und zum Bug der *Artemis Island* geschwommen, wo man ihm einen Tampen zuwarf. Er wurde erst gegen 07.15 Uhr aus dem Wasser geborgen.

Dem Kapitän der *Sloman Ranger*, den beiden Ingenieuren und einem Matrosen gelang es nicht, sich zu retten, und sie fanden bei dem Unfall den Tod.

Die *Artemis Island* hatte bei der Kollision Schäden am Wulstbug, am Vorsteven und dem 1. Laderaum erlitten, konnte jedoch mit eigener Kraft nach Lissabon laufen.

Die gekenterte und kieloben schwimmende *Sloman Ranger* wurde von einem Schlepper nach Cartagena gebracht und dort wieder aufgerichtet. Bei einer Besichtigung der Brückeneinrichtungen wurde unter anderem festgestellt:

- Der Fahrhebel der Backbord-Maschine stand auf »Langsam Voraus«, der Kontrollanzeiger zeigte den Beginn Vorausfahrt an.
- Der Fahrhebel der Steuerbord-Maschine stand auf »Voll Zurück«, der Kontrollanzeiger zeigte den Beginn der Rückwärtsfahrt an.
- Der Kreiselkompaß zeigte einen Kurs von 111°.
- Das Backbord-Radargerät war auf den 3-sm-Bereich geschaltet. Der Peilanzeiger war auf etwa 30° nach Backbord eingestellt.
- Die Brückenuhr stand auf 06.37.18 Uhr.

Die *Sloman Ranger* hatte durch die Kollision ein erhebliches Leck an Backbord erlitten. Nach einer Notreparatur wurde sie nach Bremerhaven geschleppt, ordnungsgemäß repariert und wieder in Fahrt gesetzt.

Die Untersuchung

Die Verhandlung der Kollision fand vor dem Seeamt Bremerhaven statt. Das Seeamt wertete das Verhalten und die Manöver der *Artemis Island* in mehrfacher Hinsicht als Verstöße gegen die Kollisionsverhütungsregeln. *Artemis Island* erfaßte bereits um 06.10 Uhr die *Sloman Ranger* im Radar mit einem Kurs von O82°. Bei einem eigenen Kurs von 260° liefen die beiden Schiffe also fast Steven auf Steven. Bereits die Kursänderung der *Artemis Island* um 06.20 Uhr auf 255° sei ursächlich für die Kollision gewesen, stellte das Seeamt fest, da bei verminderter Sicht Kursänderungen nach Backbord gegenüber einem Schiff vorlicher als querab zu vermeiden sind. Ferner muß eine Kursänderung, wenn sie denn notwendig ist, so groß sein, daß sie durch das Radar des anderen Schiffes klar erkannt werden kann. Die Kursänderung von nur 5° wurde

dafür als wesentlich zu gering angesehen. Auch das um 06.32 Uhr angeordnete Rudermanöver »Hart Backbord« sei nicht richtig gewesen, da der Kurs wiederum unzulässigerweise nach Backbord geändert wurde.

Unter den gegebenen Umständen hätte die *Artemis Island* schon frühzeitig die Geschwindigkeit vermindern müssen, statt bis zur Kollision mit hoher Fahrtstufe zu laufen. Bei der gefahrenen Geschwindigkeit handele es sich nicht um die in einer solchen Situation geforderte »sichere Geschwindigkeit«.

Kritisch betrachtete das Seeamt auch die Rettungsmaßnahmen der *Artemis Island*, die nach ihrer Auffassung schleppend verlaufen seien und keine geübten Handlungen dargestellt hätten.

Durch den Tod der Brückenbesatzung der *Sloman Ranger* gab es keine Zeugen für die ab 06.05 Uhr bis zur Kollision auf der Brücke dieses Schiffes angeordneten beziehungsweise eingeleiteten Manöver. So konnte nicht mit hinreichender Sicherheit geklärt werden, ob auch von der *Sloman Ranger* Ursachen für die Kollision gesetzt wurden. Aus Lage und Anzeige der Brückeneinrichtungen nach der Bergung konnte unter anderem geschlußfolgert werden, daß Maschinenmanöver einschließlich »Stop« gefahren worden sind. Wann und wie im einzelnen, konnte nicht festgestellt werden.

Als erwiesen wurde jedoch angesehen, daß eine Reduzierung der Geschwindigkeit vorgenommen worden war.

Ungeklärt blieb auch, ob die bei der Besichtigung vorgefundene Kreiselkompaßanzeige von 111° eine vom Kapitän vorgenommene Änderung des Kurses nach Steuerbord bedeutete oder eine Drehbewegung des Schiffes durch den Kollisionsstoß im Backbord-Vorschiffsbereich. Die 30°-Stellung des Peilanzeigers zeigte allerdings an, daß unter diesem Winkel ein Ziel an Backbord beobachtet worden war. Dieses Ziel war vermutlich die *Artemis Island*, und man konnte daraus schlußfolgern, daß die *Sloman Ranger* wahrscheinlich eine Kursänderung nach Steuerbord vorgenommen hatte.

4. Fischereifahrzeug *Ladushkin* ge- rammt und überlaufen

Der finnische Tanker *Tebostar* kollidierte am 5. September 1989 in der Ostsee mit dem unter UdSSR-Flagge fahrenden Fischereifahrzeug *Ladushkin*. Bei dem danach erfolgten Untergang der *Ladushkin* fanden alle 15 Besatzungsmitglieder den Tod.

Der Tanker *Tebostar* war 1974 gebaut worden und hatte eine Länge von 109,1 m; die Vermessung betrug 3811 GT, die Tragfähigkeit 6060 t und die Geschwindigkeit 14,8 kn.

Das 1972 fertiggestellte 29,4 m lange Fischereifahrzeug *Ladushkin* lief bei einer Antriebsleistung von 224 kW eine Geschwindigkeit von 9,5 kn. Es war zu 180 GT vermessen und hatte eine Tragfähigkeit von 69 t.

Die Havarie

Am Abend des 5. September 1989 fischten die beiden sowjetischen Fischereifahrzeuge *Ladushkin* und *Matrosovo* in der Ostsee südwestlich von Gotland. Nebeneinander laufend schleppten sie gemeinsam das Fangnetz durch das hier etwa 50 m tiefe Wasser. Um den seitlichen Abstand konstant zu halten, waren sie durch eine 90 m lange Trosse miteinander verbunden, die von jedem Schiff aus durch Scheinwerfer beleuchtet wurde. Beide Schiffe hatten die für ein fischendes Fahrzeug vorgeschriebenen Lichter eingeschaltet: Zwei Topplichter untereinander an dem vorderen Mast, das obere grün und das untere weiß. Dann die beiden üblichen Seitenlichter rot und grün sowie das weiße Hecklicht. Am zweiten Mast führten sie ein weiteres weißes Topplicht, das für diese kleineren Fahrzeuge keine Pflicht war, aber gestattet ist. Das den Schlepp dirigierende Schiff war die *Ladushkin*, die in Fahrtrichtung an der Backbordseite lief. Auf der Brücke der *Ladushkin* befanden sich der Kapitän und der 2. Offizier. Es herrschte gutes Wetter: klare Sicht bis zum Horizont, leichter Wind und ruhige See.

Backbord voraus von diesem Schleppgespann näherte sich der Tanker *Tebostar*. Der Wachoffizier und ein Ausguck bildeten die Brückenwache. Der Ausguck beobachtete den Bildschirm eines der beiden Radargeräte, das auf den 12-sm-Bereich eingestellt war. Bereits in einer Entfernung von 8 sm erkannte er ein Steuerbord voraus befindliches Objekt, die *Ladushkin*, wie sich später herausstellte. Um 23.16 Uhr ermittelte er auf dem Bildschirm die Entfernung zu 5,1 sm und teilte dies dem Wachhabenden mit. Der Ausguck sah optisch zwei Mastlichter, das nähere davon war niedriger, sowie ein rotes Seitenlicht. In der nächsten Umgebung befand sich kein weiteres Schiff. Der Wachoffizier stand auf der Brücke im Bedienbereich des Verstellpropellers. Mit Zustimmung des Wachoffiziers verließ der Ausgucksmann dann die Brücke, um eine Zigarette zu rauchen, die nächste Wache zu wecken und für diese Kaffee zu machen.

Der Wachoffizier blieb nun allein auf der Brücke und begann, das Objekt zu beobachten, das der Ausguck gemeldet hatte. Er peilte dieses auf 10° bis 15° Steuerbord, wobei die Peilung konstant blieb, was Kollisionsgefahr bedeutete. Die Lichter des sich nähernden Schiffes sah er deutlich. Er erkannte nach seiner späteren Aussage zwei weiße Topplichter auf unterschiedlichen Masten und das rote Seitenlicht. Ferner sah er ein Scheinwerferlicht und ein erleuchtetes Deck. Nach seiner Meinung war es ein einzelnes Schiff, das er jedoch nicht als Fischereifahrzeug mit einem zusätzlichen grünen Topplicht erkannte. Der Wachoffizier gab später an, das Schiff auch mittels Fernglas beobachtet zu haben.

Um 23.29 Uhr stellte er mittels Radargerät eine Entfernung von 2,25 sm fest. Um 23.30 Uhr begab er sich an den Kartentisch und sah die Seekarte ein, um sich – nach seiner eigenen Aussage – zu überzeugen, daß keine Untiefen ihn an einer Kursänderung nach Steuerbord hindern würden. Der Kartentisch befand sich hinter einem Vorhang, so daß keine Sicht nach vorne möglich war. Der Wachoffizier gab bei der späteren

Havarieuntersuchung an, daß er nur eine halbe Minute am Kartentisch gestanden hätte.

Um 23.32 Uhr betrug die Entfernung zu den in Wirklichkeit zwei Schiffen nur noch 1,7 sm. Das Echo auf dem Radargerät verschwand nun in der Mitte des Bildschirms, die durch den langen Gebrauch des Gerätes schwarz eingebrannt war. Der Wachoffizier hätte jetzt einen anderen Radarbereich einschalten müssen, um das Echo weiter zu verfolgen, tat dies aber nicht.

Die Steuerbordtür der Brücke war offen, und das Radargerät stand in der Nähe dieser Tür. Der Wachoffizier hätte daher die akustischen Warnsignale hören müssen, die von der *Ladushkin* abgegeben wurden, gab jedoch später an, keine vernommen zu haben. Der Wachoffizier der *Tebostar* gab keine Schallsignale ab.

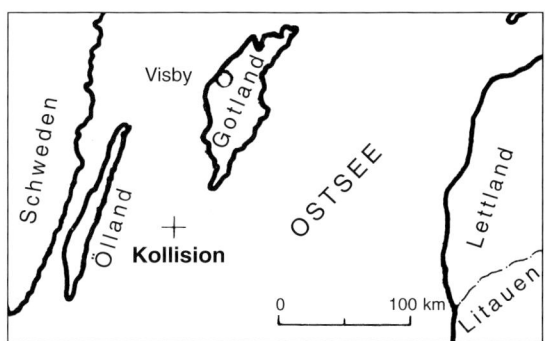

Die Position der *Ladushkin* zum Zeitpunkt des Unglücks.

Auch der weitere Ablauf bis zur Kollision und kurz danach ergab sich aus Zeugenaussagen. Die Untersuchungskommission veranlaßte eine Simulation des Kollisionsvorganges in mehreren Varianten in einem Manöversimulator, in den die Manövriereigenschaften der *Tebostar* eingegeben wurden. Aus dieser Simulation ergab sich der genaue zeitliche Ablauf in den Uhrzeitangaben in Stunde, Minute, Sekunde. Ausgangszeit war der Zeitpunkt der Kollision, der von der Besatzung der *Tebostar* mit 23.40.00 Uhr angegeben wurde.

Um 23.38.50–23.39.20 Uhr betrug der Abstand zwischen der *Tebostar* und der *Ladushkin* nur noch 430–245 m. Kapitän und 2. Offizier auf der *Ladushkin* erkannten nun, daß die *Tebostar* nicht auswich und gaben mehrere kurze Achtung-Schallsignale. Der Wachoffizier auf der *Tebostar* gab – wie bereits erwähnt – später an, diese nicht gehört zu haben. An Bord der *Matrosovo*, dem zweiten Fischereifahrzeug, hatte man diese Signale aber gehört, und der 2. Offizier blickte aus dem Backbord-Fenster des Ruderhauses. Er konnte nichts Außergewöhnliches entdecken, erkannte auch die *Tebostar* nicht – und rief über UKW die *Ladushkin* an, um den Grund für die Schallsignale zu erfahren. Er bekam keine Antwort mehr.

Um 23.39.42–23.39.45 Uhr leitete der Wachoffizier der *Tebostar* ein Steuerbord-Manöver dadurch ein, daß er den Kurs der Selbststeueranlage um 25° nach Steuerbord änderte. In diesem Augenblick war die *Ladushkin* unter 15° Steuerbord voraus nur noch 100 m vom Bug des Tankers entfernt.

Auf der *Ladushkin* sahen Kapitän und 2. Offizier, daß der Tanker in Richtung auf ihr Ruderhaus lief. Erregt legte der Kapitän das Ruder nach Steuerbord. Bis zur Kollision drehte die *Ladushkin* um 29°–34°.

Um 23.40.00 Uhr rammte der Tanker während des Drehens das Fischereifahrzeug. Der Bug der *Tebostar* drang in Höhe der Funkkammer unter einem Winkel von etwa 120° in den Schiffskörper der *Ladushkin* ein.

Um 23.40.12 Uhr kam der Kapitän der *Tebostar* auf die Brücke. Das Heck der *Matrosovo*, des zweiten Fischereifahrzeuges, befand sich nun unter 11° Backbord voraus 30 m vor dem Bug des Tankers. Die Geschwindigkeit des Tankers betrug noch 8 kn. Der Kapitän bemerkte, daß irgend etwas die Bewegung des Tankers verringerte, denn er drehte langsamer und glitt seitlich nach Backbord ab, eine unnormale Situation. »Was ist geschehen?« fragte er den Wachoffizier, erhielt aber keine Antwort.

Die Ladushkin war praktisch aufgespießt worden, sie steckte auf dem Bug der *Tebostar*, die nun weniger als 6 kn lief. Um 23.40.20 Uhr zerriß die am Vorschiff des Tankers hängende *Ladushkin* nacheinander die beiden Schleppleinen der *Matrosovo*.

Bei jedem Zerreißen gab es einen Ruck in der *Matrosovo*. Kapitän und 2. Offizier spürten dies, sahen aus den Fenstern und bemerkten, daß die *Ladushki*n verschwunden war. Statt dessen sahen beide hinter der *Matrosovo* ein großes Schiff.

Um 23.40.40 Uhr hatte die *Tebostar* ihre Drehung beendet. Der Kapitän verringerte die Geschwindigkeit auf »Ganz langsam Voraus«.

Um 23.42.00–23.42.30 Uhr stand der Leitende Ingenieur mit zwei nautischen Offizieren auf der Backbordseite des Hauptdecks der *Tebostar*. Sie sahen auf der Backbordseite des Vorschiffs des Tankers ein dunkles Objekt, das der Bug eines Schiffes zu sein schien. Dieser bewegte sich in senkrechter Richtung 1,5–2,5 m oberhalb des Wassers. Das Heck befand sich entweder unter der Wasseroberfläche oder aber es war abgebrochen. An dem Bug waren 5–6 kyrillische Buchstaben erkennbar. Kurze Zeit darauf verschwand der Bug in Richtung des Hecks der *Tebostar*.

Leitender Ingenieur und 1. Offizier eilten um 23.42.30– 23.43.00 Uhr auf die Brücke des Tankers und informierten den Kapitän über ihre Beobachtungen. Danach gingen sie auf die Backbord-Brückennock und sahen den sinkenden Bug der *Ladushkin*. Die seitlichen Scheinwerfer der *Tebostar* wurden eingeschaltet und erfaßten den Bug. Der Kapitän drehte die *Tebostar* über Backbord auf Gegenkurs. Als dieses Manöver beendet war, wurde der Bug des sinkenden Schiffes nicht mehr gesehen. Trümmer begannen an die Oberfläche zu treiben, aber von der Besatzung der *Ladushkin* war niemand zu sehen.

Die *Tebostar* und die *Matrosovo* begannen mit der Suche nach Überlebenden. Aus einer Skizze des Kapitäns der *Tebostar* über die gefahrenen Manöver zog die Untersuchungskommission die Schlußfolgerung, daß der Tanker jedoch nicht einmal versucht hatte, die genaue Stelle der Kollision zu erreichen. Auch ließ er seine Rettungsboote während der Suchaktion nicht zu Wasser. Die Ersuchen um Hilfeleistung über Funk wurden erst mit ziemlicher Verspätung abgesetzt. Die schwedische Küstenfunkstation Tringstäde-Radio empfing erst 35 Minuten nach dem Unfall einen Hilferuf.

Das schwedische Rettungszentrum leitete sofort alle notwendigen Maßnahmen ein. Insgesamt waren drei Hubschrauber und 20 Schiffe an der Suche nach Überlebenden der *Ladushkin* beteiligt. Es konnte jedoch niemand gerettet werden. Alle 15 sowjetischen Seeleute fanden den Tod.

Die Untersuchung

Die Regierung Finnlands veranlaßte die Bildung einer Kommission, die in engem Kontakt zu schwedischen und sowjetischen Behörden die Untersuchung vornahm. Sowohl von der *Tebostar* als auch von der *Matrosovo* wurden Zeugen gehört und eine Taucheruntersuchung des Wracks der *Ladushkin* veranlaßt. Bei letzterer wurden in 45 m Tiefe Videoaufnahmen von dem ausgedehnten Leck gemacht.

Die Auffassung der Untersuchungskommission über die Ursachen der Kollision unterschied sich beträchtlich von den Darstellungen des Kapitäns und des Wachoffiziers der *Tebostar*. Bei der öffentlichen Anhörung sagten beide zunächst aus, daß die *Ladushkin* ohne Lichter 0,7–1 sm vor der *Matrosovo* gelaufen sei, die von Steuerbord kam und vor die *Tebostar* ausweichen wollte. Die Untersuchungskommission kam dagegen zu folgender Meinung:

Die in 90 m Entfernung nebeneinander fahrenden Fischereifahrzeuge wurden von der *Tebostar* auf dem Radarschirm als ein einziges Echo gedeutet und das sogar auf nur 5,1 sm Entfernung, als das Radargerät auf den 12-sm-Bereich geschaltet war. Optisch mögen die Lichter dem Ausgucksmann als Lichter eines einzigen Schiffes erschienen sein.

Die Darstellung des Wachoffiziers, daß er das sich nähernde Schiff durch ein Fernglas beobachtet hätte, nachdem der Ausguck die Brücke verlassen hatte und das Schiff 1,5–1 sm entfernt war, wurde von der Untersuchungskommission nicht akzeptiert. Beide Schiffe führten vorschriftsmäßig die Lichter als Fischereifahrzeuge, und durch ein Fernglas hätte man diese schon früher als auf eine solche Entfernung erkennen und als zugehörig zu zwei Schiffen identifizieren müssen. Es sei daher vielmehr wahrscheinlich, daß man an Bord der *Tebostar* das sich nähernde Schiff nicht mehr beobachtet hatte, nachdem der Ausguck die Brücke verlassen hatte. Entweder sei der Wachoffizier eingeschlafen, oder er habe sich länger am Kartentisch hinter dem Vorhang aufgehalten, als er erklärt hatte.

Es sei auch wahrscheinlich, daß der Wachoffizier der *Tebostar* entgegen seiner Aussage die Schallsignale der *Ladushkin* gehört habe. Daraufhin sei er auf der Brücke nach vorn geeilt und hätte das Ruder intuitiv nach Steuerbord gelegt. Aber es sei bereits zu spät gewesen, um die Kollision zu vermeiden.

Am Manöversimulator ließ man den Wachoffizier mehrere Manöver durchführen. Es zeigte sich deutlich, daß das von ihm geschilderte Manöver, nämlich Kursänderung, als die *Ladushkin* noch 1,5–1 sm entfernt war, nicht zu einer Kollision geführt hätte. Aber bei der in Wirklichkeit wesentlich später eingeleiteten Kursänderung nach Steuerbord war der Zusammenstoß nicht mehr zu vermeiden.

Das Verschulden der *Tebostar* lag darin, nicht bereits frühzeitig den Fischereifahrzeugen ausgewichen zu sein. Schon als die *Tebostar* von der *Ladushkin* noch 5 sm entfernt war, hätte erkannt werden müssen, daß sich die beiden Schiffe auf Kollisionskurs befanden. Die *Tebostar* hatte in doppelter Hinsicht die Pflicht, rechtzeitig auszuweichen. Unabhängig vom Typ des von Steuerbord kommenden Schiffes war der Tanker das ausweichpflichtige Fahrzeug.

Hinzu kommt dann, daß ein motorgetriebenes Schiff verpflichtet ist, einem fischenden Schiff auszuweichen.

Das Hauptverschulden an dem schweren Unfall lag somit bei der *Tebostar*. Durch leichtfertige Wahrnehmung der Ausguckpflichten und unzureichende Anwendung des Radargerätes sowie Auswertung des Radarbildes wurde gegen die Forderung nach einer ordnungsgemäßen Wachführung verstoßen. Das viel zu späte Einleiten des Ausweichmanövers stellte eine weitere erhebliche Verletzung der Kollisionsverhütungsregeln dar.

Die Untersuchungskommission fand aber auch heraus, daß die Reederei des Tankers *Tebostar* ein unzureichendes Interesse an den Fragen der Sicherheit ihrer Schiffe hatte und sich dieses negativ auf die Arbeitsdisziplin der Kapitäne und Offiziere auswirkte. So hatte die Kommission während einer einzigen Wache eine Reihe von Fehlern in der Art der Wachführung auf der *Tebostar* aufgedeckt. Aber der Kapitän hatte an den Leistungen dieses Offiziers über acht Jahre lang nichts auszusetzen. Selbst nach der Havarie diskutierte er die Ursachen der Kollision nicht mit dem Offizier, »weil er ihn wegen der offiziellen Untersuchung nicht beeinflussen wollte«.

Es sei eine wichtige Aufgabe des Management jeder Reederei, unterstrich die Untersuchungskommission, ihre Schiffsführungen so zu motivieren, daß jederzeit ein hoher Sicherheitsstandard gewährleistet werde.

5. Nur drei Überlebende des *MS Feddy* nach Nebelkollision

Die Motorschiffe *Feddy* und *Sounion* kollidierten am 10. Februar 1981 in dichtem Nebel im Mittelmeer etwa neun Seemeilen nördlich von Algier. Dabei kamen 31 Besatzungsmitglieder der *Feddy* ums Leben, nur drei Mann konnten gerettet werden.

Das Massengutschiff *Feddy* lief unter liberianischer Flagge, hatte eine Tonnage von 11.381 GT und war 1962 gebaut. Die Antriebsleistung betrug 5593 kW, die Geschwindigkeit 15 kn. *MS Sounion* unter griechischer Flagge war ebenfalls ein Massengutschiff, die Vermessung betrug 13.540 GT, die Antriebsleistung von 6622 kW verlieh dem Schiff eine Geschwindigkeit von 15,5 kn.

Die Havarie

Am 10. Februar 1981 befand sich *MS Feddy* voll beladen mit Eisenschrott auf einer Reise von Boston (USA) nach Volos (Griechenland). Das Schiff fuhr in östlicher Richtung an der algerischen Küste entlang. Am gleichen Tag lief die *Sounion* im gleichen Seegebiet westwärts. Sie war von Port Louis (Mauritius) kommend mit Rohzucker als Massengut beladen und befand sich auf der Fahrt nach Großbritannien. Die beiden Schiffe liefen auf nahezu entgegengesetztem Kurs.

Die Position des *MS Feddy* zum Zeitpunkt des Unglücks.

Die See war ruhig, sehr leichter östlicher Wind mit Bft 1. Gegen 05.30 Uhr fuhren beide Schiffe in dichtem Nebel mit einer Sichtweite nahe Null. Die *Sounion* lief mit 11,5 kn auf einem Kurs von 265°. *MS Feddy* fuhr auf O77°-Kurs mit einer Geschwindigkeit von 10 kn. Auf der Backbordseite von *Feddy* fuhr ein drittes Schiff, das *MS Trade Wind*, mit O70°-Kurs. Gegen 05.30 Uhr ortete Trade Wind die *Feddy* auf ihren Radar-Bildschirmen unter etwa 40° Steuerbord und einer Seemeile voraus.

Um 06.45 Uhr erkannte *Sounion* auf ihrem Radar in 17 sm Entfernung zwei Schiffe voraus. Sie befanden sich beide Backbord voraus von der *Sounion*. Der Kapitän war jedoch irrtümlicherweise der Auffassung, daß sich beide Steuerbord voraus befänden, eines unter 2°, das andere unter 15°–20°. Diese Annahme sollte sich als sehr verhängnisvoll erweisen.

Gegen 07.05 Uhr wies der Kapitän der *Sounion* nach Prüfung der Situation eine Kursänderung nach Backbord an, um nach seiner Meinung den beiden sich nähernden Schiffen mehr Raum zu geben. Der neue Kurs von 245° wurde vom 1. Offizier über UKW-Sprechfunk zur Information den beiden Schiffen mitgeteilt. Es erfolgte jedoch keine Antwort.

Um 07.10 Uhr bemerkte *Trade Wind* die *Sounion* Steuerbord voraus unter etwa 20° und 6 sm Entfernung. *Feddy* war nun Steuerbord querab von *Trade Wind* und 3 sm entfernt.

Ebenfalls um 07.10 Uhr gab der 1. Offizier der *Sounion* nochmals Kurs und Geschwindigkeit über UKW bekannt. Dann fragte er das Schiff, das sich später als *MS Feddy* herausstellte, nach dessen Kurs und Geschwindigkeit. Es kam jedoch weder von der *Feddy* noch von der *Trade Wind* eine Antwort.

Um 07.20 Uhr befanden sich *Feddy* und *Sounion* nahezu auf Kollisionskurs, 1,5–2 sm voneinander entfernt. Der Ausguck auf der Steuerbord-Brückennock der *Sounion* rief dem Kapitän zu, daß unter 25°–30° Steuerbord voraus ein Nebelsignal zu hören sei.

Um 07.23 Uhr wies der Kapitän das Ruder »Hart Steuerbord« an. Zwei Minuten später, um 07.25 Uhr, erfolgte die Kollision der *Sounion* mit der *Feddy*. Die Position des Zusammenstoßes war 36°54,5' N, 03°04' O.

Der Nebel war so dicht, daß man von der Brücke der *Sounion* das andere Schiff nicht sehen konnte. Erst als der 1. Offizier und der Bootsmann auf das Vorschiff eilten, erkannten sie dessen Namen und sahen, daß der Bug der *Sounion* auf der Backbordseite kurz vor den Aufbauten in den Schiffskörper der *Feddy* eingedrungen war. Der

1. Offizier der *Sounion* fragte den an Deck kommenden Kapitän der *Feddy*, warum er auf die UKW-Anrufe nicht geantwortet hätte. Dieser sagte, daß sein Radar nicht einwandfrei arbeite und er nicht verstanden hätte, daß die Anrufe an ihn gerichtet seien.

Nachdem die *Sounion* sich von der *Feddy* gelöst hatte, war letztere optisch nicht mehr zu sehen. *Trade Wind*, die auf ihrem Radar die Kollision ebenfalls beobachtet hatte, sah die *Feddy* in 1–1,5 sm Entfernung auf ihrem Radar und lief nun zur Hilfeleistung näher an die beiden Schiffe heran.

Um 07.45 Uhr lagen die drei Schiffe 2,5–4 Kabellängen (450–730 m) auseinander. Nach wie vor war der Nebel dicht, und es bestand kein optischer Sichtkontakt. Zwischen *MS Sounion* und *MS Trade Wind* war UKW-Verbindung hergestellt worden, von *MS Feddy* wurde jedoch nichts gehört.

Gegen 07.50–07.55 Uhr bemerkte der Kapitän der *Trade Wind*, daß sich das Echo der *Feddy* auf dem Radarschirm veränderte und weniger erkennbar wurde. Er teilte dem Kapitän der *Sounion* seinen Verdacht mit, daß die *Feddy* gesunken sein könne. Als sich gegen 08.45 Uhr der Nebel lichtete und die Sicht verbesserte, wurde diese Annahme zur Gewißheit. Von der *Feddy* war nichts mehr zu sehen, dagegen schwammen jedoch ein Rettungsfloß, ein gekentertes Rettungsboot, leere Fässer und Holz auf dem Wasser.

Es konnte nicht genau ermittelt werden, wie lange die *Sounion* und die *Feddy* ineinander verkeilt waren und wie schnell die *Feddy* sank, nachdem die *Sounion* sich von ihr gelöst hatte. Zwei Laderäume der *Feddy* waren stark beschädigt und liefen schnell voll Wasser, was nach 20–30 Minuten zum Sinken führte.

Gegen 09.00 Uhr ließen *Sounion* und *Trade Wind* ihre Rettungsboote zu Wasser und begannen die Suche nach Überlebenden. Auch ein Rettungsboot des griechischen Schiffes *Costas* beteiligte sich an der Rettungsaktion. Es konnten nur drei Überlebende geborgen werden, einer davon aus einem Rettungsfloß. 31 Mann einschließlich Kapitän und Offiziere verloren das Leben. Einer der Überlebenden sagte später aus, daß die *Feddy* plötzlich nach Backbord gekentert und dann schnell über den Bug gesunken sei, während sich die Besatzung auf das Verlassen des Schiffes vorbereitete. Die drei Geretteten hätten sich zum Zeitpunkt des Unterganges auf dem Heck des Schiffes befunden.

Gegen 11.00 Uhr traf ein Boot der Algerischen Coast Guard ein und übernahm die Überlebenden. Mitglieder der Coast Guard gingen an Bord der *Sounion* und leiteten sie in den Hafen von Algier. Der Bug der *Sounion* war stark beschädigt und die Vorpiek geflutet. Das Schiff konnte am 12. Februar den Hafen zur Reparatur in Gibraltar wieder verlassen.

Die Untersuchung

Der Seeunfall wurde sowohl vom griechischen Ministerium für Handelsschiffahrt als auch von der Schiffahrtsbehörde Liberias untersucht. Die hier vorgenommene Darstellung folgt dem liberianischen Bericht.

Es wurden mehrfache Verstöße gegen die »Internationalen Kollisionsverhütungsregeln« festgestellt. Als Hauptursache der Kollision wurde das Versagen des Kapitäns der *MS Sounion* gewertet, sein Radar zur Bestimmung von Kurs, Geschwindigkeit und zu erwartendem Passierabstand der *Feddy* richtig zu nutzen. Sowohl der Kapitän als auch der 1. Offizier der *Sounion* befanden sich auf der Brücke. Der Versuch des 1. Offiziers, Daten über Kurs und Geschwindigkeit der *Feddy* über UKW zu erfragen, seien kein effektives Vorgehen, solche wichtigen Informationen zu erhalten. Dieses führe zu der Annahme, daß weder der Kapitän noch der 1. Offizier der Sounion ausreichend in der Radaranwendung geübt seien. Dies hätte sich auch darin gezeigt, daß die Radarechos der *Feddy* und der Trade Wind fehlerhaft interpretiert wurden.

Auch die Kursänderung nach Backbord, die der Kapitän der *Sounion* gegen 07.05 Uhr angewiesen hatte, wurde als ernster Regelverstoß angesehen. Unter den gegebenen Bedingungen seien weder Backbord-Kursänderungen zulässig gewesen noch eine so geringe Kursänderung, die von der *Feddy* nicht klar erkannt werden konnte. Hätte die *Sounion* ihren anfänglichen Kurs von 265° beibehalten, hätte sie zwischen *Feddy* und *Trade Wind* sicher passieren können.

Die in Anbetracht der äußerst schlechten Sicht zu hohen Geschwindigkeiten von Sounion und *Feddy* stellten erhebliche Regelverstöße beider Schiffe dar.

Die Untersuchung kam zu der Schlußfolgerung, daß dem Kapitän der *Sounion* der größte Teil der Schuld an dem schweren Seeunfall zuzuweisen ist. Die *Feddy* konnte zu dem Ablauf der Kollision nicht gehört werden, da keiner von ihrer Brückenwache das Unglück überlebt hatte.

6. Kollision trotz Radarlotsen – *MS Robert* gesunken

Im Fahrwasser der Außenweser kollidierte am 22. Dezember 1990 in dichtem Nebel das chinesische *MS Yu Lin* mit dem deutschen *MS Robert*. Das *MS Robert* sank kurze Zeit später außerhalb des Fahrwassers. Die gesamte Besatzung wurde gerettet, und es wurde niemand verletzt.

Das *MS Yu Lin* war ein 1972 gebautes Frachtschiff von 160 m Länge, 9758 GT und 8208 kW Antriebsleistung mit einer Dienstgeschwindigkeit von 19 kn. Das 1983 gebaute Containerfrachtschiff *Robert* wies eine Länge von 84,5 m und eine Vermessung von 2778 GT auf. Die 1055 kW Antriebsleistung verliehen dem Schiff eine Geschwindigkeit von 14 kn.

Die Havarie

Das Frachtschiff *Yu Lin* hatte am 22. Dezember 1990 gegen 07.00 Uhr mit Lotsenberatung eine Ballastreise von Bremerhaven nach Gdingen (Polen) angetreten. Der Containerfrachter *Robert* war am 21. Dezember 1990 abends mit einer

Ladung von 90 Containern von Hamburg nach Bremerhaven ausgelaufen. Er hatte am 22. Dezember um 05.58 Uhr den Leuchtturm »Alte Weser« passiert und damit begonnen, in die Außenweser einzulaufen. Ein Lotse war nicht an Bord, da sowohl der Kapitän als auch der 1. Offizier für das Weserrevier von der Lotsenpflicht befreit waren.

Vom Kapitän der *Yu Lin* wurde vor dem die Havarie untersuchenden Seeamt Bremerhaven ausgesagt, daß sich auf der Brücke außer dem Lotsen und ihm der 4. Offizier, ein Rudergänger und ein Ausguck befunden hätten. Der 1. Offizier und der Zimmermann wären auf der Back gewesen. Von den zwei Radargeräten hätte sich eines in Betrieb und das andere in Bereitschaft befunden. Die Sicht sei beim Ablegen in Bremerhaven gut gewesen. Nach späterer Sichtverschlechterung habe der Lotse Radarberatung von Land angefordert. Die dabei geführten Gespräche in deutscher Sprache habe er nicht verstanden.

Der Lotse der *Yu Lin* berichtete, daß nach zu Beginn langsamer Fahrt um 07.29 Uhr die Geschwindigkeit auf 14 kn erhöht worden sei. Das Schiff sei luvgierig gewesen, was bei dem SW-Wind mit Bft 5 eine Tendenz nach Backbord bedeutete. Bei der zunächst guten Sicht habe er optisch nach den Leuchttonnen navigieren können. Bei Tonne 46 sei es leicht diesig geworden, und er habe um Radarberatung gebeten. Noch um 07.46 Uhr habe er die Tonne 44 optisch gesichtet und diese auf der richtigen Fahrwasserseite passiert. Kurz darauf sei das Schiff in eine Nebelwand mit geringer Sicht geraten, und das Radargerät sei auf den Bereich 1,5 sm geschaltet worden. Dieser Bereich sei bis zur Kollision beibehalten worden. Die Radarleitzentrale Bremerhaven habe ihm um 07.48 Uhr über UKW mitgeteilt, daß sein Kurs westliche (Backbord-) Tendenz habe. Den vorher gelaufenen Kurs von 305° hätte er nun auf 315° ändern lassen. Nachdem ein entgegenkommendes Schiff (*Okapi II*) an Backbord in einem Abstand von 80–100 m passiert worden war, habe er bemerkt, daß die *Yu Lin* immer noch westliche Tendenz gehabt hätte.

Der Rudergänger habe daher die Anweisung »mehr Steuerbord« erhalten.

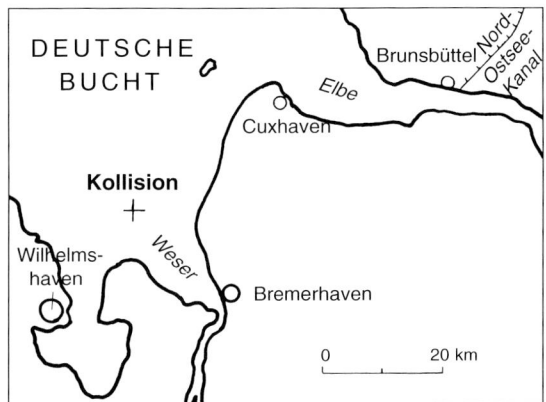

Die Position des *MS Robert* zum Zeitpunkt des Unglücks.

Gegen 07.50 Uhr sei die Tonne 42 passiert worden. Die Radarleitzentrale habe ihm nun empfohlen, mehr nach Osten (Steuerbord) zu halten. Auf dem Radarschirm sei Steuerbord voraus in etwa 0,75 sm Entfernung ein entgegenkommendes Schiff wahrgenommen worden. Nach der Kursänderung der *Yu Lin* sei der Gegenkommer frei an Backbord gewesen. Der Radarlotse habe erneut die Empfehlung gegeben, weiter nach Steuerbord zu gehen. Sofort sei das Ruder auf »Hart Steuerbord« gelegt und die Maschine auf »Stop« beordert worden. Etwa um 07.51 Uhr sei die Kollision erfolgt. Der Wulstbug der *Yu Lin* habe die Steuerbordseite des *MS Robert* an Achterkante Back getroffen.

Der Kapitän des Containerschiffes *Robert* berichtete vor dem Seeamt, daß er um 07.34 Uhr die Tonne 37 nahebei an Steuerbord passiert hätte. Die Brücke sei zunächst nur mit ihm besetzt gewesen. Einem vor ihm den gleichen Kurs fahrenden Schiff, der *Okapi II*, hätte er sich langsam genähert. Gegen 07.40 Uhr sei eine schnelle Sichtverminderung eingetreten, und er habe einen Decksmann als Ausguck auf die Brücke gerufen. Gleichzeitig habe er die Geschwindigkeit auf »Halbe Voraus« verringert, da er den Vorausläufer nun nicht mehr überholen wollte. Das Radargerät sei von 6 sm auf 3 sm geschaltet

worden. Er habe dabei erkannt, daß sich ein entgegenkommendes Schiff zügig der *Robert* nähere. Über UKW habe er dann gehört, daß die Radarleitzentrale besetzt worden sei, und er habe sich daraufhin bei der Leitzentrale gemeldet. Er habe auch gehört, wie diese die *Yu Lin* zweimal gerufen und aufgefordert hätte, weiter nach Steuerbord zu gehen. *MS Robert* sei hart am Steuerbord-Tonnenstrich geblieben. Mit verschiedenen Stellungen seines Verstellpropellers habe er versucht, die Geschwindigkeit seines Schiffes weiter zu vermindern. Dann sei die *Robert* vom Radarberater gerufen und aufgefordert worden, noch weiter nach Steuerbord zu gehen. In diesem Augenblick sei die *Yu Lin* an Steuerbord in Sicht gekommen. Sie sei zwischen *Okapi II* und der *Robert* über die Kurslinie seines Schiffes gelaufen und habe erst dann den Kurs nach Steuerbord geändert. In einem Winkel von etwa 30° hätte die *Yu Lin* sein Schiff getroffen und sei etwa 10 m in den Schiffskörper eingedrungen. Er habe Generalalarm ausgelöst, und die Besatzung hätte sich in kurzer Zeit mit Rettungswesten auf der Brücke versammelt.

Auch die beiden Radarlotsen der Radarleitzentrale Bremerhaven wurden vor dem Seeamt gehört. Sie hatten sich während der Radarberatung gegenseitig abgelöst. Der zuletzt tätige Radarlotse führte aus, daß er nach Übernahme der Beratung gesehen habe, wie *Yu Lin* trotz angekündigter Kursänderung weiter mit westlicher Tendenz (nach Backbord) gefahren sei. Er hätte dem Lotsen auf der *Yu Lin* daraufhin mitgeteilt, daß er weiter nach dem Osten müsse. Nachdem er die Kollisionsgefahr erkannt habe, hätte er beiden Schiffen sofort Maßnahmen zur Vermeidung eines Unfalls empfohlen.

Aus den Aufzeichnungen der UKW-Gespräche unmittelbar vor der Kollision ist folgendes entnommen:

7.49.30 Uhr
Der zuletzt tätige Radarberater: »*Yu Lin*, guten Morgen. Du mußt weiter rüber zum Osten. Du bist schon Mitte West.«

Yu Lin: »Ja, okay.«

7.50.20 Uhr

Radarberater: »*Yu Lin*, Du mußt jetzt rigoros nach Osten rüber, die *Robert* kommt Dir entgegen. Ihr habt noch westliche Tendenz.«

Yu Lin: »Steh' ich jetzt auf Osten?«

7.50.30 Uhr

Radarberater: »*Yu Lin*, weiter rüber nach Steuerbord.«

»*Robert*, gehen Sie auch noch ein bißchen weiter rüber zum Westen, nach Steuerbord.«

7.50.40 Uhr

Radarberater: »*Robert*, weiter nach Steuerbord rüber, das Ruder >Hart Steuerbord<.«

7.51.30 Uhr

Robert: »Der ist mir voll reingekommen von Steuerbordseite. Der kam auf der ganz verkehrten Seite längs.«

Nach der Kollision trieben beide Schiffe ineinander verkeilt mit dem Ebbstrom seewärts. Ein zufällig vorbeikommender Schlepper drückte sie später aus dem Fahrwasser heraus an die östliche Wattkante. *MS Robert* krängte auf etwa 25°. Da die Gefahr des Sinkens bestand, wurde die Besatzung vom Schlepper übernommen. Später gerieten die noch ineinander verkeilten Schiffe auf Grund. Es gelang mehreren Schleppern nicht, die Schiffe auseinanderzuziehen. Die Trennung trat erst ein, als das *MS Robert* mit auflaufendem Hochwasser immer tiefer eintauchte, sich auf die Steuerbordseite drehte und sank. Ein kompletter Lukendeckel mit sechs Containern blieb dabei im Steven des *MS Yu Lin* hängen und konnte nach Abbergen der Container erst am nächsten Tag in Bremerhaven entfernt werden.

Dem *MS Robert* war bei der Kollision Steuerbord mittschiffs der Schiffskörper oberhalb des Doppelbodens aufgerissen. Die Größe des Lecks betrug etwa 10 x 10 m. Das Schiff wurde am 1. Februar 1991 gehoben und wieder repariert. Das *MS Yu Lin* erlitt eine starke Einbeulung des Wulstbugs und einen etwa 10 m langen Riß des Vorschiffes oberhalb des Wulstes.

Die Untersuchung

Das Seeamt Bremerhaven kam nach Anhörung der Zeugen und Auswertung der Radaraufzeichnungen der Radarleitzentrale zu nachfolgender Einschätzung und Beurteilung des Unfalls.

Nachdem die *Yu Lin* zunächst auf der richtigen Seite des Fahrwassers fuhr, tendierte sie ab etwa 07.45 Uhr zur falschen Fahrwasserseite und querte im weiteren Verlauf das Fahrwasser zum Westen hin. Die Ursachen dafür konnten nicht genau geklärt werden. Es wurde angenommen, daß der Rudergänger unaufmerksam gewesen und nach Backbord abgewichen sei. Spätestens um 07.47 Uhr hätten Lotse und Kapitän die Kursabweichung erkennen und korrigieren müssen. Es wurde als Verstoß gegen die Kollisionsverhütungsregeln gewertet, daß Kurs und Schiffsposition nicht regelmäßig überprüft worden waren.

Das Vorschiff des Frachters *Darfur* drang bei einer Kollision vor Le Havre (Frankreich) im November 1995 tief in den Maschinenraum des Gastankers *Happy Fellow* ein.

Der Lotse der *Yu Lin* wurde als alleinverantwortlich dafür angesehen, daß trotz mehrfacher Empfehlungen der Landradarberater der Kurs nicht rechtzeitig und energisch genug nach Steuerbord geändert wurde. Auch dies wurde als Nichteinhaltung der Kollisionsverhütungsregeln angesehen sowie als Verstoß gegen die seemännische Sorgfaltspflicht eines Lotsen gegenüber der Schiffsführung.

Als von Kapitän und Lotsen gemeinsam zu vertreten wurde der Verstoß gegen die Kollisionsverhütungsregeln hinsichtlich der Einhaltung einer sicheren Geschwindigkeit gewertet. Nach Eintreten der starken Sichtverschlechterung gegen 07.40 Uhr hätte die Geschwindigkeit von etwa 20 kn (über Grund mit dem ablaufenden Ebbstrom) sofort erheblich reduziert werden müssen. Damit hätte man auch Zeit für die eigene Kurs- und Positionsüberwachung sowie die Beobachtung des entgegenkommenden Verkehrs gewonnen und den Unfall mit hoher Wahrscheinlichkeit vermeiden können.

Ein Mitverschulden des Kapitäns des *MS Robert* an der Havarie wurde vom Seeamt nicht erkannt. Dieses Schiff sei mit einer sicheren Geschwindigkeit gefahren und hätte sich spätestens ab 07.48 Uhr auf der richtigen Fahrwasserseite hart am Steuerbord-Tonnenstrich gehalten.

7. *MS Merlin* läuft in die Kurslinie eines Tankers

Am 16. Dezember 1991 kollidierten auf der Unterelbe unterhalb von Cuxhaven der französische Tanker *Esso Parentis* und der deutsche Stückgutfrachter *Merlin*. Das *MS Merlin* wurde schwer beschädigt, konnte aber schwimmfähig gehalten werden. Personen kamen bei dem Unfall nicht zu Schaden.

Das 13.544-BRT-Tankmotorschiff *Esso Parentis* wies eine Länge von 161,20 m auf und hatte eine Antriebsleistung von 6912 kW, die eine Dienstgeschwindigkeit von 14 kn ermöglichte. Das 1973 fertiggestellte Schiff war unter anderem mit zwei Radargeräten ausgerüstet, von denen eines mit einem ARPA-Gerät verbunden war.

Das 999-BRT-Motorschiff *Merlin* war 1989 gebaut, hatte eine Länge von 92,50 m und eine Antriebsleistung von 1470 kW. Die Dienstgeschwindigkeit betrug 12 kn. Zur Navigationsausrüstung gehörten auch zwei Radargeräte.

Die Havarie

Die *Esso Parentis* hatte in Hamburg 18.000 t Benzin gelöscht. Nach der Entladung waren die Ladungstanks weder gereinigt und entgast noch inertisiert worden. Am 15. Dezember 1991 um 23.06 Uhr verließ das Schiff Hamburg wieder zu einer Reise nach Coryton (Großbritannien). Die *Esso Parentis* lief nun praktisch in Ballast, hatte jedoch noch 750 t Kraftstoff an Bord. Vor Brunsbüttel kam am 16. Dezember um 01.57 Uhr der Lotse an Bord. Nun befanden sich Kapitän und Lotse auf der Brücke, ferner der Wachoffizier, ein Rudergänger und ein Ausguck. Das Schiff lief 12,5 bis 13 kn. Die Breite des Fahrwassers betrug zwischen den Tonnen 32 bis 29 840–930 m. Zwischen den Tonnen 32 bis 30 lief die *Esso Parentis* etwa 200 m nördlich der für seewärts steuernde Fahrzeuge bestimmten Radarlinie. Die beiden Radargeräte waren in Betrieb und wurden nach Bedarf auf verschiedene Bereiche geschaltet. Vor der *Esso Parentis* lief ein kleineres Schiff elbabwärts, das *MS Merlin*, zu dem die *Esso Parentis* langsam aufschloß.

Das *MS Merlin* hatte in Iggesund (schwedische Ostküste) Schnittholz geladen und befand sich auf einer durch den Nord-Ostsee-Kanal führenden Reise nach Rochefort (französische Biskaya-Küste). Am 16. Dezember 1991 um 01.40 Uhr verließ das Schiff die Schleuse des Nord-Ostsee-Kanals in Brunsbüttel und lief dann mit 12 kn elbabwärts. Auf der Brücke befanden sich der Kapitän, der 1. Offizier und ein Ausguck. Ein Lotse war nicht an Bord, da der Kapitän die Unterelbe bereits seit 15 Jahren befuhr und daher gut kannte. Das Schiff fuhr zunächst noch mit eingeschalteter Selbststeueranlage. Das auf den 3-sm-Bereich geschaltete Backbord-Radar wurde vom 1. Offizier beobachtet, das Steuerbord-Gerät vom Kapitän, ebenfalls auf 3 sm eingestellt.

Als sich die *Esso Parentis* zwischen den Tonnen 32 und 30 befand, trat eine Sichtverminderung der bis dahin guten Sicht auf etwa 500 m ein. Gegen 03.08 Uhr befand sich die *Merlin* an

Steuerbord der *Esso Parentis* etwa 0,5 sm voraus bei einem Parallelabstand von mindestens 200 m. Für das bevorstehende Überholmanöver hatte der Lotse einen solchen Seitenabstand mit dem Kapitän abgesprochen. Die *Esso Parentis* lief nun in den Bereich der Landradarstation Neuwerk II ein, und der Lotse forderte landseitige Radarberatung durch diese Station an.

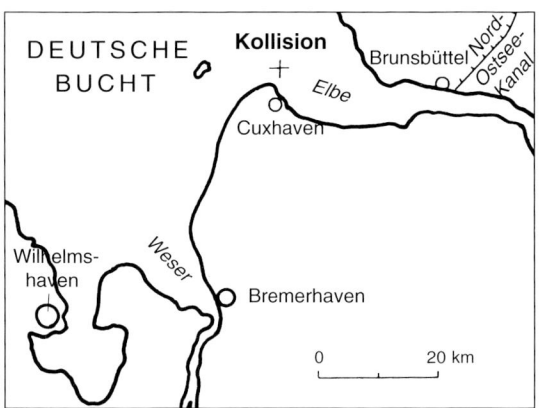

Die Position des *MS Merlin* zum Zeitpunkt des Unglücks.

Als die *Merlin* noch etwa 400 m voraus war, nahm der Lotse eine gefährliche Annäherung dieses Schiffes in Richtung auf die Kurslinie der *Esso Parentis* wahr. Auch der Radarberater von Neuwerk II machte auf die Annäherung der *Merlin* aufmerksam. Die *Esso Parentis* leitete ein Rudermanöver »Hart Backbord« sowie das Maschinenmanöver »Stop« ein, konnte aber die Kollision gegen 03.18 Uhr nicht mehr verhindern.

Der Kapitän der *Merlin* gab später an, daß er zunächst parallel zum Tonnenstrich in etwa 20 m Entfernung gefahren sei. Die Tonne 32 habe er jedoch in geringerem Abstand, etwa zehn Meter, passiert. Sowohl optisch als auch durch Radarbeobachtung habe er dann festgestellt, daß die *Merlin* durch den Flutstrom in Richtung Tonnenstrich versetzt würde, und er habe den Kurs von 327° auf 320° geändert. Das Tankmotorschiff *Esso Parentis* habe er zum ersten mal wahrgenommen, als dieses noch etwa 3 sm hinter der *Merlin* war. Der Kapitän der *Merlin*

gab weiter an, daß er den Eindruck gehabt habe, daß auch die *Esso Parentis* durch die aufkommende Flut nach Steuerbord versetzt würde. Nach Passieren der Tonne 30 sei die *Merlin* plötzlich in eine Nebelbank gelaufen, und er sei auf Handsteuerung übergegangen. Später habe er auf dem Radarschirm festgestellt, daß die *Esso Parentis* nur noch eine Kabellänge (183 m) an Backbord hinter ihm gestanden hätte. Zum seitlichen Abstand oder dem Winkel, unter dem er die *Esso Parentis* ausgemacht habe, könne er nichts sagen. Nach Steuerbord habe er nicht weiter ausweichen können, da er die Tonne 28 eben an seiner Steuerbordseite passiert hätte. Dann habe er den 1. Offizier auf die Nock geschickt, um Ausguck zu halten. Kurz danach sei dieser wieder zurückgekommen und hätte gerufen, daß die *Esso Parentis* unmittelbar auf die *Merlin* zuhalte. Es solle »Hart Steuerbord« gesteuert werden.

Der Kapitän habe sofort entsprechend gehandelt, und das Schiff hätte auch begonnen, leicht nach Steuerbord zu drehen. Aber die Kollision habe sich nun nicht mehr vermeiden lassen, und die *Esso Parentis* habe die *Merlin* zweimal gerammt. Beim ersten Stoß sei der hintere Kran der *Merlin* getroffen worden, und nach dem zweiten Stoß seien die beiden Schiffe ineinander verkeilt gewesen.

Die *Merlin* bekam nach der Kollision eine starke Schlagseite nach Backbord. Der Kapitän setzte über UKW-Kanal 16 einen »Mayday«-Notruf ab und rief sofort die Besatzung zusammen. Vier Besatzungsmitglieder konnten an Bord der *Esso Parentis* gelangen, und fünf wurden von einem Rettungsboot aufgenommen, das sofort nach dem Hilferuf von Cuxhaven ausgelaufen war.

Die *Merlin* konnte schwimmfähig gehalten werden und wurde später von mehreren Schleppern nach Cuxhaven gebracht.

Die Untersuchung

Die mündliche Verhandlung des Seeunfalls fand vor dem Seeamt Hamburg statt. Aus den Aussagen von Kapitän und Lotsen der *Esso*

Parentis ergab sich, daß die *Merlin* von etwa 03.07 Uhr bis 03.18 Uhr unter einer Seitenpeilung von etwa 14° an Steuerbord beobachtet worden sei. Beide bekundeten übereinstimmend, bis wenige Sekunden vor der Kollision nur das Hecklicht der *Merlin* gesehen zu haben und erst zwei bis fünf Sekunden vor der Kollision das rote Seitenlicht. Der Kapitän führte aus, daß die *Merlin* kurz vor 03.18 Uhr ihren Kurs schnell nach Backbord in die Kurslinie der *Esso Parentis* hinein geändert habe. Die Entfernung des Hecks der *Merlin* von der Brücke der *Esso Parentis* hätte in diesem Augenblick etwa 300 m betragen. Aus diesen und anderen Angaben ermittelte das Seeamt, daß einige Minuten vor der Kollision der Seitenabstand zwischen beiden Schiffen noch etwa 90 m betragen haben müßte.

Über den Kollisionswinkel wurden von den Kapitänen der beiden Schiffe sehr unterschiedliche Angaben gemacht. Das Seeamt wertete daher Fotos der Schäden an beiden Schiffen aus, übertrug diese auf Folien mit der Darstellung der Schiffslinien und brachte die Folien zur Deckung. Daraus wurde für den Hauptstoß der Kollision ein Winkel zwischen 30° bis 40° festgestellt.

Das Seeamt kam zu der Auffassung, daß sich die Kurse der beiden Schiffe jedoch unter einem kleineren Winkel gekreuzt hätten. Bei Annäherung des Vorschiffs der *Esso Parentis* an das Heck der *Merlin* hätte der Bugstau der *Esso Parentis* schon eine gewisse Backbord-Drehung der *Merlin* bewirkt. Diese sei dann wahrscheinlich durch den leichten Kollisionsstoß auf das Hinterschiff der *Merlin* weiter verstärkt worden und habe erst damit zu dem Kollisionswinkel von 30° bis 40° beim Hauptstoß geführt.

Bei der Verhandlung wurde auch ein Zeuge gehört, der sich zum Zeitpunkt der Kollision mit seinem Schiff im Radarbereich von Neuwerk II befand. Er berichtete, er habe auf dem Radarschirm beobachtet, wie sich ein Echo von der Tonne 30 löste, eine südliche Tendenz aufnahm und dann der *Esso Parentis* vor den Steven lief.

Der Radarlotse von Neuwerk II bekundete vor dem Seeamt, daß nach seinen Beobachtungen die beiden Schiffe bis zur Tonne 30 parallel in einem Abstand von 150 bis 200 m gelaufen seien. Den weiteren Verlauf habe er nicht beobachten können, da er sich anderen Schiffen zuwenden mußte.

Das Seeamt kam abschließend zu der Auffassung, daß das Motorschiff *Merlin* nach Passieren der Tonne 30 den bis dahin als Leitlinie seines Kurses benutzten Tonnenstrich verließ, einen Kurs in südliche Richtung aufnahm, dadurch in die Kurslinie des Tankmotorschiffes *Esso Parentis* geriet und mit diesem Schiff kollidierte. Mit der Kursänderung nach Süden habe der Kapitän der *Merlin* gegen die Vorschrift verstoßen, im Fahrwasser so weit wie möglich rechts zu fahren. Bei gehöriger Benutzung des Radargerätes wäre die Kursänderung vermeidbar gewesen.

Dem Lotsen und dem Kapitän der *Esso Parentis* wurde der Vorwurf gemacht, für das vorgesehene Überholen der *Merlin* einen ungenügenden Seitenabstand gehalten zu haben. Bei richtigem Gebrauch der Radargeräte hätte man die Kollisionsgefahr erkennen müssen.

8. »Helle Flecken« auf dem Bildschirm der *Tuo Hai*

Am Morgen des 22. Juli 1991 kollidierten in dichtem Nebel das chinesische Massengutschiff *Tuo Hai* und das japanische Fischverarbeitungsschiff *Tenyo Maru* vor der Insel Vancouver (Kanada). Die *Tenyo Maru* sank innerhalb weniger Minuten. Von den 78 Mann Besatzung konnten bis auf einen alle gerettet werden.

Das 1984 gebaute Massengutschiff *Tuo Hai* war 189,7 m lang, mit einem Wulstbug versehen und hatte eine Tonnage von 26.959 GT, die Antriebsleistung betrug 7652 kW. Maschinenraum, Brücke und Unterkünfte für die 36 Besatzungsmitglieder waren hinten angeordnet, davor befanden sich fünf Laderäume. Zur Navigationsausrüstung gehörten unter anderem zwei Radargeräte, die auf ein ARPA-Gerät geschaltet werden konnten.

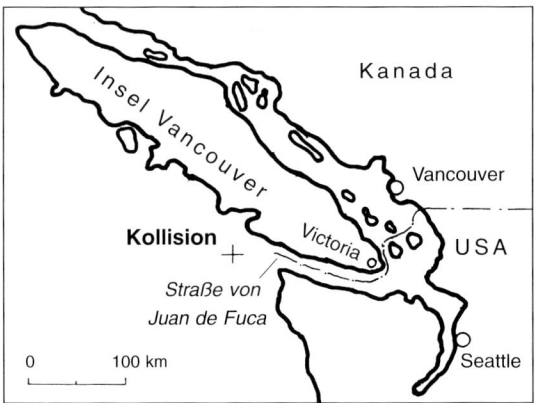

Die Position der *Tuo Hai* zum Zeitpunkt des Unglücks.

Das Fischverarbeitungsschiff *Tenyo Maru* war 1971 fertiggestellt worden, wies eine Vermessung von 4240 GT auf und hatte eine Länge von 111,5 m. Die Leistung des hinten angeordneten Antriebsdiesels betrug 4293 kW. Aufbau mit Brücke befanden sich auf 1/3 der Schiffslänge von vorn. Das Schiff konnte sowohl für Fischverarbeitung und Fischmehlherstellung als auch für den Fischfang eingesetzt werden. Die Navigationsausrüstung bestand unter anderem aus zwei Radargeräten, eines davon als ARPA-Gerät ausgebildet.

Die Havarie

Die *Tuo Hai* hatte am 7. Juli 1991 den Hafen Quingdao (China) verlassen und befand sich auf einer Reise in Ballast nach Vancouver (Kanada). Als voraussichtliche Ankunftszeit bei der Lotsenstation Victoria (Südspitze der Insel Vancouver) hatte sie 22. Juli, 15.00 Uhr, mitgeteilt. Am 22. Juli, 04.00 Uhr, befand sich das Schiff etwa 70 sm westsüdwestlich des Leuchtfeuers Kap Beale und lief in Richtung des Verkehrsweges, der in die Straße von Juan de Fuca hineinführt. Um 08.00 Uhr befanden sich mehrere

Schiffe drei bis fünf Seemeilen Backbord und Steuerbord voraus der *Tuo Hai*, deren Kurs 101° betrug. Beide Radargeräte waren in Betrieb, jedoch keines auf das ARPA-Gerät geschaltet. Der Kapitän beobachtete das Radar auf der Steuerbord-Seite der Brücke, der Wachoffizier das Gerät auf der Backbord-Seite. Das Schiff lief »Voll Voraus« mit 14,4 kn.

Um 08.16 Uhr wurde die Drehzahl der Hauptmaschine von 92,4 auf 80 Umdrehungen pro Minute herabgesetzt. Wenige Minuten später, um 08.23 Uhr, wurde voraus in mehr als zwei Seemeilen Entfernung ein Schiff gesichtet. Etwa zur gleichen Zeit lief die *Tuo Hai* in eine Nebelbank, die die Sicht auf etwa 50 m reduzierte. Der Kapitän veranlaßte, daß das automatische Nebelsignal ein- und das ARPA-Gerät zugeschaltet wurden. Letzteres benötigte nach dem Einschalten mindestens vier Minuten bis zur vollen Betriebsfähigkeit.

Das Wetter war ruhig, es war S-Wind mit Stärken zwischen 2 und 15 kn vorhergesagt, die Wellenhöhe betrug einen Meter und weniger. Die Wettervorhersage hatte auf Nebelbänke mit Sichtweiten nahe Null hingewiesen.

Die *Tenyo Maru* war am 26. Juni vom Hafen Angeles (Washington, USA) zu den Fischfanggründen westlich der Insel Vancouver ausgelaufen. Gelegentlich fischte sie, war aber vornehmlich mit der Verarbeitung von Fisch befaßt, der ihr von kleinen kanadischen Fischerbooten zugeliefert wurde. Am 22. Juli war vorgesehen, den Betrieb nach 08.00 Uhr wieder aufzunehmen, beginnend mit der Übernahme von Fisch vom kanadischen Fischfänger *Viking Pride*. Um 07.00 Uhr wurde die Wache gewechselt. Der Kurs betrug zu dieser Zeit 130°, die Geschwindigkeit 4,5 bis 5 kn. Die Sicht war gut. Ein Radargerät war auf den 12-sm-Bereich geschaltet.

Um 07.30 Uhr verschlechterte sich die Sicht durch Nebel. Um Fischfängern auszuweichen, wurden nun wechselnde Kurse gefahren. Gegen 08.00 Uhr wurde der Kapitän gerufen, der sich auf der Brücke hinter dem ARPA-Gerät postierte.

Der Schiffsverkehr westlich der Insel Vancouver wird von der Verkehrsleitzentrale Tofino (Tofino-VTS) beobachtet und überwacht. Innerhalb der Überwachungszone, die sich in einer Breite von 12 sm entlang der Inselküste erstreckt, ist es für jedes Schiff Pflicht, sich im Rahmen des Schiffsmeldesystems über UKW bei Tofino-VTS zu melden. Für Schiffe, die sich außerhalb dieser Zone bewegen, wird eine Teilnahme am Meldesystem empfohlen. Da die Radareinrichtungen von Tofino-VTS weit über die offizielle Überwachungszone hinausreichen, können Schiffe bereits vor Erreichen dieses Gebietes verkehrssichernd beraten werden.

Tofino-VTS sichtete die *Tuo Hai* erstmals um 04.07 Uhr auf dem Radar und rief das ihr unbekannte Schiff unter Angabe der Position über UKW-Kanal 16 an. Weder dieser Anruf noch ein weiterer um 07.10 Uhr wurden beantwortet, obgleich der Inhalt der Anrufe kurz und präzise war. Nachdem Tofino-VTS Fischereifahrzeuge in der Nähe der *Tuo Hai* um Unterstützung gebeten hatte, teilte eines dieser Fahrzeuge, das den Namen *Tuo Hai* an dem Massengutfrachter erkannt hatte, dieses an Tofino-VTS um 08.24 Uhr mit. Um 08.28 Uhr rief Tofino-VTS die *Tuo Hai* unter Nennung ihres Namens, und nun wurde geantwortet.

Um 08.30 Uhr informierte Tofino-VTS die *Tuo Hai*, daß sich auf ihrem Kurs Fischereifahrzeuge befänden und forderte sie auf, den Kurs nach Süden zu ändern. Eines der Schiffe im Kursverlauf der *Tuo Hai* war die *Tenyo Maru*. Der Kapitän der *Tuo Hai* faßte die Aufforderung von Tofino-VTS als allgemeine Information über die Anwesenheit von Fischereifahrzeugen auf und veranlaßte keinerlei Manöver seines Schiffes. Als bei der späteren Untersuchung die Tonbandaufzeichnung von Tofino-VTS mit der Erklärung des Kapitäns verglichen wurde, erkannte man, daß dieser nur wenige Worte verstanden und die Bedeutung der Aufforderung nicht erfaßt hatte. Es stellte sich heraus, daß der Kapitän und die an der Kollision beteiligten Offiziere nur sehr geringe Kenntnisse der englischen Sprache hatten.

Wenige Minuten nach der Aufforderung von Tofino-VTS an *Tuo Hai*, den Fischereifahrzeugen auszuweichen, erfolgte die Kollision mit der *Tenyo Maru*. Die *Tuo Hai* war dem Fischverarbeitungsschiff mit 13 kn unter einem Winkel von etwa 80° in die Steuerbordseite gefahren.

Kapitän und Offiziere der *Tuo Hai* berichteten später, daß auf ihrem Radarschirm helle Flecken gewesen wären, die man auf den Nebel zurückgeführt habe. Die *Tenyo Maru* sei nicht auf dem

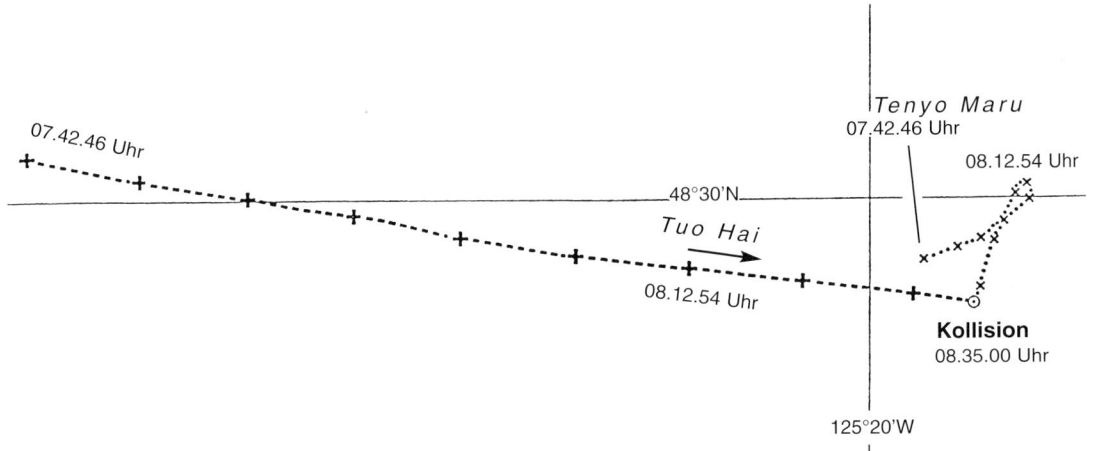

Kollision der Schiffe *Tuo Hai* und *Tenyo Maru*. Kursverläufe und Uhrzeiten nach den Radaraufzeichnungen von Tofino-VTS.

Radar erkannt worden, man habe sie erst wenige Sekunden vor der Kollision optisch gesichtet. Die Hauptmaschine sei sofort gestoppt worden.

Die *Tenyo Maru* war bis gegen 08.10 Uhr in nordöstlicher Richtung gelaufen. Sie setzte dann die Geschwindigkeit auf etwa 3 kn herab und änderte ihre Fahrtrichtung auf SSW und damit nahezu auf Gegenkurs. Das Radar wurde auf den 6-sm-Bereich geschaltet. In etwa 5 sm Entfernung wurde ein sich näherndes Ziel erkannt. Weder der Wachoffizier noch der Kapitän bestimmten Kurs und Geschwindigkeit des Zieles. Der Radarbereich wurde nun weiter auf 0,5 sm verringert und das Ziel in noch geringerer Entfernung als 0,5 sm ausgemacht. Das Nebelhorn wurde betätigt, und als man von dem näherkommenden Schiff ein ähnliches Signal hörte, ließ man das Nebelhorn ein weiteres mal ertönen.

Der Funkoffizier der *Tenyo Maru* entdeckte den Mast eines schnell näherkommenden Schiffes oberhalb des Nebels unter etwa 80° Steuerbord und rief dem Kapitän eine Warnung zu. Dieser wies den Rudergänger sofort an, das Ruder »Hart Backbord« zu legen und kurz darauf »Hart Steuerbord«. Bevor das Ruder jedoch folgen konnte, kollidierte die *Tuo Hai* mit der Steuerbordseite der *Tenyo Maru* auf 2/3 der Schiffslänge von vorn.

Die *Tuo Hai* war mit dem Wulstbug kurz vor dem vorderen Maschinenraumschott im Bereich der Fischmehlanlage tief in den Schiffskörper eingedrungen. Da Wasser auch in den Maschinenraum eindrang, ist anzunehmen, daß auch das Maschinenraumschott beschädigt wurde. Beide Schiffe blieben wenige Minuten miteinander verkeilt, bis die *Tenyo Maru* stark nach Steuerbord krängte, gegen den Bug der *Tuo Hai* kippte und von deren Wulstbug rutschte. Bereits fünf Minuten nach der Kollision sank die *Tenyo Maru*.

Es stand somit äußerst wenig Zeit für das Vonbordgehen der Besatzung zur Verfügung. Der Kapitän wies an, jeden zu wecken, gab aber für das Verlassen des Schiffes keine Anweisungen. So ging das Vonbordgehen nicht organisiert vor sich, und jedes Besatzungsmitglied war auf sich selbst angewiesen. Auch ein »Mayday«-Ruf wurde nicht abgesetzt.

Um 08.45 Uhr informierte ein kanadisches Fischerboot Tofino-VTS über die Kollision und das Sinken der *Tenyo Maru*. *Tuo Hai* teilte um 08.47 Uhr mit, daß sie ein Rettungsboot zu Wasser lasse, um Überlebende aufzunehmen. Tofino-VTS gab die Nachricht über den Untergang sofort an die Rettungsstationen Victoria (Kanada) und Seattle (USA) weiter, die insgesamt das Auslaufen von sechs Rettungsschiffen sowie das Starten von zwei Flugzeugen und vier Rettungshubschraubern veranlaßten. Ihre Hilfe am Unglücksort war jedoch nur noch in geringem Maße notwendig.

25 Fischereifahrzeuge, die bereits unmittelbar am Kollisionsort oder in nächster Nähe standen, teilten ihre Bereitschaft zur Hilfeleistung mit. So waren schon 45 Minuten nach der Kollision alle Überlebenden, die meisten mit angelegter Rettungsweste, an Bord der helfenden Schiffe. Nur ein Besatzungsmitglied wurde vermißt, 77 wurden gerettet, davon zwei verletzt.

Es ist erstaunlich, daß trotz des schnellen Sinkens des Fischverarbeitungsschiffes fast die gesamte Besatzung diesen schweren Seeunfall überlebte.

Auf der *Tuo Hai* war niemand verletzt worden. Die Beschädigungen des Schiffskörpers hielten sich in Grenzen. Die Beplattung des Bugs war an beiden Seiten beschädigt, und der Wulstbug war eingebeult und an zwei Stellen aufgerissen.

Die Untersuchung

Der Unfall wurde von der Schiffahrtsabteilung der Kanadischen Sicherheitsbehörde untersucht. Die Untersuchungsgruppe stellte fest, daß beide Schiffe erheblich gegen die Kollisionsverhütungsregeln und dabei insbesondere gegen das vorgeschriebene Verhalten bei verminderter Sicht verstoßen hätten.

Das Massengutschiff *Tuo Hai* habe selbst bei einer Sichtweite von nur 50 Metern die Geschwindigkeit nicht angemessen reduziert. Der Aufforderung von Tofino-VTS, den Kurs nach

Süden zu ändern, wurde nicht entsprochen. Die Radarbeobachtung und -auswertung sei nicht wirksam vorgenommen worden, sonst hätte man die *Tenyo Maru* rechtzeitig entdecken müssen. Die Einschaltung des ARPA-Radars erfolgte zu spät, um als effektive Hilfe bei der Erkennung von Schiffen genutzt werden zu können.

Das Auftreten von »hellen Flecken« auf den Bildschirmen der *Tuo Hai*, das nach Aussagen von Kapitän und Offizieren die Radarbeobachtung erschwert hätte, wurde sorgfältig untersucht. Mehrere Prüfungen unter Einbeziehung einer Spezialfirma wurden vorgenommen. Sogar eine achtstündige Fahrt der *Tuo Hai* war dieser Frage gewidmet. In keinem Falle konnte das Auftreten dieser hellen Flecken beobachtet werden. Die Geräte einschließlich ARPA arbeiteten einwandfrei, und auch bei Regen, der während der Havariezeit gar nicht aufgetreten war, konnten unter Anwendung der Enttrübungseinrichtung die Radarziele deutlich erkannt werden. Dagegen zeigte die Untersuchung, daß Kapitän und Offiziere nur über ein begrenztes Wissen über die Leistungsfähigkeit und praktische Nutzung von Radaranlagen verfügten.

Die unzureichenden Kenntnisse der englischen Sprache von Kapitän und Offizieren der *Tuo Hai* hatten nach Meinung der Untersuchungsgruppe einen erheblichen Einfluß auf die Entstehung der Kollision. Die geringen Englischkenntnisse verhinderten die Beantwortung der Anrufe von Tofino-VTS um 04.17 Uhr und 07.10 Uhr und führten letztlich zum Nichtverstehen der Aufforderung zur Kursänderung um 08.30 Uhr.

Auch die *Tenyo Maru* hatte sich nach Auffassung der Untersuchungsgruppe fehlerhaft verhalten. Kapitän und Wachoffizier hätten keine effektive Radarbeobachtung vorgenommen, was dann sogar zur Kursänderung auf die *Tuo Hai* zu beigetragen habe. Auch das Fehlen einer Dauerorder des Kapitäns für die Wachführung bei beschränkter Sicht in stark befahrenen Gewässern wurde negativ bewertet.

Tofino-VTS wurde der Vorwurf gemacht, die *Tenyo Maru* und auch die anderen Fischereifahrzeuge nicht vor der Annäherung der *Tuo Hai* gewarnt zu haben.

9. Gegenseitig nicht geortet: Tanker *British Trent* in Flammen

Am 3. Juni 1993 ereignete sich im Bereich des nordöstlichen Ausgangs des Englischen Kanals in dichtem Nebel eine Kollision zwischen dem Öltanker *British Trent* und dem Massengutschiff *Western Winner*, bei der neun Besatzungsmitglieder des Tankers ums Leben kamen.

Der auf den Bermuda-Inseln registrierte Öltanker *British Trent* mit einer Länge von 177 m, einer Bruttovermessung von 15.649 GT sowie einer Tragfähigkeit von 25.147 t war 1973 gebaut, wies 22 Ladungstanks und eine Antriebsleistung von 6714 kW auf, die ihm eine Geschwindigkeit von 14,8 kn verlieh. Das Schiff wurde von einer Besatzung von 34 Mann gefahren, zusätzlich waren auf der Unglücksfahrt zwei Frauen an Bord.

Der 1982 gebaute Massengutfrachter *Western Winner* lief unter Panama-Flagge. Bei 15.953 GT und einer Tragfähigkeit von 30.396 t betrug seine Länge 175 m, seine Antriebsleistung 7264 kW und seine Geschwindigkeit 15,5 kn. Die Besatzung belief sich auf 24 Mann.

Die Havarie

Der Tanker *British Trent* hatte in Antwerpen (Belgien) eine volle Ladung Benzin übernommen und begann seine Reise mit dem Ziel Fiumicino (Italien) am 2. Juni um 18.30 Uhr. Seine Laderäume waren inertisiert, die freien Räume in den Ladungstanks also mit Gas aus der Inertgasanlage des Schiffes gefüllt. Der Tanker passierte Vlissingen (Niederlande) am nächsten Morgen, dem 3. Juni, um 02.38 Uhr und übernahm dort einen Seelotsen.

Die *Western Winner* hatte einen Teil der Ladung in London gelöscht und begann ihre Reise nach Vlissingen mit einer Restladung Kupferschlacke

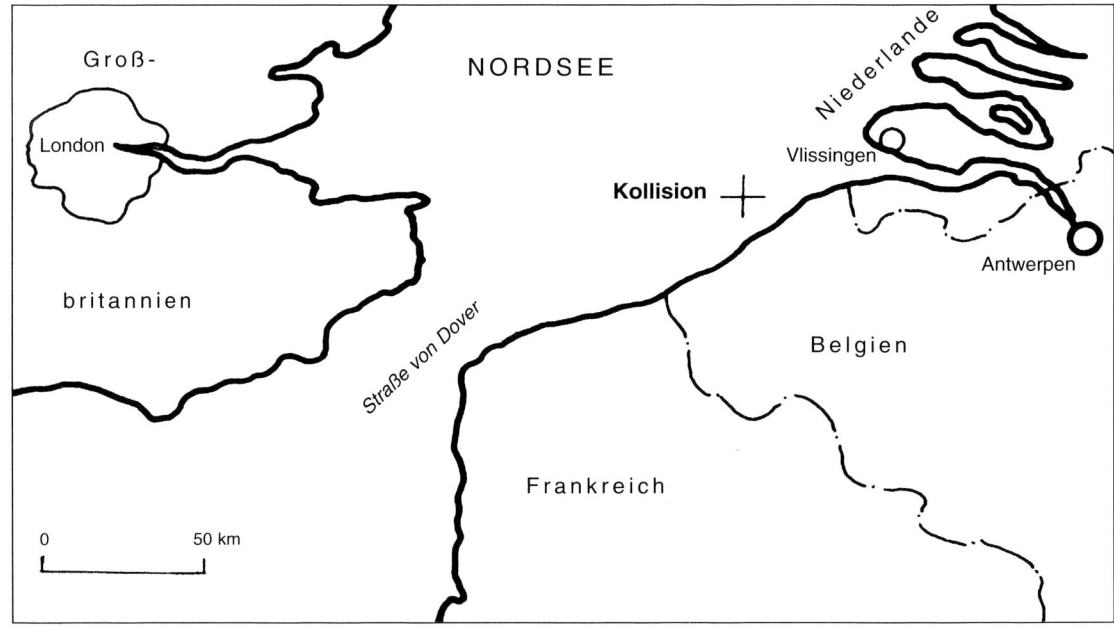

Groß-
britannien

London

NORDSEE

Niederlande

Vlissingen

Kollision +

Antwerpen

Straße von Dover

Belgien

Frankreich

0   50 km

Die Position der *British Trent* zum Zeitpunkt des Unglücks.

am 2. Juni 1993 um 18.30 Uhr. Sie lief am frühen Morgen des 3. Juni zur Lotsenübernahme in Richtung des Wandelaar-Lotsenschiffes, das als Lotsenstation diente.

Der Tanker *British Trent* lief ebenfalls in die Nähe dieses Lotsenschiffes, um seinerseits den Lotsen abzusetzen. Als er sich dem Lotsenschiff näherte, betrug die Sichtweite etwa 300 m. Gegen 05.00 Uhr wurde von einer in der Nähe befindlichen Lotsenbarkasse eine plötzliche Sichtverschlechterung auf 50–100 m beobachtet. Etwa um 05.05 Uhr befand sich der Tanker in der Nähe des Lotsenschiffes 1,5 sm östlich der SW-Akkaert-Tonne. Er mußte mit der Ausbootung des Lotsen noch warten und manövrierte bei einem Kurs von 250° mit geringer Fahrt so, daß das Schiff möglichst weit östlich der SW-Akkaert-Tonne verblieb.

Die Brücke der *British Trent* war mit dem Kapitän, dem Lotsen, dem 2. Offizier und zwei Matrosen besetzt. Der Kapitän und der Lotse standen am Radar auf der Backbordseite, und der 2. Offizier beobachtete das ARPA-Radar auf der Steuerbordseite. Die Matrosen befanden sich als

Ausguck auf der Backbord-Brückennock beziehungsweise auf der Steuerbordseite der Brücke. Das ARPA-Gerät war auf den 12-sm-Bereich geschaltet. Der Kapitän hatte das andere Radar auf 3 sm und zeitweilig auf 6 sm eingestellt.

Der 2. Offizier beobachtete auf dem ARPA-Bildschirm drei Schiffe voraus, westlich der SW-Akkaert-Tonne mit Ostkurs laufend, die aus dem Verkehrstrennungsgebiet herauskamen. Zwei liefen nebeneinander, das dritte voraus mit einem Kurs von O89°, einer Geschwindigkeit von 9 kn und einem voraussichtlichen Passierabstand zur *British Trent* von 0,8 sm. Der 2. Offizier informierte Kapitän und Lotsen über diese Situation.

Die *Western Winner* lief um 04.30 Uhr auf einem Kurs von O67°. Der Kapitän nahm über UKW Kontakt mit dem Wandelaar-Lotsenschiff auf und informierte über seine Ankunft in etwa einer Stunde. Ihm wurde mitgeteilt, daß der Lotse auf ihn warte.

Da die Sichtweite abnahm, wurde das automatische Nebelhorn eingeschaltet. Zwei der drei installierten Radargeräte der *Western Winner* waren in Betrieb, eines davon ein ARPA-Gerät mit einer Einstellung auf den 3-sm-Bereich. Um 04.55 Uhr wurde der Kurs auf O90° geändert. Die Brücke war mit dem Kapitän, dem 1. Offizier und dem Bootsmann besetzt. Es konnte später nicht sicher festgestellt werden, ob der Bootsmann als Rudergänger fungierte. Es befand sich kein als Ausguck beauftragter Mann auf der Brücke.

Um 05.17 Uhr änderte die *Western Winner* ihren Kurs gering auf O93°. Kurz vor 05.30 Uhr kam der 3. Offizier auf die Brücke, übernahm das Ruder und schaltete von Automatiksteuerung auf Handsteuerung über. Zur gleichen Zeit wurden die Maschinen auf »Stand-by« mit Hafendrehzahl von 100 Umdrehungen pro Minute zurückgenommen. Der Bootsmann wurde beauftragt, für die erwartete Übernahme des Lotsen die Lotsenleiter auszubringen.

Von Norden kommend näherte sich das Containerschiff *Ever Glowing* mit einer Geschwindigkeit von 9 kn dem Seegebiet um die SW-Akkaert-Tonne. Um 05.31 Uhr befand es sich 1,6 sm nordwestlich von dieser Tonne und nahm über UKW Kontakt mit der Verkehrsleitzentrale

Zeebrugge auf. Es erbat Informationen über ein Schiff, das von einer Position 2 sm OSO der SW-Akkaert-Tonne mit einer Geschwindigkeit von 12,3 kn westwärts liefe. Die Verkehrsleitzentrale Zeebrugge teilte *Ever Glowing* mit, daß es dort kein westwärts laufendes Schiff gäbe, wohl aber zwei ostwärts fahrende, die sich gerade vor *Ever Glowing* befänden. Das kleinere sei die *Blue Topaz*, das größere sei nicht bekannt.

Auf der *British Trent* sah man, kurz bevor der Lotse das Schiff verließ, drei Schiffe im 3-sm-Bereich des Radar, eines davon lief südwärts, zwei ostwärts nebeneinander.

Der Lotse stieg um 05.37 Uhr von der *British Trent* ab, nachdem er vom 2. Offizier von der Brücke herunter auf das Hauptdeck begleitet worden war. Auf die Brücke zurückgekehrt, sah der 2. Offizier auf dem ARPA-Bildschirm in 1,3 sm Entfernung Backbord voraus ein sich schnell näherndes Schiff mit einem zu erwartenden Passierabstand von 0,3 sm. Der Kapitän wurde informiert. Dieser ermahnte den Ausguck auf der Backbord-Brückennock zu erhöhter Aufmerksamkeit. In dem »Wirrwarr« auf dem Bildschirm

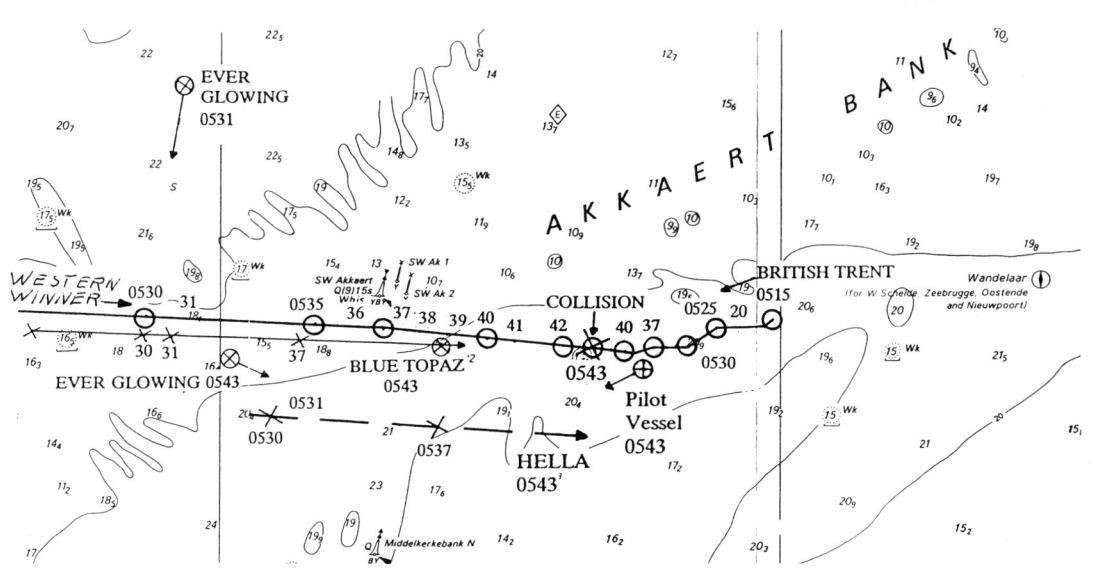

Ablauf der Kollision zwischen *British Trent* und *Western Winner*.

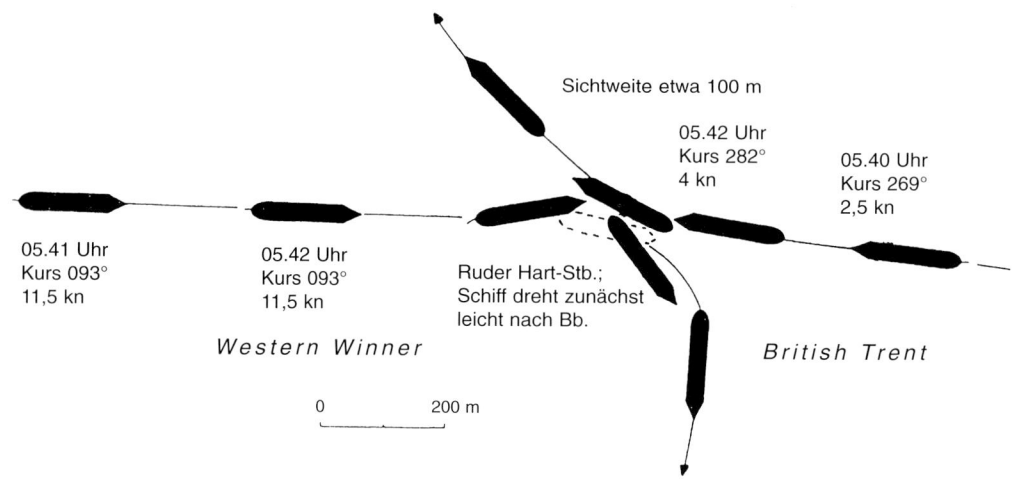

Sichtweite etwa 100 m

05.42 Uhr
Kurs 282°
4 kn

05.40 Uhr
Kurs 269°
2,5 kn

05.41 Uhr
Kurs 093°
11,5 kn

05.42 Uhr
Kurs 093°
11,5 kn

Ruder Hart-Stb.;
Schiff dreht zunächst
leicht nach Bb.

Western Winner

British Trent

0   200 m

Unmittelbarer Kollisionsverlauf *British Trent* und *Western Winner.*

des Backbord-Radars, so wurde später ausgesagt, ging das sich nähernde Objekt verloren, und unmittelbar danach sah der Backbord-Ausguck ein Schiff einen Strich (11,25°) Backbord voraus dicht vor dem eigenen Bug. Der Kapitän befahl das Ruder auf »Hart Steuerbord«. Aber es war schon zu spät – innerhalb der nächsten Sekunden ereignete sich die Kollision.

Der Bulker *Western Winner* hatte um 05.40 Uhr UKW-Sprechfunkkontakt mit der Lotsenstation aufgenommen. Durch diesen Funkkontakt wurde *Western Winner* von der Verkehrsleitzentrale Zeebrugge identifiziert, und diese fragte um 05.42 Uhr nach der Position des Massengutschiffes. Es wurde keine Antwort gegeben, statt dessen wurden 36 Sekunden später Überraschungsschreie vernommen, die auch auf dem Tonband der Verkehrsleitzentrale aufgezeichnet wurden.

Der Kapitän der *Western Winner* sagte später aus, daß er aus geringer Entfernung Nebelsignale gehört und unmittelbar danach Backbord neben seinem Vorschiff den Bug eines Tankers gesehen hätte. Das Ruder wurde sofort auf »Hart Steuerbord« gelegt – kurz darauf ereignete sich die Kollision.

Wie bei harten Rudermanövern zu beobachten,

drehte das Schiff zunächst leicht in Gegenrichtung, bevor es in Ruderrichtung abdrehte.

Der Tanker *British Trent* hatte das Steuerbord-Ausweichmanöver begonnen, als *Western Winner* mit der Backbordseite des Vorschiffs auf ihn traf. Die Ladungstanks 3 und 4 des Tankers und der vordere Laderaum Backbord des Massengutschiffes wurden aufgerissen. Beide Schiffe rutschten mit ihren Backbordseiten aneinander vorbei. Das Hinterschiff der *Western Winner* stieß noch einmal gegen den Tanker, was bei beiden Schiffen zu weiteren Beschädigungen führte, bevor dann die Fahrzeuge abdrehten.

Mit dem Aufreißen der Ladetanks 3 und 4 brach sofort Feuer auf dem Tanker aus, das sich auf der Backbordseite ausbreitete. Beide Schiffe setzten über UKW »Mayday«-Notrufe ab.

Der Kapitän der *British Trent* gab sofort Feueralarm. Die Besatzung versammelte sich mit angelegten Rettungswesten beim Steuerbord-Rettungsboot und bereitete dieses zum Ausbooten vor. Innerhalb weniger Minuten mußten Maschinenraum und Maschinenkontrollraum verlassen werden, da dicker Rauch durch das Lüftungssystem eindrang. Auch das Abschalten der Lüfter verbesserte die Situation nicht. *British Trent* informierte Zeebrugge und die Oostende-

Lotsenstation über die Lage. Nach wenigen Minuten erwiderte letztere, daß die Vorbereitung eines Hubschraubereinsatzes angelaufen sei. Mit dem Lotsenschiff wurde um 05.54 Uhr vereinbart, daß die Lotsenbarkassen sich auf die Hilfeleistung für eine Evakuierung vorbereiten sollten, die Besatzung zunächst aber noch an Bord bleiben würde.

Einige der an Bord befindlichen Personen, die Frauen und das Wirtschaftspersonal (Köche, Stewards), wurden jedoch bereits um 05.57 Uhr beziehungsweise 06.15 Uhr von einer Lotsenbarkasse übernommen.

Alle Bemühungen von Offizieren und Besatzung der *British Trent*, die Feuerlöschpumpen zu starten, schlugen fehl. Die im Maschinenraum befindliche Hauptfeuerlöschpumpe konnte wegen fehlender Sicht auch unter Einsatz von Atemschutzgeräten nicht erreicht werden. Der Leitende Ingenieur und der Elektriker versuchten, die Notfeuerlöschpumpe im Pumpenraum am Ende des Vorschiffes in Betrieb zu nehmen. Bevor ihnen das gelang, wurden sie jedoch von dem dichten Rauch, der von der Backbordseite des Hauptdecks kam, zurückgetrieben. Nun

dehnte sich das Feuer auch auf dem Decksbereich vor der Brücke aus, der Kapitän stoppte die Maschine und gab Anweisung, das Schiff zu verlassen.

Durch Rundruf wurde festgestellt, daß sich alle noch an Bord befindlichen Besatzungsmitglieder beim Steuerbord-Rettungsboot eingefunden hatten. Es war gerade begonnen worden, das Rettungsboot zu besteigen, als eine heiße, schwarze Rauchwolke von Backbord herübertrieb und die Sicht auf Null reduzierte. Um dem Rauch und der Hitze zu entkommen, sprang nun jeder aus dem Rettungsboot oder vom Deck in die See. Auch hier war die Sicht durch auf dem Wasser brennenden Treibstoff reduziert. Die Überlebenden berichteten später, sie seien vom brennenden Treibstoff weg dem durchschimmernden Tageslicht entgegengeschwommen.

Drei Lotsenbarkassen retteten den größten Teil der Tankerbesatzung aus dem Wasser und brachten sie zum Lotsenschiff. Einige durch Verbrennungen und Rauchvergiftung schwer Verletzte, zu denen auch der Kapitän gehörte, wurden von einem Hubschrauber in belgische Krankenhäuser geflogen. Die anderen, teils leicht verletzt, wur-

Feuerlöschboote und Schlepper bekämpfen den Brand auf der *British Trent*, nachdem sie von der Besatzung verlassen worden war.

Hinterschiff und Aufbauten des weitgehend ausgebrannten Tankers *British Trent.*

den vom Lotsenschiff nach Oostende gebracht. Neun Besatzungsmitglieder konnten nicht gerettet werden und fanden den Tod, darunter der 1. Offizier.

Die *Western Winner* kam nach der Kollision zur Hilfeleistung in die Nähe der *British Trent*, wurde dann aber vom Lotsenschiff aufgefordert, die gefährliche Nähe des brennenden Tankers zu meiden. An Bord der *Western Winner* waren keine Personen verletzt. Das Schiff lief dann zum Löschen seiner Ladung und zwecks Reparatur nach Vlissingen.

Die *British Trent* wurde in Schlepp genommen und das Feuer durch fünf Feuerlöschboote beziehungsweise Schlepper gelöscht. Etwa 3600 t Ladung waren verlorengegangen, und der Rest wurde vor Rotterdam auf einen anderen Tanker umgepumpt. Hauptdeck und Unterkünfte waren durch das Feuer so schwer beschädigt, daß das Schiff zum Totalverlust erklärt wurde.

Die Untersuchung

Die britische Marine Accident Investigation Branch (Schiffsunfall-Untersuchungsbehörde) wurde von der Regierung der Bermuda-Inseln mit der Untersuchung der Kollision beauftragt. Die Untersuchung bezog die Zeugenaussagen der überlebenden Besatzungsmitglieder der *British Trent*, die schriftlichen Berichte der Lotsen und die Radaraufzeichnungen der Kollision durch die Verkehrsleitzentrale mit ein sowie Aufzeichnungen der UKW-Gespräche. Es wurde den Untersuchenden nicht gestattet, Kapitän und Offiziere der *Western Winner* zu befragen. Diesbezügliche Informationen konnten nur von belgischen und panamesischen Behörden zur Verfügung gestellt werden.

Durch die Radaraufzeichnungen wurde die Geschwindigkeit der *Western Winner* über Grund in der Zeit von 05.15 Uhr bis 05.30 Uhr zu 13,5 kn ermittelt. Um 05.30 Uhr wurde die Maschinenleistung reduziert, so daß sie zum Zeitpunkt der Kollision um 05.43 Uhr auf 11,5 kn verringert war.

Die Geschwindigkeit der *British Trent* war während der Wartezeit in der Nähe des Lotsenschiffes sehr niedrig. Als der Lotse abstieg, lag sie bei 1,5-2,5 kn, danach wurde die Fahrt erhöht und betrug zum Zeitpunkt der Kollision 4 kn.

Sowohl die ermittelten Kurse als auch die Beschädigungen durch den seitlichen Kontakt zeigten, daß die beiden Schiffe nahezu auf entgegengesetztem Kurs gefahren waren, bevor jedes seine Fahrtrichtung unmittelbar vor beziehungsweise nach der Kollision nach Steuerbord änderte.

Der Kapitän der *Western Winner* hatte aus den Anzeigen der beiden in Betrieb befindlichen Radargeräte, eines davon ein ARPA-Gerät, geschlußfolgert, daß die an Steuerbord beobachteten Schiffe Fischereifahrzeuge und die Backbord-Objekte solche Schiffe seien, die in den westlichen Einbahnweg des Verkehrstrennungsgebietes einliefen. Der Tanker *British Trent* war nicht gesehen worden.

Es wurde daher von den die Havarie Untersuchenden als wahrscheinlich angenommen, daß keine ausreichende Radar-Beobachtung vorgenommen wurde. Sonst hätte man auch die *Ever Glowing* orten müssen, das große Containerschiff, das sich von Norden näherte. *Western Winner* kreuzte dann etwa eine Seemeile vor *Ever Glowing* deren Kurs.

Auf dem Tanker *British Trent* waren beide Radargeräte in Betrieb gewesen. Der Bildschirm des ARPA-Radar war vom 2. Offizier beobachtet worden, der dem Kapitän und dem Lotsen berichtet hatte, daß vor ihnen drei Schiffe in der Nähe der SW-Akkaert-Tonne in östlicher Richtung aus dem Einbahnweg des Verkehrstrennungsgebietes herausliefen. Der 2. Offizier hatte erkannt, daß das an der Spitze mit 9 kn fahrende Schiff sich nahezu auf Kollisionskurs zur

Backbordseite der *British Trent*.

British Trent befand und der voraussichtliche Passierabstand 0,8 sm betragen würde.

Es wurde bei der Untersuchung als wahrscheinlich angesehen, daß diese Schiffe zum Zeitpunkt 05.30 Uhr *Western Winner* und *Blue Topaz* waren, letzteres wurde gerade von *Western Winner* überholt, sowie *Hella*, die südlich von diesen beiden Schiffen lief. Als möglich wurde angesehen, daß *Hella* dasjenige Schiff gewesen war, von dem der 2. Offizier den voraussichtlichen Passierabstand von 0,8 sm ermittelt hatte. Der 2. Offizier konnte sich nicht an ein Schiff erinnern, das sich mit einer Geschwindigkeit von 13,5 kn näherte.

Lotse und Kapitän berichteten, daß sie – unmittelbar bevor der Lotse die Brücke verließ – auf dem Radarbildschirm in etwa 2,5 sm Entfernung ein Schiff direkt voraus geortet hätten. Der Kapitän führte aus, er habe angenommen, daß dieses Schiff »ihm einigen Raum geben würde«. Er erwartete, daß sich der ostwärts laufende Verkehr südlich des westwärts laufenden halten würde.

Nachdem der 2. Offizier den Lotsen von der Brücke begleitet hatte und zurückkehrte, hatte er auf dem ARPA-Radar ein Schiff in 1,5 sm Entfernung gesehen. Es wurde als möglich angenommen, daß er dieses Schiff als dasjenige mit dem voraussichtlichen Passierabstand von 0,8 sm, also die *Hella*, angesehen hatte und nicht als die *Western Winner*.

Die Tatsache, daß weder die Geschwindigkeit noch die unmittelbare Nähe der *Western Winner* erkannt worden waren, zeigte, daß in der Zeit von 05.30 Uhr bis 05.37 Uhr die Radargeräte auf der *British Trent* unzureichend überwacht worden waren.

Die Verkehrsleitzentrale Zeebrugge hätte durch ihre Radarüberwachung möglicherweise zur Vermeidung der Kollision beitragen können. Diese Leitstelle hatte das Objekt, das etwas später als *Western Winner* identifiziert worden war, späte-

Beschädigung des Backbord-Vorschiffbereiches des Massengutschiffes *Western Winner*.

Der aufgerissene vordere Laderaum der *Western Winner* von innen gesehen.

stens ab 05.15 Uhr auf dem Bildschirm erkannt. Die Radarüberwachung kannte Position, Kurs und Geschwindigkeit der *British Trent* und war über das unsichtige Wetter informiert. Leider wurde die Gefährlichkeit der Situation nicht erkannt und keine Warnung an *British Trent* oder ihren Lotsen übermittelt.

Im Ergebnis der Untersuchung des schweren Seeunfalls wurden die primären Ursachen in der Nichteinhaltung wichtiger Regeln der »Internationalen Konvention zur Verhütung von Kollisionen auf See, 1972« gesehen.

Es wurde verstoßen gegen:

- Regel 5, die einen gehörigen Ausguck fordert sowie die Anwendung anderer verfügbarer Mittel (Radar), um jederzeit die Situation und die mögliche Gefahr einer Kollision vollständig zu überblicken.
- Regel 6, die jederzeit das Fahren mit einer solchen sicheren Geschwindigkeit verlangt, die

die Vermeidung einer Kollision ermöglicht. Dabei sind alle Umstände wie etwa Sichtverhältnisse, Verkehrsdichte und Manövrierfähigkeit zu berücksichtigen.

- Regel 7, die vorschreibt, daß alle vorhandenen Mittel, wie insbesondere Radaranlagen, genutzt werden müssen, um die mögliche Gefahr einer Kollision festzustellen.
- Regel 19, die sich auf das Verhalten bei verminderter Sicht bezieht und unter anderem fordert, daß jedes Schiff mit einer den Umständen entsprechenden Geschwindigkeit fährt. Ein Schiff, das ein anderes Schiff nur durch Radar ausmacht, muß feststellen, ob die Gefahr einer Kollision besteht. Ist dies der Fall, müssen frühzeitig Gegenmaßnahmen ergriffen werden.

Western Winner ist nicht mit einer sicheren Geschwindigkeit gefahren, hat keinen effektiven Ausguck gehabt und seine Radaranlagen bei der verringerten Sicht nicht in der notwendigen

Weise genutzt. So wurde der Tanker *British Trent* nicht geortet und die Kollisionsgefahr nicht erkannt.

Auch *British Trent* nutzte die Radargeräte nicht ständig mit der notwendigen Sorgfalt, so daß auch sie die Kollisionsgefahr nicht rechtzeitig erkannte.

Die zuständige Verkehrsleitzentrale hat die Verkehrssituation nicht beobachtet und keine Information über die sich unter schlechten Sichtverhältnissen entwickelnde Kollisionsgefahr gegeben.

Im Untersuchungsbericht werden weitere Faktoren und Umstände erwähnt, die zu der Kollision und insbesondere den bedauerlichen Verlusten an Menschenleben beitrugen.

Im Bereich der SW-Akkaert-Tonne war die Regelung des Verkehrstrennungsgebietes derart, daß nach Westen laufende Schiffe in Konflikt mit nach Osten laufenden kommen konnten. Es wurde daher vorgeschlagen, eine bessere Trennung der beiden vorgeschriebenen Einbahnwege vorzunehmen, auf denen der Schiffsverkehr in die Scheldemündung hinein und aus ihr heraus stattfindet und das Ein- und Ausbooten der Lotsen erfolgt.

Bei der Besichtigung der *British Trent* nach der Kollision wurde festgestellt, daß beim Zusammenstoß der beiden Schiffe die Feuerlöschhauptleitung des Tankers beschädigt worden war. Diese Beschädigung war derart, daß auch bei Inbetriebnahme der Feuerlöschhauptpumpe oder der Notfeuerlöschpumpe kaum oder nur wenig Wasser für Löschzwecke zur Verfügung gestanden hätte. Wäre dies unmittelbar nach der Kollision erkannt worden, hätte der Kapitän möglicherweise das Kommando zum Verlassen des Schiffes früher gegeben, so daß alle Besatzungsmitglieder gerettet worden wären.

Die *British Trent* drehte nach der Kollision nach Steuerbord, und das Feuer wurde so bei einem Kurs von 200° durch den Wind zunächst auf der Backbordseite des Tankers gehalten. Nach Verlassen der Brücke durch die Brückenbesetzung trat jedoch eine solche Kursänderung nach

Backbord ein, daß Feuer und Rauch auch auf die Steuerbord-Schiffsseite übergriffen. Die Ursache dieser Kursänderung konnte nicht geklärt werden.

Der Tanker war mit offenen Rettungsbooten ausgerüstet, wie es zum Zeitpunkt des Baus der *British Trent* den internationalen Vorschriften entsprach. Mit den 1983 erfolgten Änderungen zur Konvention SOLAS 1974 wurden für ab 1. Juli 1986 gebaute neue Schiffe Rettungsboote vorgeschrieben, die vollgeschlossen und feuersicher sind und von innen zu Wasser gelassen werden können. Wäre der Tanker bereits mit solchen Rettungsbooten ausgerüstet gewesen, hätten möglicherweise alle Besatzungsmitglieder gerettet werden können.

Im Untersuchungsbericht wird das Verhalten der Besatzung von *British Trent* hervorgehoben, die nach der Kollision ein gutes Training ihrer Offiziere und Mannschaft bewiesen hätte.

Die schnelle Reaktion von Kapitän und Mannschaft des Lotsenschiffes auf die Kollision wird als lobenswert bezeichnet. Die Besatzungen der Lotsenbarkassen hätten Mut und Tapferkeit bei der Rettung von Besatzungsmitgliedern der *British Trent* unter den gefahrvollen Umständen der brennenden See und der Nähe des explosionsgefährdeten Tankers bewiesen.

10. Fahrlässigkeit verursacht 114 Tote auf der *Cebu City*

In der Bucht von Manila (Philippinen) kollidierten am 2. Dezember 1994 das philippinische Fracht- und Fahrgastschiff *Cebu City* und das unter der Flagge von Singapur fahrende Containerschiff *Kota Suria*. Beim Untergang der *Cebu City* verloren 114 Fahrgäste und Besatzungsmitglieder das Leben.

Die *Cebu City* wies 2452 GT und die *Kota Suria* 12.549 GT auf.

Die Havarie

Das Fracht- und Fahrgastschiff *Cebu City* verließ am 2. Dezember 1994 um 02.45 Uhr mit Fahrgästen und Fracht den Hafen von Manila (Philippinen) mit den Zielen Tagbilaran und Ozamis (Philippinen).

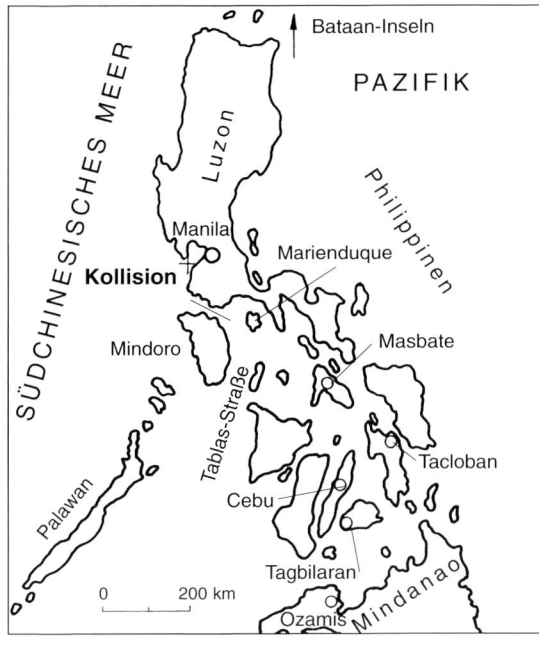

Die Position der *Cebu City* zum Zeitpunkt des Unglücks.

Etwa um die gleiche Zeit begann das beladene Containerschiff *Kota Suria* von Cebu (Philippinen) kommend in die Bucht von Manila einzulaufen. In der Zeit von Mitternacht bis 04.00 Uhr führte der 2. Offizier die Brückenwache aus. Die nächste Wache ab 04.00 Uhr hatte der 1. Offizier wahrzunehmen, der um 03.57 Uhr auf der Brücke erschien. In den nächsten Minuten war der 1. Offizier mit der Übernahme der Wache beschäftigt. Auch der 2. Offizier verblieb noch auf der Brücke und führte zusammen mit dem 1. Offizier navigatorische Arbeiten aus wie unter anderem die Feststellung der Schiffsposition. Der 1. Offizier verwendete dazu das Radargerät. Zeitweilig befanden sich beide Offiziere im Kartenraum. Auf der Brücke war dann nur noch

der Ausguck, der nun beauftragt wurde, die Handsteuerung des Ruders zu übernehmen, nachdem bis dahin die Selbststeueranlage in Betrieb gewesen war. Die Geschwindigkeit von 14 kn wurde nicht reduziert, obgleich Fischerboote auf ihrem Kurs lagen und das Schiff zwangen, einen schlängelnden Kurs zu laufen.

Auf der *Cebu City*, die mit einer Geschwindigkeit von 16 kn lief, übernahm der 1. Offizier um 04.00 Uhr die Wache auf der Brücke, auf der sich außer ihm ein Ausguck und ein Rudergänger befanden. Bei Übernahme der Wache führte der 1. Offizier keine Standortbestimmung aus. Auf dem Radarbildschirm und auch optisch erkannte er Steuerbord voraus Objekte, von denen er weder Geschwindigkeit, Kurs noch den zu erwartenden geringsten Passierabstand ermittelte. Zu den erkannten Objekten gehörte auch die *Kota Suria*.

Der 1. Offizier auf der *Kota Suria* hatte zwar um 04.00 Uhr das Radargerät benutzt, aber nur zur Positionsbestimmung und nicht zur Erkundung des Seeraumes nach möglichen Behinderungen durch andere Schiffe. Als er offensichtlich einige Minuten später die *Cebu City* optisch erkannte und den Kurs um 20° nach Steuerbord änderte, versuchte er, über UKW Kontakt mit dem Fahrgastschiff aufzunehmen. Aber von dort erfolgte keine Antwort.

Das Wetter war klar, Sichtweite 6 sm, ruhige See. Auf beiden Schiffen waren sowohl die Seiten- als auch die Topplaternen eingeschaltet.

Zwischen 04.10 Uhr und 04.20 Uhr kollidierte die *Kota Suria* mit der *Cebu City*. Obgleich beide Schiffe einander mit den Steuerbordseiten hätten passieren können, hatte die *Kota Suria* als falsche Reaktion auf die entstandene Situation ein Rudermanöver nach Steuerbord ausgeführt und war so der *Cebu City* mittschiffs in die Steuerbordseite gelaufen. Während etwa 30 Minuten waren die Schiffe miteinander verklemmt, bevor sich die *Kota Suria* von der *Cebu City* wieder löste. Während dieser halben Stunde gelang es zahlreichen Fahrgästen und Besatzungsmitgliedern der sinkenden *Cebu City*, sich direkt auf die *Kota Suria* zu begeben.

Wie schnell das Fahrgastschiff sank und wie die Rettungsaktion für Passagiere und Besatzung insgesamt verlief, geht aus dem Untersuchungsbericht nicht hervor. Die *Kota Suria* ließ Rettungsboote zu Wasser und rettete Fahrgäste und Seeleute der *Cebu City* aus dem Wasser. Es konnten insgesamt 525 Personen gerettet werden, davon 230 durch die *Kota Suria*. Dem stand jedoch die traurige Bilanz von 114 Toten und Vermißten gegenüber.

Die Untersuchung

Bei Untersuchung der Kollision durch eine Kommission der Philippine Coast Guard spielte ein Täuschungsversuch der Schiffsführung der *Kota Suria* eine besondere Rolle: Der Kommission wurde nämlich von der *Kota Suria* zunächst ein Logbuch vorgelegt, das völlig neu war. Die Eintragungen begannen auf Seite 1 am 2. Dezember 1994 um 01.25 Uhr und bezogen im weiteren die Kollisionsereignisse nach 04.00 Uhr mit ein. Die Kommission verlangte die Vorlage des vorhergegangenen Logbuches. Es wurde festgestellt, daß hier die Eintragungen auf Seite 78 endeten, obgleich noch weitere freie Seiten zur Verfügung gestanden hätten. Die letzten Eintragungen auf Seite 78 begannen am 2. Dezember 1994 um 01.25 Uhr und endeten am gleichen Tag um 04.00 Uhr. Es waren keine auf die Kollision bezogenen Vermerke eingetragen.

Dieser Wechsel vom alten Logbuch zu einem neuen deckte sich mit einer Aussage des 3. Offiziers der *Cebu City*. Dieser hatte nach der Kollision Passagiere des Fahrgastschiffes auf die *Kota Suria* gebracht und auf der Brücke dieses Schiffes ein UKW-Gespräch mitgehört. Darin sei der Kapitän angewiesen worden, Logbuch und Seekarte der *Kota Suria* auszutauschen.

Diesem 3. Offizier wurde während der Verhandlung die angeblich benutzte Seekarte der *Kota Suria* gezeigt. Der 3. Offizier sagte kategorisch dazu aus, daß das nicht die Seekarte sei, die er nach der Kollision im Kartenraum der *Kota Suria* gesehen hätte. Auf derjenigen im Kartenraum seien zwei unterschiedliche Positionen der *Kota Suria* eingezeichnet gewesen.

Die Kommission untersuchte die versuchte Täuschung durch die Schiffsführung der *Kota Suria* eingehend. So wurden die unterschiedlichen Kurs- und Positionsangaben in den beiden Logbüchern in eine Seekarte eingezeichnet. Es zeigte sich, daß durch die Angaben im neuen Logbuch die wahren Zusammenhänge der Kollision verschleiert und hinsichtlich der Schuldfrage eine günstigere Konstellation für die *Kota Suria* erreicht werden sollte. Durch diese versuchte Irreführung der Kommission wurde die Glaubwürdigkeit der Angaben von Kapitän und Offizieren der *Kota Suria* erheblich beeinträchtigt. Im Ergebnis der Untersuchungen wurden als Ursache des Zusammenstoßes und damit des Untergangs des Fahrgastschiffes *Cebu City* Verstöße gegen eine Reihe von Kollisionsverhütungsregeln festgestellt. Nicht eingehalten wurden insbesondere die Forderungen nach einer sicheren Geschwindigkeit, nach Einsatz aller Mittel zur Erkennung einer Kollisionsgefahr, nach einem sicheren Passierabstand und nach dem Verhalten der Schiffsführungen bei entgegengesetzten Kursen. Die Hauptschuld an der Kollision wurde der Fahrlässigkeit der Schiffsführung des Containerschiffes *Kota Suria* zugeschrieben und eine gewisse Mitbeteiligung der Wachführung der *Cebu City*.

11. Ausweichpflichtiges *MS Ya Mawlaya* bleibt auf Kurs

In den frühen Morgenstunden des 21. Dezember 1994 stießen der Massengutfrachter *Ya Mawlaya* und der Tanker *New World* im Atlantik 260 sm südwestlich von Lissabon (Portugal) zusammen. Die Kollision führte zu schweren Beschädigungen beider Schiffe und kostete acht Seeleute der *New World* das Leben.

Der Tanker *New World* mit 47.865 GT Vermessung und 279,1 m Länge lief unter der Flagge von Hongkong. Bei einer Antriebsleistung von 16.970 kW betrug seine Geschwindigkeit 15,3 kn. Er war 1991 fertiggestellt, wies eine Inertgasanlage auf und war mit zwei Radargeräten ausgerüstet, eines davon ein ARPA-Gerät.

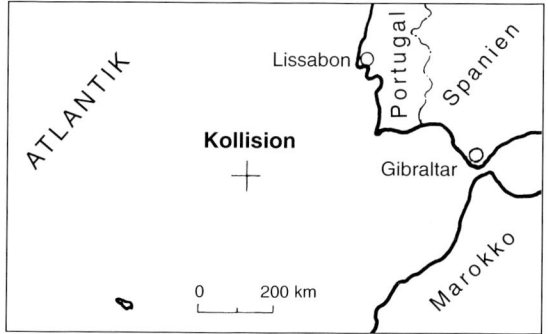

Position der *Ya Mawlaya* zum Zeitpunkt des Unglücks.

Das unter der Flagge von Zypern fahrende *MS Ya Mawlaya* wies eine Länge von 215,5 m und eine Tonnage von 21.278 GT auf; es war 1975 gebaut. Die Antriebsleistung betrug 9395 kW und verlieh dem Schiff eine Geschwindigkeit von 14,5 kn. Es war ebenfalls mit zwei Radargeräten ausgerüstet, eines davon war als ARPA-Gerät ausgeführt.

Die Havarie

Das Tankschiff *New World* war mit einer 133.000-t-Ladung Rohöl von Kap Lopez (Gabun) nach Dünkirchen (Frankreich) unterwegs. Alle Tanks waren voll inertisiert. Am 20. Dezember 1994 um Mitternacht befand es sich im Atlantik etwa 280 sm südwestlich von Lissabon. Die Geschwindigkeit betrug 13,5 kn. Die Selbststeueranlage war auf einen Kurs von O18° eingestellt. Der 2. Offizier übernahm um 24.00 Uhr die Wache. Außer ihm befand sich der Bootsmann als Ausguck auf der Brücke. Eines der beiden Radargeräte war in Betrieb, das ARPA-Gerät auf »Stand-by« geschaltet. Zum Zeitpunkt der Wachübernahme war kein anderes Schiff in der Umgebung zu sehen, weder optisch noch auf dem Radarschirm.

Die auf der Brücke befindliche »Ständige Order des Kapitäns« für die Wachführung forderte von allen Offizieren ständige Aufmerksamkeit und Einhaltung aller detailliert dargestellten Maßnahmen zur Vermeidung von Kollisionen. Diese generelle Anweisung, eigentlich für alle Seeleute eine Selbstverständlichkeit, war von allen nautischen Offizieren der *New World* unterzeichnet.

Bevor der Kapitän um 23.45 Uhr die Brücke verlassen hatte, um sich in seine Kabine zurückzuziehen, hatte er den wachhabenden 3. Offizier zusätzlich zu den ständig geltenden Anweisungen nochmals darauf hingewiesen, aufmerksam Ausguck zu halten und bei Kreuzungssituationen rechtzeitig die notwendigen Maßnahmen zu veranlassen. Diese immer wieder zur Wachsamkeit ermahnenden Instruktionen sollte der 3. Offizier beim Wachwechsel an den 2. Offizier weiterleiten.

Der Himmel war in dieser Nacht vom 20. auf den 21. Dezember bedeckt, die Sicht gut. Bei NO-Wind mit Stärke 6-7 Bft, rauher See und starker Dünung, überlief zeitweilig Wasser das Vorschiff. Gegen 01.10 Uhr am 21. Dezember beobachtete der Wachoffizier der *New World* auf dem Bildschirm ein Schiff, das sich voraus auf der Backbordseite der *New World* in einem Abstand von 7–9 sm befand. Aus den Daten des Radargerätes ermittelte der 2. Offizier, daß das Schiff, später als die *Ya Mawlaya* identifiziert, bei Beibehaltung von Kurs und Geschwindigkeit zwei bis drei Kabellängen (365–550 m) vor der *New World* deren Kurs von Backbord nach Steuerbord in östlicher Richtung kreuzen würde. Das Schiff war jedoch ausweichpflichtig, da die Kollisionsverhütungsregeln bei kreuzenden Kursen vorschreiben, daß »dasjenige Fahrzeug ausweichen muß, welches das andere an seiner Steuerbordseite hat«. Die *New World* war nach diesen Regeln das »kurshaltepflichtige Fahrzeug«. Als die beiden Schiffe sich auf etwa 5 sm genähert hatten, gab die *New World* mit der Signallampe zweimal Warnungen ab.

Das Massengutschiff *Ya Mawlaya* hatte in New Orleans (USA) Sojabohnen geladen und befand sich auf der Reise nach Ancona (Italien). Mit einem Kurs von O91° und einer Geschwindigkeit von 12 kn befand es sich am 20. Dezember im gleichen Seegebiet wie die *New World*. Das Schiff fuhr unter Ein-Mann-Brückenwachdienst mit eingeschalteter Selbststeueranlage. Obgleich funktionstüchtig, war keines der beiden Radargeräte in Betrieb. Um 01.15 Uhr, 21. Dezember, sichtete der Wachoffizier die *New World*.

Während beide Schiffe noch Kurs und Geschwindigkeit beibehielten, wurden mehrere UKW-Gespräche zwischen den Wachoffizieren geführt. *Ya Mawlaya* rief die *New World* an: »Schiff an meiner Steuerbordseite, ändern Sie Ihren Kurs nach Backbord«. *New World* antwortete: »Nein, ich werde meinen Kurs nicht nach Backbord ändern. Sie müssen Ihren Kurs nach Steuerbord ändern, da ich das Kurshaltefahrzeug und Sie das Ausweichfahrzeug sind«. Die beiden Schiffe waren zu diesem Zeitpunkt noch etwa 4 sm voneinander entfernt.

Als sie sich auf 3 sm genähert hatten, rief der Wachoffizier der *New World* die *Ya Mawlaya* an und sagte: »Schiff an meiner Backbordseite, was machen Sie? Sie müssen Ihren Kurs nach Steuerbord ändern!« Doch nichts geschah.

Der Wachoffizier auf der *New World* schaltete zusätzlich die zweite Hydraulikpumpe der Ruderanlage ein und wies gleichzeitig an, von der automatischen Steuerung auf die Handsteuerung überzugehen. Auch die *Ya Mawlaya* ging wenige Minuten vor der Kollision auf Handsteuerung über.

Kurz vor der Kollision rief der Wachoffizier der *Ya Mawlaya* dem Wachoffizier der *New World* über Funk Obszönitäten und andere Beleidigungen zu.

Auf 5–7 Kabellängen (925–1295 m) hatten sich die beiden Schiffe genähert, als der 2. Offizier auf der *New World* das Rudermanöver »Hart Steuerbord« anwies. Als das Schiff begann, sich langsam zu drehen, beobachtete er, daß auch die *Ya Mawlaya* nach Steuerbord drehte. Die *New*

World hatte sich vom vorherigen Kurs um 30°–60° weggedreht, als um 01.55 Uhr der Zusammenstoß erfolgte und die *Ya Mawlaya* unter einem Winkel von fast 90° auf die Backbordseite der *New World* im Bereich des Ladungstanks Nr. 2 traf. Die beiden Schiffe waren zunächst miteinander verkeilt. Im Bereich und in der Umgebung des Tanks Nr. 2 brach sofort Feuer aus, das mit dem Lösen der *Ya Mawlaya* nach wenigen Minuten und dem Entlangrutschen an der Backbordseite der *New World* auf Aufbauten und Hinterschiff übergriff. Auch das aus dem Tank austretende Öl breitete sich schnell aus und brannte auf beiden Seiten des Schiffes auf dem Wasser.

Der Kapitän der *New World* erwachte durch die Kollision und eilte sofort auf die Brücke, die von schwarzem Rauch eingehüllt war. Er veranlaßte Generalalarm und beorderte die Besatzung auf die Brücke. »Mayday«-Notrufe mit Angabe der Position wurden sowohl auf UKW als auch auf Kurzwelle abgesetzt. Mehrere Schiffe bestätigten den Empfang. Ein Funktelex wurde an die Rettungsleitstelle Stavanger (Norwegen) übermittelt. Die noch langsam drehende Hauptmaschine wurde gestoppt und der Maschinenraum verlassen. Dann beauftragte der Kapitän den 1. Offizier, mit einigen Besatzungsmitgliedern die Brandbekämpfung aufzunehmen. Die Männer versuchten, die Feuerlöschstation in den Aufbauten auf der Backbordseite des Hauptdecks zu erreichen, mußten jedoch diesen Versuch wegen der ihnen entgegenschlagenden Flammen, des Rauchs und der intensiven Hitze wieder aufgeben. Flammen und Rauch verhinderten auch, den Maschinenraum zu betreten.

Der Kapitän wies nun an, das Steuerbord-Rettungsboot für das Verlassen des Schiffes vorzubereiten und forderte die Mannschaft auf, sich zu dem Boot zu begeben. Doch das Verlassen der Brücke gelang zunächst nicht: Rauch- und Hitzeschwaden wehten ihnen vom Heck entgegen und führten bei einigen Seeleuten zu Verbrennungen. Da sich das Schiff immer noch langsam nach Steuerbord drehte, konnte dann einige Minuten später das Rettungsboot erreicht werden, das bereits ausgeschwungen war. Das vollgeschlossene Rettungsboot wurde bestiegen, zu Wasser gelassen und der Motor gestartet. Der Kapitän übernahm das Kommando, und das Boot entfernte sich vom Schiff, wobei der Kapitän versuchte, brennende Wasserflächen zu umgehen.

Ein Teil der Besatzung hatte offensichtlich schon auf der Brücke gefehlt und auch das Rettungsboot nicht bestiegen. Der 1. Offizier hatte daher mit dem Kapitän abgesprochen, noch an Bord zu bleiben und nach diesen Besatzungsmitgliedern zu suchen. Mit ihm blieb auch der 2. Ingenieur auf dem Schiff. Der Kapitän wollte die beiden Offiziere nach der Suche von Bord holen; die späteren Ereignisse machten dies jedoch nicht mehr erforderlich.

Die Insassen des Rettungsbootes suchten mit Hilfe eines Scheinwerfers nach Überlebenden im Wasser, blieben aber erfolglos. Um 03.12 Uhr sichteten sie ein Schiff in einer Entfernung von etwa 0,5 sm. Mit Handfackeln machte das Boot, dessen Motor inzwischen versagt hatte, auf sich aufmerksam. Eine Sprechfunkverbindung wurde hergestellt, und die Besatzung des Bootes versuchte, sich nun rudernd dem Schiff zu nähern. Dieses, die *Berge Stavanger*, wurde jedoch in Richtung der nahebei befindlichen *New World* abgetrieben. Es gelang der Besatzung des Rettungsbootes etwas später, an Bord eines anderen Schiffes zu gelangen, das ebenfalls zur Hilfeleistung eingetroffen war und einen niedrigeren Freibord als die *Berge Stavanger* aufwies. Um 05.26 Uhr waren die 19 Insassen des Rettungsbootes an Bord dieses Schiffes, der *Captadimitrus*.

Als das Rettungsboot die *New World* verlassen hatte, begannen der 1. Offizier und der 2. Ingenieur unter erheblichen Anstrengungen und mit mutigem Einsatz, das Feuer zu löschen und die vermißten Besatzungsmitglieder zu suchen. Da auch die Feuerlöschstationen auf dem Hauptdeck unzugänglich waren, versuchten sie, die Notfeuerlöschpumpe im Hinterschiff zu erreichen. In Ermangelung von Atemschutzgeräten – diese befanden sich in bisher nicht begehbaren Feuerlöschstationen – drangen sie mit befeuchteten Tüchern vor Mund und Nase in den rauchgefüllten Rudermaschinenraum vor und konnten die Notfeuerlöschpumpe starten. Nun stand Wasser in den Feuerlöschleitungen zur Verfügung. Am Heck wurden mehrere Feuerlöschschläuche befestigt und das Wasser mit Sprühdüsen auf das Feuer ausgerichtet. Im vorderen Bereich der *New World* richteten sie zwei Schaumrohre auf den Brand in der Umgebung des Ladungstanks Nr. 2. Nachdem das Feuer am Heck gelöscht war, konnten die beiden Offiziere die Brandbekämpfung auf das Innere der Unterkunftsräume richten und dann in den Räumen nach den vermißten Seeleuten suchen. Aber alle Bemühungen waren erfolglos. Der 1. Offizier und der Kapitän standen in UKW-Verbindung, und so hatte der 1. Offizier erfahren, daß acht Männer vermißt wurden.

Endlich gelang es, ein Atemschutzgerät zu erreichen und anzulegen. So konnten weitere Räume durchsucht werden, unter anderem die Kühllagerräume, von denen ein Alarm ausgelöst worden war. Jedoch auch hier wurde niemand gefunden.

Im Laufe des Vormittags war auch der Tanker *New Wisdom* an der Unglücksstelle eingetroffen. Das Schiff entsandte ein Rettungsboot, von dem acht Seeleute mit mehreren Atemschutzgeräten zur Hilfeleistung an Bord der *New World* gingen. Mit ihrer Unterstützung gelang es bis zum späten Nachmittag, alle Brände zu löschen. Die Suche nach den acht Seeleuten blieb weiterhin ergebnislos.

Der Telex-Notruf der *New World* war von der Rettungsleitstelle Stavanger am 21. Dezember um 02.02 Uhr empfangen worden und löste eine umfangreiche Such- und Rettungsaktion aus. Stavanger informierte die Rettungsleitstelle Lissabon, die vielfache Aktivitäten der zivilen und militärischen Kräfte veranlaßte. So beteiligten sich ein Rettungskreuzer des zivilen SAR-Dienstes, mehrere Schiffe der portugiesischen Marine sowie Flugzeuge und Hubschrauber der portugiesischen Luftstreitkräfte an dem Einsatz. Mehrere Handelsschiffe waren zur Unfallposition geeilt, nachdem sie den Notruf der *New World* empfangen hatten. Alle suchten nach den vermißten Besatzungsmitgliedern, nachdem die 19 Insassen des Rettungsbootes der *New World* von der *Captadimitrus* aufgenommen waren. Die Suche durch Schiffe und Flugzeuge wurde bis zum 22. Dezember, 18.30 Uhr, fortgesetzt. Aber weder Überlebende noch bei der Havarie ums Leben gekommene Seeleute wurden gefunden. Auch die erneute Durchsuchung der *New World* nach vollständiger Löschung des Feuers ergab keinerlei Spuren. Es wurde auch nicht bekannt, ob die acht während der Kollision auf Freiwache befindlichen Seeleute das Schiff verlassen hatten. Der Backbord-Bereich des Schiffes, in dem sich auch zwei Rettungsflöße befanden, war durch das Feuer derart zerstört, daß sich nicht mehr feststellen ließ, ob die Flöße benutzt wurden oder an Bord verbrannten.

Die *Ya Mawlaya*, deren Vorschiff bei dem Zusammenstoß schwer beschädigt worden war, hielt sich nach der Kollision in etwa 2 sm Entfernung von der *New World* auf. Sie beteiligte sich in keiner Weise an den Such- und Rettungsmaßnahmen. Der einzige Funkkontakt zwischen den beiden Schiffen nach dem Unfall beschränkte sich darauf, daß der Kapitän der *New World*, als er sich an Bord der *Captadimitrus* befand, von der *Ya Mawlaya* Angaben wie Registriernummer, Heimathafen, Ladung und Zielhafen anforderte. Am Morgen des 21. Dezember verließ die *Ya Mawlaya* die Unfallposition, um nach Gibraltar zu laufen.

Trotz der erheblichen Beschädigungen durch die Kollision und den anschließenden Brand konnte die *New World* am 22. Dezember offensichtlich mit eigener Kraft – so muß aus dem Havariebericht geschlußfolgert werden – den Unfallbereich verlassen. Nachdem sie ihre Ladung, von der nur ein relativ kleiner Teil verlorengegangen war, an einen anderen Tanker übergeben hatte, lief sie nach Lissabon, wo sie am 31. Dezember eintraf.

Die Untersuchung

Das Marine Department Hongkong beauftragte eine Kommission mit der Untersuchung dieses Schiffsunfalls. In ihrem abschließenden Bericht stellte diese Kommission fest, daß beide Schiffe gegen wichtige Regeln der Internationalen Kollisionsverhütungsvorschrift verstoßen hätten.

So habe die *Ya Mawlaya* zum Zeitpunkt der Kollision und davor keines ihrer beiden Radargeräte benutzt. Die Hauptursache des Zusammenstoßes sei aber darin zu sehen, daß die *Ya Mawlaya* keine rechtzeitigen kursändernden Maßnahmen zur Verhinderung des Zusammenstoßes einleitete, obgleich sie bei den sich kreuzenden Kursen der beiden Schiffe das ausweichpflichtige Fahrzeug war. Es wurde auch kritisch vermerkt, daß die *Ya Mawlaya* nach dem Zusammenstoß keine Unterstützung bei der Bekämpfung des Feuers auf der *New World* und der Suche nach den vermißten Seeleute leistete.

Die *New World* hätte rechtzeitig erkennen müssen, daß die *Ya Mawlaya* keine Maßnahmen zur Unfallvermeidung einleitete und daher ihrerseits notwendige Manöver vornehmen müssen. Insofern sei sie mitbeteiligt an den Ursachen des Zusammenstoßes. Nach der »Ständigen Order des Kapitäns« hätte der 2. Offizier der *New World* wegen des erwarteten dichten Passierens der beiden Schiffe den Kapitän auf die Brücke rufen müssen.

Allen an der Suche und Rettung von Besatzungsmitgliedern der *New World* Beteiligten wurde in dem Bericht Anerkennung ausgesprochen. Das mutige Verhalten des 1. Offiziers und des 2. Ingenieurs der *New World* bei der Suche nach Überlebenden an Bord und bei der Brandbekämpfung wurde würdigend hervorgehoben.

Grundberührungen und Strandungen – oft mit verheerenden Folgen

12. Rätselhafte Untätigkeit auf *MT Böhlen* nach Grundberührung

Nach einer schweren Grundberührung sank der deutsche Motortanker *Böhlen* am 14. Oktober 1976 vor der französischen Küste. Dabei fanden 24 Besatzungsmitglieder und zwei mitfahrende Ehefrauen den Tod. Der Verlauf der Ereignisse, die zum Untergang des Schiffes führten, sowie der Untergang selbst ergaben sich aus den Zeugenaussagen der elf Überlebenden vor der Seekammer Rostock.

Der 1961 gebaute 145 m lange Tanker mit einer Vermessung von 7643 GT und einer Tragfähigkeit von 11.670 t verfügte insgesamt über 24 Ladetanks. Zwei Antriebsmotoren mit zusammen 2940 kW verliehen dem Schiff eine Dienstgeschwindigkeit von 12 kn.

Die Havarie

Der Tanker *Böhlen* verließ am 29. September 1976 mit 9796 t Rohöl beladen den Hafen Bajo Grande (Venezuela) mit dem Ziel Rostock. Die Reise verlief zunächst normal. Am 10. Oktober gegen 05.00 Uhr wurde die Azoreninsel São Miguel passiert. Von hier wurde mit O55° der Kurs auf die vor der Nordküste der Bretagne liegende Insel Ushant (französisch: Quessant) abgesetzt.

Am Vormittag des 13. Oktober, als sich das Schiff in der Biscaya befand, stellten die Wachoffiziere erhebliche Differenzen zwischen dem gekoppelten und dem mittels Deccagerät ermittelten Standort des Tankers fest. Der durch Koppeln festgestellte Ort blieb in der Seekarte eingetragen. Am Nachmittag des gleichen Tages nahm der Funkoffizier eine Ortsbestimmung mit-

tels Funkpeilung vor. Das Ergebnis war, daß sich der Tanker danach etwa 60 sm weiter voraus und etwa 30 sm östlich versetzt gegenüber der in der Seekarte eingetragenen Position befinden müsse. Die Offiziere bezweifelten jedoch dieses Ergebnis und berücksichtigten es bei der weiteren Navigation nicht. Auch als während der Wache von 20.00–24.00 Uhr unerwarteterweise ein stark befahrener Schiffahrtsweg gekreuzt wurde, gab der Kapitän keine Weisung zur sicheren Ermittlung des Standortes, und der Kurs O55° wurde beibehalten.

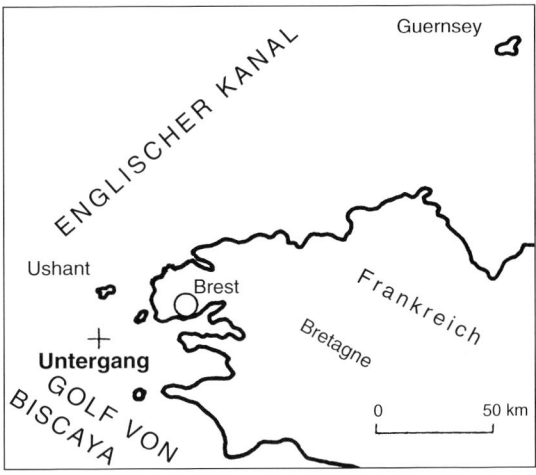

Position der *MT Böhlen* zum Zeitpunkt des Untergangs.

Während der nächsten Wache, 14. Oktober 00.00–04.00 Uhr, verschlechterte sich das bis dahin ruhige Wetter, der Seegang nahm zu, die Sicht blieb aber gut. Der wachhabende 2. Offizier beschäftigte sich im Kartenhaus. Entgegen allen Vorschriften befand sich der Wachgänger nicht als Ausguck auf der Brücke, sondern erledigte auch Schreibarbeiten im Kartenhaus. Plötzlich sah man ein Leuchtfeuer Backbord voraus, das man zu einem späteren Zeitpunkt auf der

Steuerbordseite erwartet hatte. Daraufhin wurde zwischen 03.30 und 03.50 Uhr der Kurs nach Backbord in nordwestliche Richtung geändert.

Gegen 03.55 Uhr erschütterten drei harte Stöße das Schiff. Diese waren von solcher Intensität, daß sie im Maschinenraum als Knacken und Brechen von Spanten wahrgenommen wurden. Wie später rekonstruiert wurde, hatte der Tanker eine schwere Grundberührung mit den Riffen vor der Inselgruppe Chaussée de Seine an der Küste der Bretagne (Frankreich).

Das Schiff lief gegen die See und nahm Wasser über Deck und Laufsteg. Der Geruch von Kraftstoff wurde deutlich wahrgenommen. Die Wache im Maschinenraum stellte kurz nach 04.00 Uhr Wassereinbruch in Doppelbodentanks und in der Achterpiek fest. Der Bordbetrieb lief jedoch normal weiter. Es wurden keinerlei Anweisungen vom Kapitän oder dem Leitenden Technischen Offizier zur Überprüfung des Zustandes des Schiffes gegeben.

Am Vormittag des 14. Oktober kam weiterhin schwere See von vorn, der Wind steigerte sich auf Bft 10–12. Zunehmend wurden Beobachtungen gemacht, die auf erhebliche Beschädigungen des Schiffskörpers hindeuteten. So trat Kraftstoff aus der Entlüftung des Tieftanks im Vorschiff. Schwarze Öllachen trieben am Schiff vorbei. Der Maschinenraum mußte ständig gelenzt werden. Das Vorschiff lag tief im Wasser und tauchte immer weiter ein.

Zum Mittagessen war die gesamte Besatzung, bis auf die Wachgänger, in der Messe in den hinteren Aufbauten versammelt. Aber auch jetzt erfolgte durch die Schiffsführung keine Information über die Lage des Schiffes und die zu ergreifenden Maßnahmen.

Gegen 13.30 Uhr begannen starke Brecher gegen die Mittschiffsaufbauten zu schlagen. Ab etwa 15.00 Uhr wurden die ersten Fenster von der See zerstört, zunächst in der Offiziersmesse und später auch auf der Brücke. Das Vorschiff stand ständig unter Wasser.

Die immer kritischer werdende Lage des Schiffes veranlaßte den Kapitän, um 15.25 Uhr eine Dringlichkeitsmeldung aussenden zu lassen: Das Schiff sei vermutlich leckgeschlagen, es werde um Hilfe gebeten. An die Besatzung ergingen auch jetzt noch keine Weisungen. Gegen 15.40 Uhr veranlaßte der 2. Ingenieur die in den hinteren Aufbauten befindlichen Besatzungsmitglieder, Rettungswesten anzulegen.

Um 16.00 Uhr stand die Back so unter Wasser, daß sie kaum mehr auftauchte. Bald wurde eines der Rettungsboote durch die See aus den Davits geschlagen und zerstört. Der vorlastige Trimm des Tankers hatte sich bis gegen 16.15 Uhr so vergrößert, daß der Propeller weitgehend austauchte und freischlug und die Hauptmaschinenanlage daher gestoppt werden mußte.

Endlich ließ der Kapitän um 16.25 Uhr die Dringlichkeitsmeldung in eine »SOS«-Meldung umwandeln. Diese wurde von Brest-Radio empfangen und weiterverbreitet. Kurz darauf mußte um 16.33 Uhr der Funkverkehr abgebrochen werden, da auch der Funkraum nach Einschlagen der Fenster unter Wasser stand.

Ein Aufenthalt im mittleren Aufbau war nun gar nicht mehr möglich. Der Kapitän, die Offiziere und weitere Besatzungsmitglieder verließen die Räume des Aufbaus, hielten sich noch kurze Zeit hinter und neben dem Aufbau auf und wurden dann von der See erfaßt und über Bord gespült.

In den hinteren Aufbauten bereiteten der Koch und der Bäcker gegen 16.35 Uhr noch das Abendbrot vor! Auch jetzt, in der letzten Phase des Unterganges des Schiffes, gab es keine Führung bezüglich des Verlassens des Tankers.

Die Besatzung verließ schließlich die Messe und begab sich zum hinteren Bootsdeck. Es wurde jedoch – wohl in Anbetracht der schweren See – kein Versuch zum Aussetzen der Boote mehr unternommen. Diese wurden dann von den Wellen aus den Halterungen geschlagen. Dagegen wurden jedoch die beiden Rettungsinseln auf Steuerbord und Backbord von Besatzungsmitgliedern aus den Halterungen gelöst und die Leinen zum Aufblasen der Flöße gerissen. Von dem aus dem Wasser ragenden Hinterschiff sprangen die Seeleute aus 5–15 m Höhe in die

See und versuchten, schwimmend die Rettungs-mittel zu erreichen. Es wurde beobachtet, daß der Tanker gegen 17.00 Uhr steil aufragend mit dem Vorsteven voran unterging.

14 Mann konnten die beiden im Wasser treiben-den Flöße erreichen und besteigen. Eines der im Wasser kieloben schwimmenden Boote wurde von acht Personen erreicht. An ein zweites konn-te sich eine weitere Person klammern. Nach eini-ger Zeit wurden Flöße und Boote von einem Ölfeld eingeholt und überspült. Ein Teil der Seeleute auf den Rettungsmitteln ging durch Erschöpfung und See-Einwirkung verloren.

An der nach dem »SOS«-Ruf anlaufenden Rettungsaktion beteiligten sich acht vorwiegend französische Schiffe sowie Suchflugzeuge und Hubschrauber. Nur elf Besatzungsmitglieder konnten gerettet werden, 24 – sowie die zwei mitreisenden Ehefrauen – fanden den Tod, dar-unter der Kapitän und alle Offiziere.

Die Untersuchung

Aus den eingangs erwähnten Zeugenaussagen der Überlebenden zusammen mit Gutachten über die Navigation, die wahrscheinliche Beschädi-gung des Schiffes und den Verlauf des Untergangs zog die Seekammer Schlußfolgerun-gen hinsichtlich der Ursachen dieses schweren Seeunfalles.

Sie stellte fest, daß ab Passieren der Azoren eine völlig ungenügende Navigation vorgenommen wurde. Die Nichtberücksichtigung von Wind und Meeresströmung führte bis 13./14. Oktober zu einer erheblichen Versetzung des Schiffes gegenüber dem angenommenen Standort. Diese Versetzung wird der vom Funkoffizier ermittel-ten entsprochen haben, nämlich etwa 60 sm vor-aus und 30 sm in östliche Richtung.

Obgleich am 13. Oktober bei den Wachoffizieren offensichtlich Unsicherheit über den wirklichen Standort des Schiffes herrschte, wurde an der gekoppelten Position festgehalten, und der Kapi-tän gab keine Weisung, energische Maßnahmen zur Klärung des Standortes vorzunehmen. Solche

Maßnahmen hätten im verstärkten Einsatz von Decca-Ortung und Funkpeilungen sowie später im Einsatz des Radargerätes bestanden.

Als sehr schwerwiegend wurde die Nichtbe-setzung des Ausgucks während der Brücken-wache am 14. Oktober von 00.00–04.00 Uhr angesehen. Dadurch wurden die deutlichen Leuchtfeuer von Ar Men und Île de Sein nicht erkannt. Die Identifizierung dieser Leuchtfeuer hätte zu einer Kursänderung von 180° und damit zur Vermeidung der Grundberührung führen müssen.

Nach der Havarie wäre es Pflicht des Kapitäns gewesen, die Schäden am Schiff feststellen zu lassen (unter anderem durch Tankpeilungen), Besatzung und Reederei zu informieren und die Rettungsmittel klarmachen zu lassen. Eine frühe Dringlichkeitsmeldung an Brest-Radio wäre not-wendig gewesen sowie die Festlegung eines Schiffskurses, der in ruhiges Wasser und Schutz unter Land geführt hätte.

Spätestens ab 13.00 Uhr am 14. Oktober hätte dem Kapitän und auch den Offizieren klar sein müssen, daß mit dem Untergang des Schiffes zu rechnen sei. Zu diesem Zeitpunkt hätte ein »SOS«-Ruf noch zur Rettung aller Besatzungs-mitglieder führen können, beispielsweise durch Hubschrauber aus dem nur 35 sm entfernten Brest. Die absolute Passivität des Kapitäns auch in Anbetracht des ständigen Tiefersinkens des Vorschiffes ist völlig unverständlich. Da weder vom Kapitän noch von einem der Offiziere Anweisungen zur Rettung gegeben wurden, blieb es jedem Besatzungsmitglied überlassen, wann und wie es das Schiff verlassen wollte.

Die Seekammer kam im Ergebnis der Unter-suchung zu der Feststellung, daß die Verantwor-tung für den Tod so vieler Menschen und den Verlust des Schiffes dem Kapitän zuzuschreiben sei, der selbst auch das Leben verlor. Aber auch die Offiziere seien ihrer Mitverantwortung nicht gerecht geworden.

Es konnte keinerlei Erklärung für das völlig unverständliche Verhalten des erfahrenen Kapi-täns und der Offiziere gefunden werden. Alkoholeinfluß war nach Aussagen der Überlebenden auszuschließen. So blieb dieser schwere Schiffsunfall und insbesondere das Verhalten der Schiffsführung nach der Grundberührung im Grunde rätselhaft und dürfte wohl einen besonderen Fall des menschlichen Fehlverhaltens bei Havarien darstellen.

13. Supertanker *Amoco Cadiz* strandet nach Ruderausfall

Am 16. März 1978 strandete der liberianische Supertanker *Amoco Cadiz* an der französischen Bretagne-Küste und verursachte eine der größten Ölverschmutzungen der Schiffahrt.

Der erst vier Jahre vorher – im Jahre 1974 – fertiggestellte 109.000-BRT-Tanker hatte eine Länge von 334 m und eine Antriebsanlage mit einer Leistung von 22.670 kW. Das Schiff war mit einer Inertgas-Anlage ausgerüstet und wurde von einer 40 Mann starken Besatzung gefahren.

Die Havarie

Im März 1978 war der Tanker mit 220.000 t iranischem Erdöl vollbeladen unterwegs nach Rotterdam (Niederlande). Am Morgen des 16. März befand sich die *Amoco Cadiz* bei rauher See vor der Einfahrt in den Englischen Kanal. Sie hatte das Verkehrstrennungsgebiet vor der Insel Ushant gerade verlassen, als um 09.46 Uhr die Rudermaschine versagte. Der Rudergänger auf der Brücke hatte die Rudersteuerung auf 10° Steuerbord gelegt, aber der Ruderlagenanzeiger zeigte »Hart Backbord« an. Anstatt wie gewünscht nach Steuerbord zu korrigieren, schwang das Schiff nach Backbord. Der Kapitän, der sich zu dieser Zeit auf der Brücke befand, stoppte die *Amoco Cadiz*, da die Gefahr bestand, in den entgegengesetzten Schiffsverkehr zu laufen. Der Tanker kam gegen 10.05 Uhr zum Stillstand, das Ruder schwang jetzt mit großen Ausschlägen hin und her.

Es wurde Alarm für die Ingenieure ausgelöst, die sich daraufhin alle innerhalb weniger Minuten im Maschinenkontrollraum versammelten und dann sofort in den Rudermaschinenraum begaben.

Das Schiff wurde mit Hilfe einer leistungsfähigen Rudermaschine gesteuert. Diese war hydraulisch betrieben mit einem Arbeitsdruck von maximal 140 kg/cm². Sie wirkte mit vier Hydraulikkolben auf die Ruderpinne, die auf dem Ruderschaft saß. Zwei Hydraulikpumpen erzeugten den Ölstrom, ein System von Rohrleitungen mit verschiedensten Ventilen verband Pumpen, Kolben, Ölverteilungsblock und Öltanks miteinander.

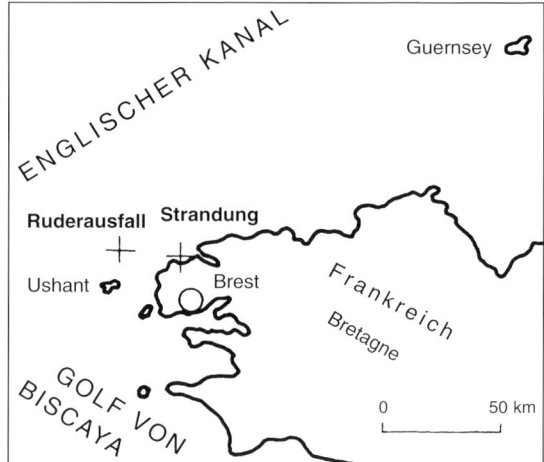

Positionen der *Amoco Cadiz*.

Als die Ingenieure den Rudermaschinenraum betraten, sahen sie, daß sich der Flansch einer Ölleitung infolge Bruch der Befestigungsbolzen vom Ölverteilungsblock gelöst hatte und Öl mit hohem Druck herausspritzte. Durch Schließen mehrerer Ventile und Ausschalten einer der beiden Pumpen konnte der defekte Rohrleitungsbereich vom übrigen System getrennt werden. Der inzwischen eingetretene Ölverlust im Ausgleichtank wurde durch Nachfüllen von Öl ausgeglichen. Doch im Rohrleitungssystem und in den Hydraulikzylindern befand sich Luft, und das Ruder mit Schaft, Pinne und Kolben schlug weiter hin und her. Die Anstrengungen der Männer konzentrierten sich unter diesen Bedingungen darauf, durch verschiedene Manipulationen Leitungen und Zylinder zu entlüften und durch die nun laufende zweite Pumpe wieder mit Öl zu füllen. Während weniger Minuten schien es, als wenn diese Bemühungen zum Erfolg führen würden, doch nach einiger Zeit mußten diese Versuche ergebnislos aufgegeben werden. Letztlich riß ein Sicherheitsventil aus einem Verbindungsrohr, und erhebliche Mengen Öl und Luft traten aus. Nun bestand keine Möglichkeit mehr, die Funktionsfähigkeit der Rudermaschine wieder herzustellen. Das Ruder schlug weiter ungebremst hin und her, einer der Männer wurde von einem umherfliegenden Teil verletzt.

Auch Versuche, das Ruder mit Hilfe von Seilen und Blöcken festzulegen, scheiterten. Die Bewegungen von Ruder und Pinne waren so heftig, daß die Befestigungen den hohen Belastungen nicht standhielten und brachen. Nachdem der Kapitän sich schon kurz nach 10.00 Uhr im Rudermaschinenraum von den Anstrengungen der Ingenieure zur Wiederinbetriebnahme der Rudermaschine überzeugt hatte, wurde er nun erneut informiert, und es wurde gegen 11.15 Uhr entschieden, die Bemühungen als aussichtslos einzustellen. Die Hydraulikpumpe wurde ausgeschaltet, der Rudermaschinenraum verlassen und alle Türen geschlossen.

Der Kapitän hatte unmittelbar nach dem Ausfall der Rudermaschine und dem Stoppen der Hauptmaschine über UKW eine Sicherheitsinformation, wie er es nannte, absetzen lassen. Darin war die Position des Tankers angegeben und mitgeteilt, daß er einen Ruderschaden hätte. Ein Ersuchen um Unterstützung wurde jedoch nicht herausgegeben. Obgleich die *Amaco Cadiz* nur noch etwa zehn Seemeilen von der Küste entfernt war und relativ schnell auf sie zudriftete, dachte der Kapitän weder an Schlepperhilfe noch daran, die Anker für ein eventuelles Manöver vorbereiten zu lassen. Auch in der folgenden Stunde wurde diesbezüglich nichts unternommen. Bis etwa 11.00 Uhr war der Tanker durch Wind und Strömung eine weitere halbe Seemeile in südöstliche Richtung getrieben.

Der Wind blies mit Sturmstärke aus südwestlicher Richtung. Das Schiff lag in einer 160°-Richtung quer zu Wind und Wellen. Es wäre klug gewesen, die Maschine rückwärts laufen zu lassen, was die Drift zumindest verringert hätte.

Erst gegen 11.20 Uhr forderte der Kapitän über Brest-Radio Schlepperhilfe an. Dieser Hilferuf wurde unmittelbar an den deutschen Bergungsschlepper *Pacific* weitergeleitet, der sich etwa 15 sm östlich des Tankers befand. Der Schlepper drehte sofort und lief in Richtung Tanker. Der Kapitän des Schleppers bot Hilfeleistung auf Grundlage der sogenannten »Lloyd's Open Form« an. Das bedeutete, daß eine Bezahlung nur bei einer erfolgreichen Bergung zu erfolgen hätte, die Höhe dann aber vom Wert des geretteten Objekts abhinge und später ausgehandelt würde.

Nach dem Funkkontakt mit der *Pacific* sprach der Tankerkapitän mit einem Vertreter seines Eigners in Chicago. Er informierte ihn über den Ruderausfall und ließ sich bestätigen, daß erforderlichenfalls Schlepperhilfe angenommen werden könne.

Gegen 12.20 Uhr erreichte die *Pacific* die *Amoco Cadiz*. Der Schlepperkapitän ließ sofort alle Vorbereitungen treffen, um den Tanker in Schlepp zu nehmen, und gab über Sprechfunk genaue Instruktionen für die Befestigung des Schleppseils. Dieses wurde mit einem Vorläuferseil und einer Kette durch die sogenannte Panama-Klüse der *Amoco Cadiz* geholt und festgemacht. Kurz nach 14.00 Uhr war die *Pacific* zum Schleppen des Tankers bereit.

In der Zwischenzeit wurde zwischen den beiden Kapitänen über Sprechfunk eine Diskussion über die kommerziellen Bedingungen geführt, unter denen der Schlepp durchzuführen sei. Die späteren Aussagen über diese Gespräche waren widersprüchlich. Der Schlepperkapitän sagte später aus, daß er erneut »Lloyd's Open Form« angeboten, der Tankerkapitän dieses aber zunächst nicht akzeptiert habe. Der Kapitäm der *Amoco Cadiz* sagte vor der Untersuchungskommission aus, er hätte einen normalen Schleppvertrag mit einer festzulegenden Schlepprate gewünscht, und der Schlepperkapitän hätte »O.K.« geantwortet. Er habe somit angenommen, einen Schleppvertrag vereinbart zu haben, obgleich keine Schlepprate festgelegt worden sei. Die Untersuchungskommission schloß sich der Auffassung des Schlepperkapitäns an.

Zu dem Zeitpunkt, als die Schleppverbindung zwischen den beiden Schiffen hergestellt war, befand sich die *Amoco Cadiz* weniger als 6 sm vor der Insel Ushant. Seit 10.05 Uhr war sie 7,5 sm südwärts und ostwärts gedriftet. Bis 17.00 Uhr würde sie vom Gezeitenstrom südwestlich versetzt und dann stark nach Osten getrieben werden.

Der Schlepp hatte kurz nach 14.00 Uhr begonnen. Es war außerordentlich schwierig, den großen, voll beladenen Tanker bei den herrschenden Wetterbedingungen durch einen einzigen Schlepper zu bewegen. Die beiden Maschinen der *Pacific* liefen mit der höchsten Leistung, die bei dieser See vertretbar war. Gegen 16.15 Uhr war die *Amoco Cadiz* einige Meilen nach Osten verschleppt – sie war nicht weiter südlich oder näher zur Küste gelangt. Dann aber riß um 16.15 Uhr die Schleppverbindung. Eines der Glieder der Kette war gebrochen, die durch die Panama-Klüse des Tankers lief.

Während des Schleppens ging die Diskussion der beiden Kapitäne über die Bedingungen weiter. Der Schlepperkapitän drängte, »Lloyd's Open Form« zu vereinbaren, wie in Bergungsfällen üblich. Der *Amoco Cadiz*-Kapitän telefonierte zweimal mit seinem Eigner in Chicago, von dem er dann um 15.15 Uhr die Bestätigung für einen solchen Vertrag erhielt. Der Abschluß des Vertrages zwischen den beiden Schiffen wurde durch gegenseitige Übersendung von Telegrammen über die Funkstation Brest-Radio vorgenommen. Die Untersuchungskommission stellte später fest, daß diese Vertragsdebatte zwar mit zeitraubendem Hin und Her verbunden war, jedoch die Bergungsversuche der *Pacific* nicht verzögert habe.

Nachdem um 16.15 Uhr die Schleppverbindung gerissen war, drehte der weiterhin heftige Wind auf NW und drohte, die *Amoco Cadiz* wiederum weiter auf die Küste zu treiben. Der Kapitän ließ die Maschine daher mit voller Leistung zurück arbeiten, hielt das Schiff mit dem Heck gegen den Wind und verhinderte damit zeitweilig ein weiteres Verdriften auf die Küste.

Die Besatzung der *Pacific* befaßte sich inzwischen mit der Zusammenstellung eines neuen Schleppseils mit Vorläuferkette, wobei zwei Besatzungsmitglieder verletzt wurden. Um 18.20 Uhr berichtete die *Pacific*, daß sie für einen zweiten Schleppversuch fertig sei. Der Schlepperkapitän schlug vor, nun über Heck zu schleppen. Der Tankerkapitän wollte die Schleppleine zunächst wieder am Vorschiff festgemacht haben, stimmte dann aber dem Vorschlag des Schlepperkapitäns zu. Die Antriebsmaschine der *Amoco Cadiz* wurde gestoppt.

Um 20.04 Uhr ließ der Kapitän des Tankers den Backbord-Anker fallen. Dieser hielt jedoch nicht, da – wie später festgestellt wurde – beide Flunken abbrachen. Da die See das Steuerbord-Vorschiff überspülte, wurde kein Versuch unternommen, den Steuerbord-Anker zu fieren. Hätte man die Vorbereitungen auch für diesen Anker früher unternommen, so hätte nun auch dieser zum Einsatz kommen können. Die *Amoco Cadiz* war jetzt der felsigen Küste bereits gefährlich nahe, nur noch 1,3 sm trennte sie von den ersten Felsen.

Es war dieses Mal noch schwieriger, die Schleppleine an Bord des Tankers festzumachen, und erst um 20.55 Uhr begann die *Pacific* mit dem zweiten Abschleppversuch. Aber nun war es bereits zu spät. Um 21.04 Uhr hatte die *Amoco Cadiz* zum ersten Mal Grundberührung, erlitt erheblichen Bodenschaden und eine beträchtliche Ölleckage, saß aber noch nicht fest. Die zweite Grundberührung erfolgte gegen 21.30 Uhr, verursachte weitere Beschädigungen im Hinterschiff und setzte den Maschinenraum unter Wasser. Nun schien das Schiff auf den Felsen festzusitzen. Die *Pacific* setzte ihre Bemühungen erfolglos fort, bis um 22.12 Uhr die Schleppverbindung zum zweiten Mal riß.

Nach der zweiten Grundberührung versammelte der Kapitän die Mannschaft auf der Bb.-Seite des Bootsdecks und befahl, Rettungswesten anzulegen. Um 21.45 Uhr wurde das Bb.-Rettungsboot ausgeschwungen, es wurde jedoch kurz darauf von der See weggespült.

Etwa um 23.00 Uhr traf als zweiter Schlepper der größere und leistungsfähigere *Simson* an der Unglücksstelle ein. Der vorher von diesem Schlepper gelaufene Kurs war so, daß er drei bis vier Stunden früher hätte eintreffen können, wenn das Hilfeersuchen der *Amoco Cadiz* früher ergangen wäre. Die gemeinsamen Anstrengungen beider Schlepper hätten die Strandung des Tankers möglicherweise verhindern können. Trotzdem wurde auch jetzt noch durch beide Schlepper versucht, das Schiff von den Felsen herunterzuziehen. Dieses gelang nicht mehr, und die Schlepper konnten auch die enorme Verschmutzung weiter Bereiche der französischen Küste durch Öl nicht mehr verhindern.

Um 23.26 Uhr ließ der Kapitän »SOS« senden unter Angabe der Position und der Bitte, wenn möglich, Hilfe durch Hubschrauber zu leisten. Die französische Marinebehörde reagierte sofort. Zwischen Mitternacht und 01.45 Uhr des 17. März brachte sie mit Hubschraubern alle Besatzungsmitglieder sicher an Land, mit Ausnahme des Kapitäns und eines Sicherheitsbeauftragten des Reeders, der die Reise mitgemacht hatte. Gegen 04.00 Uhr zerbrach der Supertanker im Seegang auf den Felsen liegend in zwei Teile. Nun wurden gegen 05.10 Uhr auch der Kapitän und der ihn begleitende Mann an Land geflogen.

Die Untersuchung

Von den liberianischen Schiffahrtsbehörden wurde eine Kommission zur Untersuchung der Ursachen dieses Tankerunglücks eingesetzt, das wegen seiner spektakulären negativen Auswirkungen weltweite Beachtung fand und Besorgnis erregte. Die gesamte Ladung des Tankers, 220.000 t Öl, war ausgeflossen, und die dadurch verursachte Ölverschmutzung hatte ein vorher noch nicht gekanntes Ausmaß erreicht. Die Strandung der *Amoco Cadiz* ist so in die Negativgeschichte der Tankerschiffahrt eingegangen.

Als grundsätzliche Ursache des schweren Unglücks wurde von der Untersuchungskommission das Versagen der Rudermaschine gesehen. Man war verständlicherweise der Auffassung, daß bei einem gut ausgerüsteten Schiff ein solcher Ausfall der für die Manövrierfähigkeit entscheidenden Einrichtung nicht auftreten dürfe. Daher wurden detaillierte Untersuchungen durch Experten vorgenommen, wobei auch Teile der Rudermaschine Prüfungen unterworfen wurden, die von französischen Marinebehörden aus dem Tankerwrack geborgen wurden. So hat man festgestellt, daß die Bolzen für die Befestigung der Flansche am Ölverteilungsgehäuse aus unterschiedlichem Material hergestellt waren, teilweise die Sicherungsscheiben fehlten und insbesondere die Vorspannung der Schrauben unzureichend war.

Rudermaschinen des gleichen Typs hatten bereits auf verschiedenen Schiffen jahrelang zuverlässig gearbeitet, und sie entsprachen im Prinzip sowohl den internationalen Vorschriften als auch denjenigen der Klassifikationsgesellschaften. Und doch wurde festgestellt, daß sie unter extremen Bedingungen, wie etwa schwerer Seegang und dadurch auftretende Extrembelastungen des Ruderblattes, nicht immer den Anforderungen gewachsen waren. Insbesondere aber, und das war von außergewöhnlicher Bedeutung, durfte nicht ein einzelner Fehler im System, wie das Abreißen des Flansches eines Ölrohres, zum kompletten Ausfall führen und sogar einen Notbetrieb unmöglich machen. Diese Erkenntnisse hatten weitreichende Folgen. Sie führten zu umfangreichen Diskussionen in der Internationalen Schiffahrtsorganisation IMO und zur Festlegung neuer Sicherheitsstandards für Rudermaschinen insbesondere großer Schiffe.

Neben der grundsätzlichen Ursache »Rudermaschinenausfall« gab es nach Auffassung der Kommission weitere Faktoren, die letztlich zur Strandung, zum Verlust des Schiffes und zur Umweltkatastrophe beitrugen.

Das war zunächst einmal die Nähe des Tankers zur Küste zum Zeitpunkt des Rudermaschinenschadens. Diese war jedoch durch die Schiffsführung nicht zu beeinflussen, da die Schiffswegeführung für ostwärts laufende Schiffe relativ dicht an der Küste vorbeiführte. Bereits kurze Zeit nach dem Unfall der *Amoco Cadiz* wurde das Verkehrstrennungsgebiet mit der Schiffswegeführung von der Küste und der Insel Ushant weiter weg verlegt; vor allem aber wurden spezielle Zwangswege für Tanker eingeführt mit noch größerem Abstand zur Küste.

Auch das außerordentlich schlechte Wetter war zweifellos ein Faktor, der durch das damit verbundene rasche Driften des Tankers in Richtung Küste zur Strandung beitrug.

Die Kommission äußerte kritische Bemerkungen zum Verhalten des Tankerkapitäns nach dem Ausfall der Rudermaschine. Sie war der Meinung, daß der Kapitän die große Gefahr, in der das Schiff sich befand, zunächst nicht voll erkannte. Die Anforderung von Schlepperhilfe hätte spätestens gegen 10.05 Uhr erfolgen müssen, unmittelbar nachdem der Kapitän den Rudermaschinenraum aufgesucht hatte. Jede Minute sei zu dem Zeitpunkt lebenswichtig gewesen. Eine Stunde Zeitgewinn hätte früheren Einsatz der *Pacific* und wahrscheinlich auch des Schleppers *Simson* bedeutet und die Strandung verhindern können.

Nach Auffassung der Kommission wäre der Kapitän nur zögernd seiner vollen und alleinigen Verantwortung für das Schiff nachgekommen. Erst nach mehreren Telefonaten mit dem Büro seines Eigners in Chikago sei er bereit gewesen, den Dienst des Bergungsschleppers *Pacific* zu den Bedingungen von »Lloyd's Open Form« anzunehmen. Seine wiederholten Dispute mit dem Schlepperkapitän hätten zwar den Beginn des Schleppens nicht verzögert, ihn aber zusammen mit den Chicago-Telefonaten in seiner Aufmerksamkeit von anderen Dingen abgelenkt, die seine Entscheidung erforderten.

Kritisch wurde auch gewertet, daß der Kapitän nicht bereits während des Wartens auf Schlepperhilfe die Antriebsmaschine hat rückwärts laufen lassen und in dieser Zeit beide Anker nicht für einen Einsatz vorbereiten ließ. Die erstgenannte Maßnahme hätte das Driften zur Küste verzögert, die zweite den rechtzeitigen Einsatz beider Anker ermöglicht. Dadurch hätte das Schiff entweder völlig gehalten oder das Abtreiben so verzögert werden können, daß auch der Schlepper *Simson* noch hätte Hilfe leisten können.

Die Kommission untersuchte auch, ob der Eigner des Tankers seiner Verantwortung gerecht geworden sei und ausreichende Instruktionen für die Führung seiner Tanker herausgegeben hätte. Es wurde festgestellt, daß verschiedene Anweisungen und Instruktionen und insbesondere ein Handbuch für den Betrieb der Tanker vorhanden waren. In letzterem war unter anderem die wichtige Festlegung enthalten, daß jeder Kapitän im Gefahrenfalle jede für die Sicherheit von Schiff und Besatzung erforderliche Maßnahme ohne Einschränkung einleiten solle. Im weiteren Inhalt der Instruktion wurde diese Festlegung jedoch wieder aufgeweicht. Es wurde nämlich ausgeführt, daß ein Kapitän vor Annahme einer fremden Hilfeleistung die Gesellschaft über die Bedingungen der vereinbarten Hilfe informieren solle, zum Beispiel ob es eine Bergung oder ein einfacher Schlepp sei. Die Kommission war der Auffassung, daß dies beim Kapitän der *Amoco Cadiz* zu Zweifeln über das Ausmaß seiner eigenen Verantwortung führen konnte.

Die Kommission dankte den französischen Hubschrauberbesatzungen für ihren schnellen und erfolgreichen Einsatz bei der Rettung der Besatzung der *Amoco Cadiz*.

Die von der Kommission empfohlenen wichtigsten Maßnahmen, die teilweise bereits erwähnt wurden, seien noch einmal kurz zusammengefaßt:

- Die IMO solle die Forderungen an Ruder-maschinen von Großtankern grundsätzlich überprüfen und überarbeiten.
- Die IMO solle die Forderungen an die Anker-einrichtungen von Großtankern überprüfen.
- Die Verkehrsregelungen im Englischen Kanal sollten überarbeitet werden.
- Kapitäne und Offiziere sollten besser über schwere Schiffsunfälle und die daraus gewon-nenen Lehren informiert werden.

14. *MS Lee Wang Zin* kentert nach Überlaufen eines Riffes

Das unter Panama-Flagge laufende Massen-gutschiff *Lee Wang Zin* kenterte am 25. De-zember 1979 vor der Westküste Kanadas, nach-dem wahrscheinlich das Überlaufen eines Riffes starke Beschädigungen des Schiffskörpers verur-sacht hatte. Das Schiff kenterte, schwamm dann kieloben und sank wenige Tage später. Alle 30 Besatzungsmitglieder kamen ums Leben.

Das 1963 speziell für den Transport von Eisenerz gebaute Motorschiff hatte eine Länge von 226 m und eine Antriebsleistung von 11.900 kW. Maschinenanlage, Brücke und Unterkunftsräume waren hinten angeordnet. Der Schiffskörper war für die Erzbeförderung verstärkt und wies drei Laderäume auf. Im September 1979 war das Schiff in Taiwan eingedockt, einer Prüfung durch die Klassifikationsgesellschaft unterzogen und dann ohne Mängel wieder in Fahrt gesetzt wor-den. Es war mit den erforderlichen und ebenfalls mängelfreien Navigationsgeräten ausgerüstet, so unter anderem mit zwei Radargeräten.

Die Havarie

Die *Lee Wang Zin* war von einer japanischen Gesellschaft gechartert und sollte im Dezember 1979 eine Ladung Eisenerzkonzentrat von Tasu auf den Queen-Charlotte-Inseln (Westküste Kanadas) nach Japan transportieren. Der Kapitän machte zum ersten Mal eine Reise nach Tasu. Vor Beginn der Fahrt war der Schiffsführung das erforderliche Kartenmaterial übergeben worden, darunter die Britische Admiralitätskarte Nr. 3754 mit der Dixon Entrance, einer Einfahrt in die inneren Seegewässer vor der kanadischen Küste, die von der *Lee Wang Zin* teilweise durchlaufen werden mußte. Die Karte war in einem kleineren Maßstab ausgeführt als die entsprechende kana-dische, und Untiefen, wie das Celestial-Riff, waren farblich nicht besonders gekennzeichnet.

Nach Eintreffen im Hafen Tasu begann am 18. Dezember 1979 die Beladung des Massengut-schiffes. Die landseitige Ladeeinrichtung, an deren Ende ein Förderband das Erzkonzentrat in die Laderäume transportierte, wurde dabei so geschwenkt, daß das Ladegut möglichst gleich-mäßig in den Laderäumen verteilt wurde. Die Ladeeinrichtung hatte zwar eine durchschnittli-che Leistungsfähigkeit von 700 t/Stunde, aber infolge Unterbrechungen durch Regen und gele-dentlichen Mangel an Ladungsgut dauerte die Beladung bis zum 24. Dezember.

Eisenerzkonzentrat kann bei zu hohem Feuchtig-keitgehalt breiig werden und dann durch Überge-hen der Ladung im Seegang eine Gefahr für die Schiffsstabilität darstellen. Auch die kanadischen Vorschriften für den Schiffstransport von Erz-konzentraten schreiben daher vor, daß der Feuchtigkeitsgehalt 90 Prozent desjenigen Gehaltes nicht überschreiten darf, bei dem das Verflüssigen (Breiigwerden) beginnt.

Bei der Beladung der *Lee Wang Zin* wurden dem Erzkonzentrat Proben entnommen und durch ein unabhängiges Labor auf den Feuchtigkeitsgehalt untersucht. Gemittelt aus mehreren Proben betrug dieser 8,33 Prozent und lag damit unter-halb des zulässigen Grenzwertes von 8,91 Pro-zent.

Um 09.35 Uhr am 24. Dezember wurde die Beladung nach Übernahme von 54.310 t Eisen-erzkonzentrat abgeschlossen. Der Tiefgang des Schiffes betrug vorn 12,00 m, hinten 12,40 m. Ein Inspektor der Hafenbehörde überzeugte sich von der ordnungsgemäßen Beladung und dem

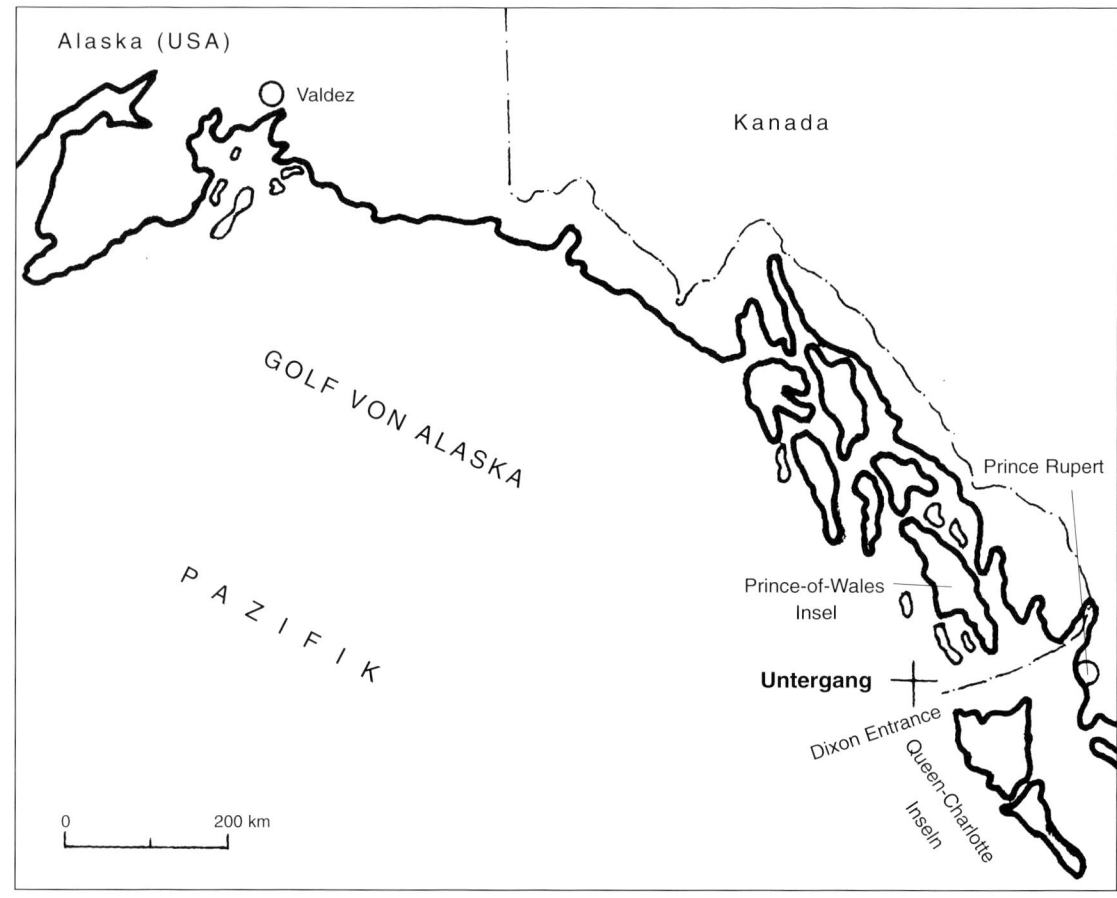

Untergangsposition der *Lee Wang Zin.*

zuverlässigen Schließen sowie Sichern der Lukendeckel und erteilte die Genehmigung zum Auslaufen.

Ein Lotse kam an Bord, und um 11.50 Uhr lief das Schiff aus. Es mußte zunächst die enge und gekrümmte Ausfahrt aus dem Tasu-Sund durchfahren, um dann um den nördlichen Teil der Queen-Charlotte-Inseln herum in den Dixon Entrance einzulaufen. Östlich des Leuchtturms Triple Island holte am nächsten Tag, dem 25. Dezember, das Lotsenboot um 06.40 Uhr den Lotsen wieder von Bord – die *Lee Wang Zin* setzte ihre Reise in Richtung Pazifik fort.

Zu dieser Zeit war der Himmel bedeckt, die Sicht klar. Der Wind hatte aufgefrischt und blies mit etwa 30 kn aus SO.

Um 09.17 Uhr wurde von mehreren kanadischen und US-amerikanischen Küstenfunkstationen sowie auch von Schiffen auf der Frequenz 500 kHz ein »SOS«-Notruf gehört. Der Notruf wurde über etwa drei Minuten mehrfach wiederholt, dazwischen wurde das Rufzeichen des Schiffes mit 3ESS angegeben, jedoch keine Position. Von den Funkstationen wurde mehrfach erfolglos versucht, mit dem in Seenot befindlichen Schiff in Kontakt zu kommen. Um 09.24 Uhr teilte die Küstenfunkstation Bull Harbour dem kanadischen Rettungszentrum in Victoria den Notfall mit. Die Küstenfunkstation Kodiak alarmierte um 09.25 Uhr den US-Rettungsdienst.

Aber noch war die Position des Schiffes nicht bekannt. Nach Prüfung von Aufzeichnungen mehrerer Funkstationen konnte dann um 09.59 Uhr die Küstenfunkstation Vancouver mitteilen, daß ein Schiff mit dem Rufzeichen 3ESS von Triple Island ausgelaufen sei. Kurze Zeit später wurde das Schiff als die *Lee Wang Zin* identifiziert. Nach telefonischem Kontakt mit dem Lotsen, der erst wenige Stunden zuvor dieses Schiff verlassen hatte, konnte die wahrscheinliche Position der *Lee Wang Zin* ermittelt werden. Mit diesen ungefähren Angaben konnten nun Hubschrauber eingesetzt werden. Um 11.40 Uhr, 25. Dezember, startete der erste Rettungshubschrauber der US Coast Guard, um 12.00 Uhr ein kanadischer Hubschrauber.

Die Wetterbedingungen im Dixon Entrance hatten sich verschlechtert. Es regnete, und die Sicht betrug 3-5 sm. Der aus SSW wehende Wind hatte eine Geschwindigkeit von 30 kn, in Böen auf 40 kn zunehmend.

Der Hubschrauber CG 22 der Kanadischen Coast Guard war um 13.12 Uhr der erste, der ein großes kieloben schwimmendes Schiff sichtete, das dann später als die *Lee Wang Zin* erkannt wurde. Es war kein Lebenszeichen zu erkennen. Beobachtet wurde, daß das Schiff auf beiden Seiten des Vorschiffs beschädigt war. Um 13.50 Uhr traf der erste Hubschrauber der US Coast Guard ein, es folgten kurz darauf weitere Flugzeuge und Hubschrauber.

Der kanadische Schlepper *Cindy Mozel* im Prince-Rupert-Hafen wurde zur Ausfahrt vorbereitet. Da er jedoch zunächst seine Mannschaft vervollständigen mußte, konnte er erst am 26. Dezember um 04.45 Uhr auslaufen. Noch später folgte, da gerade in Reparatur befindlich, das Schiff *Alexander Mackenzie* der Kanadischen Coast Guard.

Am gleichen Tag, dem 26. Dezember, wurden von der *Cindy Mozel* zwei leblose Körper in Rettungswesten im Wasser gesichtet. Einer davon wurde an Bord genommen und an Land gebracht. Der zweite wurde später von der US Coast Guard geborgen.

Wegen des schlechten Wetters war es nicht möglich, das gekenterte, aber schwimmende Schiff in Schlepp zu nehmen. Es driftete in nördlicher Richtung aus kanadischen Gewässern in US-amerikanische und strandete am 27. Dezember gegen 10.00 Uhr auf einem Riff vor den Kendrick-Inseln an der SO-Ecke der Insel Prince of Wales (Alaska).

In der Umgebung des Wracks wurden sowohl ausgetretenes Schweröl als auch in kleineren Mengen Dieselkraftstoff festgestellt. Bei normalem Betrieb wurde der Motor der *Lee Wang Zin* mit Schweröl und bei Manövern mit Dieselkraftstoff betrieben. Letzterer befand sich in hinten angeordneten Tanks. Die Schlußfolgerung aus dem Austritt von Dieselkraftstoff war, daß sich die Beschädigungen auch auf das Hinterschiff, also auf den Bereich des Maschinenraums, erstreckten.

In den Wellentälern der Dünung, die am Schiff entlang lief, konnte von einem Hubschrauber beobachtet werden, daß der Schiffskörper auf der Backbordseite auf etwa einem Drittel seiner Länge aufgerissen war. Der Riß begann etwa 15 m hinter dem Bug.

Es wurde versucht, die Unterkunftsräume und den Maschinenraum zu durchsuchen, aber wegen der starken Wasserbewegungen war es für die Taucher zu gefährlich, und das Vorhaben mußte abgebrochen werden. Da noch eine geringe Hoffnung bestand, daß sich Überlebende in luftgefüllten Räumen befinden könnten, wurden Hammerschläge auf den kieloben liegenden Schiffskörper ausgeführt und mit einem Stethoskop auf Antwort abgehorcht. Es waren jedoch keine Antwortsignale zu hören.

Schließlich wurde das Wrack am 29. Dezember durch Schlepper von den Felsen gezogen und sollte in tiefes Wasser des Pazifik geschleppt werden. Als die Schlepptrosse bei schlechtem Wetter brach, wurde der erfolglose Versuch unternommen, das Schiff durch Beschuß von einem Schiff der US Coast Guard zu versenken. Nach Wetterbesserung wurde die Trossenverbindung wieder hergestellt und der Schlepp am 31. Dezember fortgesetzt. Plötzlich, innerhalb von Sekunden, sank die *Lee Wang Zin* am 1. Januar 1980 um 11.45 Uhr 9 sm südlich der Insel Forrester (Alaska).

Die Verschmutzung durch Schweröl, das vor allem nach Strandung des Wracks an den Kendrick-Inseln ausgetreten war, hatte einen erheblichen Umfang. Für die Reinigung der Inselküste waren mehrere Millionen Dollar erforderlich.

Nach dem Kentern der *Lee Wang Zin* am 25. Dezember hatte man außer den zwei toten Seeleuten, wenigen Trümmern, einigen Ölfässern und leeren Kisten zwei aufgeblasene, aber nicht besetzte Rettungsflöße aufgefunden und geborgen. Es zeigte sich, daß beide Flöße nicht benutzt worden waren.

Die Untersuchung

Die Untersuchung des Kenterns des Erzfrachters mit dem Tod aller 30 Besatzungsmitglieder umfaßte die Prüfung aller Möglichkeiten, die zu dem schweren Unfall hätten führen können. Ein Versagen der Schiffskörperstruktur konnte ausgeschlossen werden. Die Art der Beschädigungen deutete nicht darauf hin. Ein Verrutschen der Ladung hätte bei diesem speziell für den Erztransport gebauten Schiff nur in geringem Umfang auftreten und allein kaum zum Kentern führen können. Auch Explosion, Feuer oder eine Kollision konnten als unwahrscheinlich ausgeklammert werden. Eine Studie der Stabilitätsverhältnisse zeigte dann erwartungsgemäß, daß das Schiff bei bestimmten Beschädigungen seine Querstabilität verlieren und kentern würde. Das hätte zum Beispiel eintreten können, wenn die Vorpiek zu 50 Prozent und der Tieftank Nr. 1 sowie die Seitentanks Nr. 1, 2 und 3 zu 100 Prozent geflutet und zusätzlich ein Verrutschen der Ladung aufgetreten wäre. So blieb als wahrscheinlichste Ursache für das Kentern eine Beschädigung des Unterwasserschiffes durch Grundberührung.

Im Bereich des Dixon Entrance befinden sich einige Riffe und Untiefen, mehr oder weniger in der Nähe des anzunehmenden Kurses eines in die offene See auslaufenden Schiffes. Als am wahrscheinlichsten stellte sich eine Grundberührung mit dem Celestial-Riff heraus. Ein aus dem Dixon Entrance auslaufendes Schiff müßte sich nach Passieren des Leuchtturmes Triple Island auf einem Kurs von 271° bewegen. Zum Zeitpunkt der Ausfahrt der *Lee Wang Zin* herrschte eine NW-Strömung des Wassers von etwa 2,7 kn. Wenn man eine Schiffsgeschwindigkeit von 11 kn annahm, mußte ein Kurs von 260° gesteuert werden, um der Drift entgegenzuwirken. Wenn das Schiff einen mehr nördlichen Kurs gelaufen war und die Abdrift nicht genügend beachtet hatte, könnte es eine Grundberührung mit dem Celestial-Riff gehabt haben. Das konnte auch übereinstimmen mit der Position, in der das Wrack erstmalig gesichtet wurde.

Die letzten genauen Vermessungen des Dixon Entrance einschließlich des Celestial-Riffs durch den Hydrographischen Dienst hatten 1963/64 stattgefunden. Das fast kreisrunde Riff hat einen Durchmesser von etwa einer Seemeile mit Wassertiefen von 12 bis 20 Faden (21,9 bis 36,6 m). Auf dem Meeresboden liegen jedoch zwei Felsen, die die Hydrographen als »Schornsteine« bezeichneten. Über dem Felsen im südlichen Bereich des Riffs betrug die Wassertiefe nur 13 Fuß (3,9 m), über dem östlichen 16 Fuß (4,9 m). Ein Überlaufen oder Streifen dieser Felsen müßte natürlich schwerste Beschädigungen der *Lee Wang Zin* mit ihrem Tiefgang von 12,00 m beziehungsweise 12,40 m zur Folge gehabt haben.

Trotz ungünstiger Bedingungen wurden im Mai und Juni 1980 Taucheruntersuchungen der beiden Felsen vorgenommen. Diese Untersuchungen waren wegen der starken Strömung nur in sehr begrenztem Umfang möglich und die Ergebnisse daher nicht besonders beweiskräftig. An den besichtigten Stellen der Felsen stellte man einen solchen jungen Bewuchs durch Meerespflanzen fest, der erst seit Dezember des Vorjahres entstanden sein konnte.

Trotz des nicht voll befriedigenden Ergebnisses der Unterwasserbesichtigungen war die Untersuchungskommission der Auffassung, daß die wahrscheinliche Ursache der erheblichen Beschädigungen der *Lee Wang Zin*, die zu einem extrem schnellen Kentern führten, in der Grundberührung der Felsen des Celestial-Riffs zu sehen sei.

15. Das Tankerunglück *Exxon Valdez* in Alaska

Der unter US-Flagge fahrende Öltanker *Exxon Valdez* lief am 24. März 1989 im Prince-William-Sund (Alaska, USA) auf felsigen Grund. Etwa 30.000 Kubikmeter Erdöl liefen aus und führten zu einer katastrophalen Umweltverschmutzung.

Der erst 1986 fertiggestellte Tanker hatte eine Länge von 301 m und eine Tragfähigkeit von 214.860 t. Die Antriebsanlage mit einer Leistung von 23.600 kW verlieh dem Schiff eine Geschwindigkeit von 16,25 kn.

Die *Exxon Valdez* war ein moderner Tanker, der den internationalen Vorschriften über Tankersicherheit und Umweltschutz voll entsprach. Das Schiff verfügte über von den Ladetanks getrennte Ballasttanks, ein fest eingebautes Rohöl-Waschsystem in jedem Ladetank und eine Inertgasanlage. Die Brücke war hinten über dem Maschinenraum angeordnet. Vor dem Maschinen- und dem Pumpenraum war der Schiffskörper in fünf Sektionen unterteilt, jede aus einem Mittel- und zwei Seitentanks bestehend. Auf der Brücke waren alle für die Schiffsführung

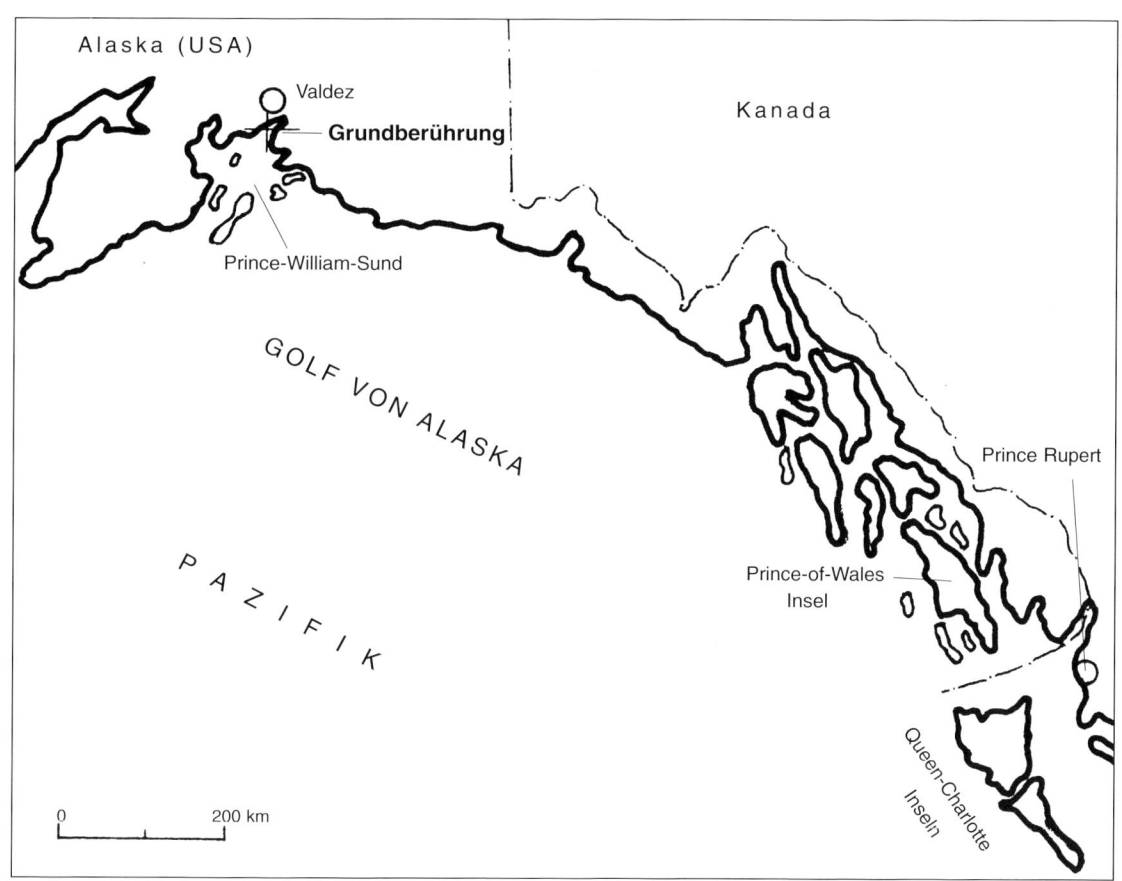

Die Position der *Exxon Valdez* zum Zeitpunkt des Unglücks.

erforderlichen Steuer- und Überwachungseinrichtungen installiert. Dazu gehörten neben vielen anderen Einrichtungen auch die Fernbedienung der Hauptmaschine, zwei Radargeräte und eine Satellitennavigationsanlage.

Die Havarie

Am 22. März 1989 war die *Exxon Valdez* abends im Alyeska Marine Terminal eingetroffen. Dieser Ölhafen am Ende der Erdölpipeline durch Alaska liegt in der Nähe von Valdez am Prince-William-Sund. Nachdem das Ballastwasser an Land gegeben war, begann am 23. März gegen 05.00 Uhr die Übernahme von Erdöl, die vom 1. Offizier überwacht wurde. Er wurde dabei vom 3. Offizier unterstützt. Um 19.24 Uhr am gleichen Tag war die Beladung mit 1.263.000 Barrel (150.500 Kubikmeter) Erdöl abgeschlossen. Beauftragt vom 1. Offizier, begab sich der 3. Offizier zur Vorbereitung der Abfahrt auf die Brücke und überprüfte die Funktion aller Geräte der Navigationsausrüstung.

Nach Eintreffen des Lotsen und Abschluß der unmittelbaren Reisevorbereitungen legte der Tanker um 21.12 Uhr unter Assistenz von zwei Schleppern vom Liegeplatz ab und begann seine Fahrt nach Los Angeles. Auf der Brücke befanden sich außer dem Rudergänger der Lotse, der Kapitän und der 1. Offizier. Bald löste der 3. Offizier den 1. Offizier ab, der sich zur Ruhe begab, nachdem er während des ganzen Tages die Ladungsübernahme geleitet hatte. Auch der Kapitän, der den Tag zusammen mit zwei Offizieren in der Stadt Valdez verbracht hatte, verließ nach etwa 20 Minuten die Brücke und begab sich in seine Kabine.

Der Lotse führte das Schiff, der 3. Offizier verfolgte den Schiffskurs und überwachte die korrekte Ausführung der vom Lotsen angewiesenen Rudermanöver durch den Rudergänger. Die Fahrt verlief aus dem Hafen Port Valdez heraus mit geringer Geschwindigkeit durch den engen Abschnitt Valdez Narrows in den Bereich Valdez Arm hinein. Hier begann das Verkehrstrennungs-

gebiet mit einem südwärts und einem nordwärts führenden Schiffahrtsweg und der dazwischen liegenden Verkehrstrennungszone. Der Lotse führte den Tanker mit einem Kurs von 219° in die Richtung des südwärts gerichteten Schiffahrtsweges.

Kurz bevor der Lotse das Schiff verließ, kam der Kapitän auf die Brücke zurück. In Höhe der Lotsenstation Rocky Point wurde der Lotse abgesetzt, wobei der 3. Offizier diesen von Bord begleitete.

In einer größeren Bucht neben dem Schiffahrtsweg liegt der Columbia-Gletscher, von dem zeitweilig Eisberge und Treibeisfelder in das Verkehrstrennungsgebiet hineinreichen. Die ein- und auslaufenden Schiffe sind dann gezwungen, entweder vorsichtig und langsam das Treibeis zu durchqueren oder von der Verkehrsführung abzuweichen und das Treibeis zu umfahren. Die meisten Schiffe bevorzugten die letztgenannte Variante.

Am 23./24. März 1989 überdeckte ein Treibeisfeld sowohl den ein- als auch den auslaufenden Schiffahrtsweg. Um 23.25 Uhr und noch einmal um 23.31 Uhr am 23. März informierte der Kapitän über Sprechfunk die Verkehrsleitzentrale der US Coast Guard in Valdez, daß die *Exxon Valdez* das Eisfeld umfahren werde. Der Wachhabende der Leitzentrale bestätigte dies und teilte mit, daß derzeit keine anderen Schiffsbewegungen im betreffenden Gebiet zu verzeichnen seien.

Als der 3. Offizier gegen 23.36 Uhr auf die Brücke zurückkehrte, hatte der Kapitän den Kurs des Schiffes inzwischen auf 200° ändern lassen und die Geschwindigkeit erhöht. Einige Minuten später wurde der Rudergänger vom Kapitän angewiesen, den Kurs auf 180° zu ändern. Nach Erreichen dieser Fahrtrichtung sollte er die automatische Steuerungsanlage einschalten. Wie der 3. Offizier später aussagte, war dies auch an Bord der *Exxon Valdez* ungewöhnlich, da die Selbststeueranlage normalerweise nur im offenen Wasser eingeschaltet wurde. Die Kursänderung auf 180° begann gegen 23.39 Uhr. Zur gleichen

Zeit stellte der 3. Offizier auf Anweisung des Kapitäns durch Sicht- und Radarpeilung die Schiffsposition fest. Danach befand sich der Tanker zu diesem Zeitpunkt innerhalb der Verkehrstrennungszone etwa 2 sm westlich des Leuchtfeuers Rocky Point. Der 3. Offizier entschied sich, den 2. Offizier, der ihn als Wachhabenden ablösen und um 23.50 Uhr auf der Brücke erscheinen sollte, noch nicht zu rufen, sondern als Wachhabender auf der Brücke zu bleiben, bis das Schiff das Eis passiert hatte.

Der Kapitän informierte den 3. Offizier, daß er nun die Brücke verlassen würde, um noch vor Verlassen des Prince-William-Sundes einige Mitteilungen abzusenden. Er beauftragte ihn, mit einer Drehung nach Steuerbord die Rückkehr des Schiffes zum südwärts führenden Schiffahrtsweg dann einzuleiten, wenn das Leuchtfeuer Busby Island direkt Backbord querab läge. Er würde bald zur Brücke zurückkommen. Wenn er nicht vorher zurück sei, solle der 3. Offizier ihn rufen, sobald er die Drehung zur Rückkehr in den Schiffahrtsweg beginnen würde. Der 3. Offizier bestätigte dem Kapitän, daß er ihn verstanden habe. Der Kapitän verließ gegen 23.52 Uhr die Brücke.

An Steuerbord voraus lag das gefährliche Riff Bligh Reef. Schiffe werden durch einen roten Sektor der Lichtstrahlung des Leuchtfeuers Busby Island vor Annäherung an dieses Riff gewarnt. Einlaufende Schiffe werden zusätzlich durch eine Leuchttonne auf das Riff hingewiesen.

Der 3. Offizier stellte mit Hilfe des Radars fest, daß das freie Wasser für die Durchfahrt zwischen Eisfeld und Riff etwa 0,9 sm breit war. Da er in wenigen Minuten den Kurs ändern mußte, schaltete er entsprechend seiner späteren Angabe die Ruderanlage von Automatik auf Handsteuerung um. Er bestätigte später, daß die Leuchtanzeige auf der Steuerkonsole die Umstellung auf Handbetrieb angezeigt habe.

Nachdem der 3. Offizier Busby Island auf dem Radarschirm beobachtet hatte, stellte er um 23.55 Uhr durch optische Peilung fest, daß sich nun das Leuchtfeuer Busby Island querab befand. Auf dem Kartentisch im hinteren Teil der Brücke zeichnete er die Position des Schiffes mit 1,1 sm westlich des Leuchtfeuers in die Karte ein.

Um 23.50 Uhr war der ablösende Ausguck für die Wache von 00.00–04.00 Uhr auf die Brücke gekommen. Einige Minuten später erkannte dieser Steuerbord voraus die rotblinkende Bligh-Reef-Tonne Nr. 6. Er meldete dies dem am Kartentisch stehenden 3. Offizier, der die Information in ruhiger, routinemäßiger Art zur Kenntnis nahm. Der Ausguck kehrte auf die Steuerbord-Brückennock zurück.

Etwa um 23.56 Uhr – nach eigener Angabe und vom Rudergänger bestätigt – wies der 3. Offizier den Rudergänger an, das Ruder auf 10° Steuerbord zu legen. Er konnte sich später nicht erinnern, ob er die Ruderlagenanzeige beobachtete, um sich zu vergewissern, daß das Ruder wirklich auf die 10°-Lage drehte. Nach der Anweisung zum Ruderlegen informierte der 3. Offizier den Kapitän telefonisch, daß er begonnen habe, das Schiff zu drehen. Danach ging der 3. Offizier zum Backbord-Radar, um die Entfernungen zur Bligh-Reef-Tonne und zum Reef Island zu bestimmen. Nun bemerkte er, daß der Tanker sich nicht nach Steuerbord bewegte. Er wies an, den Ruderwinkel auf 20° zu erhöhen. Auf der Ruderlagenanzeige beobachtete er, wie sich das Ruder auf 20° Steuerbord bewegte und dort stoppte. Er konnte sich später nicht erinnern, welche Lage das Ruder hatte, als er die 20° anwies. Das 20°-Ruderlagenkommando hätte er 1-2 Minuten nach dem 10°-Kommando gegeben, sagte er bei der Untersuchung aus. Er eilte auf die Backbord-Nock, blickte zurück auf das Busby-Island-Leuchtfeuer und voraus zur Bligh-Reef-Tonne. Daraufhin hätte er sich dem Radarschirm zugewandt, sagte er weiter aus. Es sei zu erkennen gewesen, daß das Schiff immer noch dem 180°-Kurs folgte, obgleich es nun begann, leicht nach Steuerbord zu schwingen. Jetzt habe er »Hart Steuerbord« angewiesen. Danach hätte er noch mehrere Sekunden am Radargerät gestanden und dann mit dem Kapitän telefoniert: »Ich

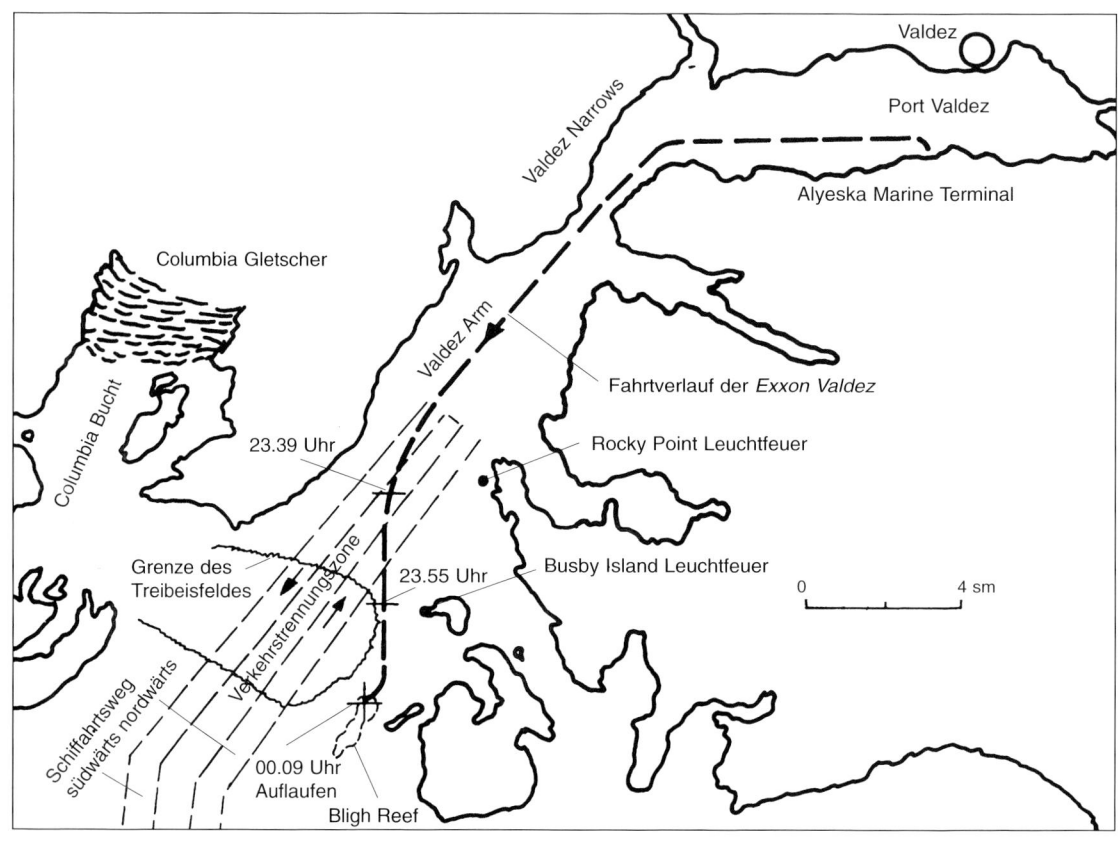

Fahrtverlauf des Tankers *Exxon Valdez* bis zum Auflaufen.

glaube, daß wir in ernsten Schwierigkeiten sind«. Am Ende des Telefonats hätte er den ersten Ruck der Grundberührung gespürt. Danach hätte das Schiff leicht nach Backbord gekrängt. Eine knappe Minute später habe das Schiff eine Reihe heftiger Stöße erfahren, die etwa zehn Sekunden andauerten. Es schien so, als wenn das Schiff über etwas hinübergerutscht sei. Infolge des Ruderlegens hätte das Schiff sich auch während der Grundberührung noch weitergedreht, bis es nach der Serie von Stößen bei etwa 285° zum Stillstand gekommen sei. Es war 00.09 Uhr.

Unmittelbar darauf kam der Kapitän auf die Brücke. Dieser versuchte durch verschiedene Ruder- und Maschinenmanöver erfolglos, die *Exxon Valdez* wieder frei zu bekommen. Dann wurde die Hauptmaschine gestoppt. Etwas später wurde sie noch einmal angelassen und wiederum erfolglos versucht, das Schiff durch verschiedene Manöver von der Grundberührung zu lösen. Das Schiff hatte sich dabei zwar um einige Grad hin- und hergedreht, aber nicht vom felsigen Seeboden gelöst. Der 1. Offizier war durch die Erschütterung des Schiffes aufgewacht, hatte sich schnell angekleidet und war auf die Brücke geeilt. Nachdem er über die Grundberührung informiert worden war, begab er sich in den Ladungskontrollraum. Er beobachtete an den Anzeigen, daß sich das Ölvolumen in allen Mittel- und Steuerbord-Ladetanks schnell verringerte und zwei Steuerbord-Ballasttanks, die vorher leer waren, füllten. Kurz vor 00.30 Uhr informierte er den Kapitän, daß bereits etwa 115.000 Barrel (13.700 Kubikmeter) Erdöl ausgeflossen seien.

Gegen 00.27 Uhr teilte der Kapitän der Verkehrsleitzentrale Valdez mit, daß die *Exxon*

Valdez auf dem Bligh Reef auf Grund gelaufen sei und Öl verliere.

Eine umfassende Aktion zum Schutz der Umwelt gegen Ölverschmutzung lief an. Die für den Fall von Ölhavarien ausgearbeiteten Notpläne traten in Kraft. Diese umfaßten und koordinierten alle Maßnahmen zur Eingrenzung ausfließenden Öls, der chemischen und mechanischen Beseitigung des Öls von der Wasseroberfläche sowie der Reinigung verschmutzter Küsten. Zu den ersten Maßnahmen gehörte die Leichterung des verunglückten Tankers. Dazu machte am Abend des 24. März der Tanker *Exxon Baton Rouge* an der *Exxon Valdez* fest, und am Morgen des 25. März begann das Umpumpen der Ladung.

Wie später festgestellt wurde, waren durch das Auflaufen auf das felsige Riff acht Ladetanks aufgerissen worden. Dabei flossen 258.000 Barrel (30.750 Kubikmeter) Erdöl aus und verursachten eine katastrophale Verschmutzung der Umwelt. Es war die bisher größte Ölhavarie an der Westküste der USA. Die Reinigung der stark zerklüfteten und felsigen Küste des Prince-William-Sundes vom Öl erforderte allein im Jahre 1989 einen finanziellen Aufwand von 1,85 Milliarden US-Dollar.

Die Nachricht über die schwere Ölhavarie ging durch die gesamte Weltpresse, und von den verschiedensten Seiten wurde wiederum eine Verschärfung von Maßnahmen gegen die Verschmutzung der Umwelt gefordert.

Die Untersuchung

Der Unfall der *Exxon Valdez* wurde vom Nationalen Verkehrssicherheits-Ausschuß der USA (National Transportation Safety Board) untersucht. Die Untersuchungsergebnisse, Analysen, Schlußfolgerungen und Empfehlungen wurden in einem umfassenden Bericht dargestellt.

Bei Analysierung der Grundberührung stellte der Ausschuß zunächst fest, daß die Durchfahrt durch die verbliebene Enge zwischen Eisfeld und Riff Bligh Reef eine äußerst sorgfältige Schiffsführung erfordere. Bei ständiger Beobachtung von Eis und Riff müßten oft die Position geortet und Ruder und Schiffsgeschwindigkeit in gekonnter und erfahrener Weise gehandhabt werden.

Der 3. Offizier war erst seit etwa einem Jahr als Decksoffizier tätig und hatte damit noch relativ wenig Erfahrung in der Schiffsführung gesammelt. Besonders in solch komplexen Situationen, in denen gleichzeitig die optische und die radarmäßige Beobachtung der Schiffsroute, die wiederholte Feststellung der Schiffsposition und die Beaufsichtigung des Rudergängers erforderlich waren, hatte er noch wenig Erfahrung. Der Untersuchungsausschuß war auch der Meinung, daß die wiederholte Positionsbestimmung einen beträchtlichen Teil der Zeit des 3. Offiziers beansprucht haben könnte.

Auch der Rudergänger verfügte noch nicht über umfassende Erfahrung. Er gab bei der Untersuchung der Havarie an, daß das Schiff nach dem Drehen des Steuerrades auf 10° für einige Zeit seinen Kurs nicht geändert hätte. Weder der 3. Offizier noch der Rudergänger konnten angeben, ob der Ruderlagenanzeiger wirklich die gewünschte 10°-Ruderlage angezeigt hätte. Drei Personen bestätigten, daß die Ruderautomatik eingeschaltet gewesen sei, bevor das Schiff Busby Island passierte. Wenn diese weiterhin eingeschaltet war – obgleich bei der Untersuchung anders angegeben –, konnte man das Steuerrad drehen, ohne daß das Ruder wirklich gelegt wurde. Ein erfahrener Rudergänger hätte sofort bemerkt, daß das Ruder dem Steuerbefehl nicht gehorchte. Eine Rekonstruktion der Vorgänge in einer Simulatoranlage ergab als eine Möglichkeit der Verzögerung der Kursänderung, daß etwa sechs Minuten vergingen, bis man bemerkte, daß das Ruder den 10°-Befehl nicht ausgeführt hatte. Erst dann wurde der 20°-Befehl und kurz darauf »Hart Ruder« gegeben und wirklich ausgeführt.

Es hätte aber auch sein können, so schlußfolgerte der Untersuchungsausschuß, daß der 3. Offizier in seinem Entschluß geschwankt habe und dadurch die erhebliche Verzögerung des Drehens verursacht worden sei.

Während der Beladung des Schiffes hatte der 3. Offizier zusammen mit dem 2. Offizier die Wachen des 1. Offiziers mit übernommen. Auch für weitere Arbeiten eingesetzt, hatte der 3. Offizier in den zurückliegenden 24 Stunden nur etwa 4-5 Stunden geschlafen. Es konnte also sein, daß seine Aufmerksamkeit durch Ermüdung beeinträchtigt war.

Mit Sicherheit aufgeklärt werden konnten die Ursachen für die Verzögerung der Kursänderung jedoch nicht. Der Ausschuß schätzte, daß diese aber höchstwahrscheinlich auf die Unerfahrenheit des 3. Offiziers in der Schiffsführung oder auf Ermüdung oder aber auch auf beides zurückzuführen sei.

Äußerst kritisch wurde das Verhalten des Kapitäns vom Ausschuß gewertet. Schon das Fernbleiben von der Brücke, als das Schiff unter Lotsenführung durch Port Valdez und Valdez Narrows lief, war ungewöhnlich und entsprach nicht der Verantwortung eines Kapitäns für die Sicherheit von Schiff und Besatzung.

Für den weiteren gefahrvollen Fahrtverlauf durch den engen Weg zwischen Eisfeld und Bligh Reef hätte nach allen geltenden Regeln neben dem wachhabenden Offizier entweder der 1. Offizier oder der Kapitän auf der Brücke sein müssen. Auch das Handbuch des Reeders des Tankers für die Brückenorganisation schrieb das vor. Da der 1. Offizier während des ganzen zurückliegenden Tages die Ölübernahme überwacht hatte, hätte der Kapitän diesen Dienst ausführen müssen. Da er die Route durch den Prince-William-Sund schon seit Jahren befuhr, kannte er auch die Gefahren. Statt dessen überließ er die Schiffsführung allein dem 3. Offizier, von dem er wußte, daß er noch nicht sehr erfahren war. Er hätte auch beachten müssen, daß dieser während des gesamten Tages eingespannt und daher ermüdet war. Der Kapitän habe mit seiner Entscheidung, das Kommando allein dem 3. Offizier zu überlassen, Schiff und Besatzung einer großen Gefahr ausgesetzt, so der Ausschuß. Für das Verlassen der Brücke hätte es keinerlei Begründung gegeben. Die Durchfahrt durch den kritischen Abschnitt hätte seine Anwesenheit auf der Brücke nur für etwa 20 Minuten erforderlich gemacht.

Eine Erklärung für die Entscheidung des Kapitäns, die Schiffsführung unter solchen kritischen Bedingungen allein dem 3. Offizier zu überlassen, fand der Untersuchungsausschuß in der Beeinträchtigung des Kapitäns durch Alkohol während der fraglichen Zeit. Zusammen mit den ihn begleitenden Offizieren hatte der Kapitän während des zurückliegenden Tages mehrere Restaurants in Valdez besucht und dabei auch alkoholische Getränke zu sich genommen. Als er gegen 20.30 Uhr an Bord zurückkehrte, erschien sein Verhalten nach Aussage mehrerer Personen völlig normal. Anders jedoch gegen 23.30 Uhr: Seine Sprache während mehrerer Funkgespräche mit der Verkehrsleitzentrale war offensichtlich durch Alkoholgenuß beeinträchtigt.

Der Kapitän hatte wahrscheinlich nach Rückkehr aus Valdez weiteren Alkohol zu sich genommen, wozu er insbesondere während der mehr als 1½ Stunden Abwesenheit von der Brücke, als der Lotse an Bord war, Gelegenheit hatte. Eine Blutprobe am Morgen nach der Havarie bestätigte den Alkoholgenuß. Zurückgerechnet und unter der Voraussetzung, daß der Kapitän während der Zeit zwischen der Grundberührung und der Blutprobe keinen Alkohol mehr zu sich genommen hatte, wird sein Blutalkoholgehalt zum Zeitpunkt der Grundberührung etwa 2,0 Promille betragen haben.

Die weitere Prüfung ergab, daß der Kapitän schon in zurückliegenden Jahren Alkoholprobleme hatte und einer entsprechenden klinischen Behandlung unterzogen worden war. Das Management der Reederei, bei dem der Kapitän als ausgezeichneter Mann einen guten Ruf hatte, war darüber nicht informiert. Nach Auffassung des Ausschusses hätte die Reederei davon Kenntnis haben und den Kapitän solange vom Dienst an Bord zurückziehen müssen, bis sicher war, daß er sein Alkoholproblem überwunden hatte.

Der Ausschuß untersuchte auch die Größe der Besatzung und kam zu dem Schluß, daß die Reduzierung der Besatzung gegenüber früher vom Standpunkt der Sicherheit nicht gerechtfertigt sei. Die von der US Coast Guard geforderte Mindestbesatzung von 15 Mann wurde zwar regelmäßig um vier Besatzungsmitglieder überschritten, diese hatten jedoch Aufgaben der Instandhaltung des Schiffes und der Versorgung der Besatzung und stellten damit keine Erleichterung des Decksbetriebes dar. Die Offiziere seien nach der Ladungsübernahme in Valdez regelmäßig ermüdet, und auch die Anzahl der Decksmänner sei zu gering, um ständig sowohl den Ausguck qualifiziert zu besetzen als auch einen ausgeruhten Rudergänger auf Wache zu haben. Die ständigen kurzen Reisen zwischen Valdez und kalifornischen Häfen würden nur eine unzureichende Möglichkeit für das Ausruhen der Besatzung nach den Lade- und Löscharbeiten in den Ölhäfen bieten. Sowohl die Coast Guard als auch die Reederei der *Exxon Valdez* seien bei Festlegung der Besatzungszahl nicht von den realen Bedingungen des Decksbetriebes ausgegangen und hätten die auch durch Überstunden erzeugte Belastung und damit verbundene Ermüdungsgefahr der Seeleute nicht ausreichend berücksichtigt.

Letztlich wurde auch die Verkehrsleitzentrale des Prince-William-Sundes vom Ausschuß einer eingehenden Prüfung unterzogen. Dabei stellte sich heraus, daß der Wachhabende am 23. März von 16.00–24.00 Uhr die *Exxon Valdez* zunächst mit Radar beobachtet hatte. Er verfolgte die Fahrt des Tankers durch Valdez Narrows und Valdez Arm bis in Höhe der Lotsenstation auf Rocky Point. Dann verlor er aus nicht geklärten Gründen gegen 23.30 Uhr den Radarkontakt zu dem Schiff. Der ihn ablösende Wachhabende der 00.00–08.00-Uhr-Wache traf kurz darauf ein. Dieser gab später an, normalerweise die Schiffe bei der Durchfahrt durch Valdez Arm per Radar

Der Tanker *Exxon Valdez* nach dem Aufgrundlaufen im Prince-William-Sund.

zu verfolgen. Im Falle der *Exxon Valdez* hätte er das jedoch nicht versucht, da der abgelöste Wachhabende ihm gesagt habe, der Tanker sei auf dem Radarschirm nicht mehr sichtbar.

Der Ausschuß kam zu der Auffassung, daß die *Exxon Valdez* wahrscheinlich bis zum Ort der Grundberührung hätte verfolgt werden können, wenn der 16.00–24.00-Uhr-Wachhabende das Radargerät auf einen größeren Bereich geschaltet hätte. Da der Tanker fast 18 Minuten lang den Kurs von 180° lief, hätte der Wachhabende der Verkehrsleitzentrale mit dem Wachoffizier der *Exxon Valdez* in Funkkontakt treten und ihn alarmieren und veranlassen können, früher vor dem Riff abzudrehen, war die Meinung des Ausschusses.

Die weitergehende Prüfung zeigte, daß der Personalbestand der Verkehrsleitzentrale im Jahre 1988 reduziert worden war, die Mitarbeiter mit anderen Pflichten überlastet und zum Teil nicht ausreichend qualifiziert waren und auch die technische Ausrüstung nicht voll dem für die Verkehrsüberwachung erforderlichen Umfang entsprach.

Alle Untersuchungsergebnisse zusammenfassend stellte der Nationale Verkehrssicherheits-Ausschuß fest:

» Die wahrscheinlichen Ursachen der Grundberührung der *Exxon Valdez* waren das Versagen des 3. Offiziers infolge Ermüdung und Arbeitsüberlastung, das Schiff in zweckmäßiger Weise zu führen; das Versäumnis des Kapitäns infolge Beeinträchtigung durch Alkohol eine geeignete Wachführung zu gewährleisten; die Unterlassung der Reederei, für die *Exxon Valdez* einen geeigneten Kapitän sowie eine ausreichende und ausgeruhte Besatzung vorzusehen und das Fehlen einer effektiven Verkehrsüberwachung infolge unzureichender Ausrüstung, Besetzung, Ausbildung und Leitung (der Verkehrsleitzentrale Valdez).«

Der Nationale Verkehrssicherheits-Ausschuß unterbreitete im Ergebnis der Untersuchung umfangreiche Empfehlungen, von denen hier nur ein Teil erwähnt werden kann.

So war der Ausschuß zu der Auffassung gekommen, daß der Ölausfluß aus der *Exxon Valdez* erheblich reduziert oder sogar völlig verhindert worden wäre, wenn der Tanker einen durchgehenden Doppelboden gehabt hätte. Während ein solcher Doppelboden einen wirksamen Schutz bei Grundberührungen und Strandungen darstellt, würde eine doppelte Seitenbeplattung, so weitere Überlegungen, den Ölaustritt auch bei Kollisionen reduzieren oder völlig verhindern. Es entstand daraus der Vorschlag, beides zu kombinieren und zukünftig für US-Tanker und für ausländische Tanker, die in US-Häfen einlaufen, die Doppelhüllenbauweise vorzuschreiben. Der Raum zwischen den beiden Hüllen sei in Boden- und Seitentanks für Ballastwasser vorgesehen. Die Kosten für eine solche Doppelhülle würden zwar 15-19 Prozent der Gesamtbaukosten eines Tankers ausmachen, dafür würde diese bauliche Lösung aber einen maximalen Schutz gegen Ölverschmutzung darstellen. Da ein großer Teil der Welttankerflotte in US-Gewässern betrieben würde beziehungsweise US-Häfen anliefe, könnte die Forderung nach dieser Bauweise auch zu einer internationalen Vorschrift führen.

Der Reederei der *Exxon Valdez* wurde unter anderem empfohlen, die Besatzungsstärke auf ihren Tankern so auszulegen, daß übermäßig lange Arbeitszeiten insbesondere auch während der Ladungsoperationen vermieden werden. Bei Fahrten durch den Prince-William-Sund müßten sich stets zwei Offiziere auf der Brücke befinden. Der US Coast Guard wurden zahlreiche Empfehlungen unterbreitet. Bei der Ausarbeitung von Besatzungsstandards müßten alle Arbeiten an Bord ausreichend berücksichtigt werden. Das Verkehrsleitsystem in Valdez sei personal- und ausrüstungsmäßig zu verstärken. Die Verkehrsüberwachung müsse alle Schiffsbewegungen zwischen dem Hafen Valdez und der Lotsenstation südlich von Bligh Reef erfassen. Die Lotsenpflicht sollte auf den gleichen Routenabschnitt erweitert werden. Die ständige Erfassung der Eisverhältnisse im Valdez Arm und die Information darüber an ein- und auslaufende Schiffe sollte verbessert werden.

Die für den Umweltschutz und die Bekämpfung von Ölverschmutzungen verantwortlichen bundesstaatlichen sowie privatwirtschaftlichen Institutionen Alaskas wurden in einer Reihe von Empfehlungen aufgefordert, die schnelle Verfügbarkeit von Ausrüstungen und Mitteln zur Verhinderung und Beseitigung von Ölverschmutzungen zu verbessern.

An das US-Verkehrsministerium gerichtete Vorschläge bezogen sich unter anderem auf Alkohol- und Drogenmißbrauch. Bei allen Verkehrsträgern sollte für sicherheitssensible Tätigkeiten ein Blutalkoholgehalt von Null gefordert werden. Nach Unfällen müßten Blut- und Urinproben innerhalb von vier Stunden entnommen werden.

16. *Queen Elizabeth 2* mit 1800 Fahrgästen auf Felsen gelaufen

Am 7. August 1992 hatte das britische Fahrgastschiff *Queen Elizabeth 2* während einer Kreuzfahrt an der Ostküste der USA im Vineyard-Sund (etwa 250 km nordöstlich von New York) Grundberührung mit in den Seekarten nicht eingezeichneten Felsen. Das Schiff erlitt Bodenbeschädigungen, weder Fahrgäste noch Besatzungsmitglieder wurden verletzt.

Die *Queen Elizabeth 2* ist 293,5 lang und hat einen maximalen Tiefgang von 9,94 m. Sie wird dieselelektrisch angetrieben, wobei neun Dieselgeneratoren auf zwei elektrische Fahrmotoren von je 43.982 kW wirken und zu einer Dienstgeschwindigkeit von 28,5 kn führen.

Die Havarie

Am 3. August 1992 war die *Queen Elizabeth 2* mit 1824 Fahrgästen und 1003 Besatzungsmitgliedern von New York zu einer Kreuzfahrt nach Bar Harbour, St.John's, Halifax und der Insel Martha's Vineyard ausgelaufen. Auf der Rückfahrt lief sie am 7. August nach Übernahme eines Lotsen in den Vineyard-Sund ein und ankerte vor Oak Bluffs auf der Insel Martha's Vineyard.

Um 20.48 Uhr am gleichen Tag begann der letzte Abschnitt der Reise, bevor die *Queen Elizabeth 2* am 8. August um 07.30 Uhr wieder in New York festmachen sollte. Für diesen abschließenden Reiseteil wurde der Tiefgang des Schiffes rechnerisch zu 9,86 m vorn und 9,56 m hinten bestimmt.

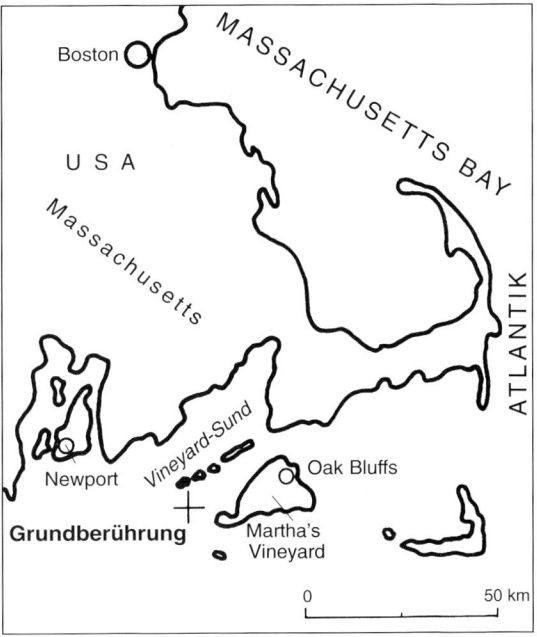

Die Position der *Queen Elizabeth* zum Zeitpunkt der Grundberührung.

Die Fahrt sollte zu Beginn in südwestlicher Richtung aus dem Vineyard-Sund herausführen. In diesem Sund befanden sich mehrere Bänke und Riffe, die beim Navigieren zu beachten waren. Der Fahrwasserweg war durch einige Tonnen gekennzeichnet. Einer der drei 1. Offiziere an Bord, der Navigationsoffizier, hatte die Reiseroute ausgearbeitet. Sie sollte zunächst mit leicht wechselnden Kursen an den Tonnen Steuerbord und Backbord vorbei zu einer Position außerhalb des Sunds führen, an der der

Lotse das Schiff wieder verlassen wollte. Aus einer Gezeitentafel hatte der Navigationsoffizier einen Wasserstand von 0,60 m über Normal für 20.04 Uhr im Vineyard-Sund ermittelt, den er in seine Reiseplanung einbezog. Der Kapitän stimmte dem ausgearbeiteten Reiseplan zu.

Es herrschte ruhiges Wetter – weder Seegang noch Dünung und gute Sicht. Die Navigationseinrichtungen an Bord waren eingeschaltet: zwei Radargeräte, die Loran- und Omega-Geräte sowie der GPS-Satellitennavigator, ferner zwei Echolote. Auf der Brücke befanden sich der Kapitän, der Lotse und zwei Offiziere, von denen der 2. Offizier die Navigation ausführte und der 1. Offizier die zwei Kombinatorhebel zur Steuerung von Wellendrehzahl und Steigung der Verstellpropeller bediente. Zwei Matrosen ergänzten die Brückenbesetzung, einer davon als Rudergänger. Nachdem zu Beginn der Kapitän das Kommando hatte, wurde dieses bald vom Lotsen übernommen. Der Kapitän blieb aber weiterhin auf der Brücke.

In der Umgebung des Fahrgastschiffes war zunächst lebhafter Verkehr von Booten und Fähren. Der Lotse navigierte die *Queen Elizabeth 2* vorwiegend nach optischen Beobachtungen, gab dem Rudergänger seine Kursanweisungen und sah zeitweilig auf den Bildschirm des vorderen Radars. Das hintere Radargerät wurde vom 2. Offizier beobachtet und bedient. Ab 21.18 Uhr bestimmte der 2. Offizier in 6 Minuten Abständen die Schiffsposition durch Radarpeilung und Entfernungsmessung von Landmarken und zeichnete sie in die jeweils benutzte Seekarte ein. Mit abnehmender Dichte des umgebenden Schiffsverkehrs wurde ab 21.20 Uhr die Geschwindigkeit der *Queen Elizabeth 2* auf etwa 25 kn erhöht.

Die letzte Tonne nahe dem Ausgang des Vineyard-Sunds wurde um 21.44 Uhr passiert und der Kurs auf Weisung des Lotsen auf 250° geändert. Nach einer erneuten Positionsbestimmung durch den 2. Offizier um 21.48 Uhr legte der Lotse einen Kurs von 240° fest. Die Positionsbestimmung um 21.54 Uhr zeigte dem Lotsen und dem Kapitän, daß das Schiff bei diesem Kurs in sicherem Abstand das Riff Brown Ledge südlich passieren würde.

Um 21.58 Uhr erschütterten kurz hintereinander zwei heftige Stöße und Vibrationen das Schiff. Der Kombinatorhebel wurde sofort auf Nullstellung gebracht, die Position bestimmt und auf der Seekarte eine Wassertiefe von 11,90 m abgelesen. Lotse und Kapitän waren übereinstimmend der Auffassung, daß die *Queen Elizabeth 2* wahrscheinlich einen Bereich durchfahren hatte, der eine geringere Wassertiefe aufwies als in der Karte verzeichnet.

Über die Lautsprecheranlage wurden Passagiere und Besatzung informiert, daß das Schiff einen Bereich geringer Wassertiefe durchfahren und dabei einen »Flachwassereffekt« erfahren habe. Das Fahrgastschiff wurde vor Anker gelegt, und mehrere Offiziere wurden sofort vom Kapitän beauftragt, die Tanks im Doppelboden zu peilen und damit auf Wassereinbruch zu untersuchen sowie insgesamt das Schiff – soweit möglich – auf Beschädigungen zu überprüfen. Es wurde daraufhin festgestellt, daß im Doppelboden des Vorschiffbereiches Wassereinbruch in mehrere Tanks für Treibstoff, Frischwasser und Ballastwasser und auch in mehrere Kofferdämme erfolgt war. Mit einem zu Wasser gelassenen Rettungsboot wurde beobachtet, daß nur sehr geringer Ölaustritt erfolgte und der Tiefgang unverändert war. Gefahr für das Schiff bestand nicht, und die Fahrgäste wurden erneut informiert.

Nach Benachrichtigung der US Coast Guard trafen deren Vertreter in den frühen Morgenstunden des 8. August ein. Erste Taucheruntersuchungen stellten Beschädigungen der Bodenbeplattung fest. Die Fahrgäste wurden teils noch auf dem Ankerplatz, teils vor dem nahegelegenen Hafen Newport ausgebootet, und die *Queen Elizabeth 2* lief dann zur Dockung und genauen Schadensuntersuchung nach Boston, wo sie am 10. August eintraf.

Die Beschädigungen waren im wesentlichen auf die Bodenbeplattung des Kielbereiches der vorderen Schiffshälfte begrenzt. Es wurden unterbrochene Längsrisse und Einbeulungen der Platten festgestellt sowie Beschädigungen der damit verbundenen Spanten, Bodenwrangen und Längsverbände innerhalb des Doppelbodens.

Die Untersuchung

Die Untersuchung der sowohl in Schiffahrtskreisen als auch in der Öffentlichkeit stark beachteten Havarie des weltweit bekannten Fahrgastschiffes *Queen Elizabeth 2* umfaßte alle Faktoren und Zusammenhänge, die die Grundberührung möglicherweise herbeigeführt oder beeinflußt hatten.

Eingehende Betrachtungen und Berechnungen führten zu dem Ergebnis, daß die für die Abfahrt von Oak Bluffs errechneten Tiefgänge von 9,86 m vorn und 9,56 m hinten als zutreffend anzunehmen waren und damit praktisch auch für den Zeitpunkt der Grundberührung galten.

Die Überlegungen bezogen auch die Wetterbedingungen zum Zeitpunkt und am Ort des Unfalls mit ein. Der schwache Wind und die annähernd glatte See ohne Seegang oder Dünung hatten keine oder nur sehr geringe Schiffsbewegungen verursacht. Es wurde daher davon ausgegangen, daß keine wetterbedingten Schiffsbewegungen, insbesondere Schlingern oder Stampfen, zu einer Vergrößerung des Tiefganges geführt hatten.

Der Kapitän hatte die Größe des »Squat-Effektes« für die Fahrt durch den Vineyard-Sund zu 0,30–0,45 m angenommen. Der Squat-Effekt tritt bei der Fahrt von Schiffen durch Kanäle oder auf flachem Wasser auf. Abhängig von Größe, Form und Geschwindigkeit des Schiffes sowie von der Wassertiefe sinkt der Wasserspiegel in der Umgebung des Schiffes, das Schiff sinkt in gleichem Maße mit ab und hat damit einen scheinbar größeren Tiefgang. Auch eine Vertrimmung des Schiffes ist vielfach damit verbunden. Wie bei den meisten Schiffen, verfügte die Schiffsführung der *Queen Elizabeth 2* nicht über Informationen über die Größe des Squat-Effektes

bei ihrem Schiff unter verschiedenen Geschwindigkeiten und Wassertiefen.

Besondere Beachtung bei der Untersuchung des Unfalls fanden die benutzten Seekarten. Es wurde festgestellt, daß die beiden bei der Sund-Durchfahrt verwendeten Seekarten eine genügend große Darstellung der Details für eine sichere Navigation aufwiesen. Sie enthielten auch die Korrekturen, die vor dem Zeitpunkt der Grundberührung in Schiffahrtsinformationen herausgegeben worden waren.

Grundlage für die beiden Seekarten waren – so stellte sich heraus – für das Gebiet der Grundberührung Seevermessungen des Jahres 1939. In unmittelbarer Nähe der Grundberührungsposition war eine geringste Wassertiefe von 11,90 m bei felsigem Untergrund gemessen und angegeben worden. Der Abstand der einzelnen Lotungslinien (Linien, auf denen das vermessende Schiff läuft) betrug bei den 1939 erfolgten Vermessungen 400 m. Jede einzelne Messung der seinerzeit verwendeten Echolot-Einrichtung erfaßte auf dem Meeresboden nur einen Durchmesser von 0,4 x Wassertiefe. Das bedeutete, daß in der Nähe der Grundberührungsposition die Wassertiefe nur in einer Streifenbreite von etwa 5 m bei einem Streifenabstand von 400 m erfaßt worden war. Eventuell zwischen diesen Streifen liegende Erhebungen oder Hindernisse konnten nicht erkannt werden.

Die Vermessungen von 1939 entsprechen bei weitem nicht den heutigen Standards der Seevermessung. Bei der Vermessung britischer Gewässer beispielsweise wird heute bei einer Wassertiefe unterhalb 40 m ein Abstand der Lotungslinien von 62,5 m gefordert. Durch Anwendung von Fächerecholoten wird auch die Fläche zwischen den Lotungslinien vollständig erfaßt, wodurch mögliche Schiffahrtshindernisse entdeckt werden können. (Ein vom deutschen Bundesamt für Seeschiffahrt und Hydrographie (BSH) verwendetes Fächerecholot ermöglicht die Erfassung eines Meeresbodenstreifens, dessen Breite maximal das achtfache der Wassertiefe beträgt.)

Schon wenige Tage nach der Grundberührung der *Queen Elizabeth 2* wurde am 10. August 1992 eine genaue Vermessung des Meeresbodens in der Umgebung der Unfallposition begonnen. Bei geringem Abstand der Lotungslinien wurde die genaue Topographie des Bodens ermittelt, wobei Wassertiefen in der Größenordnung von 11,30 m festgestellt wurden. Nordöstlich von der kurz nach dem Unfall gepeilten Position wurde auf dem Meeresboden jedoch eine Anzahl von Felsblöcken entdeckt. Eine daraufhin erfolgte Taucheruntersuchung führte zunächst zur Auffindung eines einzelnen Felsblockes – später »Red Rock I« genannt – etwa 450 m nordöstlich der gepeilten Unfallposition. Seine Oberseite war flach, frei von Meeresbewuchs und zum Teil mit rotgefärbtem Material bedeckt. Die Oberseite lag in 10,40 m Wassertiefe, umgerechnet auf die wirkliche Gezeitenhöhe zum Unfallzeitpunkt. In einer Entfernung von 150 m von »Red Rock I« in 240°-Richtung wurde dann ein weiterer Felsblock – später »Red Rock II« genannt – aufgefunden, der zerbrochen zu sein schien und völlig ohne Bewuchs war. Der obere Bereich war mit zahlreichen Stahlspänen und Farbteilchen bedeckt und befand sich 10,20 m unterhalb des Wasserspiegels, ebenfalls umgerechnet auf den Unfallzeitpunkt. In der Umgebung von »Red Rock II« wiederum in 240°-Richtung wurden weitere Felsblöcke aufgefunden, die auch keinen Bewuchs aufwiesen.

Von den Felsblöcken »Red Rock I« und »Red Rock II« eingesammelte Metall- und Farbteilchen wurden analysiert und mit entsprechenden Proben von der Bodenbeplattung des Fahrgastschiffes verglichen. Es wurde völlige Übereinstimmung festgestellt.

Aus den Untersuchungen konnte geschlußfolgert werden, daß die *Queen Elizabeth 2* bei der Fahrt durch den Vineyard-Sund zunächst Grundberührung mit »Red Rock I« hatte und etwa 12 Sekunden später eine schwere Grundberührung mit »Red Rock II« erfolgte.

Als Ursachen, die zu den Grundberührungen führten, werden in dem Untersuchungsbericht die nachfolgend dargestellten Zusammenhänge genannt.

Vor Beginn der Rückfahrt vom Ankerplatz Oak Bluffs wurde die Reiseroute, insbesondere diejenige nach Passieren der letzten Tonne im Sund, nicht zwischen dem Brückenteam und dem Lotsen abgestimmt. Da auch der Lotse Überlegungen hinsichtlich der zu fahrenden Kurse angestellt hatte, bestanden praktisch zwei Routenplanungen, die jede für sich bei genauer Einhaltung an der Position der Grundberührungen vorbeigeführt hätten. Der ab letzter Tonne eingeschlagene Kurs stimmte jedoch mit keinem der beiden Pläne oder Überlegungen überein. Weder Lotse noch Kapitän oder 2. Offizier hatten rechtzeitig bemerkt, daß dieser Kurs über einen Bereich führte, der laut Seekarte die geringe Wassertiefe von 11,90 m aufwies.

Die korrekten geringsten Wassertiefen über den Felsblöcken waren in den verwendeten Seekarten jedoch nicht angegeben. Sie betrugen, wie bereits genannt, 10,40 m beziehungsweise 10,20 m.

Der Squat-Effekt war vom Kapitän mit 0,30–0,45 m zu gering angenommen. Bei der Größe der *Queen Elizabeth 2*, der gefahrenen Geschwindigkeit und der geringen Wassertiefe war er mit mindestens 0,80 m anzusetzen. Unter Vernachlässigung einer gewissen Vertrimmung des Schiffes ergibt sich somit für das Überlaufen des Vorschiffes über »Red Rock II«: Tiefgang vorn 9,86 m plus Squat 0,80 m entsprechen einem scheinbaren Tiefgang vorn von 10,66 m – bei einer vorhandenen Wassertiefe über dem Felsen von nur 10,20 m.

Für das Passieren des Sundes war von der Schiffsführung ein Wasserstand über Normal von 0,60 m angenommen worden. Genaue Ermittlungen nach den korrekt anzuwendenden Gezeitentafeln ergaben für den Zeitpunkt des Unfalls jedoch einen Wasserstand über Normal von nur 0,15 m.

Im Ergebnis der Untersuchungen wurden als Ursachen des Seeunfalls der *Queen Elizabeth 2* die unkorrekten Seekarten angesehen, die für die Position der Grundberührung eine größere

Wassertiefe angaben, als unter Berücksichtigung der Felsblöcke wirklich vorhanden war, zusammen mit einer Überschätzung des Hochwassers und einer Unterschätzung des Squat-Effektes durch die Schiffsführung. Es wurde als wahrscheinlich angesehen, daß sowohl der Kapitän als auch der Lotse bei korrekter Angabe der Wassertiefe auf den Seekarten einen anderen Kurs gefahren wären.

Mitwirkende Faktoren bei der Havarie wurden in dem zu frühen Übergang auf die volle Schiffsgeschwindigkeit und in der Abweichung vom vorgesehenen Kurs nach Passieren der letzten Tonne gesehen.

Der britischen Hydrographie-Institution wurde empfohlen, auf den Seekarten möglichst den Zeitpunkt der Tiefenmessungen anzugeben, auf denen die Karten basieren. Dem Schiffahrts-Direktorat wurde nahegelegt, Richtlinien zur Ermittlung des Squat-Effektes herauszugeben.

17. Maschinenausfall durch rollende Rohre: Strandung des Tankers *Braer*

Der unter liberianischer Flagge fahrende Tanker *Braer* strandete bei orkanartigem Sturm und heftigem Seegang in den Mittagsstunden des 5. Januar 1993 an der Südküste der Hauptinsel Shetlands. Bei dem anhaltenden Schlechtwetter zerbrach der Tanker in zwei Teile und verlor seine gesamte Ladung Erdöl.

Der 1975 gebaute Tanker hatte bei einer Länge von 241,5 m eine Bruttovermessung von 44.989 GT. Er wurde angetrieben von einem 18.270 PS-Dieselmotor, der dem Schiff in beladenem Zustand eine Geschwindigkeit von 19 kn verlieh.

Die Havarie

Die *Braer* hatte in Norwegen 84.500 t leichtes Erdöl geladen und begann ihre Reise in Mongolstad am 3. Januar 1993 gegen 13.00 Uhr. Wie auch schon auf früheren Reisen hatte der Kapitän

als Reiseweg zum Bestimmungshafen Quebec (Kanada) eine Route gewählt, die südlich an den Shetland-Inseln vorbeiführte. Zusätzlich zur normalen Besatzung befand sich der technische Superintendant der Reederei an Bord, der ein erfahrener Schiffsingenieur war und sich auf dieser Reise mit dem Schiff vertraut machen wollte.

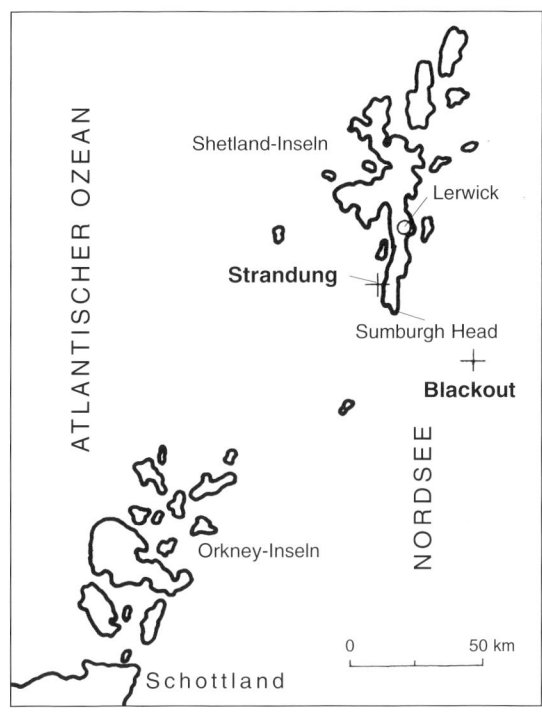

Die Positionen der *Braer*.

Schon bald nach Reisebeginn befand sich der Tanker in heftigem Sturm und Seegang. Das schlechte Wetter setzte sich auch in den nächsten Tagen fort, das Schiff schlingerte und stampfte heftig, und grüne See spülte über das Deck.

Am 3. Januar sahen der Leitende Ingenieur und der Superintendant mehrfach nach Rohren, die auf der Backbordseite des achteren Hauptdecks gestaut waren. Die Rohre von 250 mm und 450 mm Durchmesser und fünf Meter Länge waren bereits seit Februar 1992 an Bord und ursprünglich für Reparaturen an der Inertgas-Rohrleitung vorgesehen. Am Morgen des 4. Januar prüften der 1. Offizier und der Leitende Ingenieur von einem Fenster der Mannschaftsmesse aus diese Rohre. Einige von ihnen rollten zwischen dem Maschinenschacht und der Reling frei hin und her. Von dem Fenster aus waren zwei Lüftungsrohre zu sehen, gegen die die umherrollenden Rohre stießen. Der 1. Offizier machte keine Versuche, die losen Rollen wieder zu sichern, da dieses seiner Meinung nach bei den herrschenden Wetterbedingungen nicht möglich war.

Auch der Kapitän wurde über die Situation informiert. Er war ebenfalls der Auffassung, daß ein erneutes Sichern der Rohre erst nach Wetterbesserung erfolgen könne. Auf eine spätere Befragung erwiderte er, daß die beiden Lüftungsrohre, gegen die die Rohre rollten und die man auch von der Backbord-Nock der Brücke aus sehen konnte, zu Wassertanks gehörten. Dies hätte er auf dem Tankplan des Schiffes geprüft.

Am Nachmittag des 4. Januar gegen 15.00 Uhr beobachteten sowohl der 1. Offizier als auch der Leitende Ingenieur nochmals die Rohre auf dem Deck. Es wurde bemerkt, daß die Lüftungsrohre leicht verbogen waren.

Spätere Untersuchungen auf einem Schwesterschiff der *Braer* ergaben, daß die Lüftungsrohre, die man sowohl von einem Fenster der Mannschaftsmesse als auch von der Backbord-Nock der Brücke aus sehen konnte, nicht diejenigen waren, die zu den Doppelbodentanks für Dieseltreibstoff gehörten. Die Lüftungsrohre dieser Tanks waren von den vorgenannten Beobachtungsstellen aus nicht einsehbar.

Am Abend des 4. Januar betrug die Windstärke Bft 9, durch starken Seegang und weiterhin heftige Schiffsbewegungen kam viel Wasser über Bord.

Gegen 20.30 Uhr am 4. Januar wurde vom Dampfkessel des Tankers Wasserstandsalarm ausgelöst. Der diensthabende 3. Ingenieur wechselte die Brennstoffversorgung des Kesselbrenners von Schweröl auf Dieselöl und schaltete dann den Brenner ab. Diese Umstellung auf Dieselöl vor einer Abschaltung wurde stets vorgenommen, um dann den Kesselbrenner später leicht wieder anfahren zu können. Nach einigen

kleinen Reparaturen der Fernübermittlung des Wassserstandsalarms war die Betriebsbereitschaft des Kessels wieder hergestellt. Der 3. Ingenieur versuchte nun bis 23.30 Uhr vergeblich, den Kessel wieder zu zünden. In der Zwischenzeit war der Dampfdruck erheblich gefallen.

Das dem Antriebsdiesel zugeführte Schweröl muß mit Hilfe von Dampf aufgeheizt und damit leichtflüssig gemacht werden. Der Abfall des Dampfdruckes hatte dazu geführt, daß die Temperatur des Schweröls zu weit abgesunken war. Der Dieselmotor mußte daher auf das ohne Vorheizung leichtflüssige Dieselöl umgeschaltet werden. Dieses wurde gegen 23.30 Uhr mit Zustimmung des Leitenden Ingenieurs vorgenommen. Setztank und Tagestank für den Dieseltreibstoff, aus denen der Motor direkt versorgt wurde, wurden nun sowohl aus dem Backbord- als auch dem Steuerbord-Doppelbodentank für Dieselöl auf den Normalstand aufgefüllt.

Die Versuche, den Dampfkessel wieder in Betrieb zu nehmen, wurden fortgesetzt. Der Leitende Ingenieur und der Superintendant kamen hinzu. Der 2. Ingenieur hatte inzwischen festgestellt, daß Seewasser im Dieseltreibstoff war und bemühte sich, dieses aus der Dieselölzuführung zu entfernen. Es wurde weiterhin versucht, den Kesselbrenner zu zünden, jedoch erlosch die Flamme nach wenigen Sekunden immer wieder.

Gegen 04.10 Uhr am nächsten Morgen weckte der Superintendant den Kapitän und informierte ihn, daß durch Seewasser im Dieseltreibstoff ein ernstes Problem entstanden sei. Bei dem starken Schlingern des Schiffes sei es trotz ständiger Bemühungen nicht möglich, das Wasser aus dem Rohrleitungssystem und dem Setz- sowie Tagestank zu entfernen. Der Superintendant schlug dem Kapitän vor, einen ruhigen Ankerplatz aufzusuchen, wo man Tanks und Rohrleitungen entwässern könne. Auf der Karte wurde ein solcher Platz in einer Entfernung von sechs bis acht Stunden Fahrt gefunden und Kurs darauf genommen.

Der Druck in der Dieselölzuführung zur Hauptmaschine schwankte, was bedeuten konnte, daß bereits Wasser in diesem System war und der Dieselmotor jederzeit ausfallen könnte. Die Hauptmaschine sollte nun heruntergefahren werden, um den noch nicht mit Wasser vermischten Dieseltreibstoff für den Betrieb des Dieselgenerators zur Stromversorgung zu verwenden.

Während die Drehzahl des Dieselmotors reduziert wurde, blieb dieser plötzlich stehen. Wenige Sekunden später stoppte auch der Generatordiesel. Das Licht erlosch, die Notbeleuchtung schaltete sich automatisch ein. Der vollständige Blackout war eingetreten, es war 04.40 Uhr am 5. Januar 1993. Die *Braer* befand sich südlich der Shetland-Inseln auf der Position 59°41' N, 01°13' W.

Der Kapitän war der Auffassung, daß keine unmittelbare Gefahr für den Tanker bestünde. Der Funkoffizier wurde von ihm beauftragt, mit Funkstationen Kontakt aufzunehmen und unter Angabe der Schiffsposition den Ausfall des Antriebs und der Stromversorgung mitzuteilen. Um 05.05 Uhr stellte der Funkoffizier Kontakt mit der Station Wick-Radio her, die das Schiff weiter mit der Aberdeen Coast Guard verband. Auf die Frage nach Hilfeleistung antwortete die *Braer*, daß im Augenblick noch keine Unterstützung erforderlich sei.

Der Superintendant führte dann ein Gespräch mit dem Technischen Direktor des Reeders in den USA. Dieser wurde über die Situation auf der *Braer* informiert. Der Superintendant legte seine Vorstellung dar, über eine herzustellende separate Rohrleitung die Generatordiesel mit sauberem Dieselöl zu versorgen. Hierfür benötige er Dieselöl und zum Starten der Diesel Druckluft in transportabler Form. Letzteres deswegen, weil er nicht wüßte, wie derzeit der Füllungszustand der Luftflaschen an Bord sei. Der Technische Direktor erwiderte »O.K.«.

Ab 05.24 Uhr wurden Gespräche zwischen dem Kapitän und Lerwick Coast Guard geführt, der Coast-Guard-Station auf den Shetland-Inseln. Im Verlauf dieser Funktelefonate sagte der Kapitän unter anderem folgendes: »Ich benötige einen Schlepper. Wir brauchen den Schlepp so schnell wie möglich, da wir uns in beladenem Zustand

Die in den Shetlands gestrandete *Braer* verursachte ein weltweites Medienspektakel.

befinden und eine volle Ladung Rohöl an Bord haben.« Um 05.30 Uhr informierte der Kapitän, daß das Schiff sich etwa 10 sm südlich von Sumburgh Head (Südspitze der Shetland-Hauptinsel) befinde und die in nördliche Richtung führende Drift im Augenblick »nicht so schnell« sei.

Die Telefonate zwischen der *Braer* und Lerwick Coast Guard während der nächsten 30 bis 40 Minuten sind im nachhinein nur schwer verständlich. Die Coast Guard fragte unter anderem, ob der Reeder des Tankers bereit sei, den Schlepp zu bezahlen. Die *Braer* bat die Coast Guard, den Reeder über den Preis für den Schlepp zu informieren. Dieser führte in dem Telefonat aus, daß er mit den Versicherern Kontakt aufnehmen und dann die Coast Guard zurückrufen würde.

Um 06.09 Uhr stimmte der Reeder dem Schlepp zu, und erst jetzt forderte Lerwick Coast Guard die Schlepperhilfe vom Hafen Sullom Voe an. Die *Braer* befand sich inzwischen etwa sechs Seemeilen südlich von Sumburgh Head. Die Coast Guard informierte den Tanker darüber, daß es bis zum Eintreffen des Schleppers etwa fünf Stunden dauern würde.

Nun waren eine Stunde und dreißig Minuten seit dem Blackout auf der *Braer* vergangen. Ein in der Nähe des Tankers befindliches Fischereifahrzeug verfolgte dessen Position und hatte festgestellt, daß seine Driftgeschwindigkeit etwa zwei Seemeilen pro Stunde betrug.

Um 06.15 Uhr schlug die Coast Guard dem Kapitän des Tankers wegen der schnellen Drift vor, einen Teil der Besatzung durch Helikopter evakuieren zu lassen. Der Kapitän stimmte zu, und Lerwick Coast Guard benachrichtigte die Rettungshubschrauber.

Um 06.34 Uhr wurde der Rettungskreuzer von Lerwick Coast Guard alarmiert, der um 06.50 Uhr auslief.

Gegen 06.50 Uhr traf der Rettungshubschrauber R 117 bei der *Braer* ein, nahm Funkkontakt auf und teilte mit, daß die Evakuierung wegen des starken Windes und der übergehenden See nicht

Im März 1967 war der Tanker *Torrey Canyon* nach der Strandung vor Land's End (Cornwall, Großbritannien) in zwei Teile zerbrochen wie 26 Jahre später die *Braer* vor den Shetlands.

vom Vorschiff aus ausgeführt werden könne. Die Übernahme sollte dagegen achtern von der Leeseite des Schornsteins vorgenommen werden. Da die Stampfbewegungen des Schiffes sehr groß seien, würde sich die Rettung äußerst schwierig gestalten. Verschiedene Übernahmeverfahren wurden versucht, aber schließlich mußten die Männer einzeln mit der Winde des Hubschraubers abgeborgen werden. Um 08.10 Uhr verließ R 117 mit 16 Besatzungsmitgliedern an Bord das Schiff und flog zum Flugplatz Sumburgh zurück.

Um 07.38 Uhr war als zweiter Hubschrauber R 137 beim Tanker eingetroffen. An Bord des Schiffes befanden sich nun noch 18 Besatzungsmitglieder. Der Kapitän wollte zunächst noch einige Leute an Bord behalten, die Hubschrauberbesatzung und die Coast Guard drängten wegen der Nähe der Küste jedoch auf komplette Übernahme. Diese begann endlich um 08.25 Uhr, und um 08.54 Uhr waren alle 18 Mann vom Hubschrauber aufgenommen und wurden zum Flugplatz gebracht. Die *Braer* war nun nur noch weniger als eine Seemeile von der Südspitze der Hauptinsel entfernt.

Der Rettungshubschrauber R 117 kehrte um 08.42 Uhr zum Tanker zurück und verfolgte seine Drift. Die vor der Südspitze der Insel herrschende Meeresströmung änderte nun die Driftrichtung des Schiffes zunächst nach Westen an der Inselspitze vorbei, etwas später wieder nach Norden entlang der Westküste dieses Inselteiles.

Jetzt im flacheren Wasser unterhalb 30 Meter Tiefe hätte es sinnvoll sein können, die Anker fallen zu lassen. Der Hubschrauber umkreiste daher das Schiff und prüfte, ob man jemand auf das Vorschiff absetzen könnte, um die Anker zu fieren. Aber nach wie vor überspülte die See insbesondere das Vorschiff, und jeder Versuch, dort einen Mann abzusetzen, mußte als lebensgefährlich angesehen werden.

Gegen 09.45 Uhr traf der Schlepper *Star Sirius* ein. Nun begannen die letzten Versuche, den Tanker vor der Strandung zu bewahren. Um

10.17 Uhr landete der Hubschrauber R 117 zum erneuten Auftanken auf dem Flugplatz Sumburgh. Er startete um 10.55 Uhr wieder mit einer kleinen Gruppe von Seeleuten an Bord einschließlich des Kapitäns des Tankers. Die *Braer* war nun nur noch etwa eine halbe Seemeile von der Küste entfernt. Drei Mann, darunter ein Mann der Hubschrauberbesatzung, wurden auf das etwas geschütztere Hinterschiff des Tankers abgeseilt. Von der *Star Sirius* sollte mit Hilfe eines Leinenwurfgerätes eine Schleppverbindung zum Heck hergestellt werden. Der Schlepper war 50 bis 60 m vom Hinterschiff der *Braer* entfernt. Die erste Rakete wurde vom Sturm abgetrieben. Die zweite führte die Leine auf das Brückendeck. Sie konnte am Heck durch die Verholklampe gezogen werden. Mit Hilfe dieser Raketenleine und einer Zwischenleine sollte eine Schlepptrosse an Bord des Tankers gezogen und befestigt werden. Die starken Wellen rissen jedoch den Männern die Raketenleine aus den Händen, und so war der letzte Bergungsversuch gescheitert. Kurz darauf, um 11.19 Uhr, erfolgte die Strandung des Tankers an dem Küstenvorsprung Garth Ness der Hauptinsel. Die Drei-Mann-Gruppe wurde durch den Hubschrauber wieder von Bord geholt.

Beschleunigt durch das Zerbrechen des Tankers in den darauf folgenden Tagen, ergossen sich die 84.500 t Rohöl der *Braer* in die See – und das an einer Küste von außergewöhnlicher Schönheit, mit bedeutender Flora und Fauna und wichtigem Fischfang. Es war etwas Glück in dem schweren Unglück, daß sich das leichte Erdöl durch den tagelangen starken Wind und die heftigen Wellen zum Teil in der See auflöste und sich kein großer zusammenhängender Ölfilm bildete. So wurde die befürchtete Umweltkatastrophe etwas gemildert.

Die Untersuchung

Die schwere Havarie wurde sowohl von britischer als auch von liberianischer Seite untersucht, wobei die Beauftragten beider Staaten zusammenarbeiteten. Die hier dargestellten Ergebnisse wie auch die bisherige Darstellung, folgen dem Bericht der liberianischen Untersuchung.

Im Bericht der Kommission wird festgestellt, daß der Ausfall von Antriebsanlage und Stromversorgung die unmittelbare Ursache der Strandung des Motortankers *Braer* war. Dieser Blackout war verursacht durch unzureichend gesicherte Rohre auf der Backbordseite des hinteren Hauptdecks. Das Hin- und Herrollen dieser Rohre beschädigte Lüftungsrohre von Dieselöltanks, durch die dann Seewasser eindrang.

Eine Reihe kritischer Bemerkungen der Kommission wurden zu den gesamten Umständen geäußert, die zum Blackout führten. Der Maschinenbereich sei seiner Verantwortung für das sichere Laschen der Rohre vor der Reise nicht nachgekommen. Nachdem die Bewegungen der Rohre im Seegang beobachtet wurden, hätte der Kapitän genau prüfen müssen, zu welchen Tanks sowohl die bereits beschädigten als auch weitere gefährdete Lüftungsrohre führten, und zweckmäßige Maßnahmen veranlassen müssen. Auch unter den schwierigen Wetterbedingungen hätten die frei umherrollenden Rohre entweder erneut gesichert oder über Bord geworfen werden müssen.

Sofort nach der ersten Feststellung, daß sich Seewasser im Dieseltreibstoff befand, hätte das dem Leitenden Ingenieur und dem Kapitän gemeldet werden müssen. Eine Analyse der Situation hätte zu der Erkenntnis führen müssen, daß jeden Augenblick der Antriebsdiesel aussetzen könnte. Zu diesem Zeitpunkt hätte der Kapitän den Kurs der *Braer* so ändern und das Schiff von den Shetland-Inseln wegführen können, daß bei dem späteren Blackout der Tanker weiter von der Küste entfernt gewesen wäre. Die Drift des Tankers hätte dann an der Insel vorbeigeführt. Völlig unverständlich blieb bei der Untersuchung auch die Auffassung des Kapitäns, bei mit Seewasser vermischtem Dieselöl im Tagestank des Antriebsdiesels noch sechs bis acht Stunden bis zu einem geschützten Ankerplatz laufen zu können.

Die Untersuchungskommission gewann den Eindruck, daß der Kapitän und auch der Superintendant selbst nach dem Stillstand der Antriebsmaschine zeitweilig den Ernst der Lage unterschätzten. So wurden keine Versuche gemacht, die wirkliche Drift des Tankers zu bestimmen. Das Hauptproblem wurde zunächst im wasserhaltigen Treibstoff und nicht in der Tatsache gesehen, daß das Schiff völlig manövrierunfähig war.

Unverständlich blieb das Verhalten von Lerwick Coast Guard hinsichtlich der Schlepperalarmierung. Anstatt bei realer Einschätzung der Lage sofort der ersten Schlepperanforderung des Kapitäns zu entsprechen, löste die Coast-Guard-Station Diskussionen über die Schlepperbezahlung aus und trug damit zur Verunsicherung des Kapitäns über seine diesbezüglichen Kompetenzen bei. Bei sofortiger Anforderung durch die Coast Guard hätte der Schlepper *Star Sirius* 1,5 Stunden früher bei der *Braer* eintreffen können.

Aber auch die Reederei habe zur Verzögerung beigetragen, statt sich sofort für den Einsatz von Schleppern auszusprechen, stellte die Kommission fest.

Von der Kommission wurde die Auffassung vertreten, daß das Fieren der Anker keinen großen Einfluß mehr auf die Strandung gehabt hätte.

Das rechtzeitige Verlassen des Schiffes durch die Besatzung wurde als korrekte Maßnahme des Kapitäns angesehen.

18. Versagen des Navigationssystems verursacht Grundberührung der Großfähre *Silja Europa*

Die finnische Großfähre *Silja Europa* hatte am 13. Januar 1995 beim Anlaufen des Hafens Stockholm Grundberührung in einer engen Durchfahrt zwischen vorgelagerten Inseln. Sie kam aus eigener Kraft nach etwa 35 Minuten wieder frei und hatte nur eine geringe Beschädigung des Wulstbugs erlitten. Menschen

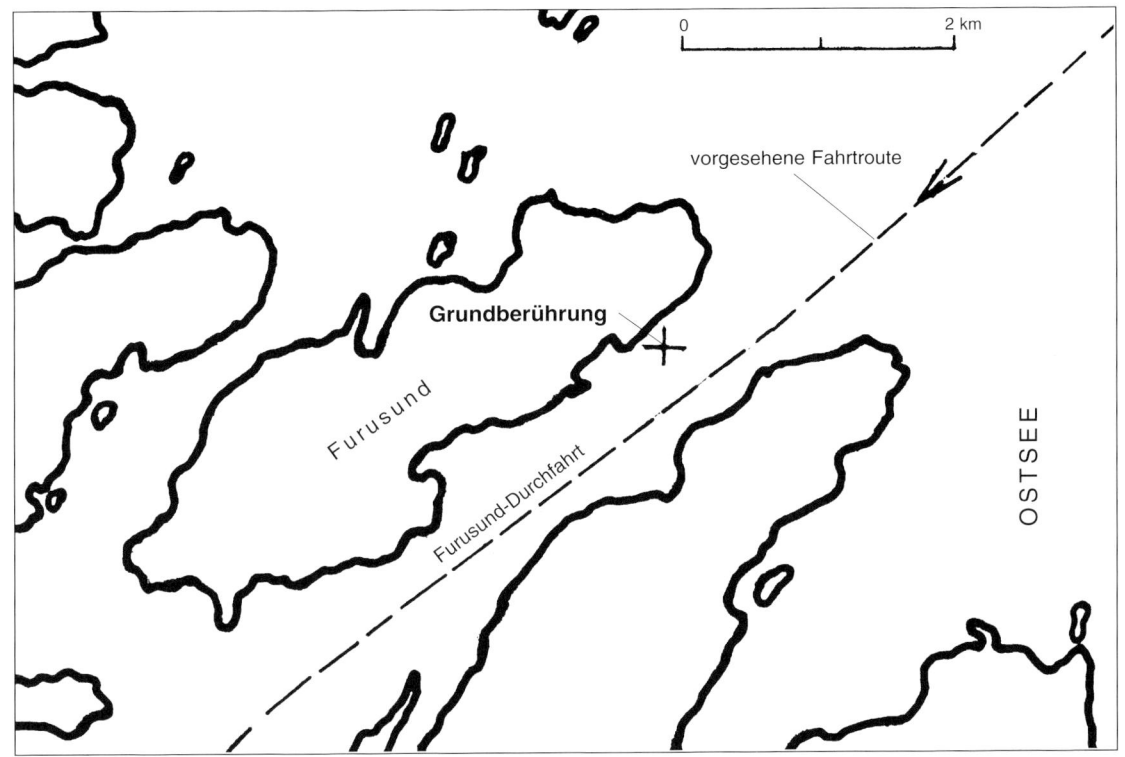

Die Position der *Silja Europa* bei der Grundberührung.

kamen nicht zu Schaden, und auch eine Umweltverschmutzung trat nicht ein. Der Unfall wurde trotzdem als sehr ernst angesehen, da eine fast neue Fähre mit modernsten Navigations- und Steuereinrichtungen kurzzeitig manövrierunfähig war.

Das als kombinierte Personen- und Fahrzeugfähre gebaute *MS Silja Europa* ist 201,8 m lang und hat eine Vermessung von 59.914 GT. Vier Dieselmotoren von je 7952 kW wirken auf zwei Wellen mit Verstellpropellern und verleihen dem Schiff eine Geschwindigkeit von 21,5 kn. Die für die Beförderung von 3100 Fahrgästen zugelassene Fähre wurde 1993 fertiggestellt. Der Konstruktion lagen alle zu berücksichtigenden internationalen Vorschriften sowie Klassifikationsforderungen zugrunde, so daß grundsätzlich ein hoher Sicherheitsstandard gewährleistet war.

Ein durchgehendes Schiffsführungspult auf der Rundsichtbrücke enthält zusammen mit angegliederten Konsolen alle für die Führung der Fähre erforderlichen Steuer-, Überwachungs- und Anzeigegeräte. Von ihren Sitzen aus haben Offiziere und Lotse Sicht und Zugriff auf diese Einrichtungen, die sowohl einen automatisierten als auch einen manuell gesteuerten Betrieb ermöglichen. Die Antriebsanlage mit den vier Motoren und zwei Verstellpropellern kann bei manuellem Betrieb wahlweise von der Brücke oder dem Maschinenkontrollraum gefahren werden.

Das Schiff ist mit einem Integrierten Navigationssystem mit den beiden Untersystemen TRACKPILOT und SPEEDPILOT ausgerüstet. Für eine ständig oder oft zu befahrende Fährroute werden in diese Untersysteme Programme eingegeben, nach denen der gesamte Fahrbetrieb automatisiert ablaufen kann. Dabei führt das System TRACKPILOT die Routenführung als Selbststeueranlage durch. Das System SPEEDPILOT ist ein automatisches Geschwindigkeitsregelungs-System, das Steigung und Drehzahl der Verstellpropeller steuert. Das eingespeicherte Fahrprogramm enthält Wegepunkte, die die Gesamtfahrstrecke unterteilen. Die zwischen diesen Punkten zu fahrenden Geschwindigkeiten der Fähre werden unter Einhaltung zu berücksichtigender Begrenzungen automatisch so geregelt, daß die Ankunftszeit des Schiffes am Zielhafen genau eingehalten wird.

In die Systeme TRACKPILOT und SPEEDPILOT werden ständig Istwerte eingegeben, deren Vergleich mit Sollwerten zu den notwendigen Kurs- beziehungsweise Geschwindigkeitskorrekturen führt. Die Geschwindigkeit über Grund wird ununterbrochen durch ein Doppler-Log (Geschwindigkeitssensor) gemessen und in das System SPEEDPILOT eingegeben. Die Position des Fährschiffes wird ständig durch einen der beiden installierten GPS-Satellitenempfänger (Positionssensor) ermittelt und in das System TRACKPILOT eingegeben. Diese Empfänger arbeiten nach dem Global Positioning System (GPS), dem Satellitennavigationssystem, das erst in den achtziger und neunziger Jahren zur vollen Anwendungsreife in der kommerziellen Schiffahrt entwickelt wurde. Die beiden mit GPS 1 und GPS 2 bezeichneten Empfänger auf der *Silja Europa* können auch die Schiffsgeschwindigkeit berechnen und in das System SPEEDPILOT eingeben, also als Geschwindigkeitssensor arbeiten. In den Prozeß der automatisierten Schiffsführung kann jederzeit in unterschiedlicher Weise manuell eingegriffen werden.

Die Havarie

Am 12. Januar 1995 lief die *Silja Europa* um 20.09 Uhr von Turku (Finnland) zu einer Überfahrt nach Stockholm (Schweden) aus. An Bord befanden sich 2575 Fahrgäste und 268 Mann Besatzung. Das Schiff hatte ferner 67 PKW und 19 Busse, LKW und Trailer geladen. Mariehamn wurde am 13. Januar um 01.48 Uhr angelaufen und um 02.00 Uhr wieder verlassen.

Um 03.00 Uhr, die Fähre befand sich nun bereits in schwedischen Gewässern, wechselte die Brückenwache. Jetzt saßen ein Lotse und der Wachoffizier am Schiffsführungspult. Jeder hatte vor sich einen Radarbildschirm, einen Monitor, der alle wichtigen Schiffs- und Maschinendaten anzeigte, sowie einen identischen Satz der Steuerelemente. Die Arbeitsteilung zwischen beiden war derart, daß der Lotse die Schiffsführung vornahm und der Wachoffizier die Navigation verfolgte sowie als Ausguck tätig war. Sie hatten sich gegenseitig über jede notwendige beziehungsweise ausgeführte Änderung des Zustandes der Schiffsführung zu informieren. Ein dritter Mann auf der Brücke beobachtete vornehmlich die Brandwarnanlage.

Um 04.16 Uhr passierte die *Silja Europa* Marö, eine der zahlreichen Stockholm vorgelagerten Inseln. Es wehte ein NW-Wind mit 9 m/s. Die Geschwindigkeit der Fähre war nun von 17 kn bis zur Furusund-Durchfahrt, einer Einengung zwischen zwei Inseln, auf 8 kn zu reduzieren. Mit der Annäherung an die Durchfahrt verlangsamte sich auch die automatisch geregelte Fahrt. Die Einfahrt in die Enge war durch die Furusundskaten-Tonne gekennzeichnet. Etwa drei Kabellängen (550 m) vor dieser Tonne stand der Wachoffizier auf, um sich zu überzeugen, daß die Tonne entsprechend dem zu fahrenden Kurs leicht Steuerbord voraus war. Er sah jedoch, daß sie sich direkt voraus befand und informierte sofort den Lotsen. Dieser hatte schon bemerkt, daß die Fähre begonnen hatte, sich nach Steuerbord zu drehen. Der Lotse betätigte daher um 04.33.04 Uhr die Umschaltung von Automatiksteuerung auf Handsteuerung des Ruders und legte dieses auf 15° Backbord, das Schiff folgte diesem Kommando jedoch nicht. Auch eine weitere Veränderung der Ruderanlage auf »Hart Backbord« führte nicht zu der notwendigen Kursänderung.

Jetzt bemerkte der Lotse, daß die Steigung der Verstellpropeller auf Null verringert war, so daß kein Propellerschub mehr erzeugt wurde. Er versuchte, durch Umschaltung auf manuellen

Betrieb die SPEEDPILOT-Automatik auszuschalten und stellte die Fahrhebel der Verstellpropeller von Hand auf Vorausfahrt. Der SPEEDPILOT blieb jedoch weiterhin in Betrieb, und die Fahrhebel der Propeller gingen selbsttätig wieder auf die Nullstellung zurück.

Der Lotse telefonierte mit dem Maschinenkontrollraum und fragte, ob die Steuerung der Verstellpropeller nach dort umgeschaltet worden sei. Dies wurde verneint, die Steuerung läge weiterhin auf der Brücke. Eine Umschaltung hätte ohnehin einen wahrnehmbaren akustischen Alarm auf der Brücke ausgelöst.

Nun versuchte der Lotse noch einmal, durch entsprechende Druckknopfbetätigung die Automatiken TRACKPILOT und SPEEDPILOT auszuschalten und auf manuellen Betrieb überzugehen. Er schob nochmals die Fahrhebel der Verstellpropeller vorwärts und versuchte, die Fähre zu drehen. Alles ohne Erfolg. Das Schiff gehorchte der Steuerung nicht, das Ruder ging automatisch wieder auf Nullstellung, und der Propellerschub ließ sich nicht erhöhen.

Um 04.35.40 Uhr lief die *Silja Europa* auf Grund. Die Furusundskaten-Tonne befand sich nun anstelle auf der Steuerbordseite auf der Backbordseite des Fährschiffes, was bedeutete, daß die Fähre nach Steuerbord voll aus dem Fahrwasser gelaufen war. Vom ersten Versuch des Umschaltens von Automatik- auf Handsteuerung bis zur Grundberührung waren 2 Minuten 36 Sekunden vergangen.

Unmittelbar nach der Grundberührung kamen der Kapitän und der 1. Offizier auf die Brücke, und der Kapitän übernahm die Wachführung. Er bemerkte, daß der SPEEDPILOT noch in Betrieb war und versuchte, diesen auszuschalten, was jedoch nicht gelang. Nach Betätigen des sogenannten BACKUP-Druckknopfes, der insbesondere für Notsituationen vorgesehen war, konnten Verstellpropeller und Maschinenanlage manuell von der Brücke gesteuert werden, obgleich SPEEDPILOT weiterhin eingeschaltet blieb.

Soweit möglich, untersuchte der Leitende Ingenieur das Schiff auf mögliche Schäden.

Peilungen und Inspizieren der Tanks zeigten, daß keine Risse eingetreten waren.

Nach Umpumpen und Füllen hinterer Ballasttanks gelang es bereits um 05.07 Uhr, mit eigener Kraft von dem felsigen Grund wieder freizukommen.

Aufgrund telefonischer Beratung durch den Vertreter des Automatikherstellers in Stockholm wurde die Verbindung zu drei speziellen Relais in der Automatik unterbrochen, was endlich zu der gewünschten Abschaltung von SPEEDPILOT führte.

Inzwischen war auch die Schwedische Coast Guard an Bord gekommen. Mit manuell gesteuerter Maschinenanlage setzte *Silja Europa* ihre Fahrt nach Stockholm fort und traf dort um 08.45 Uhr mit nur 50 Minuten Verspätung ein.

Schiffahrtsinspektoren, Vertreter der Klassifikationsgesellschaft sowie der Hersteller von Automatik und Verstellpropeller überprüften das Schiff. Eine Taucheruntersuchung stellte fest, daß außer einer Einbeulung des Wulstbuges keine Beschädigungen eingetreten waren. Die Fähre konnte weiterhin auch ohne SPEEDPILOT mit manueller Steuerung betrieben werden. So wurde nach Feststellung der Seetüchtigkeit die Erlaubnis zum Wiederauslaufen nach Turku erteilt, was am gleichen Tag um 13.00 Uhr erfolgte.

Die Havarie des Fährschiffes *Silja Europa* war glücklicherweise glimpflich abgegangen. Die Tatsache, daß ein Schiff mit hochentwickelter Automatik und einer großen Anzahl von Fahrgästen an Bord zeitweilig seine Manövrierfähigkeit verloren hatte, stellte jedoch einen bedenklichen Havariefall dar, der einer umfassenden Untersuchung bedurfte.

Die Untersuchung

Auf staatliche Anordnung wurde eine finnische Untersuchungskommission gebildet, die sich aus erfahrenen Fachleuten aus Schiffahrt und Schiffbau zusammensetzte und in der auch Havarieexperten aus Schweden als Beobachter vertreten waren.

Die Kommission machte sich mit dem an Bord der Fähre installierten Navigationssystem, seinen Untersystemen und allen Details vertraut. Sie nahm an mehreren Fahrten der Fähre teil, prüfte die Leistungsfähigkeit der Automatik und wiederholte auch die Handlungsabläufe, die sich vor dem Unfall abgespielt hatten. Bei einer dieser Fahrten konnte unter anderem nachgewiesen werden, daß bei Umschaltung auf das BACKUP-System (Handsteuerung von Verstellpropeller und Maschinenanlage im Notfall), wie es der Kapitän nach der Havarie bereits getan hatte, die Grundberührung wahrscheinlich hätte vermieden werden können. Die Bedeutung dieses Systems war dem Lotsen und dem Offizier auf der Brücke jedoch nicht bekannt gewesen. Beim Hersteller des elektronischen Systems wurde die Software mit den Elektronikfachleuten diskutiert und die Hardware im Labor unter Einbeziehung möglicher Störfälle untersucht. Art und Ablauf der auf der Brücke der *Silja Europa* vor der Grundberührung vorgenommenen Handlungen wurden unter Nutzung des vorliegenden Ausdruckes des Manöverdruckers genau untersucht.

Im Ergebnis der Untersuchungen wurde festgestellt, daß eine Reihe von Handlungen, Unterlassungen und anderer Faktoren zu dem Unfall geführt hatten.

Am Tag der Havarie war zunächst das Doppler-Log als Geschwindigkeitssensor für SPEEDPILOT eingeschaltet. Als Positionssensor für TRACKPILOT arbeitete der Satellitenempfänger GPS 2. Ab 02.33 Uhr wurde GPS 2 auch als Geschwindigkeitssensor für SPEEDPILOT geschaltet. Um 03.00 Uhr wechselte die Wache. Um 04.22.52 Uhr löste der Satellitenempfänger GPS 2 einen Störungsalarm aus, und der Lotse schaltete auf den Empfänger GPS 1 als Positionssensor um. Nach wie vor wirkte aber GPS 2 als Geschwindigkeitssensor, was von der Brücke nicht erkannt wurde. Es hätte umgeschaltet werden müssen, so daß GPS 1 dann auch als Geschwindigkeitssensor gearbeitet hätte. Da die Brückenbesatzung davon keine Kenntnis hatte, wurde diese Umschaltung nicht vorgenommen,

und es ertönte ein Störungsalarm des Geschwindigkeitssensors. Dieser Alarm wurde quittiert, also ausgeschaltet. Die letzte von GPS 2 ermittelte Geschwindigkeit von 17,62 kn verblieb in SPEEDPILOT, gleichzeitig wurde ein Störungsalarm der Geschwindigkeitseingabe ausgelöst. Nun hätte entweder der Geschwindigkeitssensor umgeschaltet oder SPEEDPILOT ausgeschaltet werden müssen. Die Untersuchung ergab, daß der Fährbesatzung keine vollständige Liste der Alarme mit Angabe der jeweils einzuleitenden Maßnahmen vorlag.

Als sich die *Silja Europa* der Furusund-Durchfahrt näherte, wo dann die höchstzulässige Geschwindigkeit 8 kn betrug, begann SPEEDPILOT die Geschwindigkeit durch Reduzierung der Propellersteigung automatisch zu verringern. SPEEDPILOT erhielt aber keine realen Geschwindigkeitsangaben mehr, sondern nach wie vor wurden 17,62 kn angegeben. Die Automatik wollte daher die Geschwindigkeit stark vermindern und stellte die Steigung der Propeller auf Null. Dieses führte zu einer so niedrigen Schiffsgeschwindigkeit, daß die Fähre nicht mehr manövrierfähig war. Die Untersuchungskommission wertete diese Fehlleistung der Automatik als konstruktiven Fehler.

Fehlhandlungen beziehungsweise Unterlassungen der Brückenbesatzung zeigten nach Auffassung der Kommission, daß sie eine unzureichende Kenntnis der Automatisierungsausrüstung hatte.

Insbesondere hatten Lotse und Wachoffizier keine der vorhandenen Möglichkeiten genutzt, durch Umgehung von SPEEDPILOT die Manövrierfähigkeit wiederherzustellen und die Grundberührung zu vermeiden. Hierin sah die Kommission einen Beweis dafür, daß die Brückenbesatzung kein ausreichendes Training für das Verhalten bei Not- und Störungsfällen erhalten hatte.

Die Kommission schloß ihre Untersuchungen mit einer Reihe von Empfehlungen ab. Dabei wies sie darauf hin, daß vor der Havarie der *Silja Europa* in der internationalen Schiffahrt bereits mehrfach Störungen und Vorkommnisse bei der Anwendung von Integrierten Navigationssystemen aufgetreten seien. Die elektronischen Ausrüstungen sollten daher in stärkerem Maße anwenderfreundlich gestaltet werden, um das Risiko menschlicher Fehlhandlungen zu reduzieren. Auch seien Ausbildung und Training des Navigationspersonals in der Anwendung solcher Einrichtungen zu verstärken.

Den Herstellern wurde empfohlen, die elektronischen Systeme und Geräte so zu entwickeln, daß dem Betreiber Informationen über Betriebszustände und Störungen deutlich und unzweideutig übermittelt werden. Alarme müßten stets so klar sein, daß sie direkt zu den notwendigen Handlungen führten. Nach einer Umschaltung auf ein neues Betriebssystem sollte sich das vorherige automatisch abschalten. Elektronische Einrichtungen zum automatisierten Manövrieren von Schiffen sollten unter Einbeziehung eines Notsystems so ausgelegt sein, daß ein Ausfall oder eine Störung nicht sofort das Manövrierverhalten negativ beeinflusse.

Die Anwender elektronischer Navigationssysteme, insbesondere die Reedereien, sollten schon den Erwerb beziehungsweise Einbau solcher Einrichtungen mit einem Trainingsprogramm für alle diejenigen verbinden, die diese Anlagen später zu bedienen hätten. Die grundsätzliche Arbeitsweise und die detaillierte Funktion der Elemente sollten sowohl für normale Betriebszustände als auch für Störungsfälle vermittelt werden. Empfohlen wurde, die Kenntnisse durch praktisches Training auf dem Schiff oder in Simulationsanlagen zu festigen. Das Training sollte auch später regelmäßig wiederholt werden, so daß die alternativen Handlungen bei Störungen von Systemen ständig fest eingeprägt bleiben.

Den Schiffahrtsverwaltungen wurde nahegelegt, die Erteilung von Nachweisen über die Kenntnis Integrierter Navigationssysteme zu prüfen.

Abschließend wurde darauf hingewiesen, daß es für die Untersuchung von Unfällen sehr sinnvoll sei, in Analogie zur Luftfahrt auch in der Schiffahrt Datenschreiber (»Black Box«) einzuführen, in denen alle wichtigen Navigations- und Maschinendaten während der Reise gespeichert werden.

Feuer und Explosionen – gefürchtete Katastrophen

19. Tanker *Betelgeuse* explodiert in Ölhafen

Eine schwere Explosions- und Brandkatastrophe ereignete sich am 8. Januar 1979 auf dem Öltanker *Betelgeuse* , als dieser im Ölterminal Bantry Bay auf Whiddy Island im Südwesten Irlands lag. Das folgenschwere Unglück forderte 50 Menschenleben.

Der 276 m lange französische Tanker war 1969 nach den seinerzeit gültigen internationalen und nationalen Sicherheitsvorschriften gebaut worden. Da zu der Zeit noch nicht gefordert, war das Schiff nicht mit einer Inertgasanlage ausgerüstet.

Die Havarie

Am Abend des 6. Januar 1979 machte der beladene Tanker an der 500 m langen Brücke des Terminals fest. Diese Brücke verlief parallel zur Insel, hatte aber keine feste Verbindung zu ihr. Um 23.15 Uhr begann das Löschen von arabischem Rohöl, das einen Teil der Gesamtladung darstellte. Das Entladen dieses Öls war am nächsten Tag, dem 7. Januar, gegen 18.00 Uhr beendet. Zwischenzeitlich begann die Übernahme von Ballastwasser. Dieses Vorgehen entsprach der Praxis in diesem Ölhafen, um wegen des oft herrschenden Windes und der Dünung eine ruhige Lage des Tankers zu gewährleisten. Gegen 11.30 Uhr am 7. Januar begann die Füllung einiger Ballasttanks und gegen 18.35 Uhr die Wasserübernahme in einige Mitteltanks. Die Ballastübernahme wurde gegen 23.30 Uhr beendet.

Der weitere Verlauf des Geschehens ergab sich aus den Aussagen von Zeugen, die sich außerhalb des Tankerliegeplatzes befanden. Kurze Zeit nach Mitternacht am 8. Januar gegen 00.31 Uhr wurden vom Tanker Geräusche wie »ferner Donner« gehört. Gleichzeitig beobachtete man auf dem Tanker unmittelbar vor dem Ölhauptverteiler ein kleines Feuer, das sich auf beiden Schiffsseiten nach achtern ausbreitete. Starke Rauchentwicklung setzte ein. Gegen 00.40 Uhr nahm das Feuer plötzlich erheblich zu, und in den nächsten 20 bis 25 Minuten wurde eine Anzahl kleinerer Explosionen wahrgenommen. Dann ereignete sich gegen 01.06 Uhr eine starke Explosion, und das Feuer weitete sich rasch intensiv aus.

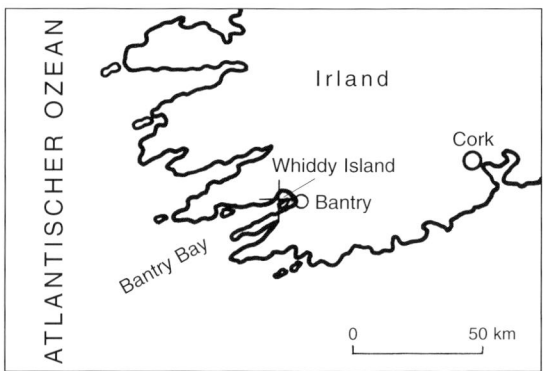

Die Bantry Bay in Südwest-Irland.

Im landseitigen Kontrollraum des Terminals, der einen guten Überblick über Brücke und Tanker gestattete, hatte der Dispatcher für kurze Zeit seinen Aufsichtsplatz verlassen und bemerkte das Feuer auf dem Tanker daher erst gegen 00.45 Uhr, also mit erheblicher Verspätung. Er leitete dann sofort die erforderlichen Schritte ein, aktivierte die landseitige Feuerlöschanlage und alarmierte den Bereitschaftsschlepper mit Feuerlöscheinrichtung, die Feuerwehren umliegender Orte sowie weitere Personen.

Die Feuerlöscheinrichtungen auf der Brücke wurden nicht mehr eingesetzt, offenbar wegen

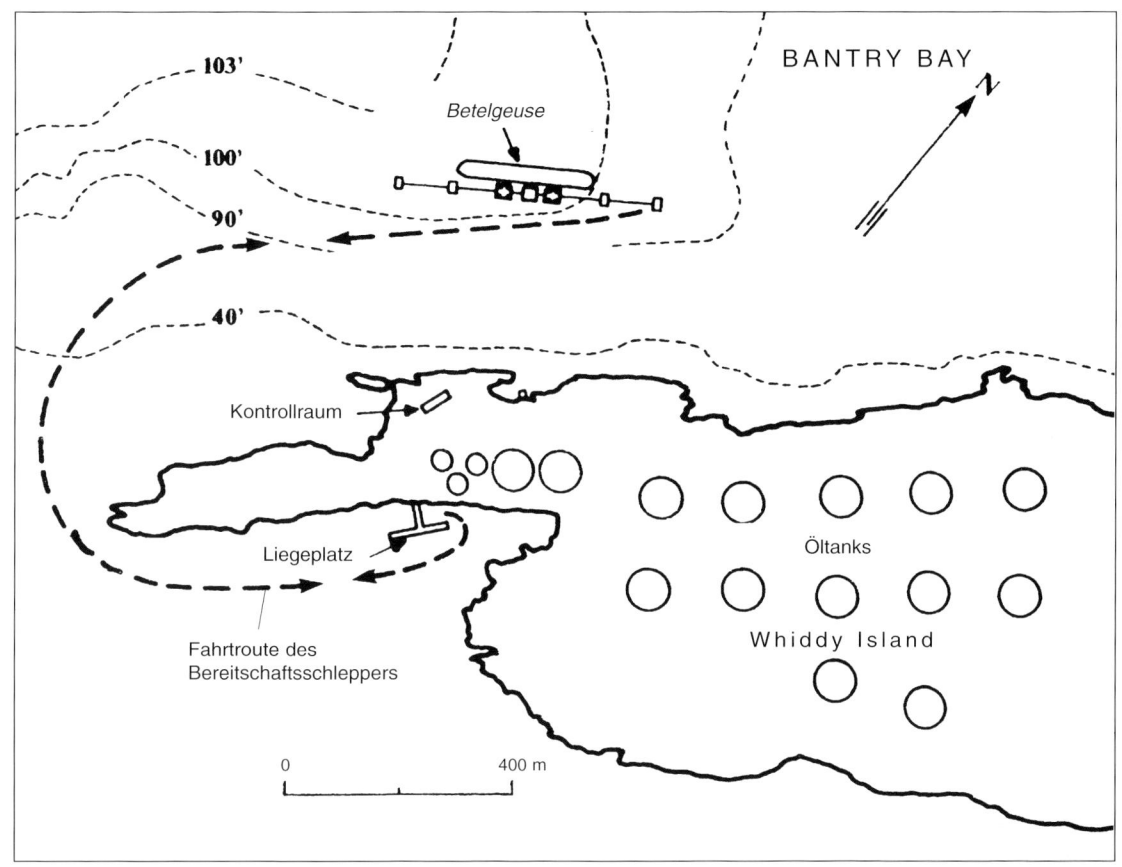

Der Ölterminal Bantry Bay (Irland).

der bereits erfolgten erheblichen Ausdehnung des Brandes. Die Feuerwehren umliegender Ortschaften trafen erst zu einem Zeitpunkt ein, an dem nichts mehr getan werden konnte, um das Unglück in Grenzen zu halten. Auf dem Tanker selbst erfolgten, wie später rekonstruiert, keine Versuche zur Löschung des Feuers, obgleich die Feuerlöscheinrichtungen in Ordnung, die Besatzung an Bord und in Brandbekämpfung gut ausgebildet war.

Der Bereitschaftsschlepper lag an seinem normalen Ankerplatz außerhalb der Bantry Bay. Nach seiner Alarmierung um 00.50 Uhr benötigte er 20 Minuten bis zum Erreichen des Tankers. Dort war um 01.10 Uhr keine Lebensrettung und auch keine Eindämmung des Feuers mehr möglich. Weitere alarmierte Boote erreichten Brücke und

Tanker zu einem noch späteren Zeitpunkt. Es konnten nur noch im Wasser treibende Tote geborgen werden.

Der letzte Kontakt mit der *Betelgeuse* erfolgte kurz vor der starken Explosion gegen 01.06 Uhr. Der Dispatcher sprach über Funk mit dem Kapitän, der sich mit einigen Männern hinten auf dem Hauptdeck befand. »Wir verlassen das Schiff. Beauftragen Sie die Boote, nach uns zu suchen«, waren seine Worte.

Die gesamte Besatzung sowohl der *Betelgeuse* als auch der Terminalbrücke wurde Opfer dieses verheerenden Tankerbrandes: 50 Tote, davon fünf Mann der Brücke. Fast alle wurden ertrunken aus dem Wasser geborgen, ihre Bekleidung war nicht vom Feuer angegriffen. Der Tanker war vollständig zerstört und in drei Teile zerbrochen.

Alle 25 Besatzungsmitglieder sowie 4 Passagiere kamen ums Leben bei einer Explosions- und Feuerkatastrophe auf dem Tanker *Athenian Venture* im April 1988 südöstlich von Neuschottland, bei der der Öltanker in zwei Teile zerbrach.

Auch die Terminalbrücke einschließlich der zentralen Plattform in der Mitte war großenteils vernichtet.

Die Untersuchung

Eine irische und eine französische Kommission begannen kurze Zeit nach der Katastrophe ihre Untersuchungen. Außergewöhnlich viele Fragen taten sich auf, aber eine Reihe sehr entscheidender Fragen konnte trotz langzeitiger Tätigkeit der Kommissionen nicht beantwortet werden. Warum zum Beispiel hatte die Besatzung der *Betelgeuse* keine Brandbekämpfung versucht? Warum rettete sich niemand in den westlichen Teil des Schiffes, obgleich dieser vom Brand verschont blieb, da leichter Westwind herrschte? Wie konnte es geschehen, daß das Rettungsfloß der Terminalbrücke nicht benutzt wurde? War dies eine Folge ungenügenden Trainings des Brückenpersonals oder des auf dem Wasser brennenden Öls? Es waren Fragen am Ende einer langen Kette von Ursachen und Verantwortlichkeiten.

Die Kommissionen gingen allen Fragen unter Einbeziehung zahlreicher Institute und Spezialisten mit großer Sorgfalt nach, beginnend mit der Ausgangssituation dieses schweren Unglücks. Dazu wurden auch die gehobenen Wrackteile der *Betelgeuse* in die genauen Unter-

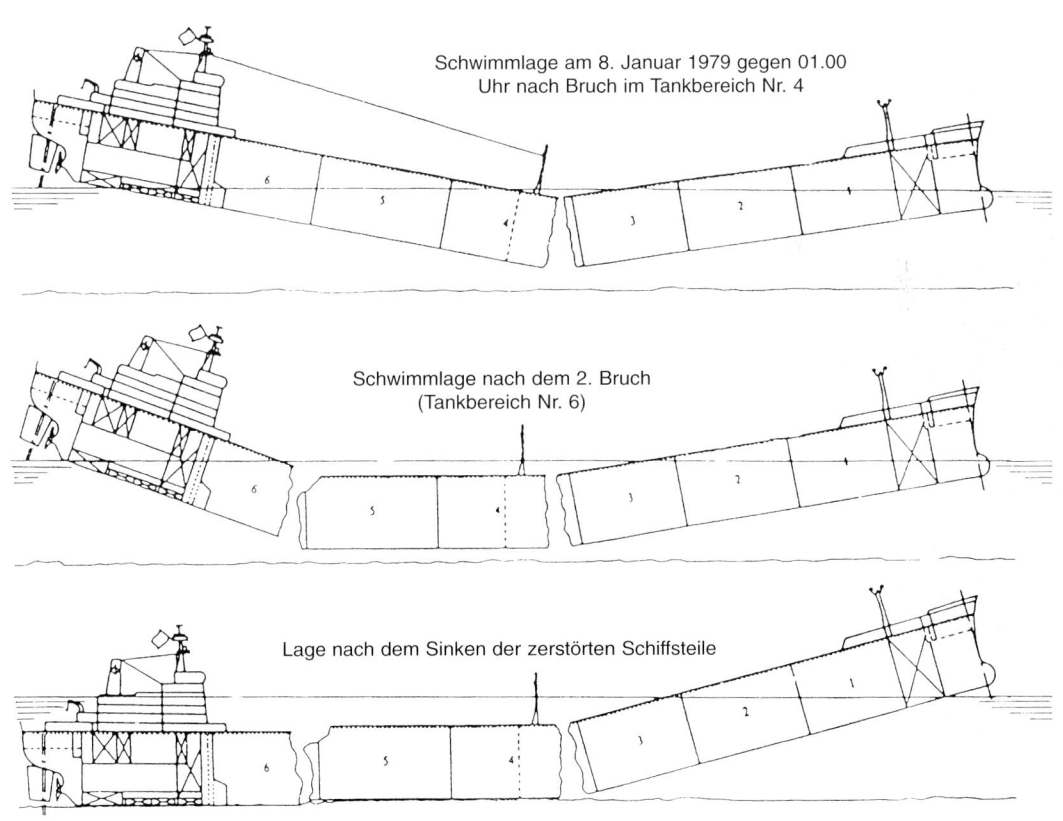

Schwimmlage am 8. Januar 1979 gegen 01.00 Uhr nach Bruch im Tankbereich Nr. 4

Schwimmlage nach dem 2. Bruch (Tankbereich Nr. 6)

Lage nach dem Sinken der zerstörten Schiffsteile

Schwimmlagen des Tankers *Betelgeuse* nach Explosionen und Feuer am 8. Januar 1979.

Aus dem Wasser ragendes Vorschiff des zerbrochenen Tankers *Betelgeuse*.

suchungen einbezogen. Der gesamte Hergang und Verlauf der Katastrophe wurden rekonstruiert.

Es wurde festgestellt, daß der Erhaltungszustand des Tankers in wesentlichen Bereichen sehr schlecht gewesen war. Für die Längsfestigkeit des Schiffskörpers entscheidende Verbände, wie Längsspante, Schergang und Deck waren durch starke Korrosion erheblich geschwächt. Bei der letzten Dockung des Schiffes im Sommer 1977 waren diese Verbände nicht erneuert und Schweißungen unsachgemäß ausgeführt worden. Zum Zeitpunkt des Beginns des Unglücks war das schwere Rohöl gelöscht, das leichte, etwa 40.000 t, noch an Bord. Die Tanks im Laderaumbereich Nr. 1 (vorn) und Nr. 6 (hinten) waren leer, diejenigen in den Laderaumbereichen Nr. 2 bis Nr. 5 jedoch mit Öl beziehungsweise Ballastwasser weitgehend gefüllt. Insbesondere die mit dem Löschen von Öl zeitgleiche Übernahme von Ballastwasser hatte zu diesem Beladungszustand geführt. Im Vor- und Hinterschiff herrschten also Auftrieb, mittschiffs dagegen die

volle Belastung des Schiffskörpers. Dies erzeugte im Laderaumbereich Nr. 4 ein unzulässiges Biegemoment, das zu übermäßiger Druckspannung in den oberen Längsverbänden führte. Das Schiff bog sich zunehmend durch und knickte im Laderaumbereich Nr. 4 schließlich ein. Es wurde angenommen, daß durch nun entstandene Undichtigkeiten Gas aus den Mitteltanks in die seitlichen Ballasttanks drang und sich dort ein explosives Luft-Gas-Gemisch bildete. Die beim Einknicken der Schiffskonstruktion entstandenen Funken entzündeten dieses Gemisch und führten zu Verpuffungen. Das Einknicken des Schiffes führte zu zunehmenden Zugspannungen in der Bodenkonstruktion: Das Schiff brach mittschiffs im Laderaumbereich Nr. 4 durch und sank im Bruchbereich unter die Wasseroberfläche. Große Mengen Öl flossen aus und entzündeten sich gegen 00.40 Uhr, das Feuer breitete sich nach hinten aus. Die Untersuchungskommissionen kamen zu der Auffassung, daß die Besatzung des Tankers daher eine Brandbekämpfung nicht mehr aufnehmen konnte.

Die starke Rauchentwicklung verhinderte wahrscheinlich auch den Einsatz der Brandbekämpfungseinrichtungen auf der Terminalbrücke, da die dortige Besatzung sich zurückziehen mußte. Das Feuer auf der *Betelgeuse* und des Öls auf der See nahm weiter zu, und um 01.06 Uhr ereignete sich die starke Explosion im Laderaumbereich Nr. 6. Hier brach nun das Schiff ein zweites Mal durch.

Am Ende des Feuer- und Explosionsunglücks waren Hinterschiff und Mittelteil des Tankers vollständig gesunken, von der teilweise gesunkenen vorderen Schiffshälfte ragte das Vorschiff schräg aus dem Wasser.

Im Ergebnis der Untersuchungen kam die französische Kommission zu dem Schluß, daß zwei Faktoren als Auslöser des Desasters zu sehen seien. Der erste war die erhebliche Schwächung der Schiffskörperfestigkeit durch Korrosion und der zweite die falsche Beballastung des Tankers, die zu einer unzulässigen Beanspruchung mittschiffs führte. Der Schiffsführung hätte die Gefahr der Überbeanspruchung des Schiffskörpers bekannt sein müssen, sie war verantwortlich für die fehlerhafte Ballastverteilung. Es ist anzunehmen, daß bei Vorhandensein eines Ladungsrechners, wie er heute auf fast allen größeren Frachtschiffen installiert ist, die falsche Beballastung vermieden worden wäre. Als Hauptverantwortlicher für die zu dem Unglück führenden Faktoren – unzureichender Erhaltungszustand des Tankers und fehlerhafte Beballastung – wurde das Management der Reederei angesehen.

Für das Ausmaß, zu dem sich Feuer und Explosionen dann entwickelten und insbesondere für die große Zahl von Toten, gab es weitere Verantwortlichkeiten. So hatte insbesondere die zeitweilige Abwesenheit des Dispatchers vom Kontrollraum einen sehr negativen Einfluß. Die

Bruchstelle des Mittelstückes der zerbrochenen *Betelgeuse* von der Bugseite gesehen. Das gehobene Wrackteil wird auf einer Barge transportiert.

französische Kommission kam zu dem Schluß, daß eine Alarmauslösung zu Beginn des Feuers wahrscheinlich zur Rettung der Schiffsbesatzung und der auf der Terminalbrücke Beschäftigten geführt hätte.

Es wurde ferner die Auffassung vertreten, daß der Bereitschaftsschlepper in zu großer Entfernung von der Terminalbrücke stationiert war. Die Verantwortung für diesen erheblichen Organisationsmangel lag beim Betreiber des Terminals. Die Stationierung des Schleppers in unmittelbarer Nähe der Brücke hätte die frühzeitige Löschung des Feuers und damit die Rettung der Menschen ermöglichen können. Eine zumindest teilweise Rettung der Menschen wurde auch als möglich angesehen, wenn ein weiteres Boot zur Flucht im Gefahrenfalle auf der Terminalbrücke zur Verfügung gestanden hätte.

20. Der Untergang des Fahrgastschiffes *Prinsendam* nach Brand im Maschinenraum

Am 4. Oktober 1980 brach auf dem zu den Niederländischen Antillen gehörenden Fahrgastschiff *Prinsendam* ein Brand aus, der zum Untergang des Schiffes am 10. Oktober führte. Das Schiff hatte 319 Passagiere und 205 Mann Besatzung an Bord, die alle unverletzt gerettet wurden.

Die 1973 gebaute *Prinsendam* war 120 m lang, wies 8566 GT auf und wurde von vier Dieselmotoren von je 3280 kW angetrieben. Je zwei Motoren arbeiteten über Getriebe auf eine der beiden Propellerwellen.

Die Havarie

Das Schiff war auf der Reise von Vancouver (Kanada) nach Yokohama (Japan) und befand sich zum Zeitpunkt des Brandausbruchs etwa 120 sm westlich von Sitka (Alaska).

Am 4. Oktober 1980 gegen 00.50 Uhr wurde im

Maschinenraum an der Kraftstoffzuführung zum Zylinder eines Dieselmotors eine erhebliche Leckage bemerkt. Der austretende Kraftstoff spritzte auf die Abgasleitung, die wegen kurz zuvor ausgeführter Wartungsarbeiten noch nicht wieder isoliert war, und entzündete sich. Die nun einsetzenden Versuche zur Löschung des Feuers waren überhastet, wenig überlegt und nicht koordiniert. Ingenieure und Maschinisten konnten die zunehmende Ausbreitung des Brandes nicht verhindern.

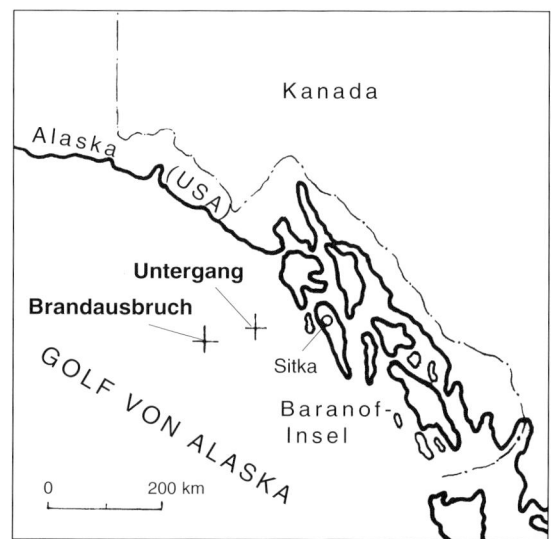

Die Positionen der *Prinsendam*.

Zunächst wurde versucht, das Feuer mit Handfeuerlöschern zu ersticken. Der Kraftstoff spritzte jedoch weiter aus der zu einer Einspritzpumpe führenden Niederdruckleitung. Der hinzugeeilte Ingenieur lokalisierte jedoch das Leck falsch. Er nahm an, daß sich dieses – wie früher des öfteren aufgetreten – in der Hochdruckleitung hinter der Einspritzpumpe befand und leitete die in solchem Fall üblichen Maßnahmen ein: Sowohl die betroffene als auch die danebenliegende Hauptmaschine wurden gestoppt. Der gewünschte Effekt, damit das weitere Austreten des Kraftstoffes zu verhindern, trat jedoch nicht ein. Da die Kraftstoffpumpe weiterlief, wurde das Feuer nach wie vor durch austretenden Kraftstoff

Das Fahrgastschiff *Prinsendam*.

genährt und nahm an Intensität zu. Dagegen wurde jedoch die Stromversorgung durch die Hauptgeneratoren unterbrochen, da diese als Wellengeneratoren mit den gestoppten Hauptmaschinen gekoppelt waren. Die Hilfsgeneratoren im Hilfsmaschinenraum starteten automatisch.

Auch jetzt erkannte noch keiner der Ingenieure, daß der Kraftstoff aus der Niederdruckleitung austrat. Keiner der Offiziere übernahm die koordinierende Leitung der Brandbekämpfung. Jeder machte, was er für richtig hielt. So wurde weiter versucht, den Brand mit Handfeuerlöschern zu bekämpfen, völlig falsch wurde einmal sogar Wasser verwendet.

Um 01.10 Uhr stoppte der Leitende Technische Offizier die noch laufenden beiden anderen Hauptmaschinen. Damit wurde nun endlich auch die Kraftstoffpumpe gestoppt. Durch einen Bypass in der Leitung vom Kraftstofftagestank floß aber weiterhin Kraftstoff, wenn nun auch nur mit hydrostatischem Druck, in die lecke Rohrleitung.

Kurze Zeit später wurden wegen des nun eingetretenen Ausmaßes des Brandes die Schottüren und die Feuertüren geschlossen und die beiden Maschinenräume (Haupt- und Hilfsmaschinenraum) verlassen. Um 01.15 Uhr wurde der Kapitän informiert, daß das Feuer ein gefährliches Stadium erreicht hätte und nunmehr Kohlendioxyd (CO_2) zum Löschen angewendet werden müsse.

Aber es verging zu lange Zeit bis zum Kohlendioxyd-Einsatz. Der Leitende Technische Offizier überzeugte sich zunächst persönlich, daß sich keine Personen mehr in den Maschinenräumen befanden und die Öffnungen und Brandschutzklappen geschlossen waren. Anstatt darüber telefonisch Meldung an den Kapitän zu geben, begab er sich persönlich wieder auf die Brücke. In einer Situation, wo jede Minute zählt, wurde wertvolle Zeit vertan. Erst um 01.37 Uhr, mehr als zwanzig Minuten nach der Entscheidung über die Kohlendioxydanwendung, wurde das feuerlöschende CO_2 aus den Flaschenbatterien in Haupt- und Hilfsmaschinenraum eingeleitet. Es ist anzunehmen, daß das Feuer kurze Zeit später erlosch.

Inzwischen hatte sich aber im Hauptmaschinenraum eine hohe Temperatur entwickelt; so wurden zum Beispiel am Schornstein rotglühende Stellen beobachtet.

Die Verdrängung des Sauerstoffs durch Kohlendioxyd hatte nun aber auch die stromerzeugenden Hilfsdieselgeneratoren zum Stehen gebracht. Sofort hätte der Notdieselgenerator gestartet werden müssen, um insbesondere Strom für die im abgeschotteten Wellentunnel installierte Notfeuerlöschpumpe zu haben. Diese Pumpe war zum Zeitpunkt des Brandes für das Lenzen von Bilgenwasser geschaltet. Zum Feuerlöschen hätte sie durch Betätigen einiger Ventile umgeschaltet werden müssen.

Es wurde kein Versuch unternommen, diese Umschaltung vorzunehmen. Der Elektriker hatte sich bemüht, den Notdieselgenerator zu starten, dabei jedoch ein fremdartiges Geräusch im

Die von Fahrgästen und Besatzung verlassene *Prinsendam* im Schlepp.

Dieselmotor gehört und einen Kurzschluß in der Leitung vermutet. Der Startversuch wurde aufgegeben und unverständlicherweise auch später nicht wiederholt. Von diesem Zeitpunkt an, also etwa zwischen 01.45 Uhr und 01.50 Uhr, stand kein Wasser mehr für Feuerlöschzwecke zur Verfügung.

Die den Hauptmaschinenraum umgebenden Schotte und Decks sowie der Maschinenraumschacht waren den hohen Temperaturen im Maschinenraum ausgesetzt. Sie waren zwar als feuerhemmende Trennwände ausgeführt, bei langanhaltender Hitzeeinwirkung hätten sie jedoch unbedingt von außen mit Wasser berieselt werden müssen.

An den Maschinenraumschacht grenzte unter anderem direkt der Speisesaal. In der Nähe der Wände befindliches Mobilar, insbesondere Schränke, war einer hohen Temperatur ausgesetzt. Zunehmend drang Rauch aus dem Speisesaal. Um diesen zu entfernen, wurden die feuerhemmenden Türen zu diesem Saal kurzzeitig geöffnet. Nun floß Luft und damit Sauerstoff in den Raum, und kurze Zeit später brach ein offenes Feuer aus. Dieses konnte mehr oder weniger wirkungslos nur noch mit einigen Handfeuerlöschern bekämpft werden.

Die weiter zunehmende Gefahr für Passagiere, Besatzung und Schiff veranlaßte den Kapitän, um 02.20 Uhr eine Seenotmeldung über Funk ausstrahlen zu lassen und um Hilfe zu bitten. Schiffe und Küstenstationen bestätigten den Empfang der Seenotmeldung. Die US Coast Guard sagte zu, mittels Hubschrauber ein transportables Pumpenaggregat zur Feuerbekämpfung zu bringen.

Nach Verbreitung der Seenotmeldung begann die Einbootung von Passagieren und Besatzung. Der Kapitän blieb mit den Offizieren und einem Teil der Besatzung, insgesamt 41 Mann, an Bord. Gegen 07.00 Uhr traf ein Hubschrauber der US Coast Guard mit einem leistungsfähigen Pumpenaggregat ein. Die Bekämpfung des Feuers wurde wieder aufgenommen. Eine Zeitlang schien dies auch erfolgreich zu sein. Doch Wind und Wellen hatten zugenommen, und da Pumpe und Antriebsmotor dicht über dem Wasser hängen mußten, wurde der Verbrennungsmotor wiederholt von Wellen überspült, setzte mehrfach aus und versagte schließlich völig. Die Brandbekämpfung mußte damit endgültig aufgegeben werden, und das Feuer breitete sich ungehindert weiter aus.

Das Wetter verschlechterte sich ständig, der Wind nahm auf Bft 8 zu. Kapitän, Offiziere und die restliche Besatzung wurden daher zwischen 16.30 Uhr und 18.30 Uhr mit Hubschraubern zum Motortanker *Williamsburgh* beziehungsweise einem Kutter der US Coast Guard geflogen.

Das Schicksal der *Prinsendam* war damit besiegelt. Das Feuer dehnte sich weiter aus und zerstörte, wie von Hubschraubern beobachtet, unter anderem die Ladepforten in den unteren Decks. Wasser drang in das Schiff ein, durch das schlechte Wetter begünstigt. So wurden offensichtlich mehr als zwei Abteilungen überflutet. Einige Tage später, am 7. Oktober, nahm der Schlepper *Commodore Straits* das immer noch brennende Fahrgastschiff auf den Haken. Das Schiff sollte in flaches Wasser geschleppt werden. Aber weder die kanadischen noch die US-Behörden gaben die Erlaubnis, das brennende Schiff näher als 50 sm an die Küste heranzubringen.

So war es nicht möglich, energische Maßnahmen zur Rettung des Schiffes – oder zu diesem Zeitpunkt bereits richtiger: des Schiffswracks – einzuleiten. Das eindringende Wasser hatte zu einer Steuerbordschlagseite der *Prinsendam* geführt. Am 9. Oktober hatte diese 40°–45° erreicht. Am 10. Oktober gegen 8.30 Uhr kenterte das Fahrgastschiff und sank bei einer Wassertiefe von 2560 m.

Wie bereits erwähnt, verlief die Rettung von Fahrgästen und Besatzung erfolgreich. Die Passagiere wurden rechtzeitig alarmiert, und nach Aussenden des Notrufes um 02.20 Uhr wurde die Evakuierung des Schiffes vorbereitet. Ab etwa 03.00 Uhr wurden Boote und Flöße bestiegen und zu Wasser gelassen. Glücklicherweise herrschten ruhiges Wetter, wenig Wind und Wellen, jedoch Temperaturen um den Gefrierpunkt. Gegen 06.30 Uhr hatten alle Passagiere und der größte Teil der Besatzung das Schiff verlassen.

Zahlreiche Schiffe hatten den Notruf der *Prinsendam* empfangen und eilten zur Unglücksstelle. Zu den ersten eintreffenden Schiffen gehörte gegen 08.30 Uhr der vollbeladene Tanker *Williamsburgh*. Vor allem diesem Schiff und den Hubschraubern der Kanadischen und der US Coast Guard ist der erfolgreiche Abschluß der Rettungsaktion zu verdanken. Wegen nun zunehmend schlechten Wetters wurde nämlich der größte Teil der Fahrgäste und Besatzung mit Hubschraubern aus Booten und Flößen herausgeholt und zur *Williamsburgh* geflogen, auf dessen Deck die Helikopter die erforderliche Landefläche hatten. So nahm die abschließende Rettung relativ viel Zeit in Anspruch und war erst mit Einbruch der Dunkelheit beendet.

Die Untersuchung

Brand und Untergang der *Prinsendam* wurden von den Seefahrtsbehörden der Niederländischen Antillen umfassend untersucht. Der Untersuchungsausschuß stellte wesentliche Fehler und Versäumnisse fest, die zu dem Brand und dem Verlust des Schiffes führten. Die den Verlauf des Geschehens am meisten beeinflussenden Fehlhandlungen und Unterlassungen sind aus dem vorstehenden Bericht zwar schon erkennbar, seien hier aber noch einmal zusammengefaßt.

Das Schiffsunglück begann im Hauptmaschinenraum mit einer Kraftstoffleckage. Ursache und Ort dieser Leckage wurden nicht erkannt, daher wurde die Kraftstoffzufuhr nicht umgehend gestoppt. Die Aktionen der Brandbekämpfung wurden nicht geleitet, die Ingenieure und Maschinisten führten unkoordinierte Handlungen aus. Kohlendioxyd wurde erst mit großem Zeitverlust in die Maschinenräume eingeleitet. Die Anstrengungen zur Inbetriebnahme der Notfeuerlöschpumpe waren völlig unzureichend, ein systematisches Vorgehen hätte wahrscheinlich zum Erfolg geführt. Die Verhinderung der Luftzufuhr zu den bereits vorhandenen beziehungsweise möglichen Brandherden wurde ungenügend beachtet, wie insbesondere die Öffnung der Brandschutztüren zum Speisesaal zeigte.

Faßt man die Fehler und Versäumnisse zusammen, so zeigt sich deutlich, daß die regelmäßig erforderlichen Feuerlöschübungen an Bord offensichtlich völlig unzureichend waren. Sie umfaßten bei weitem nicht alle praktisch möglichen Situationen, so daß selbst die Ingenieure mit den notwendigen Maßnahmen bei gefährlichen Situationen in den Maschinenräumen nicht vertraut waren.

21. Der Tanker *American Eagle* explodiert und sinkt wegen un sachgemäßer Tankreinigung

Auf dem unter US-Flagge fahrenden Öltanker *American Eagle* ereignete sich am 26. Februar 1984 im Golf von Mexiko eine Ladetankexplosion. Bei dieser Explosion sowie dem späteren Untergang des Schiffes kamen sieben Seeleute ums Leben.

Der 1959 gebaute Tanker hatte eine Länge von 201,6 m, eine Tragfähigkeit von 33.050 t und wies eine Vermessung von 20.570 GT auf. Bei einer Antriebsleistung von 10.140 kW erreichte er eine Geschwindigkeit von 13,0 kn.

Der 25 Jahre alte turbinengetriebene Tanker wies entsprechend der früheren Bauweise einen vorderen und einen hinteren Aufbau auf, wobei die Brücke im vorderen Aufbau angeordnet war. Jeder der zehn Laderaumbereiche war wie üblich in einen Mitteltank und zwei Seitentanks unterteilt.

Die Havarie

Der Tanker hatte vom 13.–15. Februar 1984 in Corpus Christi (Texas, USA) eine volle Ladung Benzin übernommen und diese dann zu mehreren Häfen in Florida (USA) transportiert. Die Restladung löschte das Schiff am 22. Februar 1984 im Hafen Savannah (Georgia, USA). Es hatte nun den Auftrag, in Ballast nach Orange (Texas, USA) zu laufen, was praktisch eine Rückreise bedeutete. Auf dieser Reise sollten die Tanks gereinigt und gasfrei gemacht werden. Mangels weiterer Charter war vorgesehen, den

Tanker in Orange aufzulegen. Am 23. Februar verließ das Schiff Savannah, und bald darauf wurden an Bord die Reinigungsarbeiten begonnen.

Zur Durchführung dieser Arbeiten war jeder Ladetank der *American Eagle* mit drei beziehungsweise vier Reinigungsöffnungen im Deck versehen, die normalerweise durch verschraubte Platten geschlossen waren. Für die Reinigungsarbeiten wurden die Platten entfernt und transportable Tankwaschmaschinen an einem Seil hängend eingeführt. Eine solche Maschine (Butterworth-Maschine) war durch einen Schlauch mit der Feuerlöschleitung des Schiffes verbunden. Das hindurchströmende Seewasser bewirkte eine Rotation von zwei gegenüberliegenden Düsen um eine vertikale und eine horizontale Achse und traf als aus jeder Düse austretender scharfer Strahl gegen die Wände der Tanks. Abhängig von der vorher transportierten Ladungsart wurde die Tankwaschmaschine in den verschiedenen Reinigungsöffnungen in unterschiedlichen Höhenpositionen solange betrieben, bis die Tankwände vollständig gereinigt waren. Das sich in den Tanks ansammelnde verschmutzte Waschwasser wurde seinerzeit noch über Bord gepumpt oder aber auch in sogenannten Sloptanks gesammelt.

Im Anschluß an das Waschen mußten die Tanks gasfrei gemacht werden: Das in den Tanks noch vorhandene – meist explosive – Kohlenwasserstoff-Luft-Gemisch mußte durch Zuführung von Frischluft aus den Tanks verdrängt werden. Sowohl das Tankwaschen als auch das Gasfreimachen mußte mit größter Vorsicht ausgeführt werden, um eine Entzündung der Tankatmosphäre oder des aus den Reinigungsöffnungen austretenden Gasgemisches zu vermeiden.

An Bord der *American Eagle* wurden für das Gasfreimachen normalerweise transportable Coppus-Gebläse (Herstellerbezeichnung) verwendet. Diese durch kleine Dampfturbinen angetriebenen Gebläse wurden auf jeweils eine Reinigungsöffnung aufgesetzt und drückten frische Luft mit hoher Geschwindigkeit in den

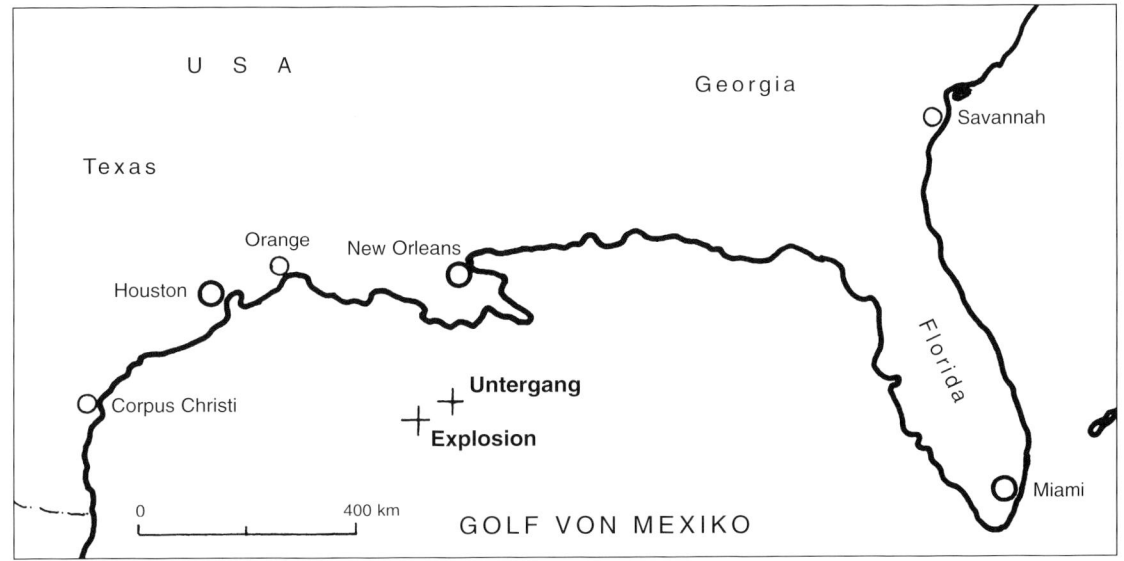

Die Positionen der *American Eagle*.

Tank. Das verdrängte Gas-Luft-Gemisch entwich durch die anderen offen gebliebenen Reinigungsöffnungen in die freie Atmosphäre. Der für den Gebläseantrieb verwendete Dampf gelangte nicht in den Tank, sondern entwich ebenfalls in die freie Atmosphäre.

Im Dezember 1983 hatte die Schiffsleitung der *American Eagle* zwei Lamb-Lüfter (auch Herstellerbezeichnung) beschafft. Diese waren eigentlich für die Belüftung von Tanks in Fällen vorgesehen, in denen in den Tanks gearbeitet wurde. Die Lüfter waren einfach aufgebaut, wiesen keine beweglichen Teile auf und hatten die Form eines Venturirohres. Dampf oder Druckluft wurde in eine ringförmige Düse des Venturirohres geleitet. Nach dem Ejektorprinzip wurde dadurch auf der einen Seite der Düse Luft angesaugt und auf der anderen Seite ausgeblasen. Bei Betrieb mit Dampf gelangte dieser in den erzeugten Luftstrom und damit auch in den zu belüftenden Raum. Die Lüfter waren mit folgender Aufschrift versehen: »Dieser Lüfter muß gut geerdet werden, um bei Anwendung in einer Atmosphäre mit brennbaren Gasen oder Dämpfen elektrostatische Aufladungen zu vermeiden.«

Vom 23.–25. Februar waren auf dem Tanker nacheinander die meisten Ladetanks gewaschen und gasfrei gemacht worden. Am Morgen des 26. Februar verblieben nur noch vier Tanks, in denen diese Reinigungsarbeiten auszuführen waren.

Für das Gasfreimachen dieser Tanks stand am 26. Februar nur noch ein Coppus-Gebläse zur Verfügung. Die anderen Gebläse dieses Typs waren reparaturbedürftig und nicht betriebsbereit. Es sollte daher zusätzlich einer der Lamb-Lüfter zum Gasfreimachen eingesetzt werden. Da zu wenig Druckluft zur Verfügung stand – einer der leistungsfähigsten Luftkompressoren an Bord war defekt – sollte auch der Lamb-Lüfter mit Dampf betrieben werden.

Am Morgen des 26. Februar befand sich die *American Eagle* im Golf von Mexiko und lief mit 13 kn auf einem Kurs von 291°. Die voraussichtliche Ankunftszeit auf der Lotsenstation vor dem Einlaufen in den Hafen von Orange war 03.00 Uhr am 27. Februar. Das Wetter war dunstig, Sichtweite 5–6 sm. Bei leichtem Südwind betrug die Wellenhöhe 0,9–1,2 m, die Wassertemperatur 13°.

Nachdem der Kapitän einige Schreibarbeiten erledigt hatte, begab er sich gegen 09.00 Uhr auf den vorderen Bereich des Hauptdecks, um den Fortgang der Reinigungsarbeiten zu beobachten. Er sprach kurz mit dem 1. Offizier, der diese Arbeiten beaufsichtigte, und sah den Lamb-Lüfter, der in einer der Reinigungsöffnungen des Backbord-Seitentanks Nr. 2 (2. Tankabteilung von vorn) in Betrieb war. Der Kapitän bemerkte, daß der Lüfter mit Dampf betrieben wurde. Er lag mit seinem Flansch auf dem Rand der Reinigungsöffnung auf. Das Venturirohr ragte in den Tank. Der Kapitän ging dann weiter zum hinteren Teil des Hauptdecks.

Auf der Brücke hatte zu dieser Zeit der 3. Offizier die Wachführung. Außer ihm befand sich ein Matrose als Rudergänger auf der Brücke. Da die Selbststeueranlage eingeschaltet war, brauchte der Rudergänger nicht zu steuern, sondern das Ruder nur zu überwachen. Als er gegen 10.00 Uhr von der Brücke auf das Vorschiff sah, bemerkte er dort drei arbeitende Männer: den 1. Offizier, den Bootsmann und einen Pumpenmann. Er sah den Lamb-Lüfter in einer der Öffnungen des Backbord-Seitentanks Nr. 2 in Betrieb. Als der Rudergänger gegen 10.30 Uhr erneut durch ein geöffnetes Brückenfenster sah,

beobachtete er, wie der Bootsmann und der Pumpenmann den Lüfter aus dem Backbord-Seitentank Nr. 2 herausnahmen und in eine der Öffnungen des Mitteltanks Nr. 3 einführten. Der Rudergänger ging nach dieser Beobachtung einige Schritte vom Fenster zurück.

Wenige Sekunden später ereignete sich eine außerordentlich heftige Explosion. Der Rudergänger sagte später aus, daß er annimmt, daß die nächste Handlung des Bootsmannes oder des Pumpenmannes nach Anordnung des Lamb-Lüfters im Mitteltank Nr. 3 wohl das Öffnen der Dampfzuführung zum Lüfter gewesen sei. Die Explosion muß unmittelbar danach eingetreten sein.

Die Gewalt der Explosion warf den Rudergänger hoch, so daß er mit dem Kopf gegen die Decke stieß, einen Teil der Deckenverkleidung zerbrach und hinter dem Steuerrad landete. Der 3. Offizier, ebenfalls verletzt, half dem benommenen und verletzten Rudergänger auf einen Stuhl und orderte dann sofort die Maschine auf »Stop«. Beide sahen nun durch ein Brückenfenster den 1. Offizier, den Bootsmann und den Pumpenmann in der Nähe der Tanks Nr. 2 und 3 liegen. Etwas später konnte nur noch der Tod der drei Männer festgestellt werden.

Das Vorschiff der *American Eagle* schwingt im Seegang heftig auf und ab gegenüber dem hinteren Schiffskörper des sinkenden Tankers.

Der Bereich vor dem vorderen Aufbau war durch die Explosion schwer beschädigt. Das Hauptdeck war vom Vorschiff bis zum Aufbau aufgerissen. Auch die Außenhaut Steuerbord und Backbord oberhalb der Wasserlinie war aufgerissen oder stark ausgebeult. Die Backbordseite des vorderen Aufbaus war zusammengebrochen; die darin befindlichen Räume waren teilweise zerstört. Hinter dem vorderen Aufbau waren keine Beschädigungen eingetreten. So waren alle Ladetanks in den Abteilungsbereichen Nr. 6-10 intakt.

Der Kapitän befand sich zum Zeitpunkt der Explosion auf dem Hauptdeck hinter dem vorderen Aufbau im Bereich der Ladetanks Nr. 6. Er hörte und fühlte die Explosion und sah, wie die Backbordseite des vorderen Aufbaus zusammenbrach. Er eilte sofort auf die Brücke, wo er die beiden verletzten Männer fand. Nach Einschätzung der Situation und der Feststellung, daß kein Feuer ausgebrochen war, begab er sich schnell zum Funkraum, um Notsignale aussenden zu lassen.

Den Funkraum fand er weitgehend zerstört vor; der Funkoffizier lag schwer verletzt am Boden. Auf die Frage des Kapitäns, ob er Notrufe senden könne, antwortete dieser, daß er das schon versucht habe, jedoch nichts funktioniere. Der Funkoffizier war nicht in der Lage aufzustehen, und kniend hatte er erfolglos versucht, die Funkanlage in Betrieb zu nehmen.

Der Kapitän eilte nun zum hinteren Aufbau, wo das transportable und für Rettungsboote bestimmte Funkgerät in der Offiziersmesse deponiert war. Gemeinsam mit anderen Besatzungsmitgliedern versuchte er etwa 1,5 Stunden lang ergebnislos, es in Betrieb zu nehmen. Erneut begab sich der Kapitän daraufhin in den Funkraum und sprach mit dem Funkoffizier, nachdem er diesem eine Morphiumspritze zur Linderung seiner Schmerzen gegeben hatte. Nun versuchte der Kapitän, den batteriebetriebenen Reservesender in Funktion zu nehmen. Aber auch diese Bemühungen führten nicht zum Erfolg.

Zwischenzeitlich versuchten der Leitende Ingenieur und einige weitere Besatzungsmitglieder mit Raketen, Fackeln und Fallschirm-Notsignalen Schiffe, die in einiger Entfernung vorbeifuhren, auf den havarierten Tanker aufmerksam zu machen. Aber auch das gelang nicht.

Letztlich untersuchte der Kapitän im Funkraum den UKW-Sender, der durch die Explosion aus seinem Gehäuse gerissen war und auf dem Boden lag. Er stellte die Bordnetz- und Antennenanschlüsse wieder her, schaltete das Gerät ein, und es gelang ihm, dieses Gerät in Betrieb zu nehmen. Zusammen mit dem 2. Offizier gab er nun über UKW-Kanal 16 wiederholt »Mayday«-Notrufe ab, bis er von dem Motorschiff *Mobil Valiant* Antwort erhielt und dann eine sichere Nachrichtenverbindung hergestellt werden konnte.

Mit Hilfe der *Mobil Valiant* wurden sowohl die US Coast Guard als auch die Reederei über Explosion, erlittene Beschädigungen und Position der *American Eagle* informiert. Dabei wurde der Coast Guard mitgeteilt, daß keine unmittelbare Gefahr für das Schiff bestünde, sich an Bord jedoch einige Schwerverletzte befänden.

Am späten Nachmittag des 26. Februar traf das Motorschiff *Fort Edmonton* an der Unglücksstelle ein und löste die *Mobil Valiant* ab. Die *Fort Edmonton* verblieb als Stand-by-Schiff auf der Position und wirkte als Kommunikationsverbindung.

Um 16.48 Uhr traf ein Hubschrauber der US Coast Guard ein. Nach einer ersten Behandlung der drei Schwerverletzten wurden diese um 18.13 Uhr in ein Krankenhaus nach Belle Chasse (Louisiana, USA) geflogen.

Am Abend des 26. Februar, während der folgenden Nacht und am Morgen des 27. Februar wurde ein relativ normaler Betrieb an Bord des Tankers aufrechterhalten. Sowohl auf der Brücke als auch im Maschinenraum wurde Wache gegangen. Die Hauptturbine drehte mit ganz geringer Drehzahl, um die Maschinenanlage warm zu halten. Regelmäßige Mahlzeiten wurden zubereitet und eingenommen. Während der gesamten Zeit wurde UKW-Funkwache gewährleistet.

Im Verlauf der Nacht und am Morgen des 27. Februar verschlechterte sich das Wetter. Die Windgeschwindigkeit nahm auf 30 kn zu, die Wellenhöhe auf etwa 5–6 m. Das Schiff driftete um 08.00 Uhr mit etwa 3 kn in nordöstliche Richtung. Es wurde jetzt beobachtet, daß das Vorschiff eine Relativbewegung gegenüber dem hinteren Schiffskörperteil ausführte und diese mit dem Seegang zunahm. Dabei hörte man sich verstärkende schleifende und reibende Geräusche.

Die Explosion auf der *American Eagle* hatte sich in einem Seebereich des Golfs von Mexiko ereignet, in dem eine Anzahl Bohrinseln Erdöl förderten oder erkundeten. Schon in der Nacht gegen 01.00 Uhr am 27. Februar war der Tanker in etwa einer Seemeile Entfernung an der Bohrinsel *Zapata Lexington* vorbeigetrieben. Am Vormittag des gleichen Tages entwickelte sich die Gefahr, daß der driftende Tanker mit der verankerten Bohrinsel *Sedco 702* und weiteren Plattformen kollidieren könnte. Es wurde daher entschieden, daß das Versorgungsschiff *Enterprise*, ein Standby-Schiff und Versorger von *Sedco 702*, die *American Eagle* aus dem Gefahrenbereich schleppen sollte. Nach mehreren vergeblichen Versuchen konnte eine Trossenverbindung zwischen beiden Schiffen hergestellt werden, und der Tanker wurde mit dem Heck voran etwa 45 Minuten lang geschleppt und so in einen gefahrenlosen Seebereich gebracht.

Nachdem die *American Eagle* vorher quer zur See gelaufen und damit die Bewegungen von Wellenberg und Wellental ziemlich gleichmäßig mitgemacht hatte, war sie nun in Wellenrichtung geschleppt worden. Das Vorschiff begann gegenüber dem hinteren Schiffskörper heftig auf- und abzuschwingen, wobei es sich um einen Decksbereich unmittelbar vor dem vorderen Aufbau drehte. Die Seitenbeplattungen Steuerbord und Backbord schienen vollständig gerissen zu sein. Das Schleppen mußte nun eingestellt werden.

Als sich der Tanker einige Zeit später von einer Steuerbord-Schlagseite nicht wieder aufrichtete

und der hintere Schiffskörperteil, auf dem sich die Besatzung befand, vorne immer tiefer eintauchte, gab der Kapitän die Weisung, die Rettungsboote für das Verlassen des Schiffes vorzubereiten. Die Besatzung versammelte sich mit angelegten Rettungswesten auf der Steuerbordseite des hinteren Bootsdecks. Da die Schlagseite des Schiffes etwa 25° nach Steuerbord betrug, wurde nur das Steuerbord-Rettungsboot benutzt. Es wurde kein Versuch unternommen, auch Rettungsflöße einzusetzen.

Das Besteigen und Zuwasserlassen des Bootes gestaltete sich schwierig. An dem schlingernden Schiff pendelte das Rettungsboot stark hin und her, da es nicht mit Beiholerleinen gegenüber dem Schiff gesichert wurde. Einige Besatzungsmitglieder bestiegen daher erst nach einigem Zögern das Boot. Kapitän und 2. Offizier lösten die Bremse der Aussetzvorrichtung und das durch Schwerkraft gefierte Boot senkte sich. Einige Meter über dem Wasserspiegel kam es jedoch zum Stillstand und konnte trotz aller Bemühungen nicht weiter gefiert werden. In Panik geraten, sprangen einige Seeleute ins Wasser. Die im Boot verbliebenen betätigten die Heißhaken, und das Rettungsboot fiel in die See. Es blieb nun jedoch an der Leeseite des Schiffes liegen, das mit dem Wind driftete. Es gelang nicht, sich vom Schiff zu lösen, dessen Steuerbord-Schlagseite weiter zunahm. In der Befürchtung, daß das Schiff kentern und sie überrollen würde, sprangen nun auch die im Boot noch verbliebenen Besatzungsmitglieder ins Wasser.

Alle im Wasser schwimmenden Seeleute hatten Schwierigkeiten, vom Schiff wegzukommen und blieben im Bereich und unterhalb des nun vollständig aus dem Wasser ragenden Hecks des Tankers. Aus dem Schiff austretendes Schweröl überzog sie mit einem schwarzen Film, so daß sie in der See schwer zu erkennen waren.

Inzwischen waren zwei weitere Versorgungsschiffe, die *Starlight* und die *Liberator*, eingetroffen. Die *Enterprise* hatte die Schlepptrosse gekappt, und alle drei Schiffe begannen nun mit

Die letzte Phase des Untergangs der *American Eagle*.

der Rettung der im Wasser schwimmenden und treibenden Männer. Bei jetzt bis zu zehn Meter hohen Wellen und Böen von bis zu 50 kn verlangte dies einen hohen Einsatz der Retter. Auch zwei Hubschrauber der US Coast Guard beteiligten sich an der Such- und Rettungsaktion. Zwei Seeleute konnten nur noch tot geborgen werden, zwei blieben vermißt. Zusammen mit den drei Besatzungsmitgliedern, die direkt bei der Explosion getötet wurden, waren damit insgesamt sieben Opfer zu beklagen. Neun Besatzungsmitglieder wurden durch die Explosion und beim Vonbordgehen verletzt. Die Suche nach den vermißten Seeleuten wurde mit Schiffen, Hubschraubern und Flugzeugen am 28. und 29. Februar fortgesetzt.

Nachdem die Besatzung die *American Eagle* verlassen hatte, tauchte diese immer tiefer ein. Das Vorschiff hing weiterhin am hinteren Schiffskörperteil. Gegen 17.35 Uhr sank der Tanker. Das Vorschiff riß sich dann offensichtlich los und wurde gegen 21.15 Uhr noch einmal aufrecht schwimmend beobachtet. Später wurden weder dieses noch andere Teile des Schiffes wieder gesichtet.

Die Untersuchung

Die Untersuchung der schweren Schiffshavarie wurde von einem Untersuchungsausschuß der US Coast Guard vorgenommen. Dieser stellte fest, daß das vom 1. Offizier angewendete Verfahren des Gasfreimachens unter Anwendung von Dampf unsachgemäß gewesen war und nicht den Richtlinien des »Internationalen Sicherheitshandbuches für Öltanker und -häfen« entsprach. Die unmittelbare Ursache der Explosion und damit des späteren Sinkens der *American Eagle* sei das Einblasen von Dampf durch einen Lüfter des Venturirohr-Typs in den nicht gasfreien Mitteltank Nr. 3 gewesen. Das im Tank vorhandene Kohlenwasserstoff-Luft-Gemisch habe ein explosives Gemisch dargestellt. Das Einblasen von Dampf durch den nichtgeerdeten Lüfter habe zu einer elektrostatischen Aufladung geführt, die eine Funkenbildung und damit die Entzündung des explosiven Gemisches verursachte. Nach Zeugenaussagen war kein Erdungskabel zwischen Lüfter und Schiffskörper angebracht, und der mit seinem Flansch auf dem Rand der

117

Reinigungsöffnung aufliegende Lüfter wird wahrscheinlich durch Schmutz, Farbe und Dichtungsmaterial vom Schiffskörper isoliert gewesen sein.

Bei Befolgen der Richtlinien des »Internationalen Sicherheitshandbuches für Öltanker und -häfen« wäre der schwere Unfall wahrscheinlich vermieden worden. In diesem Handbuch ist unter anderem dargestellt, daß elektrostatische Aufladungen bei Lade- und Löschvorgängen sowie Tankreinigungsarbeiten eine große Gefahr darstellen. Dieser wird am wirksamsten begegnet, indem alle bei solchen Betriebsvorgängen verwendeten Maschinen, Geräte und Einrichtungen durch elektrisch leitende Verbindungen mit dem Schiffskörper verbunden und damit geerdet werden. Bei Reinigungsarbeiten kann sonst schon durch das Waschen mit Wasser der Wasserdunst elektrostatisch aufgeladen werden. Bei Einleitung von Dampf können Nebelwolken wesentlich höher und ungleich schneller aufgeladen werden als bei Wasseranwendung. Aus diesem Grund soll kein Dampf in Tanks eingeleitet werden, wenn ein explosives Gasgemisch vorhanden sein könnte.

Vom Untersuchungsausschuß wurde auch hervorgehoben, daß der Kapitän nach der Explosion alle Reinigungsöffnungen in den unbeschädigten Tanks hätte schließen lassen müssen. Dann wäre der Tanker nicht so schnell gesunken, und es hätte mehr Zeit für das Verlassen des Schiffes zur Verfügung gestanden.

Der beim Fieren des Rettungsbootes eingetretene Stillstand wurde auf ein Verklemmen der Seile infolge der starken Vertrimmung des Tankers zurückgeführt.

22. 158 Tote durch Feuer auf Ro/Ro-Fähre *Scandinavian Star*

Während der Fahrt durch den Skagerrak brach am 7. April 1990 auf der unter der Flagge der Bahamas laufenden Ro/Ro-Fähre *Scandinavian Star* ein Brand aus, dem 158 Menschen zum Opfer fielen.

Die 1971 gebaute Fähre war 141,60 m lang, hatte eine Tonnage von 10.513 GT und eine Antriebsleistung von 11.760 kW; die Geschwindigkeit betrug 21,5 kn.

Am 30. März 1990 wurde die Ro/Ro-Fracht- und Fahrgastfähre *Scandinavian Star* von einem neuen Eigner übernommen, nachdem das Schiff vorher von einer anderen Reederei für Kreuzfahrten von Miami (USA) aus eingesetzt war. Das Fährschiff war nun für den Verkehr zwischen Oslo (Norwegen) und Frederikshavn (Dänemark) vorgesehen.

Die Fähre hatte zwei durchgehende Fahrzeugdecks (Decks 3 und 4). Neben den Stellflächen für Fahrzeuge waren auf diesen Decks an den Steuerbord- und Backbordseiten Fahrgastkabinen angeordnet. Das darüberliegende Deck (Deck 5) wies größtenteils Fahrgastkabinen auf. Ein Deck höher (Deck 6) befanden sich ein Restaurant, Gesellschaftsräume und ein Einkaufsbereich. Auf weiteren Decks darüber waren Diskotheken, Brücke und Rettungsboote angeordnet.

Die Havarie

Am 6. April 1990 um 21.45 Uhr begann in Oslo die erste Überfahrt der *Scandinavian Star* nach Frederikshavn unter der Regie des neuen Eigners. An Bord befanden sich 383 Passagiere und 99 Besatzungsmitglieder. Schon wenige Stunden nach Fahrtbeginn ereignete sich die Brandkatastrophe, die viele Menschenleben forderte.

Kurz nach 02.00 Uhr am 7. April entzündete höchstwahrscheinlich ein Brandstifter auf Deck 3 im Steuerbordgang neben den Fahrgastkabinen ein Bündel oder Haufen Papier, Bettwäsche und Bettdecken. Es wird zwei bis acht Minuten gedauert haben, bis sich dieses Feuer zu einer Intensität von 200 kW entwickelt hatte und die Plastikoberfläche der Wände des Gangs in Brand setzte. Dieser Zeitpunkt wurde für den weiteren zeitlichen Ablauf, der nach Zeugenaussagen und Brandversuchen rekonstruiert wurde, als Beginn der Brandkatastrophe angesehen.

Eine Minute später stand der ganze Steuerbordgang in Flammen. Rasch dehnte sich das Feuer bis zu einem nahegelegenen Treppenaufgang aus. Der Rauch zog in diesem Treppenaufgang aufwärts und breitete sich im Gang des darüberliegenden Decks 4 steuerbords nach vorn und hinten aus. Zwei bis drei Minuten nach Beginn des Brandes erreichte der Rauch Deck 5 und nach weiteren zwei Minuten Deck 6.

Die Position der *Scandinavian Star* zum Zeitpunkt des Unglücks.

Über einen Quergang auf Deck 5 gelangte der Rauch und kurz danach das Feuer bis zum Backbord-Treppenaufgang auf der gegenüberliegenden Seite und zog nun in entgegengesetzter Richtung wieder nach unten zum Deck 3. Diese Flammenausbreitung ging sehr schnell vor sich. Zeugen beschrieben später, es hätte im Quergang des Decks 5 ausgesehen, als wenn eine Feuer-

kugel hindurch rolle. Im Verlauf von 10–14 Minuten war der gesamte hintere Fahrgastbereich von Flammen erfaßt, die sich dann auf weitere Schiffsteile ausbreiteten.

Der Brand wurde zuerst von Passagieren entdeckt. Diese drückten fast gleichzeitig auf den Decks 4 und 5 manuelle Feuermelder und alarmierten so die Brücke. Auch ein Besatzungsmitglied in der Rezeption auf Deck 5 hatte Rauch bemerkt und dies der Brücke telefonisch mitgeteilt.

Der Wachoffizier informierte den Kapitän, der unmittelbar danach auf der Brücke erschien. Dieser ließ sofort Generalalarm auslösen, der wenig später in Feueralarm geändert wurde. Die Alarmsignale ertönten jedoch nur relativ kurze Zeit. Auch die Lautstärke war zu gering, um in allen Kabinen wahrgenommen zu werden.

Später teilte der Kapitän über die Lautsprecheranlage mit, daß ein Feuer ausgebrochen sei und sich alle Fahrgäste auf das Bootsdeck begeben möchten. Er informierte auch darüber, daß sich das Schwesterschiff *Stena Saga* in der Nähe befände.

Dann schloß der Kapitän die fernbetätigten feuersicheren Türen, um das Ausbreiten des Brandes zu verhindern beziehungsweise die Geschwindigkeit des Ausbreitens zu verringern. Er schloß die Türen jedoch abschnittsweise nur in den Fahrgastbereichen, die durch Drücken der manuellen Feuermelder die Brandentstehung auf die Brücke gemeldet hatten. Dadurch blieb ein Teil der Feuertüren während des gesamten Brandverlaufes offen. Dies war auch auf der Steuerbordseite des Decks 3 der Fall. Da der Kapitän nicht damit rechnen konnte, daß das Feuer aus allen in Brand geratenen Abschnitten gemeldet wurde, hätte er sofort alle Feuertüren schließen müssen. Dieser Fehler hatte fatale Folgen.

Der Kapitän veranlaßte ferner das Einschalten der Feuerlöschpumpen, wodurch sich in allen Feuerlöschrohrleitungen der für das Feuerlöschen erforderliche Wasserdruck aufbaute. Er reduzierte die Schiffsgeschwindigkeit und ließ dann das Schiff stoppen. Aus Radarbeobachtungen anderer Schiffe weiß man, daß die *Scandinavian Star* gegen 02.30 Uhr zum Stillstand kam und dann langsam mit der Strömung und dem leichten Wind nordwärts und später westwärts abtrieb.

Auf dem gesamten Schiff wurde die Lüftung abgeschaltet. Zu welchem Zeitpunkt das geschah, konnte nicht genau ermittelt werden.

Um 02.24 Uhr sandte der Funkoffizier auf Weisung des Kapitäns den ersten »Mayday«-Notruf. Gleichzeitig bat der Kapitän die *Stena Saga* um Hilfe. Dieses Fährschiff lief auf dem gleichen Kurs wie die *Scandinavian Star* und befand sich nur etwa 4 sm voraus.

Zum Zeitpunkt des Brandausbruchs befanden sich fast alle Passagiere in ihren Kabinen und hatten sich zur Ruhe begeben. Dem größeren Teil der Fahrgäste – etwa 60 Prozent – gelang es zwar, ihre Kabinen zu verlassen und mit mehr oder weniger großen Anstrengungen das

Bootsdeck zu erreichen. Aber das Ertönen der Alarmsignale wurde von einem anderen Teil der Fahrgäste überhört, beziehungsweise es wurde nicht angemessen reagiert. So wurden viele Passagiere in ihren Kabinen vom Rauch überrascht. Über Gänge und Korridore versuchte eine Anzahl von ihnen erfolglos, den Kabinenbereich zu verlassen und nach außen zu gelangen. Der Rauch war schnell sehr dicht, teilweise betrug die Sichtweite weniger als einen Meter. Manche Passagiere verloren die Orientierung auf der Flucht, zahlreiche Menschen kamen aus blind endenden Gängen nicht mehr heraus.

Im Verlauf weniger Minuten war in den Gängen der verschiedenen Decks der Rauch mit einem hohen Anteil Kohlenmonoxyd (CO) und einer starken Konzentration von Blausäure (HCN) verbreitet und sickerte dann auch in die Kabinen. Die diesem Rauch ausgesetzten Personen werden das Bewußtsein bereits innerhalb von 30

Der Brand der Ro/Ro-Fähre *Scandinavian Star* ist fast gelöscht.

Sekunden verloren und im Verlauf von etwa drei Minuten eine tödliche Dosis eingeatmet haben. Die lebensgefährliche Konzentration von CO und HCN wird zum Beispiel auf Steuerbord des Decks 4 bereits nach etwa sieben Minuten vorhanden gewesen sein. So kamen in den Kabinenbereichen der Fahrgäste auf den Decks 4 und 5 viele Menschen ums Leben. Allein auf Deck 5 starben 114 Fahrgäste, 48 davon in Korridoren und Gängen, 66 in den Kabinen.

Auf der Backbordseite des Decks 4 waren und blieben alle Feuertüren geschlossen. Rauch und offensichtlich auch die CO- und HCN-Konzentrationen blieben unterhalb der kritischen Werte. Alle Fahrgäste dieses Bereiches konnten evakuiert werden.

Von der Schiffsführung wurden weder zentral geleitete Brandbekämpfungsmaßnahmen noch Evakuierungshilfen eingeleitet. Es war kein aktueller Notplan an Bord vorhanden, und es waren auch keine Brandbekämpfungs- und Evakuierungsgruppen eingeteilt.

Die Versuche, das Feuer zu bekämpfen oder einzudämmen und Hilfe bei der Evakuierung zu leisten, erfolgten ausschließlich durch individuelle Initiativen von Besatzungsmitgliedern. Dabei zeigten einige einen hohen persönlichen Einsatz unter den risikoreichen Bedingungen. Sie leiteten Fahrgäste aus dem Passagierbereich heraus und wiesen ihnen den Weg nach oben zum Bootsdeck. Andere legten Atemschutzgeräte an und suchten nach Passagieren. Es gelang ihnen, aus dem rauchgefüllten Fahrgastbereich einige Passagiere zu retten. Feuerlöschschläuche wurden unter anderem auf den Decks 5 und 7 ausgelegt und angeschlossen. Auf Deck 5 mußte die Feuerbekämpfung jedoch wegen der starken Rauchentwicklung bald wieder eingestellt werden. Auf Deck 7 wurden zur Aufrechterhaltung der Stromversorgung die den Notgeneratorraum umgebenden Wände gekühlt.

Die Rettungsmaßnahmen für die Fahrgäste wurden zum Teil dadurch erschwert, daß nicht alle Besatzungsmitglieder eine skandinavische oder die englische Sprache beherrschten.

Auch das Einbooten der Überlebenden ging unorganisiert vor sich. Zusammen mit den Fahrgästen verließ auch die Besatzung das Schiff. Ein Zählen der Personen in den Booten erfolgte nicht. Acht der zehn Rettungsboote wurden nach und nach zu Wasser gelassen, einige waren ziemlich voll, andere nur gering besetzt. Die Boote wurden von Besatzungsmitgliedern zu inzwischen zur Hilfe herbeigeeilten Schiffen geführt.

Der Kapitän verließ das Schiff mit einigen weiteren Offizieren gegen 03.20 Uhr, obgleich er wußte, daß sich noch eine Reihe von Personen an Bord der *Scandinavian Star* befand. Zu diesen mehr als 30 Mann, von denen einige weiterhin das Innere des Schiffes durchsuchten, gehörten außer Besatzungsmitgliedern auch einige Passagiere.

Der um 02.24 Uhr von der *Scandinavian Star* abgesetzte Notruf wurde zuerst von Tjøme-Radio empfangen und see- und landseitig verbreitet. Eine Reihe von Schiffen änderte den Kurs und eilte zum Havaristen. Die landseitigen Rettungsstationen in Norwegen, Schweden und Dänemark veranlaßten die Hilfeleistung durch Rettungsschiffe, Lotsenboote, Küstenfahrzeuge, Marineschiffe, Feuerlöschboote, Hubschrauber und Flugzeuge. Als erstes Schiff traf die *Stena Soga* beim brennenden Schiff ein. Der erste Rettungshubschrauber war um 03.35 Uhr an der Unglücksstelle. Der größte Teil der Überlebenden hatte zu dieser Zeit bereits mit bordeigenen Rettungsbooten das Unglücksschiff verlassen. Der Rest wurde mittels Hubschrauber abgeborgen oder verließ ebenfalls mit einem bordeigenen Rettungsboot das Schiff. So verblieb als Hilfeleistung eine Durchsuchung der Schiffsräume auf mögliche Überlebende und die Löschung des inzwischen auf fast den gesamten Aufbau übergegriffenen Brandes.

Es begann ein außergewöhnlicher Löscheinsatz. Die umliegenden Schiffe entsandten in der Brandbekämpfung ausgebildete und geübte Besatzungsmitglieder. Aus den drei genannten skandinavischen Ländern wurden aus den verschiedensten Orten professionelle Feuerwehr-

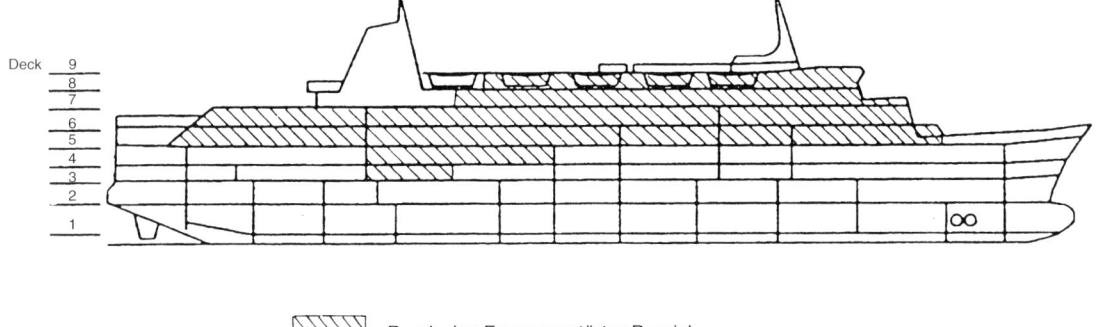

Deck 9 8 7 6 5 4 3 2 1

⟦⟧ Durch das Feuer zerstörter Bereich

Längsschnitt durch die Ro/Ro-Fracht- und Fahrgastfähre *Scandinavian Star.*

leute mit Brandbekämpfungsausrüstung per Hubschrauber eingeflogen. Von den assistierenden Schiffen gingen die ersten Helfer gegen 05.30 Uhr an Bord der *Scandinavian Star.* Der Einsatz konzentrierte sich zunächst auf die Durchsuchung des Schiffes auf eventuelle weitere Überlebende. Dies war jedoch erfolglos. Mit dem Eintreffen zahlreicher Feuerwehrleute begannen dann die umfangreichen Löscharbeiten, die von außen durch Wasserwerfer von Löschfahrzeugen unterstützt wurden. Die durch die Löscharbeiten eingebrachten großen Wassermengen, insbesondere auf den oberen Decks, liefen nicht schnell genug ab und gefährdeten die Stabilität der Fähre. Zeitweilig wurden daher Besatzungsmitglieder der *Scandinavian Star* an Bord zurückgebracht, die mit Hilfe der Feuerlöschpumpen das Löschwasser wieder nach außenbords pumpten.

Um 11.55 Uhr am 7. April wurde mit dem Abschleppen der *Scandinavian Star* nach dem schwedischen Hafen Lysekil begonnen. Die Brandbekämpfung wurde während des langsamen Schlepps fortgesetzt und gegen 16.00 Uhr abgeschlossen. Um 21.17 Uhr wurde das weitgehend ausgebrannte Schiff in Lysekil am Kai festgemacht.

Durch den katastrophalen Brand verloren 158 Menschen ihr Leben. Wie bereits erwähnt, starben die meisten Fahrgäste auf Deck 5.

Die Untersuchung

Durch eine norwegische königliche Verordnung und nach Vereinbarung zwischen Schweden, Dänemark und Norwegen wurde eine norwegische Kommission zur Untersuchung des weltweit Aufsehen und Bedauern auslösenden Schiffsbrandes gebildet. Diese Kommission legte nach äußerst umfangreichen und detaillierten Untersuchungen im Januar 1991 einen umfassenden Abschlußbericht vor, in dem die Ursachen dafür dargelegt wurden, daß sich aus dem durch Brandstiftung entfachten Feuer auf der *Scandinavian Star* ein solcher Großbrand entwickeln konnte.

Aus dem Bericht geht deutlich hervor, daß diese Ursachen sehr komplexer Natur waren. Dazu gehörten sowohl Mängel in der Reedereiorganisation als auch Schwächen der Technik und Fehler und Unterlassungen der Schiffsführung.

Nach Auffassung der Untersuchungskommission bestand ein wesentlicher Mangel der Geschäftsführung der Reederei darin, daß sich niemand für die Fragen der Schiffssicherheit verantwortlich fühlte. Man war der Meinung, daß Sicherheit in allererster Linie und wohl auch allein Sache des Kapitäns sei.

Die Vorbereitung des Schiffes auf die erste Reise nach dem Ankauf geschah unter großem Zeitdruck. Die Mitglieder der neuen Besatzung einschließlich Offiziere und Kapitän kamen erst Ende März an Bord. Ihnen verblieb relativ wenig Zeit, sich mit den Sicherheitseinrichtungen der *Scandinavian Star* vertraut zu machen. Der vor dem Ankauf des Schiffes geltende Notplan (»Sicherheitsrolle«), in dem die Aufgaben eines jeden Besatzungsmitgliedes bei Brandbekämpfung, bei Boots- und sonstigen Havariemanövern festgelegt sind, wurde übernommen und nur recht und schlecht auf die nunmehr stark verringerte Besatzung zugeschnitten. Ein Teil der Besatzung kannte seine Aufgaben im Falle einer Havarie nicht.

Zum Zeitpunkt des Baus des Schiffes im Jahre 1971 galt der »Internationale Schiffssicherheitsvertrag SOLAS 1960«. Die *Scandinavian Star* war entsprechend den darin festgelegten Regeln und Sicherheitsforderungen gebaut worden. In der weiterentwickelten Konvention SOLAS 1974 waren entsprechend neuen Erkenntnissen unter anderem auch die Forderungen an den baulichen Brandschutz von Fahrgastschiffen verstärkt worden. So wurden nun strengere Forderungen an die feuersichere Unterteilung, die Brandschutzisolierung und die Verwendung brennbaren Materials erhoben. Eine höhere Feuerbeständigkeit des Oberflächenmaterials von Wänden und Decken von Kabinen, Korridoren und Treppenaufgängen wurde gefordert. Ferner wurde die Ausrüstung mit einem automatischen Feuermeldesystem vorgeschrieben. Strengere Regeln galten auch für Lüftungssysteme und für die Betätigung feuersicherer Türen. Die *Scandinavian Star* entsprach diesen und anderen neuen Regeln noch nicht. Das war zweifellos ein erheblicher technischer Sicherheitsnachteil, es bestand aber nicht die Pflicht, das Schiff nachträglich entsprechend umzurüsten.

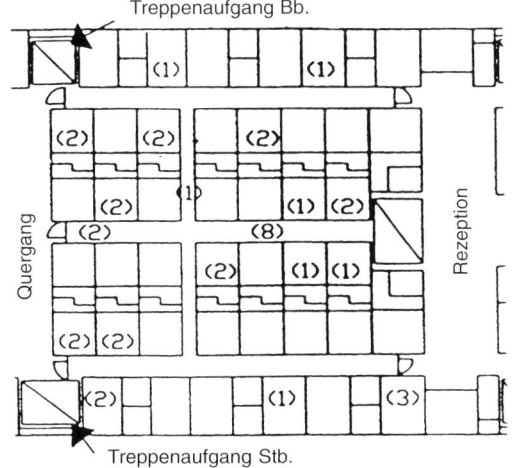

Kabinenbereich zwischen Rezeption und Quergang

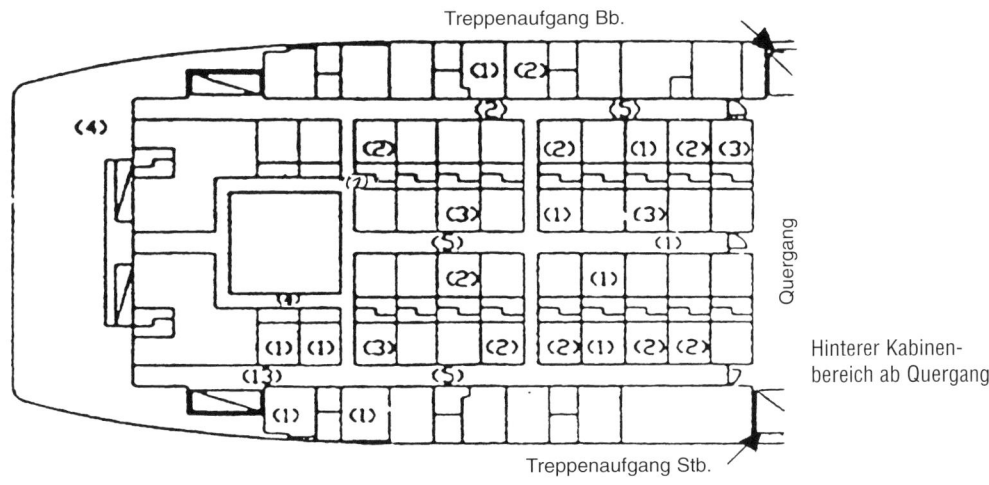

Ort und jeweilige Anzahl der auf Deck 5 ums Leben gekommenen 114 Fahrgäste der *Scandinavian Star*.

Technische Mängel waren darin zu sehen, daß in den Gesellschaftsräumen an wichtiger Stelle eine feuersichere Tür völlig fehlte, der Schallpegel der Alarmanlage zu niedrig war und der Wartungszustand einiger Sicherheitseinrichtungen, wie zum Beispiel der Wassersprühanlage (Sprinkleranlage) auf dem PKW-Deck, unbefriedigend war.

Die Schiffsführung, für die der Kapitän die Verantwortung trug, wurde von der Kommission einer erheblichen Kritik unterzogen. Eine wesentliche Voraussetzung für einen effektiven Einsatz der Besatzung im Havariefall war nicht erfüllt worden: Es waren weder Feuerlösch- noch Bootsmanöverübungen mit der neuen Besatzung durchgeführt worden. Der entscheidende Mangel während der Havarie war dann das absolute und völlig unverständliche Fehlen einer zentral geleiteten Brandbekämpfung und Evakuierungshilfe.

Katastrophale Folgen hatten auch die unzureichende Alarmierung der Fahrgäste sowie das verspätete und teils gar nicht erfolgte Schließen der Feuertüren.

Das Vonbordgehen des Kapitäns zu einem Zeitpunkt, als sich noch eine größere Anzahl von Personen an Bord befand, wurde von der Kommission kritisch beurteilt. Die Unterlassung des Zählens der Personen in den Booten wurde als prinzipieller Fehler gesehen, auch wenn es nicht zu den schwerwiegenden Folgen der Brandkatastrophe beigetragen hat.

Als Schlußfolgerung aus diesem verheerenden Brand gab die Untersuchungskommission eine Reihe von Empfehlungen, die zukünftig für alle Fahrgastschiffe gelten sollten, die auf skandinavischen Fährlinien verkehren oder skandinavische Häfen anlaufen.

Zu den wichtigsten Empfehlungen gehörte die Ausrüstung mit Rauchmelde- und Sprinkleranlagen. Die in allen Kabinen, Gängen, Treppenbereichen, Gesellschafts- und anderen Räumen anzuordnenden Rauchsensoren sollten die Entstehung eines Brandes bereits dann auf die Brücke melden, wenn zunächst erst ein Glutbrand vorhanden und noch kein offenes Feuer entstanden ist. Ebenfalls in allen vorgenannten Räumen sollte eine Sprinkleranlage installiert werden, deren Wasserdüsen sich bei Überschreiten einer bestimmten Temperatur selbsttätig öffnen und einen entstehenden Brand löschen. Zusätzlich sollte das Auslösen dieser Düsen auch abschnittsweise möglich sein.

Auch Fernsehkameras sollten in Gängen, Korridoren, Treppenaufgängen und Salons der Brandentdeckung dienen.

Für Alarmsysteme und Lautsprecheranlagen wurde eine Mindestlautstärke vorgeschlagen. Feuer- und Generalalarme sollten in Notsituationen solange ständig ertönen, bis sie von Lautsprecherdurchsagen mit Hinweisen für Fahrgäste und Besatzung abgelöst würden.

Detaillierte Vorschläge wurden für die Anordnung der Gänge und Korridore im Fahrgastbereich neuer Schiffe unterbreitet, um den Passagieren die Orientierung auch im Gefahrenfall zu erleichtern. So sollten blind endende Gänge (»tote Gänge«) nicht mehr zugelassen werden. Hinweisschilder für die Wegeführung sollten vereinheitlicht werden.

Eine Anzahl der Empfehlungen bezog sich auf die Feuerbeständigkeit von Materialien. So sollte bei neuen Schiffen das Material für Decken und Wände von Korridoren und Treppenaufgängen weitgehend unbrennbar sein. Eine Regel für die Begrenzung der bei einem Brand entstehenden giftigen Gase sollte erarbeitet werden.

Die Vorschrift für die Anzahl der mitzuführenden Atemschutzgeräte solle verstärkt und spezifiziert werden. Zur Gewährleistung einer effektiven Kommunikation sollten alle Atemschutzgeräte mit einer Sprechfunkausrüstung versehen werden.

Die allgemeine Praxis, bei einem Brand sofort die Lüftungsanlage abzuschalten und die Feuerklappen in den Lüftungskanälen zu schließen, solle eventuell ergänzt werden. Da die Luftzufuhr zu den Fahrgastkabinen im Brandfall bei geschlossenen Türen das Eindringen von Rauch verhindert oder erschwert, kann unter Umständen eine zeitlich begrenzte Aufrechter-

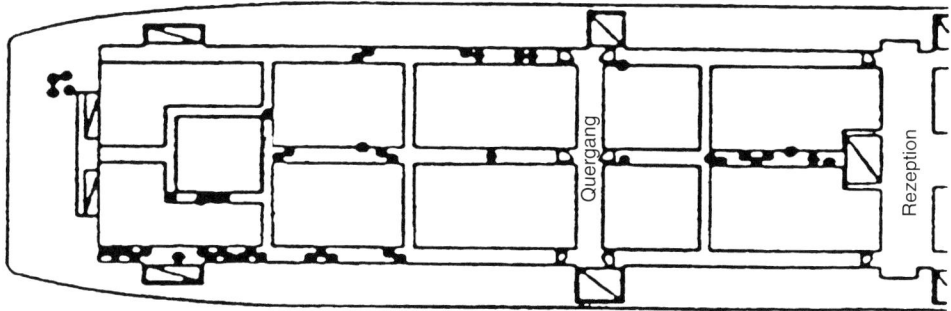

Genaue Lage der in den Gängen auf Deck 5 aufgefundenen Opfer des Feuers auf der *Scandinavian Star*.

haltung der Belüftung in Kabinenbereichen sinnvoll sein. Hierfür müßten jedoch Informationen und Richtlinien erarbeitet werden.

Der von der IMO empfohlene »Code über das Management für den sicheren Schiffsbetrieb« solle von allen skandinavischen Reedereien von Fahrgastschiffen eingeführt werden. Danach muß das Management einer Reederei allen Fragen der Schiffssicherheit einen fest organisierten Platz einräumen.

Für außerordentlich bedeutsam wurde die Ausbildung von Offizieren und Mannschaften in der Brandbekämpfung gehalten. Einbezogen werden sollte dabei auch die Anwendung von Atemschutzgeräten.

Die regelmäßige Durchführung von Boots- und Brandbekämpfungsübungen wurde als unerläßlich bezeichnet. Alle Besatzungsmitglieder von Fahrgastschiffen müßten eine Grundausbildung in Sicherheitsfragen durchlaufen, wobei das meist zahlreiche Versorgungspersonal unbedingt mit einzubeziehen sei.

Als letzte sei hier die Empfehlung der Kommission erwähnt, in skandinavischen Häfen die Kontrollen von Fahrgastschiffen erheblich zu verstärken.

Ein Teil der vorgenannten Empfehlungen war im »Internationalen Schiffssicherheitsvertrag SOLAS 1974« für neue Fahrgastschiffe schon vorgeschrieben, nicht aber für ältere, die zum Zeitpunkt des Inkrafttretens von SOLAS 1974 bereits in Betrieb waren. Das *Scandinavian Star*-Unglück war für die IMO Veranlassung, die Brandschutzmaßnahmen bei Fahrgastschiffen nochmals zu verstärken und nun auch für bereits in Fahrt befindliche Fahrgastschiffe zu fordern.

23. Fahrlässigkeit der Schiffsführung bewirkt Explosionen auf *MT Seastar*

Am 20. April 1992 ereignete sich im Südchinesischen Meer auf dem unter liberianischer Flagge fahrenden Motortanker *Seastar* eine Reihe schwerer Explosionen, die ein heftiges Feuer auslösten. Zwei Seeleute fanden bei dem Unglück den Tod. Die Beschädigungen des Öltankers waren so groß, daß er zum Totalverlust erklärt wurde.

Der 171 m lange Öltanker *Seastar* war 1973 gebaut, hatte eine Vermessung von 15.027 GT, eine Tragfähigkeit von 30.170 t und wies 15 Ladetanks auf. Der Antriebsmotor hatte eine Leistung von 8496 kW und verlieh dem Schiff in vollbeladenem Zustand eine Dienstgeschwindigkeit von 15 kn.

Die Havarie

Die *Seastar* hatte in Nanking (China) eine Ladung Rohöl gelöscht und verließ diesen Hafen am Freitag, dem 17. April 1992, in Ballastfahrt mit dem Ziel Singapur (Malaysia). Die nach der Ladungsabgabe notwendige Reinigung der Tanks wurde wegen des Wochenendes nicht sofort begonnen.

Am Montag, dem 20. April, befand sich der Tanker im nördlichen Teil des Südchinesischen Meeres. Mit Zustimmung des Kapitäns ließ der Ladungsoffizier um 08.00 Uhr die Vorbereitungsarbeiten für die Tankreinigung beginnen. Gegen 08.45 Uhr wurde der Bootsmann angewiesen, zusammen mit fünf weiteren Decksleuten die Peilrohrverschlüsse der Ladetanks zu

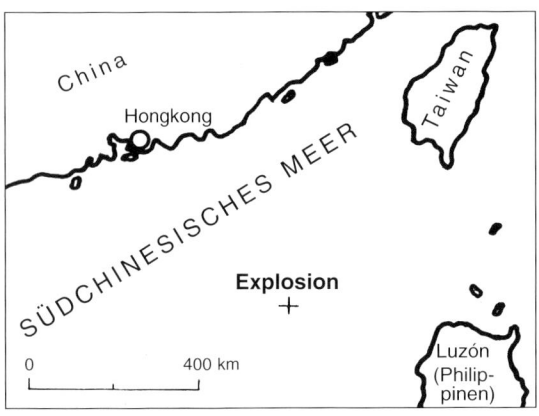

Die Position der *Seastar* zum Zeitpunkt des Unglücks.

öffnen und die Verschraubungen aller Tankreinigungsöffnungen zu lösen. Diese Arbeit wurde bei den vorderen Tanks Nr. 1 begonnen und dann nach hinten bis zu den Tanks Nr. 5 fortgesetzt. Jeder Ladetankabschnitt bestand aus dem Mittel- und zwei Seitentanks. Gegen 11.00 Uhr waren alle Verschraubungen gelöst, und die Männer gingen in ihre Unterkünfte, um sich auf das Mittagessen vorzubereiten.

Am gleichen Morgen, während sich der Ladungsoffizier mit den Vorbereitungen zur Tankreinigung befaßte, wies der Leitende Ingenieur den 1. Maschinenassistenten an, die

Kettenführung der Backbord-Ankerwinde auf dem Backdeck zu demontieren. Diese war beschädigt worden, als beim Einlaufen in den Hafen von Nanking ein unvorsichtig überholendes Massengutschiff Kontakt mit dem Vorschiff des Tankers hatte. Während die leichten Beschädigungen des Schiffskörpers in Singapur beseitigt werden sollten, wollte man die Kettenführung an Bord selbst reparieren.

Gegen 09.30 Uhr ging der 1. Maschinenassistent mit zwei Männern auf das Backdeck und beauftragte diese, die Kettenführung zu demontieren und zur Reparatur in den Maschinenraum zu bringen. Wie später festgestellt wurde, sind bei der Demontage offensichtlich auch Schneidarbeiten mit einem Schweißbrenner ausgeführt worden. Der 1. Maschinenassistent verließ das Backdeck, bevor die Arbeiten beendet waren. Vom Backdeck aus hatte er gesehen, daß Decksleute die Verschraubungen von Abdeckungen der Tank-Reinigungsöffnungen lösten. Um 10.15 Uhr war die Kettenführung abgebaut und wurde gegen 10.30 Uhr mit einem Karren in Richtung Maschinenraum transportiert. Es muß angenommen werden, daß aber noch einige weitere Arbeiten auf dem Vorschiff ausgeführt wurden.

Der Kapitän nahm gerade in seiner Kabine das Mittagessen ein, als sich gegen 11.00 Uhr eine heftige Explosion ereignete. Er eilte sofort zur Brücke und sah das Hauptdeck vorn weit aufgerissen und in Feuer und Rauch gehüllt. Innerhalb von etwa fünf Minuten hörte er eine zweite Explosion. Er schaltete den Feueralarm ein und rief über die Lautsprecheranlage den Brandbekämpfungstrupp auf. In diesem Augenblick ereignete sich die dritte Explosion.

Der Leitende Ingenieur befand sich ebenfalls in seinem Raum, als er die erste Explosion vernahm. Er begab sich sofort in den Maschinenraum, reduzierte die Drehzahl der Hauptmaschine und startete sowohl die Feuerlöschhauptpumpe als auch die Notfeuerlöschpumpe.

Kurz darauf kam der 1. Offizier auf die Brücke und berichtete dem Kapitän, daß die Hauptfeuerlöschleitung mit den Anschlüssen für die

Schläuche durch die Explosionen schwer beschädigt sei und daher weder Wasser noch Schaum zur Brandbekämpfung zur Verfügung stünden. Angesichts der Unmöglichkeit, das um sich greifende Feuer zu bekämpfen, ordnete der Kapitän um 11.27 Uhr an, das Schiff zu verlassen.

Blick nach vorn auf das aufgerissene Deck des Tankers *Seastar*

Der Tanker krängte nun 15° nach Backbord. Der Kapitän wies an, das Backbord-Rettungsboot zu Wasser zu bringen. Er selbst fierte das Steuerbord-Rettungsboot und das Rettungsfloß. Alle Besatzungsmitglieder – bis auf zwei vermißte Männer – bestiegen die beiden Boote und das Floß. Der Kapitän nahm aus dem Rettungsboot UKW-Kontakt mit dem *MS Rizcun Enterprise* auf und bat das Schiff, einen Notruf auszusenden und die Besatzung der *Seastar* aufzunehmen. Gegen 13.40 Uhr waren alle Überlebenden an Bord der *Rizcun Enterprise*. Von dort hörten sie gegen 18.00 Uhr eine weitere Explosion auf der *Seastar*.

Später wurden die Geretteten an das Marineschiff *SMS Plover* übergeben, das auch nach den beiden vermißten Seeleuten suchte. *SMS Plover* blieb in der Nähe der *Seastar*, da der brennende Tanker eine Gefahr für die Schiffahrt darstellte. Am nächsten Tag, dem 21. April, hatten Feuer und Rauch auf dem Tanker nachgelassen. Die *Plover* konnte näher an die *Seastar* heranfahren, um mit Feuerlöschschläuchen den vorderen

Bereich des Tankers herunterzukühlen. Gegen Mittag schienen die Flammen in den Tanks gelöscht zu sein, und am Nachmittag gingen der Kapitän, einige Offiziere und weitere Besatzungsmitglieder an Bord, um nach den vermißten Männern zu suchen und eine erste Inspektion des Tankers vorzunehmen. Der leblose Körper eines der Vermißten wurde auf dem Deck im Bereich des Backbord-Tanks Nr. 3 gefunden. Offenbar hatten dieser und der auch später nicht aufgefundene zweite Mann zum Zeitpunkt der ersten Explosion auf dem Vorschiff gearbeitet.

Als die *Seastar* etwa 275 sm südöstlich von Hongkong im Südchinesischen Meer trieb, traf der Bergungsschlepper *Yam 0* ein. Das Feuer

Blick in den Mitteltank Nr. 3 des Tankers *Seastar*.

wurde von dem Schlepper etwa 56 Stunden nach der ersten Explosion endgültig gelöscht. Nach Eintreffen der *Yam 0* verließ die *Plover* die *Seastar* und lief nach Hongkong.

Die *Seastar* war trotz der schweren Beschädigungen weiterhin schwimmfähig, wurde nach Hongkong geschleppt und dort einer eingehenden Besichtigung unterworfen.

Es konnte nicht mit Sicherheit festgestellt werden, in welchem Tankbereich sich die erste Explosion ereignet hatte. Das Hauptdeck war mit allen Versteifungen in den Tankbereichen 1, 2 und 3 über alle Tanks von Backbord bis Steuerbord aufgerissen und nach oben verformt. Die vorher auf dem Deck befindliche Ausrüstung wie Laufbrücke, Rohrleitungen, Lüfter, Ventile, Handräder und elektrische Kabel war offensichtlich in die Luft geschleudert worden oder weitestgehend zerstört. Die Längs- und Querschotte mit den Steifen waren deformiert und durch die hohe Temperatur des Feuers schwer beschädigt. Die Seitenbeplattung Backbord und Steuerbord einschließlich der Spanten war verbeult und hitzegeschädigt. Ein ähnliches Bild zeigte die Bodenbeplattung. Insgesamt war das Ausmaß der Zerstörungen derart groß, daß eine Reparatur nicht für sinnvoll erachtet und der Tanker daher zum Totalverlust erklärt und der Abwrackung zugeführt wurde.

Die Untersuchung

Der Unfall des Tankers *Seastar* wurde von der Schiffahrtsbehörde Liberias untersucht. Als unmittelbare Ursache der Explosionen, des Feuers und des Verlustes von Menschenleben wurde die Entzündung des explosiven Kohlenwasserstoff-Luft-Gemisches gesehen, das vor Beginn der Tankreinigung aus den Ladetanks entwich. Eine genaue Bestimmung der Zündquelle konnte nicht vorgenommen werden. Die Ausführung von Demontagearbeiten auf dem vorderen Deck und die aufgefundenen Spuren von Brennschneidarbeiten ließen jedoch die begründete Annahme zu, daß die Entzündung des Gasgemisches durch Arbeitshandlungen verursacht worden war.

Die fehlende Koordinierung zwischen Decks- und Maschinenbereich hinsichtlich der zeitlichen Durchführung von Vorbereitungsarbeiten für das Gasfreimachen und das Reinigen der Tanks einerseits und von Demontagearbeiten in dem vorderen Bereich des Tankers andererseits hatte sich als verhängnisvoll erwiesen. Mit diesem Sachverhalt wurden wichtige Regeln des »Internationalen Sicherheitshandbuches für Öltanker und -häfen« nicht eingehalten. Insbesondere wurde gegen folgende Vorschriften und Regeln verstoßen:

- Da das Tankreinigen und das Gasfreimachen zu den gefährlichsten Arbeitsvorgängen des Betriebes von Öltankern gehören, sind alle Handlungen, die damit verbunden sind, mit der größtmöglichen Sorgfalt auszuführen.
- Die Tankreinigung und Gasfreimachung ist von einem verantwortlichen Offizier zu beaufsichtigen.
- Die gesamte Besatzung eines Tankers ist von dem bevorstehenden Beginn des Gasfreimachens zu informieren.
- Insbesondere wenn beim Gasfreimachen das explosive Gas-Luft-Gemisch aus den Ladetanks in Höhe des Decks entweicht, sind hierfür bewährte und anerkannte Methoden anzuwenden.
- Unbeaufsichtigte Arbeiten an Deck dürfen nicht gleichzeitig mit der Gasfreimachung und der Tankreinigung ausgeführt werden.
- Für Schweiß- oder Brennschneidarbeiten muß eine Erlaubnis in schriftlicher Form erteilt werden, in der auch die zu ergreifenden Sicherheitsvorkehrungen darzustellen sind.

In dem Untersuchungsbericht wurde zusammenfassend festgestellt, daß Fahrlässigkeit von Kapitän, 1. Offizier und Leitendem Ingenieur bei den gefährlichsten Arbeiten an Bord eines Öltankers zur Nichteinhaltung der für die Sicherheit von Besatzung und Tanker notwendigen Vorsichtsmaßnahmen und damit zu dem schweren Unglück führten.

Die Ro/Ro-Fahrgastfähre *Estonia*.

Das für die eingehende Untersuchung gehobene Visier der *Estonia*. Eine starke Einbeulung ist sichtbar.

Stege der Visierarme. Eingeschweißte Scharnierbuchsen sind herausgerissen. Bei früherer Manipulation wurden die Stahlbuchsen mit eingeschrumpften Bronzebuchsen ausgebrannt und neue Buchsen angeschweißt. Die Stege weisen tiefe Brennriefen durch das Abtrennen der Scharnierbuchsen beim Brennschneiden auf.

Eingebrochener Visierboden und erhebliche weitere Beschädigungen im Bereich des vorderen Auflagers (Stempost).

TIME
01 14 hrs
List 0°

TIME
01 15 hrs
List 15°

TIME
01 20 hrs
List 30°

TIME
01 22 hrs
List 35°

TIME
01 25 hrs
List 40°

TIME
01 30 hrs
List 60°

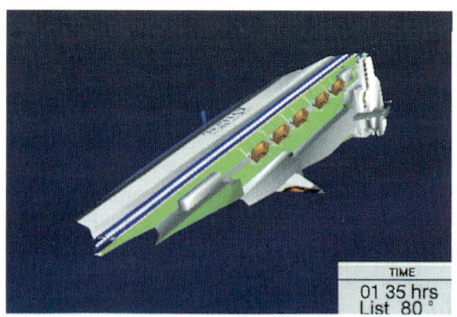

TIME
01 35 hrs
List 80°

TIME
01 40 hrs
List 115°

Computererzeugte Bilder des wahrscheinlichen Verlaufs des Untergangs der *Estonia* mit Angabe von Uhrzeit und Krängungswinkel.

Vom Wrack geborgen: Die Reste von zwei Halteblechen der abgerissenen Buchsen des erneuerten Atlantikschlosses. Unprofessionelle Schweißungen – unter anderem 3-mm-Schweißnähte zur Verbindung der Buchsen mit den Halteblechen anstelle der ursprünglichen 8-mm-Nähte.

Durch Verformung erweiterte Bohrung des Visierauges am Atlantikschloß.

Nach Steuerbord verbogenes Visierauge des Atlantikschlosses mit Brennriefen (bei Reparaturen während der Betriebszeit der Fähre entstanden) und Ermüdungsriß.

Rechteckiges Loch im Visier durch herausgerissenes Augen-blech eines der beiden hydraulischen Seitenverriegelungen. Gerissene Schweißnähte waren mehrfach nachgeschweißt. Darunter ein Haken der nicht benutzten Handverriegelung.

Visierinneres mit den Abdrücken der Schuhe von Seeleuten, die vor dem Öffnen und nach dem Schließen des Visiers den Bolzen des Atlantikschlosses auf- beziehungsweise zuhämmern mußten.

Ölverschmutzung an der felsigen Küste des Prince-William-Sundes nach der *Exxon Valdez*-Havarie.

Die Strandung des Supertankers *Olympic Bravery* an der felsigen Küste der Bretagne im Jahre 1976 ähnelte der späteren Strandung der *Amoco Cadiz*. Es ereignete sich jedoch keine Umweltkatastrophe, da der neue Tanker in Ballast fuhr.

Das Fahrgastschiff *Queen Elizabeth 2* im Trockendock.

Strandung des Öltankers *Braer* an der Küste der Shetlands.

Die finnische Großfähre *Silja Europa*.

Das Schiffsführungspult auf der Brücke der *Silja Europa*. Zum Zeitpunkt der Grundberührung saßen der Lotse (Mitte) und der wachhabende Offizier (rechts) daran. (Pfeil=Anordnung des BACKUP-Druckknopfes).

Schwierig, schmutzig, unangenehm und teuer: Reinigungsarbeiten nach der ausgedehnten Ölverschmutzung der Küste durch die Strandung des Supertankers *Amoco Cadiz.*

Taucheraufnahme der Oberseite des überlaufenen Felsblockes »Red Rock II« mit Farbteilchen der Bodenbeplattung der *Queen Elizabeth 2.*

Das sowjetische Kreuzfahrtschiff *Maxim Gorki* erlitt 1989 vor Spitzbergen Außenhautschäden durch Eisschollen. Die 550 Fahrgäste wurden evakuiert.

Sitz des Sekretariats der IMO in London.

Beratung des Schiffssicherheitsausschusses der IMO im Mai 1995.

Die Bohrinsel *Ocean Ranger.*

Genaue Inspektion des Laderaumes eines Massengutschiffes durch den Besichtiger einer Klassifikationsgesellschaft.

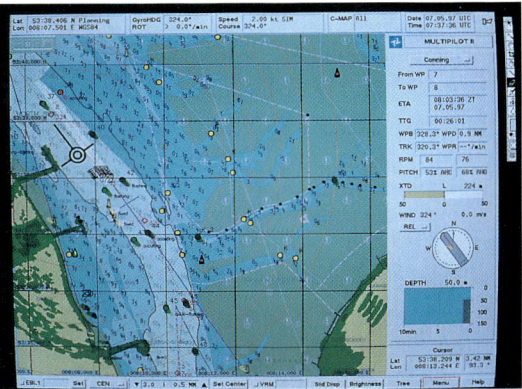

Beispiel einer radarüberlagerten elektronischen Seekarte.

Freifallrettungsboote haben sich in der Handelsschiffahrt weitgehend durchgesetzt.

Das Innere eines Freifallrettungsbootes (Unterteil). Die Sitzanordnung weist gegen die Fall- und Fahrtrichtung, um den Stoß bei Eintauchen des Bootes ins Wasser aufzufangen.

Moderne Schiffsführungszentrale: Brückenfahrstand auf dem Kreuzfahrtschiff *Costa Victoria*.

Kombiniertes Tender-/Rettungsboot für Fahrgastschiffe für bis zu 150 Personen.

Vollgeschlossenes selbstaufrichtendes Rettungsboot mit großer Personenkapazität.

Rettungssysteme mit aufblasbaren Rutschen ermöglichen das schnelle Verlassen von Schiffen mit vielen Fahrgästen.

Rettungsanzug. Auch bei niedrigen Wassertemperaturen besteht für den Träger eine hohe Überlebenswahrscheinlichkeit.

Langnachleuchtende Markierungen in Bodennähe lassen auch bei Bränden den Fluchtweg erkennen.

Bei Hafenstaatkontrollen werden immer wieder »Substandardschiffe« mit unverantwortlichen Schäden ermittelt.

Starke Rost- und Rißschäden an der Lukenabdeckung eines »Substandardschiffes«.

Feuerinferno auf dem Chemikalientanker *Maasgusar* im Jahre 1989, bei dem 23 Besatzungsmitglieder ihr Leben verloren. Zur Verhütung solcher Katastrophen werden Inertgasanlagen auch auf Chemikalientankern vorgesehen.

Folgen des Ölausflusses von einem Tanker.

Durch Explosion aufgerissener Seitentank eines Öltankers. Inertisieren der Tanks verhindert solche Explosionen weitgehend.

Hydraulisch betätigtes, flexibles Teleskop-Schott für die Unterteilung des Fahrzeugdecks der Ro/Ro-Fahrgastfähre *Silja Europa*.

a) Schott halb geschlossen. Zum vollen Öffnen kann das Schott flach an die Wand gedreht werden.

b) 2. Schotteil teleskopartig ausgefahren, Schott voll geschlossen.

Flexibles Schott in Form eines aus einzelnen Sektionen bestehenden Rolltores auf dem Fahrzeugdeck einer Ro/Ro-Fähre.

Stabilitätsunfälle – eine spezielle Schiffs-gefahr

24. Verrutschte Ketten verursachen den Untergang des Versorgers *Seaforth Jarl*

Durch das Verrutschen einer Ladung schwerer Ketten sank am 18. Dezember 1983 das unter kanadischer Flagge laufende Versorgungsschiff *Seaforth Jarl* in der Nähe von Neufundland/Kanada. Alle Besatzungsmitglieder konnten sich in Sicherheit bringen.

Das im Jahre 1975 in Dienst gestellte Schiff wies bei einer Länge von 61,05 m eine Vermessung von 1376 GT auf. Die *Seaforth Jarl* war ein Versorgungsschiff, also ein Schiff, das die für die Erdölförderung und -erkundung erforderlichen Materialien und Verbrauchsstoffe zu den Bohrinseln transportiert. Zu diesen Transportgütern gehören beispielsweise Rohre, Ketten, Maschinenteile, Zement, Bohrflüssigkeit, Treibstoff und vieles andere mehr. Das Schiff wies die typische Gestaltung solcher Versorgungsschiffe auf: Aufbau mit Brücke, Unterkünften und mehreren Winden vorn und dahinter ein freies Ladungsdeck mit einer Länge von mehr als der Hälfte des Schiffes. Unter Deck mehrere

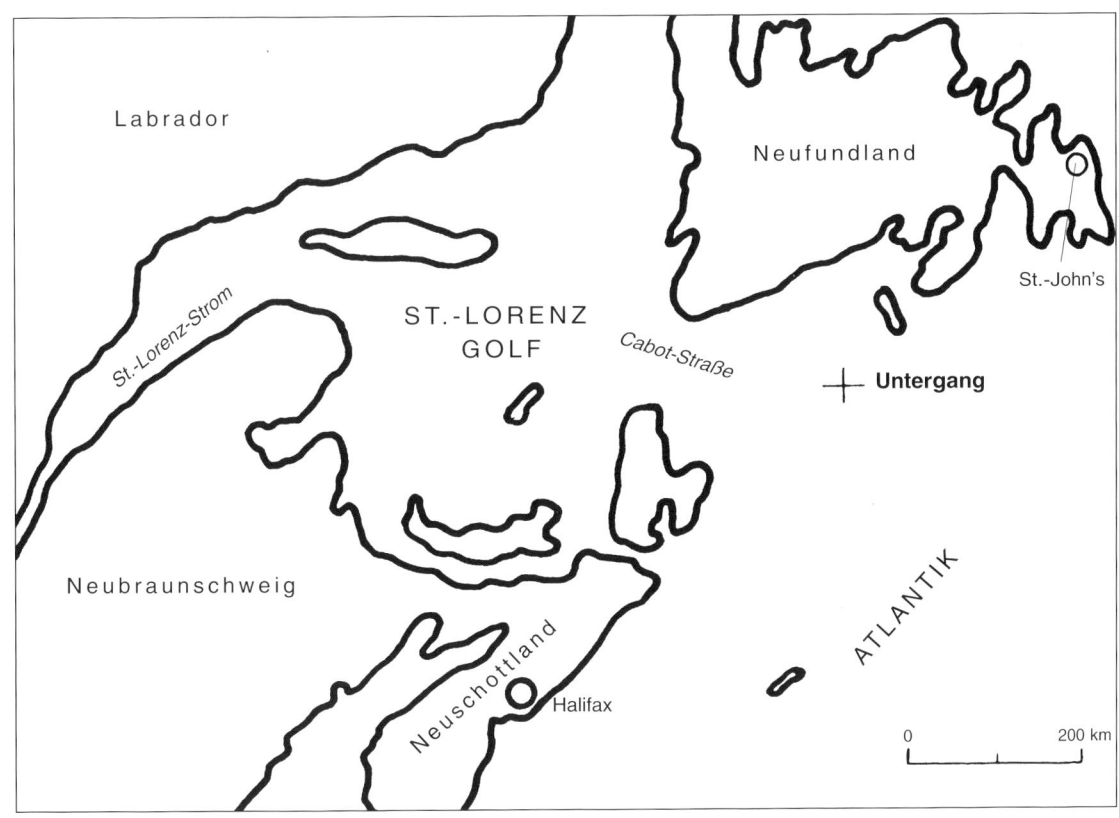

Die Position der *Seaforth Jarl* zum Zeitpunkt des Unglücks.

Laderäume für Güter wie Zement, Bohrschlamm, Ketten und Treibstoff. Das 322 qm große Ladungsdeck war an Steuerbord und Backbord durch je eine 2 m hohe Ladungsreling begrenzt, die vor dem üblichen Schanzkleid angeordnet war. Auf dem Ladungsdeck konnten bei Bedarf für die Ladungssicherung 16 Ladungspfosten in zwei Reihen aufgestellt werden.

Die Havarie

Anfang Dezember 1983 wurde der Kapitän der *Seaforth Jarl* von seiner Gesellschaft informiert, daß sein Schiff in den nächsten Tagen einige Bohrinselketten von der Chedabucto-Bucht (Neuschottland) nach Marystown (Neufundland) transportieren solle. Die Ketten lägen noch auf dem Meeresboden, wären also vor der Verladung aufzuholen.

Jede dieser Ketten aus 76 mm dicken Kettengliedern war 1370 m lang. Zusammen mit dem 1. Offizier führte der Kapitän Berechnungen über Gewicht der Ketten sowie Freibord und Stabilität des Schiffes durch und teilte danach der Gesellschaft mit, daß jeweils zwei Ketten befördert werden könnten. Ein Teil der Ketten würde in den für solche Transporte vorgesehenen Ketten-

kästen gestaut werden und der Rest an Deck. Er benötige dafür noch einiges zusätzliches Sicherungsmaterial, das auch umgehend angeliefert wurde.

Wenige Tage später wurde ein Wechsel in der Schiffsführung vorgenommen. Der bisherige Kapitän wurde versetzt und als neuer Kapitän der bisherige 1. Offizier eingesetzt, an dessen Stelle ein neuer 1. Offizier trat.

Am 16. Dezember 1983, 14.00 Uhr, traf der Versorger in der Chedabucto-Bucht ein und begann, die Bohrinselketten mit der Schleppwinde vom Meeresboden heraufzuholen und an Deck aufzuschichten. Die Beladung wurde vom 1. Offizier geleitet. Anstelle der vom früheren Kapitän vorgesehenen zwei Ketten wurden drei Ketten übernommen. Jede Kette wurde auf dem Ladungsdeck längs hin- und hergestaut auf einer Länge von etwa 20 m und aufeinander geschichtet, eine an Backbord bis dicht an die Ladungsreling, eine in gleicher Weise an Steuerbord und die dritte in der Mitte dazwischen. Die Höhe der Aufschichtung lag zwischen 1,2 und 2 m. Zwei der Ketten wurden mit je einem Ende um die Trommeln der Schleppwinde an Backbord und Steuerbord herumgeschlagen. Die Kettenkästen wurden nicht für das Stauen der Ketten benutzt,

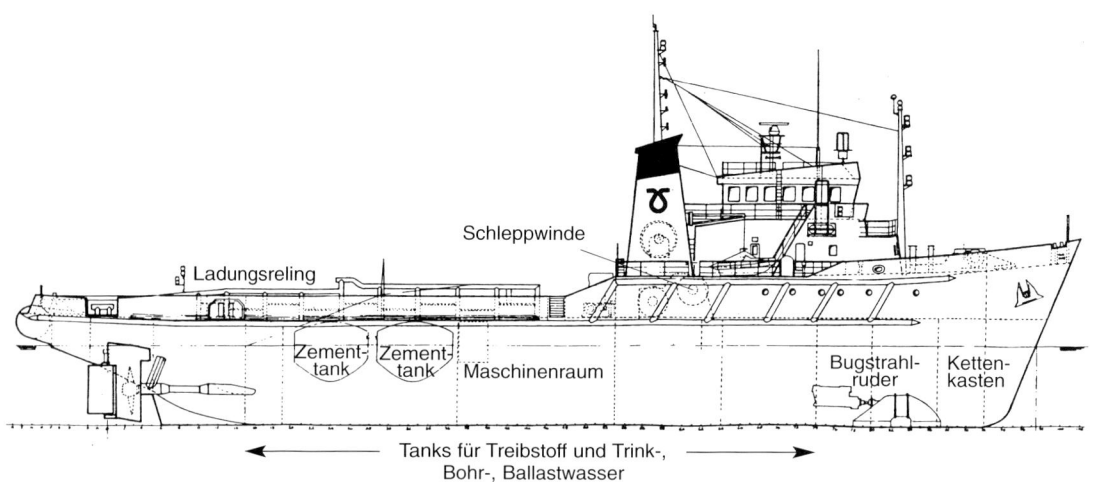

Seitenansicht des Versorgungsschiffes *Seaforth Jarl*.

die Ketten in keiner Weise gesichert und auch die Ladungspfosten nicht in die dafür an Deck vorgesehenen Hülsen eingesetzt. Die Gesamtmasse der drei Ketten betrug 547 t.

Am 17. Dezember um 22.30 Uhr verließ die *Seaforth Jarl* die Chedabucto-Bucht und begann bei guten Wetterbedingungen die Reise. Am nächsten Tag, dem 18. Dezember, hatte sich das Wetter gegen Mittag verschlechtert. Der Wind blies nun mit Bft 6–8 aus WNW, und die See ging höher. Als sich am späten Nachmittag der größte Teil der Besatzung einschließlich des Kapitäns in der Messe befand, rollte das Schiff gegen 17.55 Uhr nach Steuerbord und blieb mit einer Schlagseite von etwa 15° liegen. Es wurde festgestellt, daß die hintere Hälfte der an Deck gelagerten Ketten nach Steuerbord verrutscht war und einen Teil der Ladungsreling weggedrückt hatte.

Der auf Maschinenwache befindliche 3. Ingenieur wurde vom Kapitän beauftragt, einen Steuerbordtank zu lenzen, um das Schiff wieder aufzurichten. Als er sich nach hinten begab, sah er, daß Wasser von oben in den Zementladeraum eindrang. Die Lenzpumpe wurde eingeschaltet, und gemeinsam mit dem 2. Ingenieur versuchte der 3. Ingenieur, die wasserdichte Tür zwischen dem Maschinenraum und dem Zementladeraum hydraulisch zu schließen, was jedoch erst nach mehreren Versuchen gelang. Nach Rückkehr in den Maschinenraum sah der 2. Ingenieur, daß auch hier auf der Steuerbordseite Wasser von oben hereinfloß.

Mittlerweile hatte der Kapitän den 1. Offizier und den Leitenden Ingenieur beauftragt, die Ketten mit der Winde einzuholen und im Kettenkasten zu stauen. Aber die Winde schaffte dieses nicht, und das Schiff krängte nun etwa 45° nach Steuerbord. Der Versorger wurde daraufhin gestoppt, und der Kapitän ließ um 17.59 Uhr »Mayday« senden. Die Coast Guard-Funkstation St.Lorenz bestätigte sofort den Notruf. Auch antworteten mehrere Schiffe sowie das Coast-Guard-Rettungszentrum St. John's auf Neufundland.

Gegen 18.15 Uhr, als das Schiff quer zu den Wellen lag, rutschten die Ketten Steuerbord weiter, zerschlugen die Ladungsreling sowie Decksausrüstungen und Schanzkleid und fielen zum Teil über Bord. Die zwei Kettenenden waren noch an den Windentrommeln fest, und ein Teil der Ketten hatte sich um die Steuerbord-Maschinenraumluke neben dem Ladungsdeck geschlungen.

Jetzt wurde beobachtet, daß zusätzlich auch noch von hinten durch den Tunnel zwischen dem Rudermaschinenraum und dem Zementladeraum Wasser in den Zementladeraum eindrang. Der sofort unternommene Versuch, die beiden wasserdichten Türen an den Enden des Tunnels zu schließen, scheiterte.

Die *Seaforth Jarl* war praktisch »verankert«, denn zwei der über Bord gerutschten Ketten lagen in 45 m Tiefe auf dem Meeresboden und waren schiffsseitig um die Steuerbord-Maschinenraumluke geschlungen und an der Winde fest. Der Kapitän beauftragte drei Besatzungsmitglieder, die Ketten mit einem Schneidbrenner von der Winde zu trennen und wies die restliche Besatzung an, das Backbord-Rettungsfloß für das Vonbordgehen vorzubereiten. Die Ketten wurden zwar durch das Brennschneiden von der Winde gelöst, waren aber immer noch an der Maschinenraumluke fest. Die Luke konnte nicht mehr erreicht werden, da Seite Steuerborddeck durch die weiter zugenommene Krängung bereits ins Wasser tauchte.

Das Backbord-Rettungsfloß wurde zu Wasser gelassen und der Befehl zum Verlassen des Schiffes gegeben. Der Kapitän teilte dies in seinem letzten Funkspruch an das Ro/Ro-Schiff *Cavallo* um 19.15 Uhr mit, übermittelte die Koordinaten und informierte darüber, daß das Schiff wahrscheinlich in den nächsten Minuten sinken würde.

Etwa um 19.30 Uhr wurde die Verbindung zwischen Rettungsfloß und Schiff gelöst, und das Floß driftete ab. Alle elf Besatzungsmitglieder befanden sich mit angelegten Rettungsanzügen in dem Floß. Der Versorger hatte zu diesem

Zeitpunkt eine Steuerbord-Schlagseite von etwa 65°. Etwa zehn Minuten später sank er.

Inzwischen liefen drei Schiffe auf die Unglücksstelle zu. Der Wind hatte weiter an Stärke zugenommen und wehte mit einer Geschwindigkeit von 45-50 kn. Die Wellenhöhe betrug etwa sechs Meter und die Lufttemperatur -3° C.

Um 20.25 Uhr traf ein Flugzeug vom Typ de Havilland Buffalo ein und sichtete das besetzte Floß. Die *Cavallo* erreichte den Unfallort um 21.19 Uhr und blieb in der Nähe des Floßes. Mit relativ großem Freibord war es nicht gut geeignet für die Übernahme der Floßinsassen. Kurze Zeit später, um 21.26 Uhr, traf die *Arctik Shiko* ein, ein Schiffstyp, der dem Versorger ähnelte. Sie übernahm in der Zeit von 22.12 bis 22.22 Uhr alle elf Besatzungsmitglieder und brachte sie nach Halifax.

Die Untersuchung

Der Untergang des Versorgungsschiffes *Seaforth Jarl* wurde von einer Kommission der Kanadischen Coast Guard untersucht. In dem Untersuchungsbericht wird zunächst festgestellt, daß der ursprüngliche Kapitän des Versorgers nur zwei solcher Bohrinselketten während einer Reise transportieren wollte und dafür zusätzliches Zurrmaterial angefordert hatte. Nach dem eingetretenen Wechsel der Schiffsführung wurden dann jedoch drei Ketten an Bord genommen, wobei die vorhandenen Möglichkeiten der Stauung und Ladungssicherung nicht genutzt wurden.

Hätte man die 16 Ladungspfosten aufgestellt, so hätte man praktisch drei Bereiche auf dem Ladungsdeck gebildet, in die man je eine Kette hätte aufschichten können. Wenn ein Teil der Kettenladung in dem für solche Zwecke vorgesehenen Kettenkasten gestaut worden wäre, so wäre die Schichthöhe der an Deck zu fahrenden Ketten wesentlich geringer gewesen: Sie hätte etwa 0,30 m unterhalb der Höhe der Ladungspfosten gelegen.

Besonders hervorgehoben wurde, daß kein Verzurren und damit Sichern der Ketten gegen Verrutschen vorgenommen wurde, obgleich zusätzliches Sicherungsmaterial an Bord gebracht worden war. Zusammen mit dem schon vorher vorhandenen Zurrmaterial – unter anderem Ketten verschiedener Längen und Stärken – hätten die zu transportierenden Ketten an 12 Laschpunkten auf dem Ladungsdeck befestigt werden können.

Das Verrutschen der Ketten sei um so eher eingetreten, so wurde festgestellt, als der anhaftende Schlamm durch übergehende See eine Schmierung des Decks verursacht hätte.

Als die Kettenladung letztlich durch die Ladungsreling und das Schanzenkleid brach, Luft- und Peilrohre abriß, die Maschinenraumluke deformierte und dadurch an mehreren Stellen Löcher und Risse im Deck verursachte, hätte dies zu erheblichem Wassereinbruch geführt. Dieser sei durch die Steuerbord über Bord hängenden, aber an der Maschinenraumluke verschlungenen Ketten verstärkt worden, die das Schiff so gekrängt hätten, daß das Deck stark von der See überspült wurde. Der Wassereinbruch überschritt die Kapazität der Pumpen, so daß er nicht mehr wirksam durch Lenzen bekämpft werden konnte. Mindestens zwei wasserdichte Türen seien bei dem Unfall nicht geschlossen gewesen. Die Untersuchungskommission war der Auffassung, daß dies nicht in besonderer Weise zur Schlagseite und dem dann erfolgten Untergang beigetragen hätte, da das Wasser durch die Beschädigungen im Deck von oben in alle mittschiffs und hinten gelegenen Abteilungen eingedrungen sei.

Verwiesen wurde von der Kommission auch darauf, daß die Ladungsreling auf diesem Schiff sowie auch auf anderen Versorgern nicht für das Sichern der Decksladung entworfen sei. Die verbreitete Praxis, sich auf die Ladungsreling als Sicherung gegen das Übergehen schwerer Ladung zu verlassen, sei gefährlich.

Zusammenfassend wird im Untersuchungsbericht festgestellt, daß der ungesicherte Transport der Bohrinselketten zu starker Schlagseite, Beschädigung und letztlich zum Sinken des

Versorgers geführt habe. Das Nichtverzurren der schweren Ketten stelle sowohl einen Verstoß gegen Instruktionen und Vorschriften als auch gegen gute seemännische Praxis dar. In den Instruktionen der Reederei sei die Anweisung enthalten, beim Transport von Ketten diese im Kettenkasten zu fahren und nur den Rest an Deck zu stauen, wobei dieser restliche Teil sorgfältig zu laschen sei. Der kanadische Sicherheitscode für Decksladung mache den Kapitän dafür verantwortlich, daß jede Ladung an Deck gegen Verrutschen gesichert werde. Ferner sei auch in dem an Bord vorhandenen Stabilitätshandbuch nachdrücklich darauf hingewiesen, daß der Kapitän vor Antritt jeder Reise die zuverlässige Stauung und Zurrung der Ladung gewährleisten müsse, um sowohl Quer- als auch Längsverschiebungen durch das Schlingern und Stampfen des Schiffes im Seegang weitgehend zu vermeiden.

25. Ro/Ro-Fähre *Herald of Free Enterprise* mit offener Bugpforte ausgelaufen

Am 6. März 1987 ereignete sich in unmittelbarer Nähe des Hafens Zeebrugge (Belgien) ein schweres Fährunglück: Die unter britischer Flagge fahrende Ro/Ro-Fahrgastfähre *Herald of Free Enterprise* kenterte und sank kurz nach dem Auslaufen innerhalb weniger Minuten in dem flachen Wasser und riß 188 Menschen in den Tod.

Das 1980 fertiggestellte Ro/Ro-Fährschiff hatte eine Länge von 131,9 m und eine Vermessung von 7951 GT. Die Antriebsanlage mit 20.130 kW verlieh dem Schiff eine Geschwindigkeit von 22 kn. Die Fähre war für den Transport von Fahrzeugen und Personen auf der Strecke Dover (Großbritannien)-Calais (Frankreich) gebaut, wurde später aber auf der Fährlinie Dover-Zeebrugge (Belgien) eingesetzt. Die leistungsstarke Antriebsanlage, die von der Brücke gesteuert

wurde, ermöglichte eine rasche Beschleunigung des Schiffes und eine zügige Überfahrt. Sowohl das Hauptdeck als auch ein darüber liegendes Deck erstreckten sich als Fahrzeugdecks über die gesamte Schiffslänge. Im darüber liegenden Aufbau waren die Räume für die Fahrgäste angeordnet sowie die Brücke für die Schiffsführung. Unterhalb des Hauptdecks war der Schiffskörper durch 13 wasserdichte Schotten unterteilt.

Die nach vorn und hinten offenen Fahrzeugdecks wurden durch Pforten geschlossen, die in ihrer Festigkeit dem Vor- beziehungsweise Hinterschiff entsprachen. Die 6,0 m breite Bugöffnung wurde durch eine doppelte Anordnung von Pforten verschlossen, die 8,5 m breite Hecköffnung durch eine einfache. Die Pforten waren in der Mitte geteilt und wurden hydraulisch um senkrechte Achsen gedreht. Im geschlossenen Zustand wurde die Wasserdichtigkeit durch Gummidichtungen bewirkt. Die Sicherung der geschlossenen Pforten erfolgte durch ein System von ebenfalls hydraulisch betätigten Klammern und Klauen.

Die Fähre entsprach voll den nationalen und internationalen Vorschriften einschließlich dem »Internationalen Schiffssicherheitsvertrag SOLAS 1974«. Alle notwendigen Zertifikate waren gültig.

Die Havarie

Am 6. März 1987 wurde die *Herald of Free Enterprise* am Liegeplatz Nr. 12 in Zeebrugge abgefertigt. Während in den Häfen Dover und Calais die Rampen für die Ein- und Ausfahrt der Fahrzeuge so gestaltet waren, daß beide Fahrzeugdecks gleichzeitig bedient werden konnten, war dies im Hafen Zeebrugge nicht der Fall. Hier war nur eine Rampe vorhanden, die zum Ent- und Beladen nacheinander auf die Höhe der beiden Decks eingestellt werden mußte. Zum Abfertigen des oberen Decks war es notwendig, die mit dem Vorschiff im Fährbett liegende Fähre vorlastig zu trimmen, weil die Rampe sonst nicht hoch genug reichte. Das Vertrimmen erfolgte

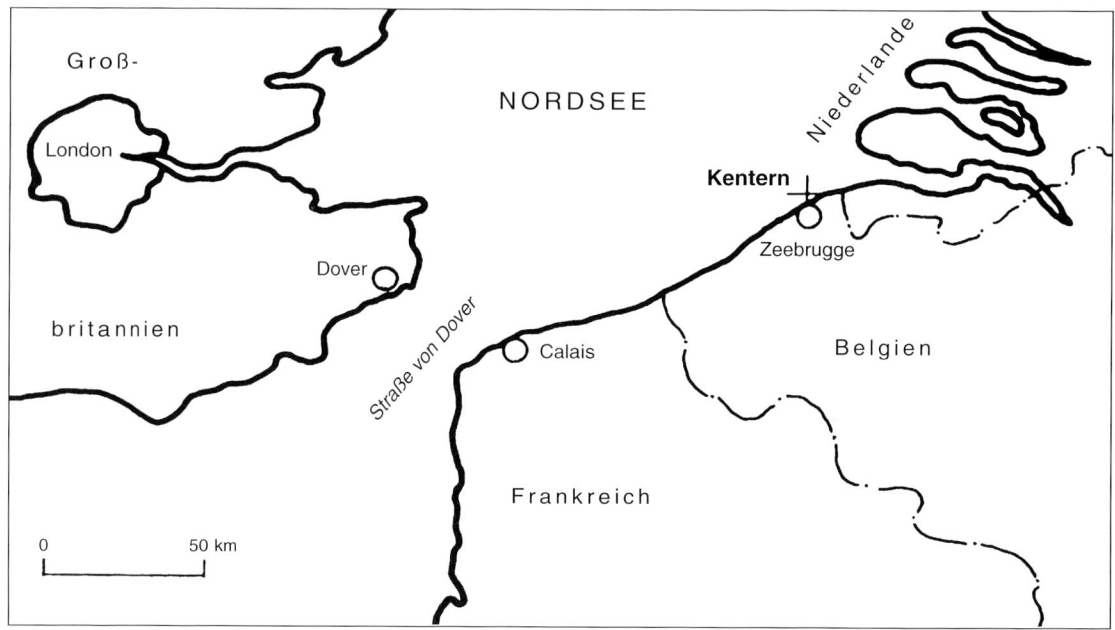

Die Position der *Herald of Free Enterprise* zum Zeitpunkt des Unglücks.

durch Fluten von zwei vorderen Ballasttanks mit einer Kapazität von insgesamt 310 Kubikmetern. Die zum Füllen und Lenzen der Ballasttanks eingesetzten Pumpen hatten mit 120 Kubikmetern pro Stunde keine sehr hohe Förderleistung.

Am Nachmittag des 6. März 1987 wurde zuerst das obere Fahrzeugdeck beladen, wobei die Fähre vertrimmt war. Als die Beladung dieses Decks abgeschlossen war, begann gegen 17.40 Uhr die Beladung des Hauptdecks. Gleichzeitig wurde mit dem Auspumpen der Ballasttanks begonnen. Als das Schiff später auslief, waren erst etwa 50 Kubikmeter Wasser aus den Tanks gelenzt, und die Fähre war daher mit 0,75 m vorlastig noch stark vertrimmt.

Die *Herald of Free Enterprise* hatte 81 Personenkraftwagen und 47 Trailer und andere Lastkraftwagen geladen. Die Anzahl der Fahrgäste betrug 459, die Gesamtzahl der Besatzung 80. Das Wetter an diesem Tag war gut. Es wehte eine leichte östliche Brise, und der Seegang war sehr gering.

Die Fähre verließ den inneren Hafen von Zeebrugge um 18.05 Uhr. Sie fuhr rückwärts aus dem Fährbett, drehte nach Steuerbord und nahm zunächst langsam Fahrt voraus in Richtung offene See auf. Nach fast 20 Minuten wurde um 18.24 Uhr die äußere Hafenmole passiert. Nun steigerte der Kapitän durch die Brückensteuerung die Leistung der Antriebsmaschinen, und die Geschwindigkeit der Fähre nahm rasch auf etwa 18 kn zu. Gleichzeitig stieg die Bugwelle am vorne tiefer eingetauchten Schiff immer höher und erreichte und überstieg bald das Hauptdeck. Normalerweise waren die Pforten nun längst geschlossen und dichteten das Schiff ab. Am Nachmittag dieses Tages waren jedoch beide Pforten im Vorschiff bei der Abfahrt nicht geschlossen worden.

Mit steigender Bugwelle strömte das Wasser durch das offene Bugtor in das untere Fahrzeugdeck. Das Vorschiff senkte sich dadurch noch tiefer, und der Wassereinbruch verstärkte sich. Durch die freie Wasseroberfläche verlor die Fähre rasch ihre Stabilität, und extrem schnell krängte sie auf etwa 30° Backbord. Immer mehr Wasser drang ein, und die Krängung nahm weiter zu: bis auf etwa 90°. Ungefähr eine Minute lang schwamm sie immer tiefer eintauchend auf ihrer Backbordseite. Dann berührte sie den hier noch flachen Seeboden und blieb auf der Seite liegen. Die Steuerbordseite ragte zur Hälfte der Schiffsbreite aus dem Wasser. Es war 18.28 Uhr. Der gesamte Kenter- und Sinkvorgang hatte nur vier Minuten gedauert.

Das Wasser in der halb untergetauchten Fähre stieg weiter, bis es das Niveau des umgebenden Wassers erreicht hatte. Die Generatoranlage war nicht mehr in Betrieb, auch die Notbeleuchtung war ausgefallen. Dunkelheit lag über der Unglücksstelle.

Das Wrack befand sich nur 1300 m von der Hafeneinfahrt entfernt. Der in der Nähe arbeitende Bagger *Sanderus* hatte das Kentern beobachtet. Er informierte sofort über UKW die Hafenbehörden von Zeebrugge, war der erste an der Unfallstelle und begann mit der Suche nach Überlebenden. In kurzer Zeit trafen zahlreiche weitere große und kleinere Schiffe sowie viele Boote und Fischereifahrzeuge zur Hilfeleistung ein. Später wurde festgestellt, daß insgesamt 32 Schiffe an der Rettungsaktion beteiligt waren. Um 19.10 Uhr war der erste Hubschrauber vor Ort, weitere folgten. Die ersten Taucher gingen um 19.25 Uhr an Bord des verunglückten Schiffes, zur Unterstützung trafen belgische und britische Taucherteams ein.

Die überlebenden Besatzungsmitglieder der gesunkenen Fähre, die selbst erst gerettet werden mußten, leisteten hervorragende Hilfe. Sie waren es, die zuerst begannen, die Fenster auf der Steuerbordseite der Fahrgasträume einzuschlagen und Seile und Leitern herabzulassen, um eingeschlossene Passagiere herauszuholen.

Die Rettungsmaßnahmen waren zeitweilig durch fehlende Beleuchtung sehr erschwert. Der Lärm der Hubschrauber machte die Sprachkommunikation an Bord der Fähre fast unmöglich. Hatten Reporter zunächst noch die Anweisung befolgt, die Fähre nicht zu betreten, so mußten sie später mit körperlicher Gewalt zurückgetrieben werden.

Gegen 23.30 Uhr war zu erkennen, daß die meisten Überlebenden aus Räumen oberhalb des Wasserniveaus im Schiff gerettet waren. Während noch weiter gesucht wurde, begannen die Taucher mit der Bergung der Toten.

Die letzten drei Überlebenden wurden um 01.15 Uhr am 7. März in der vorderen Kraftfahrerkabine gefunden. Nach 02.15 Uhr, als mehr Handlampen zur Verfügung standen, wurde die systematische Durchsuchung des Schiffes noch einmal verstärkt fortgesetzt. Die Hubschrauberflüge wurden eingestellt, um eventuelle Erwiderungen auf Hammerschläge hören zu können. Um 03.15 Uhr war die abschließende Suche nach

Die gekenterte und in flachem Wasser gesunkene Ro/Ro-Fahrgastfähre *Herald of Free Enterprise*.

Überlebenden beendet, und weitere Bergungsarbeiten wurden bis zum Beginn des Tageslichts ausgesetzt.

Bei dem katastrophalen Schiffsunglück, das in der Öffentlichkeit als spektakulärer Unfall viel Beachtung fand, hatten 150 Fahrgäste und 38 Besatzungsmitglieder ihr Leben verloren, viele weitere wurden verletzt. Auch Schiffahrtskreise waren außergewöhnlich aufgeschreckt und reagierten äußerst betroffen.

Die Untersuchung

Der britische Transportminister berief wenige Tage nach dem schweren Schiffsunfall eine Havariekommission und beauftragte sie mit der eingehenden Untersuchung des Unglücks. Die Verhandlungen wurden nach nur sieben Wochen Vorbereitungszeit am 27.April 1987 begonnen. Dies war eine sehr kurze Zeit in Anbetracht der vielen Augenzeugenberichte und Dokumente, die zusammengetragen, studiert und ausgewertet werden mußten.

Es waren zunächst die unmittelbaren Ursachen dafür zu klären, daß die Bugpforten beim Auslaufen aus dem Hafen Zeebrugge nicht geschlossen worden waren. Verantwortlich für die Bedienung der Tore war der Bootsmannsmaat. Dieser hatte die Tore bei der Ankunft in Zeebrugge geöffnet und dann die Aufsicht über Reinigungs- und Wartungsarbeiten übernommen. Nach Beendigung dieser Tätigkeit ging er in seine Kabine, legte sich auf die Koje und schlief ein. Das über die Lautsprecheranlage gegebene Kommando für die gesamte Besatzung »Alle Mann auf Hafenstation« überhörte er. Erst das spätere Kentern der Fähre warf ihn aus der Koje.

Eine nicht ganz klare Instruktion aus dem Jahre 1984 schrieb vor, daß derjenige Offizier, der die Beladung des unteren Fahrzeugdecks leitete, die Schließung der Bugpforten gewährleisten müsse. Auf diesem Deck wurde das Beladen mit Fahrzeugen an diesem 6. März vom 1. Offizier geleitet. Zwischenzeitlich wurde er vom 2. Offizier abgelöst, kehrte dann aber wieder

zurück. Der 2. Offizier fühlte sich damit von der Aufgabe als Ladungsoffizier wieder entlastet und begab sich auf den Platz, den er bei Hafenausfahrt einzunehmen hatte. Der 1. Offizier eilte nach Abschluß der Beladung sofort auf die Brücke, ohne sich von dem Schließen der Bugtore zu überzeugen. Er gab später an, einen Mann gesehen zu haben, von dem er annahm, es sei der Bootsmannsmaat, der die Tore schließen wolle. Aber er überzeugte sich nicht davon.

Die vorerwähnte Instruktion wurde allgemein so interpretiert, daß der Ladungsoffizier nur sehen müsse, ob jemand an der Steuerkonsole der Tore bereit stand. Diese Steuerkonsolen befanden sich auf dem unteren Fahrzeugdeck in unmittelbarer Nähe der Pforten.

Die unglückliche Kette der Ereignisse wurde dadurch geschlossen, daß der Kapitän ablegen ließ und die Überfahrt begann, ohne eine Meldung oder Information über das Schließen der Bugpforten erhalten zu haben. Er konnte von der Brücke aus nicht sehen, ob die Pforten offen oder geschlossen waren. Auch eine entsprechende Anzeige auf der Brücke gab es nicht. Der langerfahrene Kapitän hatte die Praxis verfolgt anzunehmen, es sei alles klar zum Auslaufen, wenn keine gegenteiligen Meldungen erfolgt waren. Diese erstaunliche Verfahrensweise wurde auch von anderen Fährkapitänen angewendet.

Die unmittelbare Ursache des verhängnisvollen Wassereinbruches sah die Untersuchungskommission in der vorgenannten Kette von Versäumnissen. Der Bootsmannsmaat hatte seine Pflicht zum Schließen der Bugpforten nicht wahrgenommen. Der 1. Offizier hatte sich nicht überzeugt, daß die Pforten geschlossen waren. Diese Unterlassung des 1. Offiziers wurde als grobe Fahrlässigkeit angesehen und von allen Versäumnissen als das schwerste gewertet. Auch wenn die anderen Fährkapitäne eine gleiche Vorgehensweise anwendeten, hätte sich der Kapitän der *Herald of Free Enterprise* vom Verschlußzustand überzeugen oder sich dieses mitteilen lassen müssen. Die Vernachlässigung dieser Pflicht hätte direkt zum Unfall beigetragen. Der Kapitän trage die persönliche Verantwortung für den Untergang des Schiffes, formulierte die Untersuchungskommission.

Zur Gewährleistung des durchgehenden Betriebes waren auf allen Fähren mehrere Kapitäne sowie Teams von Offizieren im Wechsel tätig. Einer dieser Kapitäne – auf der *Herald of Free Enterprise* waren es fünf – war als Senior-Kapitän für eine Koordinierung zwischen den verschiedenen Kapitänen und Offizierstteams zur Erzielung einer einheitlichen Betriebsweise der Fähren zuständig. Die Untersuchungskommission machte dem Senior-Kapitän der *Herald of Free Enterprise* den Vorwurf, die unzureichenden Instruktionen der Reederei ohne Widerspruch akzeptiert zu haben. Er hätte mit dazu beitragen müssen, daß klare Anweisungen über das Schließen der Pforten auf dem Hauptdeck herausgegeben und durchgesetzt werden.

Die Untersuchungskommission dehnte ihre intensiven Recherchen auch auf das Management der Fährschiffsreederei aus, die über eine Reihe von Fähren verfügte. Einige waren vom gleichen Typ wie die *Herald of Free Enterprise*. Es waren Schiffe der sogenannten »Spirit«-Klasse. Dieser Teil der Untersuchungen machte bald deutlich, daß das Reedereimanagement sich völlig ungenügend mit den Fragen der Sicherheit ihrer Schiffe beschäftigt hatte. So befaßten sich die Direktoren – darunter insbesondere der Technische Direktor und der für den Betrieb der Fähren verantwortliche Manager – nicht ernsthaft mit der Herausgabe und Durchsetzung richtiger und eindeutiger Instruktionen, der Klärung von Verantwortlichkeiten und der Lösung der verschiedensten Sicherheitsfragen. Im Bericht der Untersuchungskommission wird dafür eine lange Reihe von Beispielen angeführt, von denen hier nur einige dargestellt seien.

Wenn der 1. Offizier bei der Unglücksausreise am 6. März drei Minuten länger auf dem Hauptdeck verblieben wäre und sich von dem Verschlußzustand der Bugpforten überzeugt hätte, wäre die Katastrophe verhindert worden.

Aber die Offiziere fühlten sich zur Vermeidung von Verspätungen ständig unter Druck, den Hafen unmittelbar nach Abschluß der Beladung zu verlassen und sich dazu auf die Brücke zu begeben. In einer der Instruktionen der Reederei hieß es auch:

» Auslaufen

a) Der Wachoffizier beziehungsweise Kapitän sollte etwa 15 Minuten vor der Abfahrtzeit auf der Brücke sein; ...«

War der Wachoffizier gleichzeitig der für die Beladung des unteren Fahrzeugdecks verantwortliche Offizier, befand er sich in einer Konfliktsituation. Obwohl auf diese unhaltbare Instruktion hingewiesen, wurde sie vom Management nicht geändert.

Besonders folgenschwer war nachstehender Abschnitt einer Reederei-Instruktion:

» 01.09 Klar zum Auslaufen

Die Leiter der Bereiche (Deck-, Maschine-, Funk- und Versorgungsoffiziere) haben Mängel, die die Bereitschaft der Bereiche zum rechtzeitigen Auslaufen behindern, sofort dem Kapitän zu melden. Ergehen solche Meldungen nicht, kann der Kapitän annehmen, daß das Schiff in jeder Hinsicht klar zum Auslaufen ist.«

Auf dieser Instruktion basierte ja die Vorgehensweise des Kapitäns beim Auslaufen der Fähre. Bei richtiger Einschätzung und Wertung der Sicherheitsfragen hätte das Management in seine Instruktionen eine klare Weisung für das Schließen der Bug- und Heckpforten einbeziehen müssen. Diese wäre um so dringender gewesen, als sich bei der Untersuchung herausstellte, daß schon mindestens fünfmal Fähren dieser Reederei mit offenen Bug- oder Heckpforten ausgelaufen waren. Einige dieser Vorfälle waren dem Management bekannt.

Aber die Leitung der Reederei nahm insgesamt sehr wenig Notiz von den Vorschlägen ihrer Kapitäne. Die Direktoren trafen sich auch selten mit ihnen. So gab es eine Periode, in der über 2,5 Jahre lang keine offizielle Zusammenkunft von Management und Senior-Kapitänen stattgefunden hatte. Die Untersuchungskommission erfuhr insbesondere von vier Gebieten, bei denen die Beschwerden, Wünsche und Vorschläge der Kapitäne auf taube Ohren gestoßen waren:

a) Installation von Kontrolllampen auf der Brücke, die anzeigen, ob die Bug- und Heckpforten offen oder geschlossen sind.

b) Anordnung einer Anzeige des Schiffstiefgangs auf der Brücke.

c) Einbau einer hochleistungsfähigen Ballastpumpe, um die in Zeebrugge erforderliche vorlastige Vertrimmung schnell wieder beseitigen zu können.

d) Beseitigung des Zustandes, daß die Fähren in manchen Fällen mit einer die zugelassene Anzahl überschreitende Zahl von Fahrgästen ausliefen.

Die charakteristische Verhaltensweise des Management – wenn in diesem Fall vielleicht auch etwas extrem – zeigte sich in der Behandlung der unter a) genannten Problematik. Einer der Kapitäne der *Herald of Free Enterprise* hatte bereits im Juni 1985 ein Memorandum an das Management gerichtet, in dem zweckmäßige und vernünftige Vorschläge enthalten waren. Einer dieser Vorschläge bezog sich auf eine Brückenanzeige des Verschlußzustandes der Pforten und legte die Bedeutung einer solchen Anzeige für die Schiffsführung dar. Das Memorandum zirkulierte im Kreis der Direktoren, wobei um Kommentare gebeten worden war. Im Bericht der Untersuchungskommission des Fährunglücks sind diese Kommentare, die wahrscheinlich auf dem Memorandum vermerkt wurden, wörtlich wiedergegeben:

• »Brauchen sie eine Anzeige, die ihnen mitteilt, ob der Decksmann wach und nüchtern ist? Meine Güte!!«

• »Nett, aber bezahlen wir nicht schon jemanden?«

• »Ich nehme an, daß der Bursche, der die Pforten schließt, der Brücke mitteilen wird, wenn es ein Problem gibt.«

• »Hübsch!«

Im Bericht formulierte die Untersuchungskommission, daß diese Bemerkungen das Fehlen jeglichen Sinns für Verantwortung offenbaren. Wenn der Vorschlag des Kapitäns vom Jahre 1985 eine seriöse Behandlung erfahren hätte, könnte man annehmen, daß er ausgeführt und das schwere Unglück 1987 vermieden worden wäre. Auch später wurde ein solcher Vorschlag noch mehrmals gemacht, aber vom Management nicht aufgegriffen. Daß die Verwirklichung des Vorschlages nicht schwierig war, zeigte die Tatsache, daß die Fähren dieser Reederei nach dem Unglück innerhalb von Tagen mit solchen Kontrolllampen auf der Brücke ausgerüstet wurden.

Zusammenfassend kam die Untersuchungskommission zu der Auffassung, daß das fehlerhafte Verhalten der Fährschiffsreederei zu den Ursachen der Katastrophe beigetragen habe.

Die Kommission untersuchte nicht nur die Umstände und Ursachen des Kenterns der *Herald of Free Enterprise*, sondern dehnte ihre Betrachtungen auch darauf aus, welche Schlußfolgerungen für die Weiterentwicklung der Sicherheit von Ro/Ro-Fährschiffen zu ziehen seien. Dabei wurden die Maßnahmen in solche unterteilt, die sofort verwirklicht werden müßten, in weitere, die in naher Zukunft zu realisieren seien, und in eine letzte Gruppe, die der längerfristigen Bearbeitung zur Weiterentwicklung des Entwurfes von Ro/Ro-Fähren bedürften.

Zu den kurzfristig zu lösenden Maßnahmen wurde die Einführung von Brückenanzeigen für den Verschlußzustand der Pforten und für die Schiffstiefgänge vorn und hinten genannt. Fernsehkameras sollten den Zustand an gefährdeten Stellen wie Fahrzeugdecks, Pforten, Maschinenraum und dergleichen beobachten und auf Monitore auf der Brücke übertragen. Ferner müßte eine Lösung gefunden werden, die genauere Angaben über das Gewicht der an Bord rollenden Fahrzeuge ermögliche. Eine Notbeleuchtung auf Grundlage von Batterien sei vorzusehen, um bei Ausfall der Generatoren einschließlich der Notgeneratoren eine Mindestbeleuchtung der Fluchtwege zu gewährleisten. Die Anordnung der Fluchtwege müsse neu durchdacht werden, um bei den verschiedensten Arten von Havarien das Schiff sicher verlassen zu können. Quergänge wurden bei dem 90°-Kentern der *Herald of Free Enterprise* zu senkrecht in die Tiefe führende Schächte. Hier müßte eine Lösung zur Überwindung solcher Schächte gefunden werden, zum Beispiel durch Anordnung von Leitersprossen in den Quergängen oder aber durch Brücken, die im Bedarfsfalle die Schächte überdecken.

Die Verbesserung der Stabilitätsinformationen für die Schiffsführung wurde als mittelfristige Aufgabe angesehen. Es seien die verschiedenen bug- und hecklastigen Vertrimmungszustände mit einzubeziehen einschließlich solcher, die vorübergehend beim Beladen und Entladen der Ro/Ro-Fähren entstehen.

Als längerfristige Aufgabe wurde vor allen Dingen die Verbesserung der Schwimmfähigkeit und Stabilität von Ro/Ro-Fahrgastfähren im Leckfall gesehen. Die wasserdichten Querschotte reichen nur bis zum unteren Fahrzeugdeck. Dringt Wasser durch ein Leck in der Außenhaut oder andere Umstände (Beschädigung der Pforten) auf dieses Deck, das ohne Unterteilung über die ganze Schifflänge reicht, verliert das Schiff seine Stabilität. Es müßten also – beispielsweise durch Anordnung von festen oder flexiblen Schotten – Wege gefunden werden, das Deck zu unterteilen und damit eine eventuelle Überflutung auf Teilbereiche zu beschränken. Auch eine Vergrößerung des Freibords im Vergleich zu anderen Fahrgastschiffen sei zu überlegen. Ferner sei die Problematik der Rettungseinrichtungen der Ro/Ro-Fähren eingehend zu prüfen. Dabei sei davon auszugehen, daß diese Schiffe eine große Zahl von Fahrgästen befördern, für die im Gefahrenfall ein schnelles Vonbordgehen notwendig sei.

Was die Reederei betrifft, zu der die *Herald of Free Enterprise* gehörte, so wurde im Mai 1987 ein neuer Direktor für den Verantwortungsbereich Navigation und Sicherheitsfragen berufen. Dieser hatte schon während der Verhandlungen über den Unfall der *Herald of Free Enterprise* wiederholt Vorstellungen über die zukünftige Arbeit des Management der Reederei geäußert. So war die Untersuchungskommission sicher, daß zukünftig in der Tätigkeit der Reederei gelten würde:

- Klare und präzise Anweisungen
- Strikte Disziplin
- Jederzeit Beachtung aller Sicherheitsfragen
- Wirksame Kommunikationskanäle zwischen Schiff und Land
- Klare Management- und Anweisungsstruktur.

Der tragische Kenterunfall der *Herald of Free Enterprise* und die Vorschläge der Untersuchungskommission veranlaßten die IMO, sich noch im gleichen Jahr mit der Sicherheit von Ro/Ro-Fähren zu befassen und neue Forderungen und Regeln auszuarbeiten. Diese Überlegungen wurden nach erneuten schwersten Unfällen mit Ro/Ro-Fahrgastfähren in den darauffolgenden Jahren intensiv fortgesetzt.

26. Papierrollen versenken Ro/Ro-Schiff *Vinca Gorthon*

Das schwedische Ro/Ro-Schiff *Vinca Gorthon* erlitt am 28. Februar 1988 vor der holländischen Küste durch Verrutschen der Ladung in rauher See eine schwere Schlagseite, kenterte und sank am nächsten Tag. Die 16köpfige Besatzung konnte vollständig gerettet werden.

Das Ro/Ro-Schiff *Vinca Gorthon* sowie ein Schwesterschiff waren speziell für den Transport von Papier zwischen den Werken des Herstellers und den Verbrauchern projektiert. Es wurden dafür Rolltrailer benutzt, die in den Papierwerken vorwiegend mit Papierrollen beladen und dann an Bord gebracht und gesichert wurden. Das Be- und Entladen des Schiffes wurde über eine Heckrampe vorgenommen, die einen gleich-

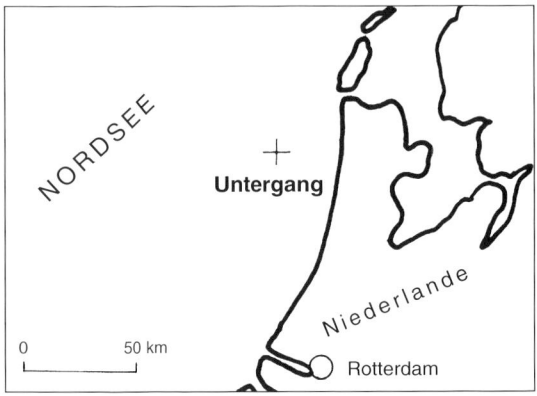

Die Position der *Vinca Gorthon* zum Zeitpunkt des Unglücks.

zeitigen Zwei-Wege-Verkehr zuließ. Das Schiff hatte drei vollgeschlossene Fahrzeugdecks und ein offenes Wetterdeck, die durch Rampen miteinander verbunden waren. Es war 166 m lang, wies eine Vermessung von 18.773 GT und eine Antriebsleistung der beiden Dieselmotoren von insgesamt 8200 kW auf, die auf einen Verstellpropeller wirkten und der *Vinca Gorthon* eine Dienstgeschwindigkeit von 16,5 kn verliehen. Ein Bug- und ein Heckstrahlruder verliehen dem Schiff eine hohe Manövrierfähigkeit.

Auch die Ausrüstung entsprach modernsten Anforderungen. Eine kombinierte Krängungsausgleichs- und Schlingerdämpfungsanlage gewährleistete beim Laden und Löschen eine aufrechte Lage des Schiffes und im Seegang eine Dämpfung der Rollbewegungen. Mit Hilfe eines Ladungsrechners konnten für jeden Beladungszustand Tiefgang, Trimm, Stabilität, Biegemoment und andere für den Schiffsbetrieb wichtige Werte sofort ermittelt werden. Das Schiff war erst am 1. Mai 1987 in Dienst gestellt worden.

Die Havarie

Die *Vinca Gorthon* war vor ihrer letzten Reise in Husum und Oskarsham (Südschweden) beladen worden. Die Rolltrailer wurden vom Papierhersteller wie üblich mit aufrecht auf dem glatten Trailerboden stehenden Papierrollen bela-

den. Auf einige Rolltrailer wurden auch Kisten mit Papier in Blattform geladen. Die offenen Rolltrailer wiesen keine Seitenborde auf, sondern bestanden praktisch nur aus einem glatten Wagendeck. Die Sicherung erfolgte durch Winkelschienen, die oben seitlich über die Papierrollen gelegt und von Gurten aus Terylen-Gewebe überspannt wurden. Die auf die Decks des Schiffes gezogenen und in sieben Spuren angeordneten Trailer wurden von der Schiffsbesatzung an Bord gelascht. Dieses erfolgte ebenfalls durch Gurte, die durch Spannvorrichtungen an den Decksklampen gezogen und überkreuz an den Trailern befestigt wurden. Die Spannvorrichtungen wurden durch pneumatische Werkzeuge betätigt.

Nach Abschluß der Beladung in Oskarsham befanden sich in den drei geschlossenen Decks 149 40-Fuß-Trailer und 21 20-Fuß-Trailer, auf dem Wetterdeck 7 20-Fuß-Container und 5 Tankeinheiten. Die gesamte Ladung belief sich auf 8493 t.

Am 26. Februar 1988 verließ die *Vinca Gorthon* Oskarsham und begann die Reise, die nach verschiedenen Häfen Westeuropas gehen sollte. Die Fahrt führte zunächst durch den Nord-Ostsee-Kanal, der am 27. Februar um 22.15 Uhr bei Brunsbüttel verlassen wurde. Im weiteren Verlauf der Reise wurde schließlich auf der Nordsee ein Kurs von 235° gelaufen.

Das Wetter hatte sich verschlechtert, es wehte ein NW-Wind mit Stärken in Böen von 8–10 Bft. Der Winddruck verursachte eine Backbord-Krängung des Schiffes von etwa 3°. In dem zunehmenden Seegang rollte die *Vinca Gorthon* zwischen etwa 10° Backbord und 4° Steuerbord. Die Schlingerdämpfungsanlage wurde nicht in Betrieb genommen, da der Kapitän der Auffassung war, daß die Wirkung in dem unregelmäßigen Seegang zweifelhaft sei.

Als am 28.Februar der 1. Offizier und ein Wachoffizier auf der Brücke waren, hörten sie gegen 15.35 Uhr einen dumpfen Schlag. Sie konnten sich diesen Schlag nicht erklären und beauftragten einen Decksmann, nach der Ladung zu sehen.

Der 1. Offizier ging für wenige Minuten zum Kapitän in die Kabine. Dann eilte er zum Lift, um runterzufahren und die Ladung selbst zu prüfen. Während er in der Lifttür stand, ging ein Ruck durch das Schiff, und es holte außergewöhnlich stark nach Backbord über. Der 1. Offizier eilte wieder auf die Brücke.

Der Bootsmann ruhte zu dieser Zeit in seiner Kabine und hörte den dumpfen Schlag. Er kleidete sich an und fuhr mit dem Lift in das Oberdeck. Hier sah er zunächst einen um etwa 20° gegen die Schiffswand gekippten Trailer. Einen Augenblick später fielen Papierrollen von einem anderen Trailer. Das Schiff krängte mehr und mehr nach Backbord, und plötzlich begann, wie er später aussagte, »alles gleichzeitig zu kippen«. Nach Feststellung des Wachoffiziers krängte das Schiff 3-5 Minuten nach dem dumpfen Schlag 20°–25° nach Backbord. Es kam wieder zurück auf 5°–10° und begann dann langsam wieder nach Backbord auf eine Schlagseite zwischen 35°–45° überzuholen.

Der Leitende Ingenieur und der 2. Offizier arbeiteten zu dieser Zeit am Kessel. Als die Krängung zunahm, ging der 2. Ingenieur zur Tür in den benachbarten Laderaum, öffnete diese und ging einen Schritt hinein. Er stolperte und rutschte über das gesamte Deck bis an die Backbord-Wandung. Er sah nun, daß die Ladung vollständig verrutscht war und an der Backbordseite lag.

Als der 1. Offizier nach dem Überholen des Schiffes wieder auf die Brücke kam, legte er das Ruder auf »Hart Steuerbord« – offensichtlich, um den seitlichen Winddruck auf das Schiff zu verringern. Während das Schiff drehte, nahm die Krängung um 5°–10° zu, und er las am Neigungsmesser eine Schiffsneigung von 45° ab. Die Situation wurde von ihm nun als so ernst eingeschätzt, daß er einen Notruf über Funk absetzte. Dieser wurde gegen 15.50 Uhr von zahlreichen Schiffen empfangen.

Kurz nach dem Drehen des Schiffes fiel eine der beiden Hydraulikpumpen aus, die die Rudermaschine betätigten. Nach weiteren 40 Minuten fiel auch die andere Pumpe aus, und das Ruder blieb in Steuerbord-Stellung liegen. Nun wurde die Antriebsanlage des Schiffes gestoppt. Auf der Brücke schätzte man, daß die Schlagseite 50°–55° betrage.

Die Schiffsführung überlegte, ob man die Krängung mit Hilfe des Ballast-Systems reduzieren könne. Dies konnte jedoch nur vom Hauptdeck eingeleitet werden, was bei der derzeitigen Situation als zu gefährlich angesehen wurde. Der Kapitän entschied daraufhin, daß das Schiff verlassen werden sollte.

Es war nicht leicht, die Besatzung zusammenzuholen. Dem im Oberdeck befindlichen Bootsmann gelang es, durch den Steuerbord-Notausgang das Wetterdeck zu erreichen, die Back-

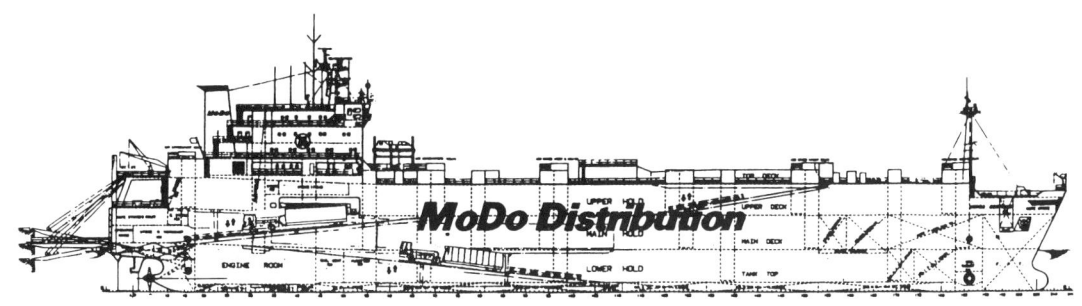

Seitenansicht des Ro/Ro-Schiffes *Vinca Gorthon*.

bordseite war komplett durch die Ladung blockiert. Bei der starken Schlagseite war es sehr schwierig, in das Deckshaus und dann auf das Brückendeck zu gelangen. Einige Männer kletterten außen an einem Feuerlöschschlauch hoch. Der 2. Ingenieur hatte sich an einem Bein verletzt. Mehrere Besatzungsmitglieder bildeten liegend eine Kette und zogen ihn auf der Steuerbordseite des Brückenhauses hoch. Der Koch steckte in einer Ecke der Kombüse und wurde mit großer Mühe auf das Brückendeck gebracht. Nun waren alle versammelt und hatten Rettungswesten angelegt.

Man kam zu dem Schluß, daß es bei der erheblichen Schlagseite unmöglich wäre, die Rettungsboote zu Wasser zu bringen. Es wurde daher entschieden, die beiden 15-Mann-Rettungsflöße klar zu machen. Das erste Floß fiel dabei über die Reling auf das darunterliegende Deck und konnte nicht mehr verwendet werden. Das zweite Floß wurde an Deck aufgeblasen, fiel in die See und geriet unterhalb des Schiffes außer Sicht.

Daraufhin wurde erneut über UKW Hilfe angefordert. Das herbeigeeilte niederländische Schiff *Neptunus* empfahl, Hubschrauberhilfe zu erbitten, da es bei dem herrschenden Seegang nicht helfen könne.

Der Kapitän forderte nun Hubschrauberunterstützung an, insbesondere für den Transport des verletzten 2. Ingenieurs. Der erste Helikopter traf gegen 16.30 Uhr ein. Beim Bergungsversuch geriet jedoch das Windenseil in den Rotor, und der Hubschrauber mußte auf einer nahegelegenen Ölplattform notlanden. Ein zweiter Hubschrauber traf 20 Minuten später ein und begann mit der Evakuierung der gesamten Besatzung. In mehreren Flügen wurde diese auf das in der Nähe wartende Schiff *Stride* gebracht. Um 18.45 Uhr wurde die letzte Gruppe, zu der unter anderem der Kapitän und der 1. Offizier gehörten, gerettet.

Als die letzten die *Vinca Gorthon* verlassen hatten, war Dunkelheit eingetreten. Die Stromversorgung an Bord war noch in Betrieb, die Lichter waren eingeschaltet, das Schiff trieb südwärts.

Übereinander gestapelte Papierrollen auf Trailern

Die Niederländische Küstenwache beobachtete das Ro/Ro-Schiff. In dem Seegebiet befanden sich große Öl- und Gasfelder mit Bohrplattformen, so daß die Gefahr bestand, daß das Schiff mit einer Plattform kollidieren könnte. Gegen 19.15 Uhr wurde sogar beraten, ob die niederländische Marine die *Vinca Gorthon* versenken solle.

Ein Hubschrauber hatte Seeleute von einem herbeigeeilten Bergungsschlepper an Bord, die offensichtlich versuchen sollten, eine Schleppverbindung zwischen der *Vinca Gorthon* und dem Bergungsschiff herzustellen. Es gelang jedoch nicht, die Seeleute auf dem Ro/Ro-Schiff abzusetzen.

Das Schiff sank langsam. Um 00.03 Uhr war das Hinterschiff mit der Rampe unter Wasser. Für die Ölplattformen bestünde keine Gefahr mehr, wurde mitgeteilt. Der Bergungsschlepper berichtete um 04.29 Uhr, daß die *Vinca Gorthon* deutlich tiefer läge. Am 29. Februar 1988 um 07.30

Auf der *Vinca Gorthon*: Sicherung der Papierrollen auf den flachen Trailern durch Winkelschienen und darübergespannte Gurte (Laschung der Trailer ist noch nicht erfolgt).

Uhr war sie vollständig unter Wasser verschwunden, Position 52°46' N, 04°12' O, dicht vor der niederländischen Küste. Taucher stellten kurze Zeit nach dem Sinken fest, daß das Schiff mit 130° Schlagseite auf dem Meeresboden lag.

Die Untersuchung

Die schwedische Regierung ordnete die Bildung einer Kommission zur Untersuchung des Unfalls und seiner Ursachen an, die ihre Tätigkeit am 2. März 1988 aufnahm.

Es wurde festgestellt, daß das Schiff ordnungsgemäß besetzt war. Die Qualifikation von Offizieren und Mannschaften entsprach den Vorschriften; alle verfügten über ausreichende Erfahrung, auf diesem speziellen Schiffstyp waren sie allerdings erst seit relativ kurzer Zeit tätig.

Eingehende Stabilitätsbetrachtungen sowohl für das Schiff in ruhigem Wasser als auch im Seegang waren unter der Voraussetzung einer nicht verrutschten Ladung vollauf zufriedenstellend. Technische Defekte zu Reisebeginn wurden nicht festgestellt, so daß dem Schiff die volle Seetüchtigkeit bestätigt wurde.

Der kritische Punkt jedoch waren die Ladung und ihre Sicherung. Hierzu veranlaßte die Kommission detaillierte theoretische und praktische Untersuchungen. In umfangreichen Computerberechnungen wurden zunächst die Bewegungen und Beschleunigungen des Schiffes abhängig von dem Wellenspektrum mit unterschiedlichen Wellenhöhen ermittelt. Durch die Schlingerbewegungen des Schiffes wirkten erhebliche Querbeschleunigungen und damit Querkräfte auf die senkrecht stehenden Papierrollen. Bei dem Seegang, der vor und während des Unfalls herrschte, so wurde ermittelt, würden die Papierrollen ohne Sicherung bei einer Querneigung von etwa 15° kippen. Aber auch die praktizierte Laschung durch die über die Papierrollen

Untergang des Ro/Ro-Schiffes *Vinca Gorthon* vor der niederländischen Küste nach Verrutschen der Ladung: 26° Schlagseite

gespannten und fest angezogenen Gurte hatte nur eine sehr begrenzte Wirkung. Selbst bei ordnungsgemäßem Spannen der Gurte wurde die Standsicherheit der Rollen nur um etwa 30 Prozent erhöht, mithin erhöhte sich der Beginn des Kippens der Papierrollen auf den Trailern von 15° Schiffskrängung nur um 5° auf 20°. Läßt die Spannung der Gurte durch die ständigen Bewegungen des Schiffes nach, würde sich der Kippwinkel von 20° wieder verringern.

Die gleiche geringe Wirkung der Sicherung durch die Gurte wurde für die Laschung der Trailer auf den Decks ermittelt. Berechnungen und praktische Versuche stimmten sowohl für die Papierrollen als auch für die Trailer gut überein.

Die vorgenannten Werte beziehen sich auf Mittelwerte des Seegangs vor und während des Unfalls. Einzelne höhere Wellen können sogar zu noch geringeren Kippwinkeln geführt haben.

So wird bei dem Unfall das erste Kippen eines einzelnen Trailers (»dumpfer Schlag«) relativ früh eingetreten sein. Bei der kurze Zeit später eingetretenen Backbord-Krängung von 20°–25° wird die gesamte Ladung nach Backbord verrutscht sein, was sowohl die Beobachtungen des Bootsmannes und des 2. Ingenieurs als auch die dann eingetretene Schlagseite von 35°–45° bestätigen. Die Berechnungen zeigten, daß bei statischen Bedingungen (kein Seegang) das krängende Moment infolge der verrutschten Ladung zu einer Schlagseite von 36° führen würde.

Bei der vorhandenen Schlagseite von 35°–45° und dem herrschenden Seegang wird zumindest zeitweilig Wasser über Lüfter in den Pumpenraum der Rudermaschine eingedrungen sein, was zunächst zum Ausfall der Backbord- und dann der Steuerbord-Hydraulikpumpe führte. Dieser Vorgang wird beschleunigt worden sein durch das schnelle Ruderlegen nach Steuerbord durch den 1. Offizier, wodurch die Backbord-Krängung um 5°–10° vergrößert wurde. Vom Pumpenraum wird das Wasser durch eine fast stets offene Tür auf das Hauptdeck geflossen sein. Mit zunehmender Schlagseite drang Wasser durch weitere,

160

Die *Vinca Gorthon* mit 40° Schlagseite

höher gelegene Lüftungsrohre ein, was letztlich zum Sinken der *Vinca Gorthon* führte.

Als Ursache des Kenterns wurde damit eindeutig sowohl die ungenügende Sicherung der Papierrollen auf den Trailern als auch der Trailer auf den Decks festgestellt.

Die Kommission vertrat die Auffassung, daß die Rettung der Besatzung durch den niederländischen Hubschrauber in vorbildlicher Weise erfolgte. Bei der rauhen See und dem heftigen Wind wäre der Ausgang von Rettungsversuchen durch die in der Nähe befindlichen Schiffe *Neptunus* und *Strid*e sehr ungewiß gewesen.

Die Kommission behandelte auch die Frage, ob es notwendig gewesen sei, das Schiff zu einem so frühen Zeitpunkt zu verlassen. Es sank ja erst 16 Stunden nach dem Verrutschen der Ladung. Zog man alle Umstände in Betracht, daß es unter anderem sehr schwierig sei, den Zeitpunkt des Sinkens vorherzusehen, daß der Helikoptertransport zur Verfügung stand und der Einbruch der Dunkelheit in Kürze zu erwarten war, wurde die Entscheidung des Kapitäns im Interesse der Sicherheit der Besatzung für richtig gehalten.

27. *MS Capitaine Torres* in schwerem Sturm gesunken

Das in Vanuatu (Inselrepublik im südwestlichen Pazifik) registrierte Motorschiff *Capitaine Torres* sank am 8. Dezember 1989 in einem schweren Sturm im St.-Lorenz-Golf, Kanada. Von seiner 23köpfigen Besatzung wurde niemand gerettet. Durch umfangreichen Sprechfunkverkehr mit Landstationen, Schiffen und einem Flugzeug sind jedoch die Vorgänge auf dem Schiff während der letzten Stunden bis unmittelbar vor dem Untergang bekannt.

Der 1978 gebaute Mehrzweckcontainer-Frachter hatte eine Länge von 117 m, eine Tonnage von 6393 GT und eine Leistung der Hauptmaschine von 4413 kW. Maschinenanlage und Aufbau mit

161

Brücke und Unterkünften befanden sich hinten, davor waren die drei Laderäume mit Stahllukendeckeln angeordnet.

Das Frachtschiff hatte früher den Namen *Sunny Isabella* getragen und war dann vom Reeder verkauft worden. Die neuen Eigner übernahmen das Schiff unter dem Namen *Capitaine Torres* im Oktober 1989 in Emden, die Besatzung wurde ebenfalls in Emden ausgewechselt und machte sich dort mit dem Schiff vertraut. Die Informationen über die Zeitdauer, die dem neuen Maschinenpersonal für die Übernahme vom alten Personal zur Verfügung stand, sind widersprüchlich. Eine Information besagt, daß diese Zeit nur fünf Stunden betragen habe, eine andere gibt an, daß sieben Tage zur Verfügung gestanden hätten. Während der Liegezeit in Emden wurde das Schiff auch von der Klassifikationsgesellschaft besichtigt, die sowohl das Klasseattest als auch die Internationalen Sicherheitszeugnisse verlängerte beziehungsweise unter dem Namen *Capitaine Torres* neu herausgab und damit die Seetüchtigkeit bestätigte.

Die Havarie

Das Schiff verließ Emden in Ballastfahrt am 28. Oktober 1989 mit dem Ziel Illinois am Michigansee (USA). Während der Reise über den Nordatlantik, durch den St.-Lorenz-Seeweg und die Großen Seen traten Maschinenprobleme auf, die den Frachter mindestens einmal veranlaßten, wegen einer Reparatur auf See zu stoppen. So mußte unter anderem ein Grundlager der Hauptmaschine ausgewechselt werden. Am 18. November erreichte die *Capitaine Torres* den Hafen von Illinois.

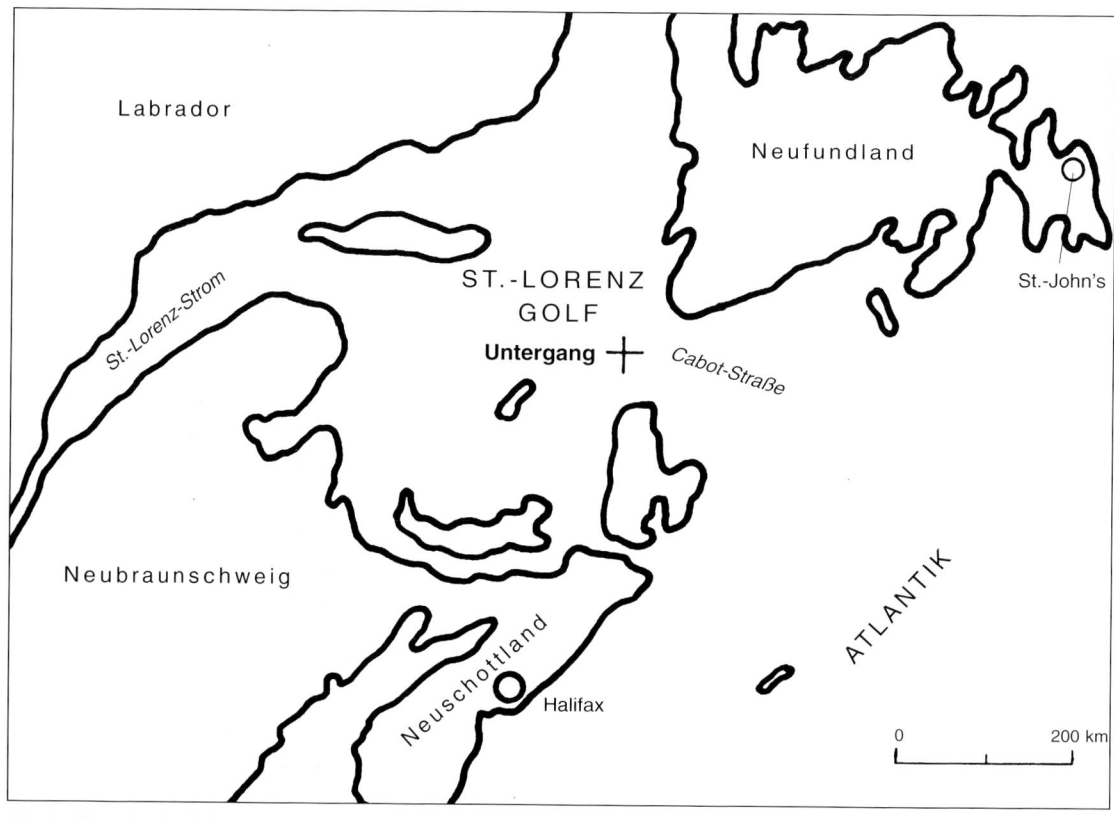

Die Position der *Capitaine Torres* zum Zeitpunkt des Unglücks.

Während das Schiff beladen wurde, führte die Besatzung Reparatur- und Wartungsarbeiten an der Maschinenanlage durch. Die Zylinderköpfe der Hauptmaschine wurden überholt sowie Probleme mit Luftverdichtern und Schmieröl-pumpen beseitigt.

Die zu übernehmende Ladung bestand aus zahlreichen Teilen für ein Stahlwerk, die in Holzverschlägen, Kisten und Containern sowie auf Paletten verpackt waren. Auch größere unverpackte Teile waren dabei. In den Laderäumen unter Deck wurden die Ladungsarbeiten unter Leitung der Schiffsoffiziere und eines Ladungsaufsehers von den Arbeitern einer Stauerei ausgeführt. Die Sicherung gegen Verrutschen wurde in üblicher Weise durch Bohlen, Stauhölzer, Draht- und Kettenlaschings vorgenommen. Jeder Laderaum wurde, so gut wie es die verschiedenen Verpackungen und Einzelstücke erlaubten, bis zu den Lukensüllen vollgestaut.

Auch an Deck wurde Ladung übernommen, die aus drei transportablen Kontroll- und Steuerräumen des Stahlwerks und neun Containern sowie zahlreichen nichtverpackten Teilen bestand. Die Sicherung dieser Ladung durch Draht, Drahtseile und Ketten führte die Schiffsbesatzung selbst aus.

Die *Capitaine Torres* verließ Illinois am 26. November mit dem Ziel Taiwan. Während der zehntägigen Fahrt unter Lotsenberatung durch die Großen Seen und den St.-Lorenz-Seeweg nach Quebec mußten mehrfach Reparaturen an den Luftverdichtern vorgenommen werden.

Das Anlassen der Hauptmaschine wurde auf der *Capitaine Torres* wie üblich mit Druckluft vorgenommen. Sollte die Maschine von »Voraus« auf »Zurück« umgesteuert werden, wurde sie zunächst gestoppt und dann erneut mit geänderter Drehrichtung angelassen – das gleiche galt umgekehrt bei Umsteuerung von »Zurück« auf »Voraus«. Die Versorgung mit Druckluft erfolge aus zwei Luftflaschen mit je 3000 Liter Inhalt, die nach einem bestimmten Druckabfall von den Luftverdichtern wieder aufgefüllt wurden. Mußten wiederholt Umsteuerungen vorgenom-

men werden, war die einwandfreie Funktion der Luftverdichter unabdingbar.

Die Bedienung der Hauptmaschine konnte entweder mit einer pneumatischen Fernsteuerung von der Brücke aus erfolgen oder nach von der Brücke übermittelten Kommandos im Maschinenkontrollraum. Nach Abfahrt von Illinois und Fahrt mit Lotsenberatung wurde die Hauptmaschine vom Maschinenkontrollraum gefahren, da die Fernsteuerung von der Brücke angeblich defekt war.

Es wurde berichtet – offensichtlich von Lotsen –, daß das Wiederanlassen der Hauptmaschine nach einem Stoppen 5–8 Minuten gedauert habe, wahrscheinlich zurückzuführen auf zu geringe Anlaßluft. Die Schiffsführung mußte daher bei den Manövern in den Schleusen des St.-Lorenz-Seeweges äußerst vorsichtig sein.

Am Nachmittag des 6. Dezember verließ der letzte Lotse bei Quebec das Schiff. Nun wurde das Mündungsgebiet des St.-Lorenz-Stromes durchfahren, und dann führte die Reise in den St.-Lorenz-Golf in Richtung Cabot-Straße.

Als Quebec verlassen wurde, war ruhiges Wetter, aber die Wettervorhersage berichtete über ein sich verstärkendes Tiefdruckgebiet, das sich von Westen dem St.-Lorenz-Golf nähere. Am 6. Dezember, 16.00 Uhr, wurde eine Sturmwarnung verbreitet, die für den nächsten Tag Nordweststurm mit Windgeschwindigkeiten von 50–55 kn vorhersagte.

Wie von der Verkehrsüberwachung der kanadischen Küstengewässer gefordert, hielt die *Capitaine Torres* zunächst Funkkontakt mit dem VTS-Zentrum St.-Lorenz-Schiffahrtsweg. Am 7. Dezember hatte sie um 00.13 Uhr die östliche Grenze dieses Bereiches erreicht und teilte mit, daß sie die nächste Meldeposition, dann VTS-Bereich Ostkanada 280 sm weiter östlich, am 7. Dezember gegen 22.00 Uhr erreichen werde. Das war eine Position, die das Schiff jedoch nie erreichte.

Um 19.36 Uhr des 7. Dezember führte die *Capitaine Torres* ein UKW-Gespräch mit der kanadischen Coast-Guard-Funkstation Sydney

(Neuschottland). Sie teilte darin mit, daß sie von der Decksladung die drei transportablen Kontroll- und Steuerräume verloren hätte und ihre Hauptmaschine zwecks Reparaturarbeiten für voraussichtlich etwa drei Stunden stoppen müsse. Auch mit den Luftverdichtern seien Probleme aufgetreten. Der starke Seegang verursache heftige Roll- und Stampfbewegungen des Schiffes und habe durch Verrutschen auch anderer Decksladung zu einer Backbord-Schlagseite von 2° geführt.

Die Funkstation Sydney leitete diese Mitteilung sofort an die Rettungsleitstelle Halifax (Neuschottland) weiter, die ihrerseits das Schiff *Sir Wilfred Grenfell* der Küstenwache in Port-aux-Basques (Neufundland) informierte. Die *Capitaine Torres* befand sich zu diesem Zeitpunkt etwa 34 sm nördlich des Nordkaps von Neuschottland. Ab 19.55 Uhr bestand ein ständiger UKW-Kontakt zwischen *Capitaine Torres* und der Funkstation Sydney. Insbesondere aus diesen Gesprächen sowie wiederholtem Kontakt mit ihrem Charterer ist der nachfolgend dargestellte Ablauf der Ereignisse an Bord des Schiffes bekannt.

Um 20.29 Uhr wurde berichtet, daß das Schiff noch mindestens für zwei Stunden gestoppt bleiben müsse. Die Backbord-Schlagseite hätte sich nun auf 10° vergrößert. Über Probleme mit den Luftverdichtern und eine nicht näher spezifierte Schwierigkeit mit der Ölschmierung wurde um 20.45 Uhr informiert. Bis 21.35 Uhr habe die Backbord-Krängung auf etwa 15° zugenommen, und das Schiff rolle heftig in der See, wurde dann mitgeteilt. Der Fortgang der Arbeiten an einem Luftverdichter und die Hoffnung, daß die Hauptmaschine nach Füllen der Luftflaschen in etwa einer Stunde wieder angelassen werden könne, war der Inhalt eines Gespräches um 22.11 Uhr.

Die Funkgespräche während der nächsten drei Stunden bezogen sich auf den Ausfall eines Luftverdichters wegen Kurbelwellen- oder Lagerprobleme, Schwierigkeiten hinsichtlich der Ölschmierung des anderen Luftverdichters und Undichtigkeiten im Druckluftsystem, so daß die Erhöhung des Druckes in den Luftflaschen nicht ausreichend sei. Auch sei weitere Decksladung verlorengegangen, so daß vorübergehend eine Schlagseite von 35° eingetreten wäre, die dann aber nach Verlust von noch mehr Decksladung wieder auf 20° zurückgegangen sei.

Um 01.46 Uhr am 8. Dezember konnte dann die Hauptmaschine erneut gestartet werden, und das Schiff lief mit etwa fünf Knoten. Aber schon nach nur 35 Minuten stoppte die *Capitaine Torres* erneut, wahrscheinlich wegen unzureichender Schmierung infolge der starken Krängung, die nun 25° betrug.

Ein Gespräch um 02.27 Uhr bezog sich darauf, daß nach Meinung des Kapitäns noch kein Wassereinbruch in die Laderäume erfolgt sei. Dies würde in einstündigen Abständen mit Hilfe der Lenzpumpen geprüft.

Zwischen 02.50 Uhr und 02.55 Uhr trat ein Blackout ein, dessen Ursache nicht mitgeteilt wurde. Bis zum Sinken des Schiffes um 03.27 Uhr wurden dann über die Maschinenanlage keine weiteren Informationen mehr gegeben.

Obgleich von der *Capitaine Torres* noch kein »Mayday«-Hilferuf abgegeben worden war, waren inzwischen Hilfs- und Rettungsmaßnahmen angelaufen. Die *Sir Wilfred Grenfell* verließ ihren Liegeplatz im Hafen Port-aux-Basques um 20.42 Uhr. Ein Flugzeug der kanadischen Streitkräfte startete um 22.00 Uhr von Summerside auf der Prince-Edward-Insel.

Um 23.03 Uhr erreichte das Flugzeug die *Capitaine Torres*. Aus einer Höhe von 150 m wurden trotz Schneetreibens die Lichter des Schiffes gesichtet, und die Schiffsbesatzung erkannte ihrerseits die Lichter des Flugzeuges. Vom Schiff wurden Informationen über die Situation an Bord gegeben. Der Zustand des Schiffes sei stabil, und eine unmittelbare Gefahr des Unterganges bestünde nicht. Die Frage der Flugzeugbesatzung, ob es an Bord mitgeführte transportable Pumpen abwerfen solle, wurde negativ beantwortet, die eigenen Lenzpumpen würden zufriedenstellend arbeiten. Das Ausmaß von mit Wassereinbruch verbundenen Schäden an Deck, Lukendeckeln sowie Luft- und Peilrohren durch die ständig überkommende See und durch die Bewegungen der Decksladung könne jedoch nicht angegeben werden, da eine Begehung des Decks bei den herrschenden Seebedingungen zu gefährlich sei.

Das Flugzeug verließ wenige Minuten später die *Capitaine Torres*, um die Pumpen zum Motorschiff *Johanna B* zu bringen, das sich 95 sm entfernt nach Wassereinbruch in die Laderäume auch in Seenot befand. Dieses Schiff ist dann ebenfalls mit seiner gesamten Besatzung von 16 Personen gesunken, bevor Hilfe geleistet werden konnte.

In einem Funkgespräch um 01.02 Uhr am 8. Dezember fragte Sydney die *Capitaine Torres* unter anderem, ob sie jetzt »Mayday« erklären wolle. Es wurde bejaht, daß ein Seenotfall eingetreten sei, aber zu der Zeit noch nicht beabsichtigt werde, das Schiff zu verlassen.

Um 02.18 Uhr wurde mitgeteilt, daß das Schiff infolge der Backbord-Schlagseite in einem Winkelbereich von Backbord 10°–40° schlingere. Auch jetzt glaube man noch, daß es für die Sicherheit der Besatzung besser sei, an Bord zu bleiben als das Schiff zu verlassen.

Um 03.04 Uhr teilte die *Sir Wilfred Grenfell* über Sprechfunk der *Capitaine Torres* mit, daß sie nur noch etwa 5,5 sm entfernt sei. In einem Gespräch der beiden Schiffe um 03.20 Uhr informierte *Sir Wilfred Grenfell*, daß sie sich bis auf 3 sm genähert habe und in etwa 30 Minuten eintreffen würde. Die letzte Nachricht wurde von der *Capitaine Torres* gegen 03.26 Uhr übermittelt. Darin hieß es, daß die Schlagseite nun etwa 40° betrüge und die Besatzung jetzt das Schiff verlassen werde. Da sich eines der aufblasbaren Rettungsflöße losgerissen hätte, wolle man das zweite Floß und ein Rettungsboot benutzen.

Die sich weiter nähernde *Sir Wilfred Grenfell* sichtete die *Capitaine Torres* deutlich auf ihrem Radarbildschirm. Kurz nach dem letzten Funkgespräch verschwand das Radarecho jedoch von dem Monitor. Man dachte zunächst, es sei eine Bildtrübung durch Schnee und Seegang eingetreten, aber eine Nachstellung des Radargerätes ergab deutlich: Die *Capitaine Torres* war nicht mehr zu sehen. Um 03.27 Uhr oder kurz danach muß sie auf der Position 47°23,4' N, 060°12,0' W gesunken sein.

Die von der *Sir Wilfred Grenfell* um diese Zeit mitgeteilten Wetterdaten waren folgende: WNW-Wind mit 55-60 kn, in Böen bis 70 kn, Wellenhöhe 30-35 Fuß (9,1-10,7 m), schlechte Sicht durch Schneetreiben und Gischt, Lufttemperatur -3° C.

Um 03.44 Uhr erreichte die *Sir Wilfred Grenfell* die Position des Schiffsuntergangs. Sie schaltete ihre Scheinwerfer ein, aber es waren weder das Schiff noch Überlebende zu sehen. Wenige Minuten später erkannte sie das Licht eines Rettungsfloßes. Es gelang ihr, sich trotz des starken Seegangs und der schlechten Sicht dem Floß auf etwa 35 m zu nähern, und man beobachtete ein oder zwei Personen, die in der nicht geschlossenen Einstiegsöffnung des Floßes knieten und winkten. In zwei Anläufen wurde versucht, sich dem Floß zu nähern. Aber die Gefahr, dieses zu überlaufen, war zu groß. Dann geriet das Floß außer Sicht und war auch auf dem Radarschirm nicht mehr zu entdecken. Es war offensichtlich nicht mit dem vorgeschriebenen Radarreflektor ausgerüstet.

Die *Sir Wilfred Grenfell* blieb auf der Position und hielt Ausguck nach Lichtern, Signalfackeln oder Raketen von Überlebenden in Rettungsflößen oder Rettungsbooten. Es wurde jedoch nichts entdeckt und auch kein Funksignal gehört. Bis zum 11. Dezember wurde die Suche, an der zwei Schiffe der kanadischen Küstenwache, sechs Flugzeuge und mehrere weitere Schiffe beteiligt waren, mit großer Intensität fortgesetzt. Mit beginnendem Tageslicht am 8. Dezember fand man das zunächst gesichtete Rettungsfloß und dann ein zweites. Beide waren unbesetzt. Später fand man ein vollgeschlagenes und ebenfalls unbesetztes Rettungsboot. Auch zahlreiche Trümmer und leere Rettungswesten wurden gefunden. So wurde es leider zur Gewißheit, daß keiner der 23 Besatzungsmitglieder den Untergang der *Capitaine Torres* überlebt hatte.

Die Untersuchung

Die Untersuchungen des schweren Schiffsunfalls umfaßten alle denkbaren Zusammenhänge und Einflußfaktoren. Nur die wichtigsten seien hier geschildert.

Die *Capitaine Torres* war – wie bereits erwähnt – von ihrer Klassifikationsgesellschaft erst wenige Wochen zuvor besichtigt worden. Im Ergebnis war sowohl für den Schiffskörper als auch für die Maschinenanlage ein zufriedenstellender Zustand festgestellt und durch Verlängerung des Klasseattestes bestätigt worden. Bei ihrer ersten Ankunft in Montreal am 14. November 1989 wurde das Schiff von einem Inspektor der Schiffahrtsverwaltung besichtigt und daraufhin das für das Befahren des St.-Lorenz-Seeweges erforderliche Zertifikat ausgestellt. Die Funktionsstörung des Anlaßluftsystems der Hauptmaschine zu Beginn der Rückreise im Seeweg war durch eine Reparatur behoben worden, und die Schiffahrtsverwaltung hatte die Weiterreise gestattet.

Eine Analyse der Stabilität der *Capitaine Torres* wurde unter Benutzung der Daten eines Schwesterschiffes vorgenommen. Die Untersuchung ergab für den Beladungszustand zu Beginn der Rückreise von Illinois zwar die volle Einhaltung der vorgeschriebenen Mindestwerte, aber eine sehr hohe Anfangsstabilität. Dies mußte zu einem »steifen« Schiff mit einer kurzen Rollperiode geführt haben und den daraus resultierenden hohen Beschleunigungen im Seegang. Hohe Beschleunigungskräfte werden daher auf die Laschings gewirkt haben und letztlich zum Bruch dieser Sicherungen und zum Verrutschen der Deckslandung und auch zum teilweisen Übergehen der Ladung unter Deck geführt haben.

Allein mit dem Verrutschen der Ladung war jedoch die kurz vor dem Untergang erreichte Schlagseite nicht zu erklären. Es wurde daher als sehr wahrscheinlich angenommen, daß durch Beschädigungen von Deck, Lukendeckel oder Außenhaut Wassereinbruch erfolgte. Die Mitteilung des Kapitäns, es sei kein Wasser in den Laderäumen, wurde als unrichtig angenommen, da ein korrektes Peilen bei dem Seegang und den damit verbundenen starken Schiffsbewegungen nicht möglich gewesen sein konnte.

In dem letzten Funkgespräch um 03.26 Uhr hatte der Kapitän der *Capitaine Torres* mitgeteilt, daß die Besatzung nun das Schiff verlasse. Nur ungefähr eine Minute später war es bereits vom Radarbildschirm der *Sir Wilfred Grenfell* verschwunden. Dies bedeutet, daß die letzte Phase des Untergangs außerordentlich schnell abgelaufen sein muß. Der Kapitän hatte sich wohl entschlossen, solange wie möglich an Bord zu bleiben, da sich Hilfe näherte und das Schiff noch schwimmfähig und stabil zu sein schien. Er nahm offensichtlich an, daß dies sicherer sei, als die Besatzung bei den herrschenden See- und Wetterbedingungen in die Rettungseinrichtungen gehen zu lassen.

Die Untersuchungskommision war der Auffassung, daß es nicht sicher sei, ob eine früher getroffene Entscheidung des Kapitäns zum Verlassen des Schiffes zur Rettung der Besatzung geführt hätte. Viele Schiffsunfälle der Vergangenheit hätten gezeigt, daß ein verfrühtes Vonbordgehen zu Verlusten von Besatzungsmitgliedern führte, während das Schiff noch schwimmfähig blieb. Dies hätte zu der allgemeinen Auffassung »stay with the ship« geführt, das heißt: Bleibe solange an Bord wie möglich.

Der Seewetterbericht für die Ostküste Kanadas wird regelmäßig vom Rundfunk ausgestrahlt und kann bei Bedarf auch jederzeit von Küstenfunkstationen abgefragt werden. Die Lotsen an Bord der *Capitaine Torres* hatten vor ihrem Absteigen am Nachmittag des 6. Dezember den Kapitän darüber informiert, wie und wann man den Wetterbericht hören könne. Kurze Zeit später wurde die erste Sturmwarnung für die kanadische Ostküste einschließlich St.-Lorenz-Golf herausgegeben. Es ist der Untersuchungskommission nicht bekannt geworden, ob die *Capitaine Torres* diese Wettervorhersage empfangen hat.

Bei der herrschenden hohen Windgeschwindigkeit bedeutete eine Lufttemperatur von -3° C für eine dem Wind ausgesetzte Person eine gefühlte Temperatur (wind chill temperature) von -22° C. Beim zuerst entdeckten Rettungsfloß war die Einstiegsöffnung zum Inneren des Floßes unterhalb des Daches nicht geschlossen. Das Floß war offen für Wind und Sprühwasser, und damit war die Überlebenswahrscheinlichkeit über eine längere Zeit für den oder die Insassen gering.

Die offenen Rettungsboote gaben den Insassen auch keinen Schutz gegen die Wetterunbilden. Auch wenn diese Boote völlig mit Wasser gefüllt sind, bleiben sie zwar dank wasserdichter Auftriebskästen an der Oberfläche, aber die Unterkühlung der Bootsinsassen wird nicht verhindert.

Die Überlebenswahrscheinlichkeit für Besatzungsmitglieder, die vielleicht mit Rettungswesten im Wasser schwammen, war ebenfalls gering. Die Wassertemperatur betrug 3° C. Ein Überleben ist dabei nur für etwa 20 Minuten sicher, für 20 bis 80 Minuten möglich. Bei höherer Verweildauer ist die Unterkühlung so stark, daß der Tod eintritt.

Auch die Maßnahmen zur Suche und Rettung der Schiffbrüchigen wurden von der Untersuchungskommission analysiert. Die *Capitaine Torres* hatte keinen »Mayday«-Notruf abgegeben, als die Hauptmaschine ausfiel, da man annahm, sie bald wieder starten zu können. Die kanadische Küstenwache hatte die Erfahrung gemacht, daß Kapitäne aus den verschiedensten Gründen oft nur ungern im frühen Stadium einer Havarie Notrufe absetzen. Sie entschied daher bereits zum Zeitpunkt des Maschinenausfalls der *Capitaine Torres* von sich aus, daß es vernünftig sei, Maßnahmen zur Suche und Rettung einzuleiten.

Von der Besatzung der *Sir Wilfred Grenfell* wurde alles unternommen, was zur Suche und Rettung von Überlebenden möglich war. Obgleich sich die Besatzung zum Zeitpunkt der Alarmierung nicht an Bord befand, lief das Schiff 45 Minuten später aus. Wegen der hochgehenden See konnte es nur mit einer Geschwindigkeit von etwa 7 kn zur Unglücksstelle laufen.

Die zwecks Hilfeleistung alarmierten Flugzeuge waren trotz des außergewöhnlich schlechten Wetters mit niedriger Wolkendecke, Schneeschauer, Eisbildung, hoher Windgeschwindigkeit und starker Turbulenzen gestartet. Die Sichtweite betrug am 7. Dezember beim Start um 22.00 Uhr zeitweilig nur 0,25–0,50 sm. Beim am 8. Dezember um 03.40 Uhr begonnenen Flug der zweiten Maschine konnte unter anderem durch Abwurf von Leuchtfallschirmen die *Sir Wilfred Grenfell* bei der Suche nach Überlebenden unterstützt werden. Bei Tageslicht konnte dann Hilfe beim Auffinden der beiden Rettungsflöße geleistet werden.

In der Nacht 7./8. Dezember standen Rettungshubschrauber in Bereitschaft, obgleich ihr Einsatz unter den gegebenen Wetterbedingungen nicht möglich erschien. So wurde denn auch bei ständigem Kontakt mit Luftaufsicht, Wetterdienst und dem am Unglücksort befindlichen Flugzeug entschieden, daß ein Nachteinsatz unmöglich sei. Auch bei Tageslicht am 8. Dezember mußten Versuche zur Hilfeleistung nach kurzer Flugzeit der Hubschrauber abgebrochen werden. Die Untersuchungskommission kam zu der Auffassung, daß es bei den Wetterunbilden für die Rettungshubschrauber ohnehin äußerst schwierig gewesen wäre, Besatzungsmitglieder direkt von Bord der *Capitaine Torres* abzubergen, auch wenn das Schiff weiter schwimmfähig geblieben wäre.

Bohrinselunfälle und andere – Vielfalt von Ursachen

28. Außenhaut der Fähre *William Carson* von Eis durchstoßen

Vor der Küste von Labrador sank am 3. Juni 1977 die Passagier- und Autofähre *William Carson* infolge einer Eisbeschädigung. Alle Fahrgäste und die gesamte Besatzung, insgesamt 128 Personen, wurden gerettet.

Das 102,4 m lange Schiff von 8273 GT war 1954 fertiggestellt worden. Der dieselelektrische Antrieb mit einer Leistung von 8950 kW ermöglichte eine Geschwindigkeit von 16,5 kn. Sechs Dieselgeneratoren erzeugten den Strom für die beiden E-Antriebsmotoren des Zweiwellenschiffes.

Der Schiffskörper war für Eisfahrt verstärkt und durch sechs Querschotte unterteilt. In den Schotten waren insgesamt sieben wasserdichte Türen angeordnet, die sich hydraulisch von der Brücke, vom Hauptdeck und direkt an den Türen öffnen und schließen ließen. Die Fähre war ein Ein-Abteilungs-Schiff, somit waren Schwimmfähigkeit und stabile Schwimmlage auch nach Fluten eines Raumes zwischen zwei Querschotten gewährleistet.

Von 1955 bis 1974 war die *William Carson* im Fährbetrieb der Kanadischen Eisenbahn-Gesellschaft zwischen Sydney (Neuschottland) und Port-aux-Basques (Neufundland) eingesetzt. Dieser Fährdienst durch die Cabot-Straße wurde ganzjährig betrieben, und das Schiff hatte sich einen guten Ruf auch unter winterlichen Eisbedingungen in diesem Fahrtgebiet erworben. In vielen Fällen war es hier auch eingesetzt worden, um andere im Eis festsitzende Schiffe zu befreien.

Die *William Carson* wurde dann durch ein anderes Schiff für den Fährdienst in der Cabot-Straße ersetzt und fuhr nun auf der wegen der Eisverhältnisse nur saisonal betriebenen Strecke zwischen St. John's (Neufundland) und Goose Bay (Labrador). Der Betrieb wurde normalerweise Anfang Juni begonnen und endete im November.

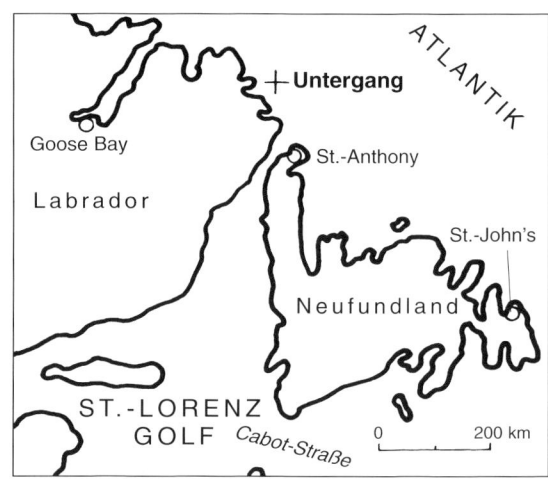

Die Position der *William Carson* zum Zeitpunkt des Unglücks.

Das Eis in der Cabot-Straße ist stets einjähriges Eis, also solches, das sich in der laufenden beziehungsweise auslaufenden Saison erst gebildet hat. Es enthält mehr Salz als älteres Eis und besteht zu einem Teil auch aus Schnee. Daher ist es nicht so hart wie älteres Eis mit geringerem Salzgehalt und dem weggeschmolzenen Schnee vergangener Winter. Begegnet ein Schiff einjährigem Eis, so läuft es mit geringer Geschwindigkeit hinein, erhöht dann die Fahrt und achtet darauf, daß es nicht durch zu kräftiges Auflaufen auf das Eis beschädigt wird. Übereinandergeschobene Schollen, die die Fahrt des Schiffes behindern könnten, werden möglichst vermieden.

168

Nach allgemeiner Auffassung sind die Eisverhältnisse vor der Labradorküste gefährlicher für die Schiffahrt als diejenigen in der Cabot-Straße. In jedem Frühjahr werden große Eisfelder aus der Baffin Bay und der Davisstraße von der Meeresströmung südwärts an Labrador vorbeigeführt. Ein erheblicher Teil ist zwar auch einjähriges Eis wie in der Cabot-Straße, aber es ist gemischt mit wesentlich gefährlicherem Eis. Es besteht aus Eisbergen, Bergy Bits, Growlern und mehrjährigem Eis, das sehr hart ist und vielfach eine beträchtliche Tiefenausdehnung hat. Mehrjähriges Eis kann oft an den wuchtigen Proportionen, der unregelmäßigen Form und der bläulichen Farbe erkannt werden. Es stellt eine extreme Gefahr für die Schiffahrt dar. Die allgemeine Praxis ist daher, den Kontakt mit mehrjährigem Eis möglichst zu vermeiden und lieber nach offenen Wasserrinnen oder einjährigem Eis zu suchen.

Die Havarie

Die *William Carson* verließ bei frühem Saisonbeginn im Jahre 1977 St. John's bereits am 31. Mai 1977 zum ersten Teil der Reise nach St. Anthony. Am 2. Juni, 16.05 Uhr, wurde die Fahrt mit dem nächsten Ziel Cartwright fortgesetzt, um dann von dort weiter nach Goose Bay zu laufen. Die aus 91 Mann bestehende Besatzung war erst am 31. Mai an Bord gegangen. Auf dem Schiff befanden sich ferner 37 Fahrgäste; es wurde außerdem eine gemischte Fracht von etwa 1000 t befördert.

Der Kapitän war ein erfahrener Seemann, der seit 1958 die *William Carson* führte und daher mit den alljährlichen Eisbedingungen in der Cabot-Straße sehr gut vertraut war. Er verfügte jedoch nur über geringe Erfahrungen hinsichtlich der Eisverhältnisse vor der Küste Labradors.

Als das Schiff St. Anthony verließ, befand sich der Kapitän auf der Brücke. Die *William Carson* passierte einige Eisschollen, zeitweilig herrschte dichter Nebel. Der Kapitän wußte, daß er vor Labrador auf ein Eisfeld treffen würde und erwartete dies gegen 23.30 Uhr. Er verblieb bis 21.15 Uhr auf der Brücke. Da er seit dem frühen Morgen im Dienst war, begab er sich nun zur Ruhe. Vorher instruierte er den 1. Offizier auf der Brücke, Ausschau nach Eis zu halten, vor Erreichen des Eisfeldes die Geschwindigkeit zu reduzieren und ihn im Zweifelsfall zu rufen. Als sich der Kapitän zurückzog, war kein Eis in Sicht, der Abend klar, und es herrschte leichter Südwestwind.

Um 22.30 Uhr übergab der 1. Offizier die Wachführung an den 3. Offizier und informierte ihn über die Instruktionen des Kapitäns. Auf der Brücke befanden sich ferner ein Ausguck und ein Rudergänger. Es war taghell. Nachdem das Schiff erneut durch eine Nebelbank gelaufen war, war die Sicht danach gut. Die Labradorküste war in etwa 20 sm Entfernung zu sehen, die Sicht voraus betrug 8 sm, und auch die Sicht nach Osten war gut. An Backbord befanden sich einige verstreute Eisschollen, und in der Ferne waren zwei oder drei Eisberge zu sehen. In der vorgesehenen Schiffsbahn befand sich kein Eis. Das Schiff lief mit etwa 15 kn.

Gegen 22.45 Uhr begegnete man verstärkt Eisschollen, konnte aber noch in freiem Wasser so navigieren, daß keine Eisberührung erfolgte. Dann war das Eisfeld zu sehen, das sich bis zum Horizont erstreckte. Nun wählte der 3. Offizier den Anlaufpunkt und lief gegen 23.15 Uhr in das Eisfeld ein.

Bei der späteren Befragung durch die Untersuchungskommission stellte der 3. Offizier die Art der Schiffsführung während dieser Zeit folgendermaßen dar:

Er habe seine ganze Aufmerksamkeit auf das Eis gerichtet, um ständig 0,5 oder eine Seemeile voraus zu wissen, wie das Schiff zu führen sei, um solange wie möglich den Kontakt mit Eisschollen zu vermeiden. Dabei seien Geschwindigkeit und Kurs variiert worden. Der Rudergänger habe alle Anweisungen ordnungsgemäß befolgt. Vor dem Einlaufen in das Eisfeld sei die Geschwindigkeit soweit wie nur möglich reduziert worden. Dann sei er auf »Langsam Voraus«

gegangen. Zeitweilig sei die Leistung auf etwa 75 Prozent erhöht worden, um nicht im Eis steckenzubleiben. Bei dem Eis, durch das das Schiff gelaufen sei, habe es sich ausschließlich um einjähriges Eis gehandelt.

Gegen 23.20 Uhr wachte der Kapitän auf, bemerkte, daß das Schiff durch Eis fuhr, stand auf und ging auf die Brücke. Er stellte fest, daß die *William Carson* mit etwa fünf Knoten durch einjähriges Eis lief. Auf der Steuerbordseite sah er etwas entfernt mehrjähriges Eis. Das Eisfeld erstreckte sich voraus und nach beiden Seiten bis zum Horizont.

Nachdem er gegen 22.30 Uhr einen Rundgang gemacht hatte, ging der auf Maschinenwache befindliche Ingenieur-Assistent um 23.30 Uhr erneut in den vorderen Maschinenraum, um dort eine Arbeit zu verrichten. Als er den Raum durch die Schottür Nr. 6 betrat, bemerkte er Wasser oberhalb der Decke der Doppelbodentanks. Er lief sofort zum Maschinenkontrollraum und berichtete dies dem Leitenden Ingenieur. Dieser rief die Brücke an, teilte den Wassereinbruch mit und forderte, sofort die wasserdichten Schottüren zu schließen und die Maschinen zu stoppen. Der Kapitän ließ die Maschinen stoppen und betätigte das Schließen der Schottüren. Die Kontrolleuchten zeigten danach an, daß die meisten Türen schnell schlossen, die Türen Nr. 7 und Nr. 2, die sich beide im gleichen Schott befanden, jedoch nicht.

In der Zwischenzeit war der Leitende Ingenieur in den vorderen Maschinenraum geeilt und beobachtete, wie sich die Schottür Nr. 6 zwischen Hilfsmaschinenraum und vorderen Maschinenraum schloß. Tür Nr. 7 zwischen dem vorderen Maschinenraum und dem Bugstrahlruderraum hatte sich jedoch nicht bewegt. Das Wasser stand dem Leitenden Ingenieur bis zu den Knien. Er beauftragte den 2. Ingenieur, mit Hilfe der Hydraulikpumpe auf dem Hauptdeck die Schottür Nr. 7 zu schließen. Dann begab er sich auf die Brücke, wo weiterhin angezeigt wurde, daß die Türen Nr. 7 und Nr. 2 nicht geschlossen waren. Nun eilten Kapitän und Leitender Ingenieur nach

unten. Erneut begab sich der Leitende Ingenieur in den vorderen Maschinenraum und erkannte jetzt auf der Steuerbordseite ein Leck, durch das große Mengen Wasser einströmten. Dieses Leck erstreckte sich vom vorderen Schott dieses Raumes drei bis vier Fuß (0,90 bis 1,20 m) nach hinten. Das Wasser reichte dem Leitenden Ingenieur jetzt bereits bis zur Hüfte. Kapitän und Leitender Ingenieur stimmten überein, daß die Lage sehr ernst sei. Der Kapitän gab daher die Weisung, die Boote zum Verlassen des Schiffes vorzubereiten und ließ »Mayday«-Notrufe aussenden. Der Empfang der Notrufe wurde von der Kanadischen Coast Guard St. Anthony bestätigt. Es war 23.39 Uhr.

Bald wurde festgestellt, daß das Vorschiff gegenüber der vorherigen Schwimmlage sieben Fuß (2,15 m) tiefer eintauchte. Nun zeigten die Kontrolleuchten auf der Brücke an, daß sich auch die Schottüren Nr. 7 und Nr. 2 geschlossen hatten. Trotzdem sank das Vorschiff weiterhin tiefer und hatte gegen 00.10 Uhr am 3. Juni acht Fuß (2,50 m) Tiefertauchung erreicht. Auch im Zwischendeck oberhalb des vorderen Maschinenraums wurde jetzt Wasser in Höhe von etwa vier Fuß (1,20 m) festgestellt.

Versuche, das Wasser aus den vorderen Räumen zu lenzen, konnten das Tiefertauchen des Vorschiffes nicht aufhalten. Der Kapitän entschied nun, das Schiff zu verlassen, was bei der jetzt noch vorhandenen Helligkeit keine Schwierigkeiten bereiten würde. Die Bedingungen waren günstig, das Schiff lag gestoppt im Eis, die Dünung war gering. Decken wurden in die Boote gebracht und Passagiere und Besatzung aufgefordert, sich warm anzuziehen. Die Schiffsräume waren noch einmal durchsucht worden und die Personen auf Vollzähligkeit gemustert. So gingen Fahrgäste und Besatzung in die Boote, und um 01.17 Uhr wurde die *William Carson* ohne Schwierigkeiten verlassen. Einige Anstrengungen waren erforderlich, die Boote im Eis etwas vom Schiff zu entfernen. Alle waren informiert, daß Notrufe ausgesandt und empfangen worden waren und Hilfe bald eintreffen werde.

Auch nach Verlassen des Schiffes tauchte dieses vorne ständig tiefer. Um 04.15 Uhr am 3. Juni stand es nahezu senkrecht im Wasser und versank.

Nachdem die Kanadische Coast Guard um 23.39 Uhr den Notruf der *William Carson* empfangen hatte, gab sie diesen an die Rettungsleitstelle Halifax und die Rettungsstation St. John's weiter. Sie alarmierte ferner das Schiff *Sir Humphrey Gilbert* der Kanadischen Coast Guard, von dem man wußte, daß es sich im Gebiet des Seeunfalls befand. Dieses Schiff nahm unmittelbar darauf Kurs auf die angegebene Position. Die Rettungsleitstelle alarmierte den Luftrettungsdienst Gander, der sofort ein Flugzeug des Typs Canadair Argus und bald darauf zwei Hubschrauber entsandte.

Die *Sir Humphrey Gilbert* traf am 3. Juni um 07.23 Uhr auf der Position des gesunkenen Schiffes (52°52,8' N, 55°16,2' W) ein, nachdem sie auf der letzten Strecke von dem Argus-Flugzeug geleitet worden war. Sie übernahm 44 Personen direkt aus den Rettungsbooten, 42 Schiffbrüchige ließ sie durch ihren Hubschrauber an Bord bringen.

Die beiden Hubschrauber des Luftrettungsdienstes Gander landeten auf dem Eis. Über die Eisschollen gelangten weitere 42 Passagiere und Besatzungsmitglieder der *William Carson* zu diesen Hubschraubern, die sie in Sicherheit brachten.

Um 08.30 Uhr war die Rettungsaktion beendet. Alle 128 Personen von Bord der *William Carson* waren gerettet und befanden sich wohlauf.

Die Untersuchung

Bei Untersuchung des Untergangs des Schiffes wurden zunächst die Eisverhältnisse am Ort und zum Zeitpunkt des Unfalls erörtert. Der Kapitän der *Sir Humphrey Gilbert*, ein in den Eisbedingungen vor der Labradorküste erfahrener Mann, gab an, daß das Eis an der Unfallstelle zu etwa 7/10 aus einjährigem und etwa 2/10 aus mehrjährigem Eis bestanden habe. Als sie sich

mit der *Sir Humphrey Gilbert* der Unfallposition näherten, hätten sie auf dem Radarschirm einige Eisberge und Growler ausgemacht.

Von der Untersuchungskommission wurde auf die in den Schiffahrtsrichtlinien enthaltenen Beschreibungen der Eisverhältnisse im Frühjahr vor Labrador hingewiesen. Darin würde deutlich ausgeführt, daß ein- und mehrjähriges Eis, z. T. durchsetzt von Eisbergen, Bergy Bits und Growlern, für die Schiffahrt außerordentlich gefährlich sei. Ohne dringende Notwendigkeit solle man solche Eisfelder daher nicht befahren.

Ein Kapitän mit dreißigjähriger Erfahrung in der Schiffahrt an der Labradorküste wies darauf hin, daß schweres loses Eis die größte Gefahr darstelle. Begegne man selbst mit der geringen Geschwindigkeit von drei bis vier Knoten solchem Eis, könne es das gleiche sein, als wenn man »auf ein Stück Stahl« träfe. Schwere Beschädigungen seien auch bei vorsichtiger Schiffsführung jederzeit möglich.

Bezüglich des Ausmaßes der Eisbeschädigungen, die die *William Carson* erlitten hatte, war die Untersuchungskommission der Meinung, daß das Durchstoßen der Außenhaut durch das Eis nicht nur ein Leck im vorderen Maschinenraum verursacht hatte, sondern daß sich der unterhalb der Wasserlinie entstandene Riß mit großer Wahrscheinlichkeit auch auf den Bugstrahlruderraum erstreckte und damit zum Untergang des Schiffes führte.

Die Untersuchungskommission kam abschließend zu der Auffassung, daß der Kapitän der *William Carson* zum Untergang des Schiffes dadurch beigetragen habe, daß er ohne besondere Notwendigkeit das Schiff den Gefährdungen des Labradoreises aussetzte. Er hätte so lange in St. Anthony warten müssen, bis die Fortsetzung der Reise ohne das Risiko einer Eisbeschädigung möglich gewesen wäre.

Auch die Kanadische Eisenbahn-Gesellschaft habe dadurch zu dem Unfall beigetragen, daß sie das Schiff auf die Fahrt nach Goose Bay schickte, obgleich ihr das Vorhandensein von Labradoreis bekannt war und sie auch wußte, daß der

Kapitän wenig Erfahrung unter solchen Bedingungen hatte. Sie hätte die besondere Gefahr für ein großes, schnelles und leistungsstarkes Schiff erkennen und – wenn die Fahrt wirklich notwendig gewesen wäre – dieses mit erfahrenen Offizieren besetzen müssen.

Allen an der Rettungsaktion beteiligten Kräften wurde Lob und Anerkennung ausgesprochen. Auch dem Kapitän, den Offizieren und der Mannschaft der *William Carson* wurde für ihr besonnenes und effektives Handeln beim Von bord-gehen Dank zuteil.

29. Notruf des *MS München* unter falscher Position

Bei außergewöhnlich schlechtem Wetter sank das deutsche Leichterträgerschiff *München* am 13. Dezember 1978 im Nordatlantik. Keine der 28 Personen an Bord (27 Besatzungsmitglieder und eine mitreisende Ehefrau) wurde gerettet.

Das Leichterträgerschiff *München* mit Heimathafen Bremen war 261,4 m lang und wurde von einem Dieselmotor mit 19.250 kW angetrieben. Es wies eine Vermessung von 37.134 GT und eine Tragfähigkeit von 44.600 t auf und war nach dem Lash-System (Leichter-an-Bord-System) für den Transport von maximal 83 Leichtern gebaut und ausgerüstet. Die schwimmfähigen Leichter hatten eine Länge von 18,7 m, eine maximale Tragfähigkeit von 391 t und konnten durch einen Portalkran an Bord genommen beziehungsweise von Bord abgesetzt werden. Das 1972 in Dienst gestellte Schiff hatte vor seiner Unglücksfahrt 61 Reisen vorwiegend zwischen Nordeuropa und amerikanischen Häfen an der Ost- und Golfküste hinter sich.

Die Havarie

Vor seiner letzten Reise war das *MS München* in Nordwesteuropa in den Häfen Rotterdam, Antwerpen und Bremerhaven beladen worden.

Die Ladung der 83 Leichter bestand überwiegend aus Stahlprodukten (Walzstahl in Rollen, Stahlplatten und Stahlträgern), die entsprechend seemännischer Praxis gestaut und gesichert wurden. Vor dem Verschließen war dieses bei jedem Leichter durch einen Reedereivertreter geprüft worden. Die Leichter wurden im und auf dem Schiff unter Kontrolle der Schiffsführung ordnungsgemäß gestaut. Durch eine Stabilitätsrechnung wurde nachgewiesen, daß während der gesamten vorgesehenen Reise eine ausreichende Stabilität vorhanden sein würde.

Die Besatzung bestand aus 27 Mann, überwiegend erfahrene Seeleute. Kapitän, 1. Offizier und Leitender Ingenieur wurden vor der 62. Reise ausgewechselt. Auch alle drei nun aufgestiegenen leitenden Männer kannten das Schiff schon von früheren Reisen.

Am 7. Dezember 1978 verließ die *München* Bremerhaven mit dem Ziel Savannah (USA). Das Schiff nahm zunächst seinen Weg durch den Englischen Kanal. Bei der weiteren Reise im Nordatlantik geriet es zunehmend in schlechtes Wetter. Am 9. und 10. Dezember 1978 gab die *München* mehrere Positions- und Wettermeldungen ab, die von Schiffen und Landstationen gehört wurden. Auch am 11. Dezember 1978 wurde das Leichterschiff von einem anderen Schiff gehört.

Nach Mitternacht am 12. Dezember 1978 führte der Funkoffizier der *München* auf Kurzwelle ein allgemeines Informationsgespräch mit dem Funkoffizier des deutschen Motorschiffes *Caribe*. Der Funkoffizier der *München* berichtete, daß sie sich in schlechtem Wetter befänden, die Brücke beschädigt und Bullaugen eingeschlagen seien. Eine gefährliche Situation scheine jedoch nicht vorzuliegen. Die Position der *München* wurde mit 44° N, 24° W angegeben.

Im Seegebiet der *München* herrschte zu dieser Zeit außerordentlich schlechtes Wetter: Der starke Sturm frischte zeitweilig zu Orkan-Böen mit mehr als 60 kn auf, in der außergewöhnlich schweren See können einzelne Wellen eine Höhe von bis zu 30 m erreicht haben. Die britische

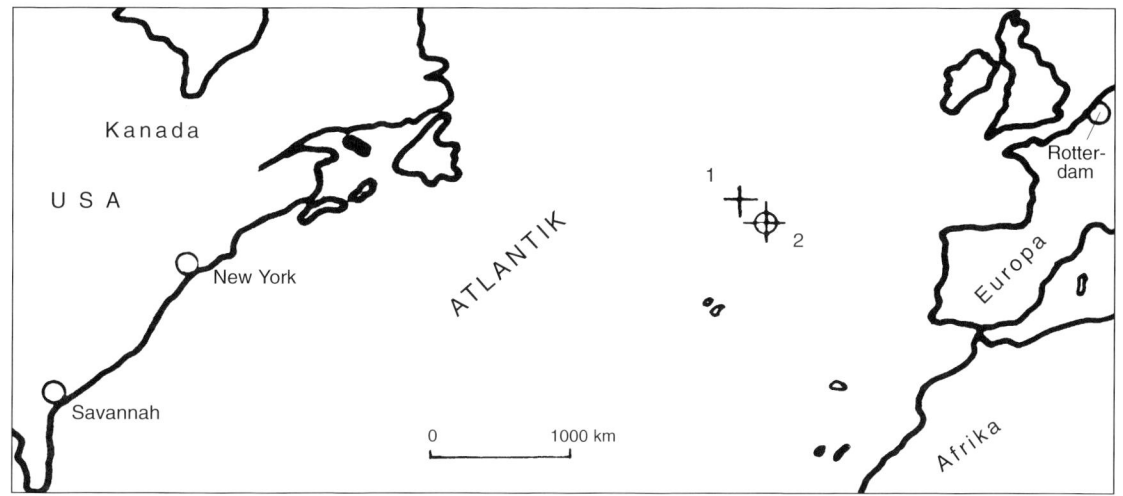

Die Position des Untergangs des Leichterträgerschiffes *München*: 1 = Positionsangabe bei SOS-Ruf. 2 = Positionsangabe des Funkoffiziers bei Gespräch mit *MS Caribe* wenige Stunden vor dem SOS-Ruf

Wetterstation Bracknell meldete sogar eine Jahrhundert-Wetterlage. Das betreffende Sturmfeld wurde das »Monstrum des Monats« genannt. Im weiteren Verlauf der Nacht muß die *München* durch ein gefährliches Ereignis in Seenot geraten sein. Um 03.10 Uhr am 12. Dezember 1978 gab sie eine SOS-Meldung ab, die von dem griechischen Massengutschiff *Marion* jedoch nur unvollständig empfangen wurde. Wegen der nur schwach hörbaren Signale konnte der griechische Funkoffizier lediglich die Position der *München* mit 46°15' N, 27°30' W aufnehmen. Dieser Funkspruch wurde von der *Marion* um 03.15 Uhr nochmals in gleicher verstümmelter Weise empfangen. Der Versuch der *Marion*, mit der *München* Verbindung aufzunehmen, gelang nicht.

Das russische Fahrgastschiff *Mariya Ermolova* empfing um 03.30 Uhr die von einem nicht ermittelten Sender weitergeleitete Seenotmeldung der *München*. Als Position wurde ebenfalls 46°15' N, 27°30' W angegeben.

Der Funkoffizier der *Marion* verbreitete die Seenotmeldung der *München* weiter und unterrichtete unter anderem gegen 03.40 Uhr die Küstenfunkstelle Bordeaux-Arcachon, die ebenfalls den Notruf weiter ausstrahlte und vor allem

über Land's-End-Radio die Englische Coast Guard alarmierte. Deren Meldung ging am 12. Dezember 1978 um 04.55 Uhr bei der Such- und Rettungsleitstelle Plymouth ein. Bei der nun anlaufenden Aktion war Plymouth für den Einsatzplan der Flugzeuge zuständig, während Land's End die Leitung der Suche durch Schiffe übernahm.

Das erste Suchflugzeug traf um 10.55 Uhr auf der gemeldeten Unfallposition 46°15' N, 27°30' W ein. Die Suche wurde optisch und mit Radar in einem Erfassungsbereich von zunächst 40 sm vorgenommen. Ein zweites Flugzeug löste das erste ab, weitere Ablösungen folgten. Die Suche wurde auch in der Nacht vom 12. auf den 13. fortgesetzt. Am 14. Dezember 1978 war auch die deutsche Bundeswehr mit einer Maschine beteiligt, später sogar mit bis zu fünf Flugzeugen im Einsatz. Insgesamt waren 13 Flugzeuge mit zusammen 750 Flugstunden an der Suche beteiligt, die auch durch Schiffe in einem ständig erweiterten Gebiet bis zum 22. Dezember 1978 fortgesetzt wurde.

In den Stunden nach dem ersten Empfang des SOS-Rufes durch die *Marion* wurden von weiteren Küstenfunkstellen und von zahlreichen Schiffen Seenotmeldungen der *München* empfangen, die jedoch keine veränderte Positionsangabe enthielten.

Am 13. Dezember 1978 wurden gegen 11.00 Uhr Signale der Seenotfunkboje der *München* von mehreren Schiffen gehört. Entsprechend der Wirkungsweise und ihrem Zweck wird die Boje beim Untergang der *München* aufgeschwommen sein und automatisch begonnen haben, Funksignale auszustrahlen. Mangels Ausrüstung war es den an der Suche beteiligten Schiffen jedoch nicht möglich, die Boje zu peilen.

In der ersten Phase der Suchaktion durch Schiffe traten Verzögerungen insbesondere durch Kontaktschwierigkeiten der Küstenfunkstellen mit den Schiffen auf. Die Suche wurde dann auch durch das extrem schlechte Wetter erschwert oder zunächst für manche Schiffe sogar undurchführbar. Soweit bekannt, beteiligten sich insgesamt 110 Schiffe an der zehn Tage anhaltenden Suchaktion.

Trotz intensiver Suche durch Schiffe und Flugzeuge wurde zunächst nichts vom Schiff und den an Bord gewesenen Personen gefunden. Erst zwischen dem 14. und 17.Dezember 1978 wurden dann folgende Ausrüstungs- und Ladungsteile geborgen beziehungsweise gesichtet:

• drei Leichter,
• vier unbenutzte Rettungsinseln,
• die Seenotfunkboje,
• je zwei Rettungswesten und Rettungsringe.

Nach mehr als zwei Monaten wurde am 27. Februar 1979 das stark beschädigte und ebenfalls unbenutzte Steuerbord-Rettungsboot der *München* im Wasser treibend aufgefunden und geborgen.

Die Untersuchung

Das Seeamt Bremerhaven untersuchte und verhandelte das schwere Unglück der *München*, bei dem 28 Menschen das Leben verloren und das auch wegen des fast spurlosen Verschwindens eines nur sechs Jahre alten und gut ausgerü-

steten Schiffes erhebliches Aufsehen sowohl in Fachkreisen als auch in der Öffentlichkeit verursachte.

Die Untersuchung wurde mit größter Sorgfalt unter Hinzuziehung zahlreicher Sachverständiger und Gutachter ungewöhnlich intensiv durchgeführt. Sie war natürlich erschwert durch die Tatsache, daß kein Besatzungsmitglied den Unfall überlebte und damit kein einziger Zeuge des Untergangs gehört werden konnte. Detaillierte Nachforschungen insbesondere auch zum geführten Funkverkehr erforderten relativ viel Zeit. Dadurch konnte die abschließende Verhandlung vor dem Seeamt erst fast zwei Jahre nach dem Untergang des Schiffes durchgeführt werden.

Das Seeamt stellte fest, daß sich die *München* zum Zeitpunkt des Reisebeginns in einem guten Bau- und Ausrüstungszustand befand. Im Vergleich zu anderen Schiffen wurde eine überdurchschnittlich gute Stabilität bestätigt. Die Festigkeit des Schiffskörpers, von mehreren Gutachtern nachgerechnet, entsprach allen Anforderungen. Stauung und Sicherung der Ladung in den Leichtern war sachgerecht durchgeführt worden. Ein früherer Kapitän der *München* sowie ein 1. Offizier bestätigten, daß eine so gesicherte Stahlladung in den Leichtern auch unter sehr schlechten Wetterverhältnissen in keinem Fall verrutscht sei. Da die Funkanlagen bei diesem Seeunfall eine besondere Rolle spielten, wurde nachdrücklich festgestellt, daß die Ausrüstung der *München* mit Sendern und Empfängern den vorgeschriebenen Standard sogar übertraf. So wurde unter anderem eine Seenotfunkboje mitgeführt, die zu dem Zeitpunkt noch nicht zur Pflichtausrüstung gehörte. Das Schiff war ordnungsgemäß mit erfahrenen Offizieren und Mannschaften besetzt. Es waren auch im weiteren Verlauf der Untersuchung keine Anzeichen für ein fehlerhaftes Verhalten des Kapitäns und seiner Besatzung zu erkennen. Das Seeamt würdigte die außergewöhnlich umfangreiche und zeitlich ausgedehnte Suchaktion nach dem havarierten Schiff und seiner Besatzung.

Die Verhandlung ergab jedoch, daß die Suche in ihrer ersten Phase offensichtlich an der wahren Position der *München* vorbeigegangen war. Die Rettungsaktion mußte zwangsläufig im Bereich derjenigen Positionsangabe beginnen, die von der *Marion* in den SOS-Meldungen am 12. Dezember 1978 um 03.10 Uhr und 03.15 Uhr empfangen und von ihr weitergeleitet worden war: 46°15' N, 27°30' W.

Erst monatelange Untersuchungen und Berechnungen und dabei durchgeführte Rückkopplungen der Drift der ab 14. Dezember aufgefundenen Gegenstände der *München* – insbesondere der beiden Leichter und der Seenotfunkboje – ergaben die wahrscheinlich wirkliche Notposition des Schiffes. Diese wird fast 100 sm südsüdöstlich der angegebenen SOS-Position gelegen haben. Für die Richtigkeit dieser von Sachverständigen ermittelten Position sprach auch die Positionsangabe, die am 12. Dezember 1978 um 00.07 Uhr, also wenige Stunden vor der Havarie, dem Funkoffizier des *MS Caribe* mit 44° N, 24° W mitgeteilt worden war.

Trotz umfangreicher Ermittlungen und eingehender Beweisaufnahme war es dem Seeamt nicht möglich, die Ursache für den Untergang der *München* mit hinreichender Sicherheit zu klären. Als wahrscheinlichste Ursache wurde angenommen, daß das Schiff bei dem sehr schweren Wetter von einer oder mehreren äußerst heftigen Seen getroffen wurde und dieser Seeschlag sowohl schwere Schäden im Brückenbereich als auch Wassereinbruch verursachte. Dabei ging man vor allem vom Ergebnis der Untersuchung des beschädigt geborgenen Steuerbord-Rettungsbootes aus, das offensichtlich durch starke Krafteinwirkung aus seiner Halterung gerissen worden war.

Der Wassereinbruch im Schiff kann zum Ausfall der Hauptstromversorgung und der weitgehenden Zerstörung der Antennenanlage geführt haben. Das Seeamt kam zu der Auffassung, daß daher die von der *Marion* empfangenen SOS-Rufe mit der verminderten Leistung des batteriebetriebenen Notsenders der *München* ausge-strahlt wurden und dieser nach den beiden SOS-Meldungen um 03.10 Uhr und um 03.15 Uhr am 12. Dezember 1978 ebenfalls ausfiel. Der auf der Kommandobrücke gehalterte Rettungsbootssender (Notsender) könnte auch durch Seeschlag unbrauchbar geworden sein.

Die Untersuchung der beiden geborgenen Leichter ergab, daß diese nach Brechen der Laschings in Längsrichtung des Schiffes abgerutscht oder abgeschwommen sein müssen. Dieses führte dann zu der Auffassung, daß die *München* ohne starke Krängung gesunken sein könnte.

Als Zeitpunkt des Untergangs wurde der 13. Dezember gegen 11.00 Uhr angenommen, also zeitgleich mit dem Aufschwimmen der Seenotfunkboje.

Das Seeamt wies in seinen Schlußfolgerungen auch aus diesem tragischen Seeunfall darauf hin, daß die Rettungsmittel offensichtlich noch einer erheblichen Weiterentwicklung bedürfen. Eine besondere Schwachstelle stellten immer noch die Aussetzvorrichtungen dar, die es sehr oft nicht ermöglichten, die Rettungsboote unbeschädigt zu Wasser zu lassen. Weitere Hinweise gab es unter anderem zu den Seenotfunkbojen. Die Frequenz der von ihnen ausgesendeten Notsignale müsse auch von Flugzeugen empfangen werden können. Die Ausrüstung von Schiffen müsse auch die Peilung von Seenotfunkbojen ermöglichen.

30. Verstrebungsbruch an Plattform *Alexander L. Kielland* fordert 123 Menschenleben

Am Abend des 27. März 1980 ereignete sich ein tragischer Unfall auf dem Erdölfeld Ekofisk in der Nordsee. Die norwegische Wohnplattform *Alexander L. Kielland* kenterte mit 212 Mann an Bord, von denen 123 ums Leben kamen.

Die Plattform *Alexander L. Kielland* war im Juli 1976 fertiggestellt und an den norwegischen Eigner übergeben worden. Die Bohrplattform war ein sogenannter Halbtaucher des Pentagon-Typs, bei dem fünf Schwimmkörper durch Säulen mit der Plattform verbunden und die Konstruktion durch Streben versteift waren. Hauptziel dieses Konstruktionsprinzips war, die Tauchschwingungen der Plattform im Seegang auf ein geringes Maß zu reduzieren. Auf den Decks der Plattform befand sich der Bohrturm mit allen für den Bohrbetrieb erforderlichen Einrichtungen und Ausrüstungen. In den Säulen und Schwimmkörpern waren Tanks für Treibstoff, Trink- und Ballastwasser und weitere für das Bohren erforderliche Betriebsstoffe sowie Pumpenräume angeordnet. Insgesamt waren drei Maschinenräume in den Säulen installiert, die jeweils über ein Lift in mittig angeordneten Schächten erreichbar waren. Der Energieerzeugung dienten vier Dieselgeneratorsätze, die durch einen Notdieselgenerator ergänzt wurden.

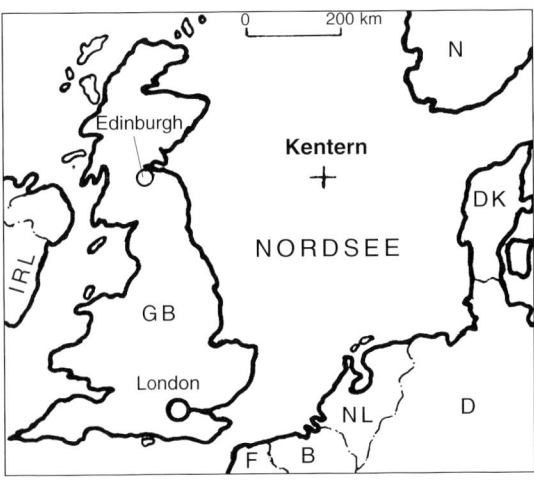

Die Lage der *Alexander L. Kielland*.

Die Plattform wurde durch ein aus zehn Ankern bestehendes System in der See gehalten. Die Seile dieser Anker liefen über paarweise an den Säulen angeordnete Winden. Der Steuerung dieser Mooringwinden dienten Hydrophone in den horizontalen Streben, die die von einem Sender auf dem Meeresboden ausgestrahlten Schallwellen empfingen. Durch das Steuerungssystem wurde die Plattform stets an gleicher Stelle gehalten. Für die Anordnung der Hydrophone

waren in drei Streben kurze Rohrstücke eingeschweißt.

Der Halbtaucher *A.L.K.* war jedoch nicht als Bohrplattform eingesetzt, sondern von Indienststellung an als Wohnplattform für die Unterbringung des auf verschiedenen Plattformen in der Umgebung beschäftigten Bohrpersonals genutzt worden. Für diesen Zweck wurden in vier Lagen übereinander Wohncontainer für insgesamt 348 Personen angeordnet. Diese Wohnmodule für jeweils vier Personen waren auf dem Bohrdeck vor dem Bohrturm befestigt. Da die Plattform jedoch in absehbarer Zeit als Bohrplattform eingesetzt werden sollte, befand sich zum Zeitpunkt des Unfalls auch die für Bohrarbeiten erforderliche Ausrüstung an Bord. Die *A.L.K.* lag in dem Ekofisk-Feld meist 20 bis 25 Meter neben der Produktionsplattform *Edda 2/7 C* und war normalerweise durch eine bewegliche Brücke mit ihr verbunden.

Das Unglück

Am 27. März 1980 hatte sich das Wetter im Laufe des Tages erheblich verschlechtert. Starker Wind mit einer Geschwindigkeit von 16–18 m/s und zeitweilig darüber und Seegang mit Wellenhöhen von 6-8 m waren Veranlassung, die Verbindungsbrücke zwischen beiden Plattformen einzuziehen und die *A.L.K.* etwas von der *Edda 2/7 C* abzurücken.

Gegen 18.00 Uhr war Essens- und Kinozeit auf der *Alexander L. Kielland*. Mehr als 80 Personen befanden sich in den beiden Kinoräumen und fast 50 in der Messe, die die Abendmahlzeit einnahmen oder sich anschließend daran unterhielten. Ein Teil der Männer hielt sich auch in ihren Kabinen oder in anderen Räumen auf.

Wenige Minuten vor 18.30 Uhr war ein starker Stoß zu spüren, dem ein Vibrieren der Plattform folgte. Die meisten Männer zeigten keine Reaktion. Sie waren es gewohnt, daß bei schlechtem Wetter solche Wellenstöße zu hören und zu fühlen waren. Kurz nach dem ersten Stoß folgte ein zweiter, wiederum vom Schütteln der Platt-

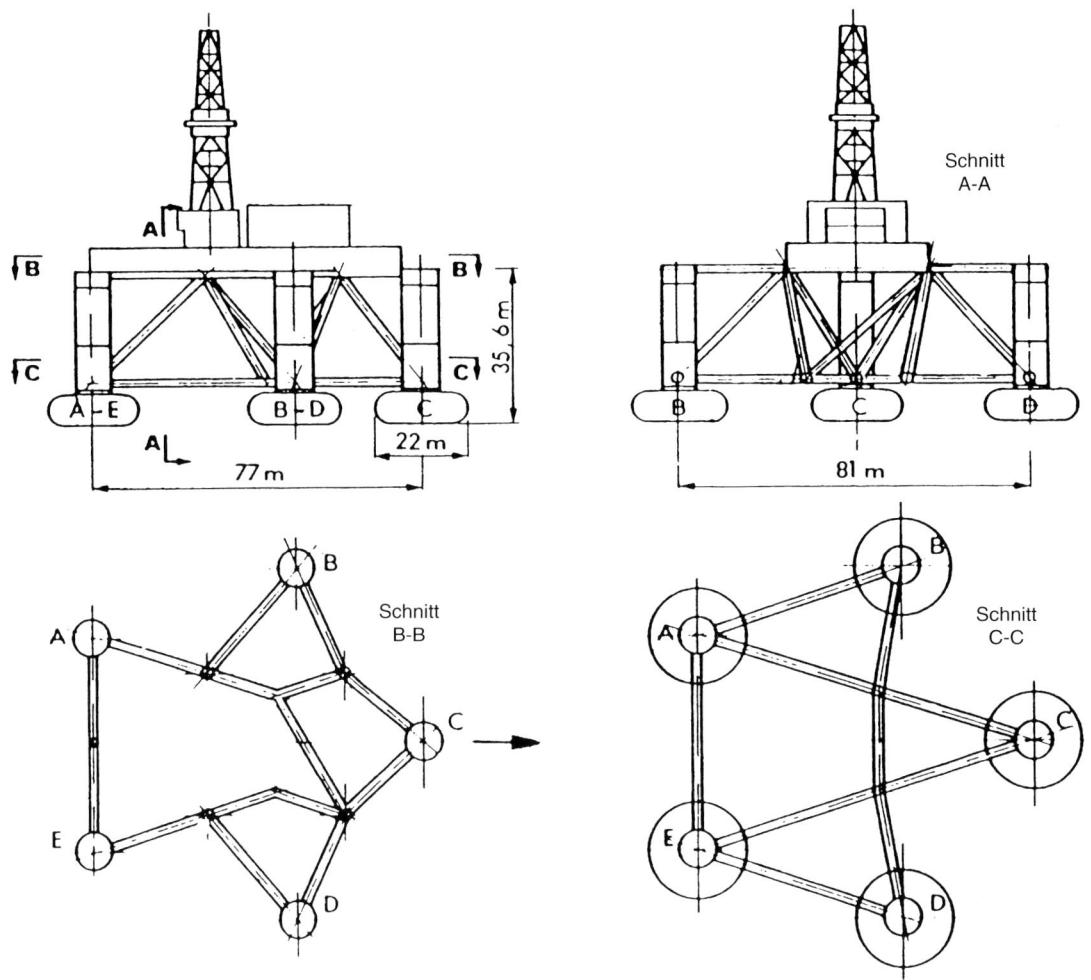

Schnitt
A-A

Schnitt
B-B

Schnitt
C-C

Ansichten der als Wohnplattform eingesetzten Bohrinsel *Alexander L. Kielland.*

form gefolgt. Nun begann die Plattform jedoch nach Steuerbord zu krängen und erreichte rasch eine Schräglage von 30°–35°.

Die Horizontalstrebe D-6 der Stahlkonstruktion der Plattform war gebrochen. Durch die nun eingetretene Überlastung brachen auch die anderen Streben, die Schwimmkörper und Säule D mit der Plattform verbanden. Die Säule mit Schwimmkörper und Resten der Streben löste sich vollständig von der Plattform.

In der Messe segelten Speisen und Getränke durch den Raum und landeten zusammen mit den Männern und losen Stühlen auf der Steuerbordseite des Raumes. Aus der Küche flogen Geschirr, Töpfe und Bestecke durch die Gegend. Der große Kinoraum war als zeitweilige Einrichtung auf einem Teil des Bohrdecks eingerichtet. Bänke und Zuschauer rutschten nun nach Steuerbord. Auf diesem Deck gelagerte schwere Teile der Bohrausrüstung durchbrachen die provisorische Wand des Vorführraumes. Einige Männer konnten diesen Teilen ausweichen, andere wurden verletzt. Für kurze Zeit ertönte ein Alarmsignal. Dann erlosch das Licht, die starke

Krängung hatte die Dieselgeneratoren zum Stillstand gebracht.

Die Männer versuchten, auf verschiedenen Wegen zu den Rettungseinrichtungen zu gelangen. Die starke Krängung gestaltete es jedoch äußerst schwierig, durch Ausgänge, Korridore und Treppen die Rettungsbootsstationen zu errei-

chen. Aus dem großen Kinoraum kletterten die Kinobesucher durch eine Luke auf die Backbordseite des oberen Decks und von hier zum nunmehr höchsten Punkt der Plattform bei der Säule B. Die letzten Personen in dem kleinen Kinoraum warfen mit dem Filmprojektor ein Fenster ein und sprangen hinterher. In den

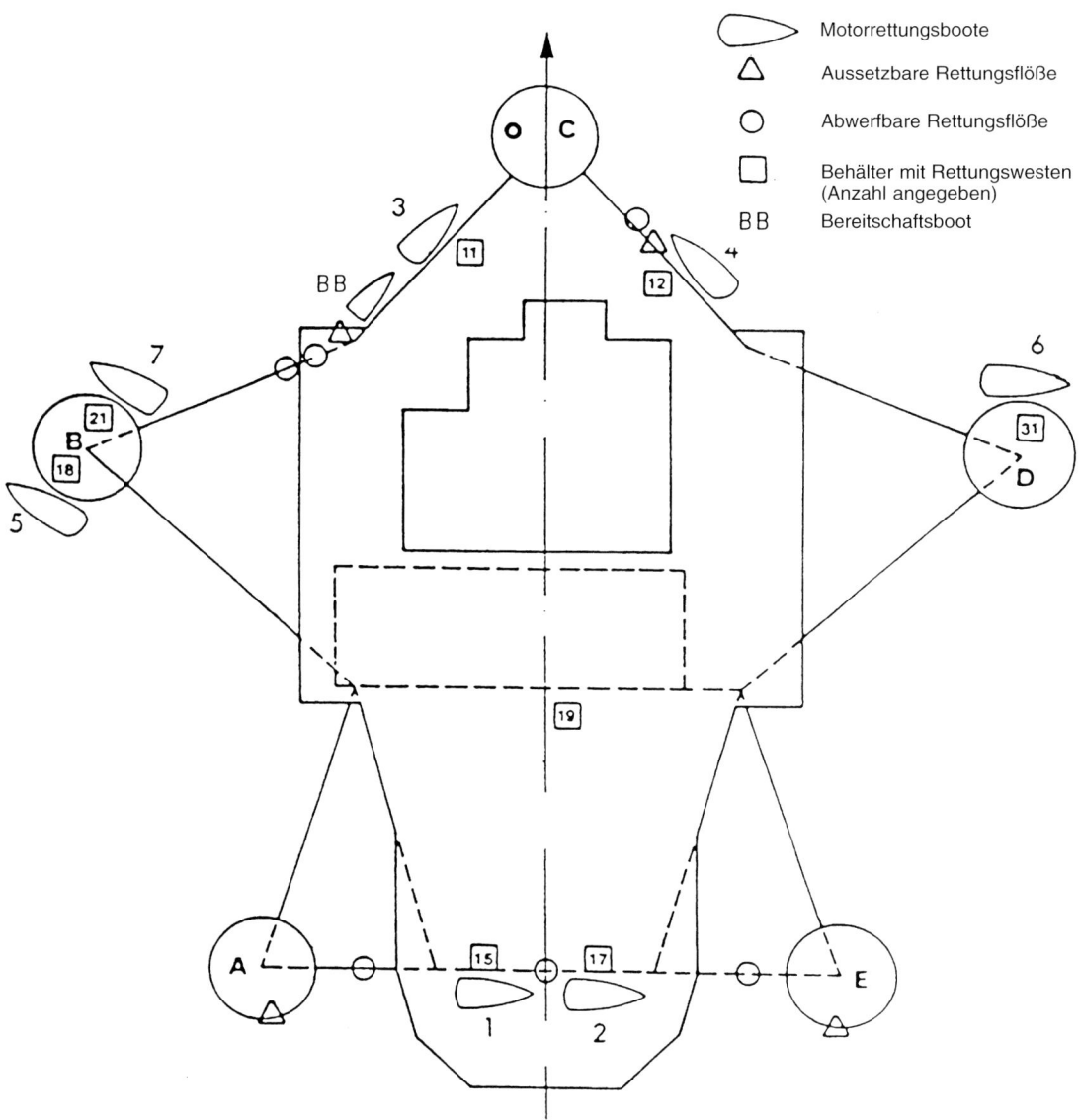

Anordnung der Rettungsmittel auf der Plattform der *Alexander L. Kielland.*

Korridoren der zeitweiligen Unterkünfte standen lose Schränke, die umfielen und zum Teil Türen der Kabinen blockierten. Manche Männer mußten daher auch hier aus den Fenstern springen. Es muß angenommen werden, daß es manchem der ums Leben gekommenen nicht gelang, die Rettungsmittel aufzusuchen.

Für kurze Zeit lag die Plattform mit der erheblichen Schlagseite relativ stabil im Wasser. Dabei kamen die verschiedensten Öffnungen wie Türen, Luken und Lüftungsaustritte zu Wasser. Räume und Tanks in den Säulen C und E sowie die Aufbauten füllten sich zunehmend mit Wasser, die Krängung der Plattform nahm nun stetig zu.

Das Zuwasserlassen der Rettungsboote und Freikommen von der gekrängten Plattform war bei dem herrschenden Seegang schwierig. Es gelang 26 Mann, das Rettungsboot Nr. 1 zu besteigen und den Motor zu starten. Infolge der Krängung der Plattform und des dadurch teilweise eingetauchten Decks brauchte das Boot nur ein bis zwei Meter gefiert zu werden. Das Boot konnte aber zunächst nicht von den Bootsläufern gelöst werden, da die Heißhaken nicht unter Belastung ausgeklinkt werden konnten. Erst mit Hilfe einer Axt und nachdem das Boot gegen die Plattform geschleudert und dabei beschädigt worden war, kam das Boot frei und konnte sich von der Plattform entfernen.

Obgleich sich im Bereich der Säule B viele Männer versammelt hatten, bestiegen nur 14 Personen das Rettungsboot Nr. 5. Das vollgeschlossene Boot wurde jedoch nicht herabgelassen, sondern riß sich los und schwamm kieloben, als die Plattform kenterte. Durch vereinte Anstrengungen von innen und im Wasser schwimmenden Männern von außen gelang es, das Boot zu drehen. Durch die Luken konnten dann noch 19 Schwimmer aus dem Wasser in das Rettungsboot gezogen werden. Da bei den Startversuchen Rauch aus dem Motor trat, wurden keine weiteren Anlaßversuche unternommen, und das Boot driftete antriebslos von der Plattform weg.

Nicht alle Boote konnten zur Rettung benutzt werden. Boot Nr. 6 war zusammen mit der Säule D weggebrochen. Die Rettungsboote Nr. 2, 3 und 4 wurden nicht zu Wasser gebracht oder wurden durch Wellen gegen eine Säule geschlagen und zerstört. Nur mit Hilfe des Bootes Nr. 7 konnten sich noch einige Männer retten.

Sowohl die aussetzbaren als auch die abwerfbaren Rettungsflöße sind wahrscheinlich alle beim Kentern der Plattform losgerissen und haben sich zum Teil selbsttätig aufgeblasen. Einige wurden von im Wasser schwimmenden Männern bestiegen. Auch von der Bohrplattform *Edda 2/7 C* wurden Rettungsflöße abgeworfen, die ebenfalls zum Teil benutzt wurden.

Etwa 20 Minuten lang nahm die Schräglage der Plattform nach der ersten schnellen Krängung zu, bis sie vollständig kenterte und dann um 180° gedreht – also kieloben – im Wasser schwamm.

Der diensthabende Funker an Bord der *Alexander L. Kielland* hatte unmittelbar nach der ersten schlagartigen Krängung über UKW-Sprechfunk »Mayday« gesandt. Diese Seenotmeldung wurde von vielen Stationen innerhalb und außerhalb des Ekofisk-Ölfeldes empfangen. Der Funker der *A.L.K.* ging nach Abgabe der ersten Notrufe in das Rettungsboot Nr. 5 und benutzte nun die Funkeinrichtung dieses Bootes, um *Edda 2/7 C* über das weitere Geschehen zu informieren. Ihm wurde etwas später mitgeteilt, daß die Rettungsaktion angelaufen sei.

Nachdem die Rettungsleitstelle Südnorwegen benachrichtigt worden war, übernahm diese die weitere Alarmierung von Schiffen in der Nordsee und von Land- und Luftrettungsstationen in Norwegen, Schottland, Dänemark, Holland und Deutschland. Der erste norwegische Rettungshubschrauber startete um 19.30 Uhr. Etwa zur gleichen Zeit hoben zwei Rettungshubschrauber und ein Aufklärungsflugzeug von britischen Rettungsstationen ab. Weitere Hubschrauber und Flugzeuge folgten etwas später. Die Rettungsmaßnahmen sowohl der Hubschrauber als auch der Schiffe waren durch Nebel und heftigen Seegang sehr erschwert.

Das Rettungsboot Nr. 1 hatte Funkkontakt unter anderem mit dem Versorgungsschiff *Normand Skipper*. Dieses und das Versorgungsschiff *Normand Vibran* erreichten um 01.20 Uhr am 28.März das Rettungsboot. Wegen der hochgehenden See übernahm man jedoch keine Personen, blieb aber in Bereitschaft beim Boot liegen. Alle 26 Männer wurden dann in der Zeit von 01.30 Uhr bis 05.00 Uhr von zwei norwegischen Hubschraubern abgeborgen.

Das antriebslos driftende Rettungsboot Nr. 5 nahm die Notfunkboje in Betrieb und konnte so geortet werden. Bereits gegen 19.30 Uhr war dieses Boot vom Versorgungsschiff *Normand Skipper* gefunden worden. Mit Hilfe eines über die Reling geworfenen Netzes gelangten zwölf Bootinsassen an Bord. Dabei wurde das Boot durch die Wellen mehrfach gegen das Schiff geschleudert, so daß das Übersteigen weiterer Männer als zu gefährlich angesehen wurde. Das Rettungsboot trennte sich daher wieder von der *Normand Skipper*. Die im Boot verbliebenen 21 Personen wurden von 02.30 bis 04.00 Uhr von zwei Hubschraubern aufgenommen.

Weitere Männer wurden durch Schiffe und Hubschrauber aus Rettungsboot Nr. 7, aus Flößen oder direkt aus dem Wasser geborgen. Auch durch die Bohrplattform *Edda 2/7 C* wurden durch einen Kran unter Verwendung eines Rettungskorbes Schwimmer aus dem Wasser gerettet.

An Bord der *A.L.K.* hatten sich insgesamt 541 Rettungswesten befunden, die meisten davon in den Kabinen. Auf den Rettungsbootsstationen waren 125 Rettungswesten in Behältern deponiert. Aber die Flucht aus den Räumen heraus auf das Bootsdeck muß bis zum Kentern der Plattform für viele zu wenig Zeit zum Anlegen der Rettungswesten gelassen haben. Selbst von den Überlebenden trugen nur 59 eine Rettungsweste.

Die geltenden Vorschriften forderten nicht die Ausrüstung der Plattform mit Rettungsanzügen. Die ständige Besatzung der *A.L.K.* sowie ein Teil der auf anderen Ölplattformen Beschäftigten besaßen jedoch einen solchen vollgeschlossenen Anzug. Letztere hatten ihn aber auf ihren Produktionsplattformen zurückgelassen. So legten nur acht Personen einen Rettungsanzug an, aber fast alle nicht in der richtigen Weise. Vier Männer mit Anzügen konnten daher nur noch tot geborgen werden. Keiner von ihnen hatte den Reißverschluß, der den Anzug nach außen abdichtet, voll geschlossen. Auch von den vier in Anzügen geretteten hatte nur einer diesen völlig korrekt angezogen. Am Unfalltag betrug die Lufttemperatur 4°–6° C, die Wassertemperatur 6° C. War bei solchen Temperaturen schon der längere Aufenthalt in Flößen gefährlich, so war der Aufenthalt im Wasser ohne einen wärmeisolierenden Rettungsanzug schon nach kurzer Zeit tödlich.

Die Such- und Rettungsaktion nach dem Kentern der *Alexander L. Kielland* war außerordentlich umfangreich. Es nahmen insgesamt 80 Schiffe daran teil, davon 71 zivile und neun Marinefahrzeuge. Aus vier Ländern beteiligten sich 19 Rettungshubschrauber und sieben Flugzeuge an der Suche und Bergung, die am 29. März um 19.00 Uhr offiziell beendet wurde. Von den 212 Personen, die sich zum Zeitpunkt des Unfalls auf der Plattform befanden, wurden 89 Überlebende geborgen, 123 Personen fanden den Tod.

Die Untersuchung

Schon am Tage nach dem schweren Unfall wurde eine Untersuchungskommission zur Ermittlung der Ursachen und Umstände der Havarie der Plattform gebildet. Die Kommission veranlaßte äußerst umfangreiche Untersuchungen und Berechnungen durch Laboratorien und Institute hinsichtlich Werkstoffen und Festigkeit der Stahlkonstruktion, der hydrostatischen und -dynamischen Stabilität der Plattform, des Ankersystems und der Rettungseinrichtungen. So wurden unter anderem die Bruchstellen der abgebrochenen Streben von mehreren Werkstofflaboratorien untersucht sowie die geborgenen Rettungsboote einer genauen Prüfung unterworfen.

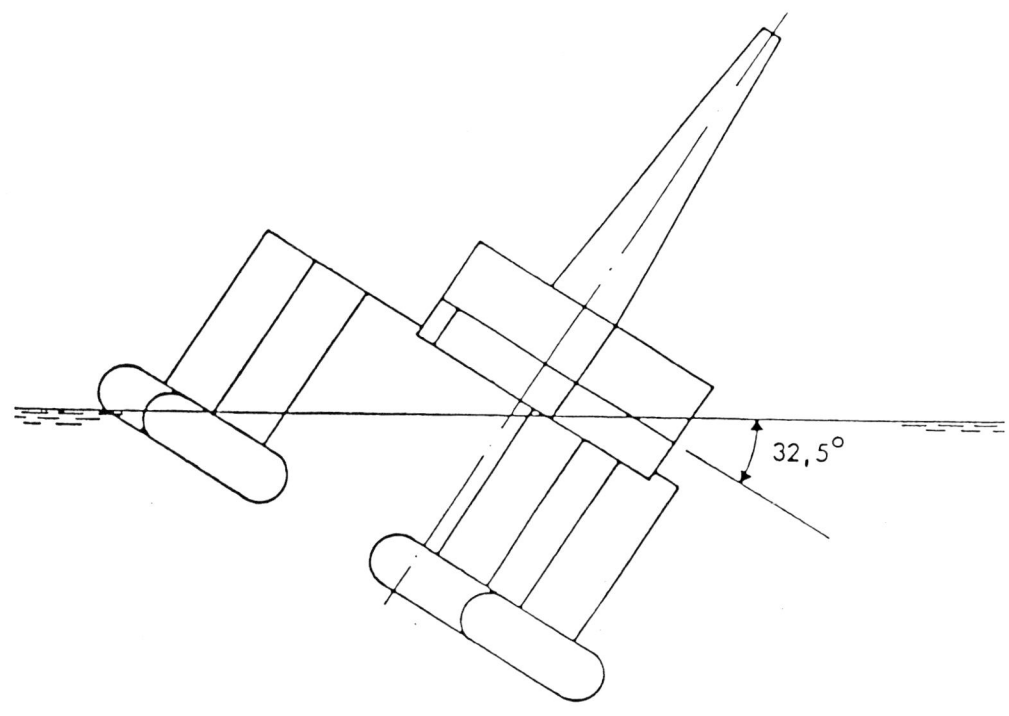

Die Plattform *Alexander L. Kielland* nahm nach dem Bruch von Streben in kurzer Zeit eine Schräglage von 30°–35° ein.

Die Katastrophe begann mit dem Bruch der Strebe D-6. In diese Strebe war eine durch einen Flansch verstärkte Entwässerungsöffnung eingeschnitten sowie ein Rohrstück als Träger für das Hydrophon eingeschweißt. Dieses Rohrstück hatte einen Durchmesser von 325 mm und eine Länge von 228 mm und war durch Kehlnahtschweißung mit der Strebe verbunden. Der Bruch der Strebe D-6 war von diesem eingeschweißten Rohr ausgegangen. Die Untersuchungen ergaben, daß unzureichende Qualität der Schweißnähte zusammen mit der aufgetretenen hohen Spannung zu Rissen in der Schweißverbindung zwischen Rohr und Strebe geführt hatten. Einige der Risse müssen schon beim Bau der Plattform entstanden sein, wie Farbreste auf Rißoberflächen zeigten. Von hochbelasteten Stellen gingen dann Ermüdungsrisse auf die Strebe selbst über und breiteten sich während eines längeren Zeitraumes über deren Umfang

aus. Die Strebe wurde dadurch so geschwächt, daß nach der Rißausbildung über etwa 2/3 des Umfanges der vollständige Bruch erfolgte. Nach dem Bruch der Strebe D-6 folgten durch die nun auftretende Überlastung die Brüche der anderen Streben, die die Säule D mit der Plattform verbanden. Die Rißausbildung in der Strebe D-6 war bei den vorangegangenen regelmäßig erfolgten Kontrollbesichtigungen der Plattform nicht erkannt worden.

Nach dem Abbrechen der Säule D krängte die Plattform stark über und lag zunächst stabil im Wasser. Nun erfolgte – wie bereits erwähnt – ein Wassereinbruch in die Schächte der Säulen E und C und dann weiter in das untere Deck. Unzureichende Einhaltung der Instruktionen hinsichtlich des Schließens von Öffnungen insbesondere bei starkem Seegang trug zum Eindringen von Wasser bei, so daß nach etwa zwanzig Minuten das vollständige Kentern erfolgte.

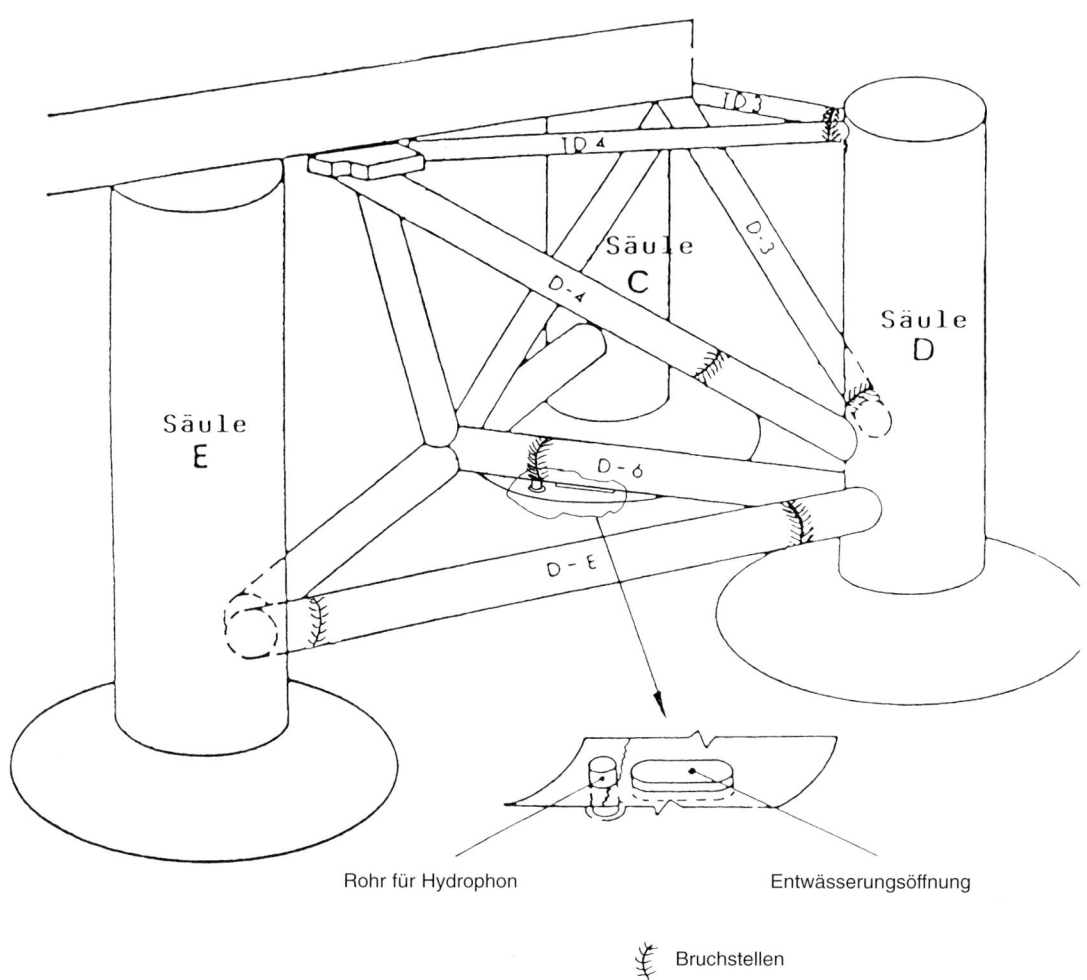

Rohr für Hydrophon   Entwässerungsöffnung

🌿 Bruchstellen

Ein Teil der Säulen und Streben der *Alexander L. Kielland* mit den Bruchstellen.

Die Rettungseinrichtungen der *A.L.K.* entsprachen den Vorschriften. Sieben voll geschlossene Rettungsboote für je 50 Personen sowie aufblasbare Rettungsflöße für insgesamt 400 Personen waren installiert. Auch die Rettungsübungen waren im Prinzip nach den Vorschriften durchgeführt worden, wobei man sich allerdings zu stark auf die Rettungsboote konzentriert hatte. Eine grundsätzliche Rettungsausbildung hatten aber nur wenige der Wohngäste an Bord.

Beim Zuwasserlassen der Rettungsboote waren infolge der hohen Wellen Schwierigkeiten mit dem Auslösemechanismus aufgetreten, der nicht unter Belastung betätigt werden konnte. So wurden einige Boote gegen die Plattform geworfen und beschädigt. Die Flöße waren wenig genutzt worden und hatten zur Rettung von nur 16 Personen beigetragen.
Entsprechend dem Notfallplan waren im Ekofisk-Feld drei Bereitschaftsschiffe stationiert, die im Bedarfsfall jede Plattform innerhalb von

20–25 Minuten erreichen sollten. Das für die *A.L.K.* vorgesehene Bereitschaftsschiff traf jedoch erst nach etwa einer Stunde am Unfallort ein und konnte nicht zur Rettung Überlebender beitragen.

Die Kommission gab im Ergebnis ihrer Untersuchungen zahlreiche Empfehlungen, die zum Teil allgemeiner und teilweise spezieller Art waren. Sie betonte zunächst nachdrücklich, daß das Sicherheitsniveau schwimmender Plattformen erhöht werden müsse. Auf der Grundlage weitreichender Sicherheitsanalysen müßten effektive Maßnahmen zur Risikoreduzierung entwickelt werden. Die Kommission brachte auch die Auffassung zum Ausdruck, daß die staatlichen Verwaltungen zwar die Gesamtverantwortung für die Sicherheit mobiler Plattformen hätten, die detaillierte Kontrolle bei Entwurf, Bau und Betrieb solcher Plattformen aber an andere Institutionen, wie zum Beispiel Klassifikationsgesellschaften, übertragen werden solle. Nur so sei die erforderliche Einbeziehung einer großen Anzahl von Spezialisten der verschiedensten Fachgebiete möglich.

Hinsichtlich der Plattformkonstruktion wurde darauf verwiesen, daß Entwurf und Dimensionierung eine angemessene Sicherheit gegen Versagen aufweisen müßten. Die Auslegung von Plattformen und ihrer Ausrüstung sei so vorzunehmen, daß die Wahrscheinlichkeit von Fehlern während des Baus und insbesondere während des Betriebes minimiert würde und Kontrollen und Inspektionen so einfach wie möglich ausgeführt werden könnten. Beim Entwurf sei auch sicherzustellen, daß eine relativ kleine Beschädigung nicht zu einem völligen Versagen der Stahlkonstruktion führen könne.

Für die Kontrolle während des Baus neuer Plattformen und für die regelmäßigen Inspektionen und Besichtigungen während des Betriebes seien Handbücher auszuarbeiten. Dadurch solle gesichert werden, daß die Besichtigungen umfassender und sorgfältiger als bisher ausgeführt, besonders kritische Bereiche erfaßt und ernste Defekte rechtzeitig entdeckt würden.

Hinsichtlich der Schwimmfähigkeit und Stabilität der mobilen Plattformen seien gefährdende Zustände zu analysieren, wobei insbesondere der Stabilität nach Beschädigungen (Leckstabilität) große Bedeutung zukomme. Ein ausreichender Reserveauftrieb sei durch die Aufbauten auf dem Plattformdeck vorzusehen und Sicherheit gegen Überfluten dieser Aufbauten zu gewährleisten. Die Möglichkeiten betrieblicher Fehlhandlungen vor allem in Gefahren- und Notsituationen sollten reduziert werden, was insbesondere die Lage von Öffnungen und die Betätigung ihrer Schließvorrichtungen beträfe.

Bei den Rettungsbooten sei eine Weiterentwicklung des Auslösemechanismus notwendig. Dabei sei aber eine Auslösung der Boote unter Last auch nicht anzustreben, da das bereits in der Vergangenheit zu schweren Unfällen beim vorzeitigen Auslösen teilweise gefierter Boote geführt habe.

Die Kommission war der Meinung, daß die Gesamtzahl der Plätze in den Rettungsbooten von Plattfomen 200 Prozent der Anzahl der Personen an Bord betragen solle. Damit würde der Realität Rechnung getragen, die – wie auch im vorliegenden Fall – zeige, daß in Gefahrensituationen ein Teil der Boote wegen starker Schlagseite, Beschädigung, schlechten Wetters oder auch Feuer nicht eingesetzt werden könne.

Eine Empfehlung von erheblicher Auswirkung wurde von der Kommission auch hinsichtlich der Rettungsanzüge gegeben. Jede Person an Bord einer Plattform solle mit einem persönlichen Rettungsanzug ausgerüstet sein, der in der Kabine unterzubringen sei. Darüber hinaus sollten so viele Rettungsanzüge auf Evakuierungswegen und Rettungsbootsstationen verteilt gelagert werden, wie 200 Prozent der Gesamtzahl der Personen an Bord entspräche.

Es wurde von der Untersuchungskommission für notwendig erachtet, daß jede an Bord einer Plattform befindliche Person einschließlich der Wohngäste einen Sicherheitslehrgang zu absolvieren habe. Das Sicherheitstraining an Bord solle unbedingt auch das Kennenlernen des

Evakuierungsweges im Gefahrenfall mit einschließen.

Für jede Art von Plattform müsse nach Auffassung der Kommission ein Bereitschaftsschiff (Stand-by-Schiff) vorgesehen werden, das ständig bei der Plattform in einer Entfernung von höchstens einer Seemeile zu stationieren sei.

31. Der einzige Überlebende des MS E.L.M.A. Tres berichtet

Das deutsche Motorschiff *E.L.M.A. Tres* kenterte und sank am 26. November 1981 in schwerem Sturm im Nordatlantik, wobei 23 Seeleute den Tod fanden. Nur ein Mitglied der Besatzung konnte gerettet werden.

Das *MS E.L.M.A. Tres* war als Semi-Containerschiff gebaut und 1978 in Dienst gestellt worden. Bei einer Länge von 135,6 m und einer Vermessung von 7470 GT wurde es von einem Dieselmotor mit 6178 kW angetrieben. Seine Ladekapazität für Container betrug 591 TEU. Es war mit allen für den sicheren Transport von Containern erforderlichen Einrichtungen und Ausrüstungen versehen. Der Schiffsführung standen alle notwendigen nautischen und funktelegrafischen Ausrüstungen zur Verfügung.

Der hier geschilderte Verlauf der Reise und des Unterganges folgt der Zeugenaussage des 1. Offiziers als dem einzigen Überlebenden.

Die Havarie

Das Schiff hatte in Buenos Aires (Argentinien) Container für Häfen an den Ostküsten von Süd- und Nordamerika geladen. Die teils in den Laderäumen und teils auf Deck gestauten Container waren nach Maßgabe des Zurrplanes durch einwandfreies Laschmaterial gesichert. Bei ihren täglichen Rundgängen über das Schiff überzeugten sich Kapitän und 1. Offizier während der Reise ständig von der zuverlässigen Containersicherung.

Als letzter südamerikanischer Hafen wurde am 16. November 1981 Ilhéus (Brasilien) mit nächstem Ziel Boston (USA) verlassen. Bis zum 25. November verlief die Reise bei gutem Wetter ohne besondere Vorkommnisse. Am 25. November verschlechterte sich das Wetter jedoch, und der NW-Wind nahm auf Sturmstärke zu. Der Kapitän ging auf etwa halbe Fahrt zurück und ließ am Abend den vollständigen Verschlußzustand des Schiffes herstellen.

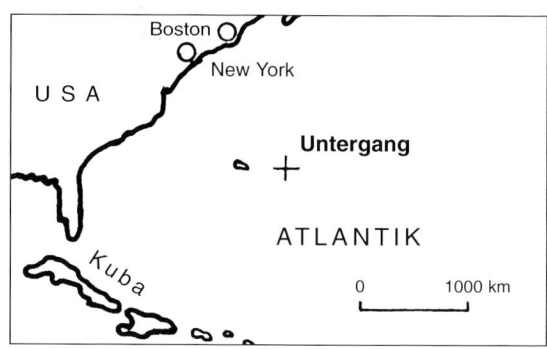

Die Position der *E.L.M.A. Tres* zum Zeitpunkt des Unglücks.

Am nächsten Tag morgens erreichte der Wind in Böen Orkanstärke, und der 1. Offizier schätzte die Wellenhöhe auf 10–12 m. Im Seewetterbericht hieß es für den 26. November und bezogen auf ein Seegebiet östlich der Bermudas, dem Unfallgebiet der *E.L.M.A. Tres*, daß der Sturm eine mittlere Stärke von 9 Bft mit orkanartigen Böen von 11–12 Bft gehabt habe. Die kennzeichnenden Wellenhöhen hätten 7–8 m betragen bei einzelnen Wellen von 14–16 m. Die Wassertemperatur betrug 21°–22° C, die Lufttemperatur lag bei 17° C.

Der 1. Offizier ging am 26. November die Frühwache von 04.00 Uhr bis 08.00 Uhr. Er empfand die Rollbewegungen des Schiffes als relativ schwach und nahm nach der Wache in der Messe sein Frühstück ein, ohne dabei durch übermäßige Schiffsbewegungen gestört zu werden. Zusammen mit dem Bootsmann machte der 1. Offizier dann einen Rundgang über Haupt- und Backdeck, wobei insbesondere die Containersicherungen kontrolliert wurden. Die beiden Männer wurden dabei nur wenig durch überkommende See behindert. Danach begab sich der 1. Offizier in seine Kammer und legte sich schlafen.

Gegen 12.00 Uhr klingelte das Telefon beim 1. Offizier. Als er den Hörer aufnehmen wollte, entglitt ihm dieser und fiel auf die Gabel zurück. Er vermutete, daß der Kapitän ihn rufen wollte, zog sich an und begab sich auf die Brücke. Während seines Weges dorthin legte sich die *E.L.M.A. Tres* plötzlich hart nach Backbord und blieb mit einer Schlagseite von etwa 25° liegen.

Auf der Brücke erteilte ihm der Kapitän ohne weitere Erklärung die Weisung: »Container schmeißen«. Der 1. Offizier bemerkte jetzt erst, daß das Schiff antriebslos quer zur See lag. Durch die Fenster der Brücke sah er mehrere Container an Backbord im Wasser schwimmen. Er hörte, wie der Kapitän die Absetzung eines Seenotrufes mit dem Funkoffizier besprach.

Der 1. Offizier machte kehrt, um zusammen mit dem Bootsmann und weiteren Decksleuten die Laschings der Container an der Backbordseite mittels Axt zu kappen. Im Aufgang hörte er Stimmen aus dem Bootsdeck und bemerkte, daß ein Teil der Besatzung mit angelegter Rettungsweste bereits versuchte, das Steuerbord-Motorrettungsboot auszusetzen. Er betrat nun ebenfalls das Steuerbord-Bootsdeck und stellte zu gleicher Zeit eine weitere erhebliche Vergrößerung der Backbord-Schlagseite fest, nunmehr bereits auf etwa 45°. Ein Kappen und Überbordwerfen von Containern war nun ohne Gefährdung der Ausführenden nicht mehr möglich.

Der 1. Offizier erfuhr, daß das schon zu Wasser gelassene Backbord-Rettungsboot umgeschlagen und abgetrieben sei. Er wurde nun vom Kapitän durch Zuruf aus der Steuerbord-Brückennock angewiesen, das Steuerbord-Motorrettungsboot aussetzen und bemannen zu lassen. Das Aussetzen gelang jedoch nicht: Wegen der starken Backbord-Krängung hing das Boot am Bootsdeck fest und ließ sich nicht zu Wasser bringen.

Gleichzeitig warfen andere Besatzungsmitglieder das Steuerbord-Rettungsfloß über Bord.

Ein Matrose machte die auf dem Bootsdeck belegte Leine dieses Floßes los, um sie ein Deck tiefer festzumachen. Die heftigen Schiffsbewegungen rissen ihm jedoch die Leine aus den Händen, und das Rettungsfloß trieb als Paket ungeöffnet ab.

Während der vorgenannten Bemühungen nahm die Backbord-Schlagseite weiter zu und erreichte etwa 65°. Der 1. Offizier beobachtete, wie Containerstapel vor dem Brückenhaus nach Backbord rutschten und über Bord gingen.

Die weiteren Ereignisse liefen in sehr kurzer Zeit ab. Das Schiff legte sich voll auf die Seite, der Untergang schien unmittelbar bevorzustehen. Die ersten Besatzungsmitglieder kletterten und rutschten über die Steuerbord-Bordwand ins Wasser. Beim kurz darauf erfolgenden Untergang des Schiffes wurde der 1. Offizier unter Wasser gerissen. Nachdem er kurzzeitig irgendwo festgehangen hatte, wurde er wieder an die Wasseroberfläche getrieben. Den Zeitraum vom Anruf durch den Kapitän bis zum Schiffsuntergang schätzte er auf etwa 20 Minuten.

Um 12.13 Uhr hatte das deutsche Motorschiff *Hahnentor*, das etwa 230 sm entfernt war, folgende Seenotmeldung aufgefangen: »MS *E.L.M.A. Tres* Position 32°20'N, 60°40'W. Maschinenausfall. Schwere Schlagseite. Mehrere Container von Deck verloren. Erbitten dringend Hilfe.« Auch das deutsche Motorschiff *Weimar* fing diese Seenotmeldung auf.

Die *Hahnentor* empfing den letzten Funkspruch der *E.L.M.A. Tres* um 12.25 Uhr: »Besatzung von 24 Mann geht in das Rettungsboot. Schiff sinkt.« Die Funkoffiziere der Schiffe *Hahnentor* und *Weimar* informierten mehrere Küstenfunkstationen über die Seenotmeldung, und diese Funkstellen verbreiteten die Meldung weiter.

Die Küstenfunkstelle Bermuda-Harbour-Radio wurde um 12.58 Uhr unterrichtet, und diese informierte unter anderem um 13.00 Uhr die US Coast Guard in New York. Bermuda-Harbour-Radio übernahm die Koordinierung der Suchaktion und nahm unter anderem mit zehn Schiffen Funkverbindung auf, die zum größten

Teil jedoch wegen zu großer Entfernung vom Unfallort für eine Hilfeleistung nicht in Betracht kamen.

Um 14.42 Uhr startete ein Flugzeug der US Naval Air Station (USNAS = US-Marineflieger-horst) Bermuda und begann die Suche im Unfallgebiet. In der hochgehenden See wurden jedoch weder Überlebende noch Schiffstrümmer entdeckt.

Das liberianische *MS Royal Eagle* hatte seinen Kurs geändert und erreichte gegen Mittag des folgenden Tages, dem 27. November, das Unfallgebiet. In Zusammenwirken mit Flug-zeugen der USNAS Bermuda begann es die Suche nach Schiffbrüchigen. Eines der Such-flugzeuge machte einen Überlebenden auf einem kieloben treibenden Rettungsboot aus und leitete die *Royal Eagle* zu dem Boot. So konnte um 13.34 Uhr, mehr als 24 Stunden nach dem Schiffsuntergang, der einzige Überlebende geret-tet werden. Es war der 1. Offizier der *E.L.M.A. Tres.*

Dieser schilderte seine Erlebnisse, nachdem er nach dem Sinken des Schiffes wieder aufge-taucht war, wie folgt (zitiert aus dem Untersuchungsbericht des Seeamtes Hamburg):

»In circa 50 Meter Entfernung sah ich unser Rettungsboot kieloben treiben, das ich schwim-mend erreichen konnte. Wie sich herausstellte, war es das Steuerbord-Rettungsboot. Ich ver-suchte jetzt, die Situation zu erfassen und hielt Ausschau nach dem Rest der Besatzung und wei-terem Treibgut. Mein Gesichtsfeld war durch die Augenhöhe und den starken Seegang sehr begrenzt. Folgendes waren meine Wahr-nehmungen: Eventuelle hochschießende Wrack-teile oder Ladungsgegenstände habe ich nicht gesehen. Ebenfalls keine aufgeblasen treibende Rettungsinsel oder das Backbord-Rettungsboot. Der Bootsmann (auch in Schwimmweste) trieb circa 3 Meter entfernt auf dem Lukenponton Nr. 8 stehend an mir vorbei. Er fühlte sich offen-sichtlich auf diesem Ponton sicherer und lehnte es ab, zu mir auf das Boot zu kommen. Wir haben ein regelrechtes Gespräch geführt. Wir trieben

schnell auseinander. Auf einem angekantet schwimmenden Container hielten sich die Matrosen F. und P. (ebenfalls in Schwimm-westen) fest. Ich hatte Sprechkontakt mit ihnen, auch sie lehnten es ab, zu meinem Boot zu schwimmen. Ich hatte die Hoffnung, daß unsere Bootsausrüstung uns für die nächste Zeit nützen könnte und wir vielleicht das Boot umkippen könnten mit einer größeren Anzahl von Leuten. Ferner sah ich auf anderen Containern den Koch und einige andere, von mir nicht erkannte, Seeleute. Es trieben Schwimmwesten umher, von denen ich nicht erkennen konnte, ob in ihnen Seeleute schwammen. Um mich herum schwam-men einige Ladungsgüter, zum Beispiel ganz in meiner Nähe Schuhkartons. Von dem irischen Funker und den deutschen Besatzungsmit-gliedern habe ich niemanden erkennen können. Alles Treibgut entfernte sich jetzt von einander. Da vernahm ich unter meinem Boot eine Stimme die rief: »Chief, Chief«. Wir beide machten jetzt unseren Weg alleine, ohne wieder Kontakt mit irgendeinem Schiffbrüchigen zu haben, wurden allerdings von einem 20'-Container gerammt. Ich tauchte mit abgelegter Schwimmweste unter das Boot zu dem Seemann. Es war der Leichtmatrose P. Mit umgelegter Schwimmweste hatte er sich an der Welle des Bootmotors befe-stigt. Ich stellte fest, daß sämtlicher Bootsinhalt verloren war, nur der Motor hing noch in seinem Fundament. Durch das am Boden beschädigte Boot kam jede Menge Luftzufuhr und Tageslicht. Der Leichtmatrose erklärte, unverletzt zu sein, aber tauchen und mich auf das Boot begleiten wollte er nicht. So haben wir uns durch das Loch im Boot unterhalten und Klopfzeichen geben können.

Ich hatte meine Schwimmweste wieder umge-legt, mich am Boot mit Tampen befestigt und hielt Ausschau nach Rettern und anderen Schiff-brüchigen. Das Wetter war inzwischen schwach bewölkt und sonnig. Gegen 15 Uhr Ortszeit bemerkte ich in einiger Entfernung ein Flugzeug, das nach der Örtlichkeit und seiner Flughöhe offensichtlich ein Suchflugzeug war. Ich tauchte nochmal unter das Boot, erzählte dem Leichtmatrosen davon und versuchte ihm Hoffnung zu geben und ihn zu bewegen, mit mir auf das Boot zu kommen. Dasselbe versuchte ich einige Zeit später nochmal, vergeblich. Der Leichtmatrose tauchte allerdings einmal unter dem Boot hervor, unterhielt sich mit mir und tauchte dann wieder zurück. Er hatte schon keine Schwimmweste mehr an. Für mich stand jetzt fest, daß ein Funkspruch des Schiffs mit genauer Position ausgegangen war und wir gesucht wurden. Nachts gegen circa 21 Uhr kam noch einmal ein Flugzeug, das seine Suchbahnen zog. Beide Flugzeuge hatten mich aber offensichtlich nicht geortet. Ich konnte auch noch ein 3. Flugzeug ausmachen. In der Nacht hatte ich Klopfkontakt mit dem Leichtmatrosen. Ich hatte auch Überlegungen angestellt, unter dem Boot zu übernachten, da der Wind auf meinem nassen Zeug strenge Kälte erzeugte. Einmal wurde ich während der Nacht mit umgelegter Schwimmweste vom Boot gespült, konnte mich aber mit großen Schwierigkeiten wieder hinaufmannen. Nachts gab es einzelne Schauer, die mir trotz der Kälte Erleichterung verschafften. Am nächsten Morgen bemerkte ich zum Greifen nahe 2 Haie um das Boot schwimmen, die uns weiter ständig begleiteten. Nach meiner Schätzung 9.00 Uhr am nächsten Tag, entdeckte mich das erste Suchflugzeug, welches einen Kreis um mich zog, woraus ich entnehmen konnte, daß wir entdeckt worden waren. Dieses Flugzeug warf einen Gegenstand ab, den ich für einen Sender hielt. Daraufhin kam ein zweites Flugzeug und warf auch noch eine Rauchbombe ab, wie sich herausstellte, offensichtlich, um den in der Nähe stehenden Bulkcarrier *Royal Eagle* herbeizuführen. Dieser traf um die Mittagszeit ein und manövrierte seine Steuerbordseite längsseits meines Bootes. Der Leichtmatrose unter dem Boot gab jetzt noch kratzende Geräusche von sich. Mit Hilfe eines zugeworfenen Jolltaus, das ich umlegen konnte, kletterte ich die Lotsentreppe – mit Sicherung durch das Jolltau – nach oben. Landsleute (crew von *Royal Eagle*) versuchten den Leichtmatrosen

in ihrer Landessprache (Tagallo) anzurufen und Mut zuzusprechen, es kam aber keine irgendwelche Antwort. Auf halber Höhe der Leiter stehend rief mir der deutsche Chief Engineer zu, daß der Leichtmatrose ertrunken unter dem Boot hervorgetrieben sei und nicht zu bergen gewesen wäre. Das Boot ließ man ebenfalls treiben. Uhrzeit bei Anbordkommen 13.24 Uhr. Ich wurde im Hospital versorgt und am nächsten Tag mit einem Hubschrauber der Coast Guard auf die Bermudas geflogen und in einem Hospital untergebracht.«

Die Untersuchung

Das schwere Schiffsunglück wurde vor dem Seeamt Hamburg verhandelt. Dabei wurden die möglichen Ursachen des Untergangs der *E.L.M.A. Tres* unter Mitwirkung namhafter Sachverständiger sowie des geretteten 1. Offiziers als Zeugen umfassend untersucht.

Es wurde festgestellt, daß Qualifikation und Erfahrung der Besatzung den Vorschriften und Erfordernissen voll entsprach. Das bezog sich sowohl auf Kapitän und Offiziere als auch auf die 16köpfige – vorwiegend philippinische – Mannschaft.

Das Seeamt teilte die Auffassung des 1. Offiziers und des Sachverständigen, daß die Container ordnungsgemäß gestaut und gegen Verrutschen und Kippen gesichert waren. Die hierfür erforderlichen baulichen Einrichtungen und losen Ausrüstungen entsprachen den Vorschriften und dem Stand der Technik. Es wurde auch davon ausgegangen, daß die Lukendeckel vorschriftsmäßig eingesetzt und verschalkt gewesen seien. Die Stabilität der *E.L.M.A. Tres* zum Zeitpunkt des Unfalls wurde besonders intensiv untersucht und erörtert. Der 1. Offizier gab an, daß er eine Momentenrechnung durchgeführt und dabei eine ausreichende Stabilität ermittelt habe, deren Umfang 58° betrug. Der Sachverständige vertrat den Standpunkt, daß die Stabilitätswerte noch im Rahmen der zugelassenen Mindestwerte gelegen hätten. Dabei sei die Stabilität zum Zeitpunkt des Unfalls zwar knapp, aber noch ausreichend gewesen. Mangelhafte Stabilität scheide daher nach seiner Auffassung als Unfallursache aus.

Das Seeamt schloß sich den Ausführungen des 1. Offiziers und des Sachverständigen an. Es bemängelte jedoch die Nichtbenutzung der Stabilitätsunterlagen der Bauwerft des Schiffes. So würde auch in einem Merkblatt der See-Berufsgenossenschaft die Stabilitätsüberprüfung unter Verwendung der Grenzkurven für die maximale Hochlage des Gewichtsschwerpunktes gefordert. Insbesondere bei Containerschiffen seien die Stabilitätswerte mit größter Sorgfalt zu ermitteln. Mehrere Gutachten lagen zur Festigkeit des Schiffskörpers der *E.L.M.A. Tres* vor. Sie sagten übereinstimmend aus, daß die Beanspruchung der Schiffskörperverbände auch bei dem am 26. November 1981 angetroffenen Seegang weit unterhalb der zugelassenen Belastungsgrenze gelegen habe.

Bezogen auf den Ausfall des Antriebsmotors der *E.L.M.A. Tres* vor dem Kentern wurde festgestellt, daß das Schiff am 24. 9. 1979 eine Maschinenhavarie infolge eines Materialfehlers gehabt hatte. Später seien einige sonstige Störungen und Defekte aufgetreten, die bei derartigen Maschinenanlagen gelegentlich zu verzeichnen seien. Es könne daraus nicht die Schlußfolgerung gezogen werden, daß die Hauptmaschine besonders störanfällig gewesen sei.

Hinsichtlich des so bedeutenden Komplexes der Rettungsmittel verwies das Seeamt darauf, daß der Ablauf dieses schweren Unfalls erneut die dringende Notwendigkeit der Weiterentwicklung der Rettungseinrichtungen gezeigt habe. So sei es bei großer Schlagseite eines Schiffes in hohem Seegang oft nicht möglich, Rettungsboote unbeschädigt zu Wasser zu bringen. Sowohl neue Aussetzvorrichtungen als auch vollgeschlossene Rettungsboote seien erforderlich. Auch bei den Rettungsflößen sei eine Weiterentwicklung wünschenswert.

Das Seeamt stellte bezüglich der Rettungsaktion fest, daß alles nach den herrschenden Umständen Mögliche getan worden sei, um Überlebende der *E.L.M.A. Tres* zu retten. Ein besonderer Dank gebühre der *Royal Eagle*, die in letzter Minute den 1. Offizier gerettet habe.

Zusammenfassend brachte das Seeamt zum Ausdruck, daß es unbefriedigend und auch bedrückend sei, nicht in der Lage gewesen zu sein, die Ursachen des Kenterns und des Untergangs des Motorschiffes *E.L.M.A. Tres* aufzuklären.

32. Die Bohrinsel *Ocean Ranger* kentert und sinkt im Orkan

Am 15. Februar 1982 kenterte und sank die Halbtaucher-Bohrinsel *Ocean Ranger* auf dem Ölfeld Hibernia östlich von Neufundland in einem schweren Wintersturm. Alle 84 Besatzungsmitglieder fanden trotz umfangreicher Rettungsversuche von Schiffen und Hubschraubern den Tod.

Die 1976 für Tiefwasserbohrungen gebaute Bohrinsel wurde von Mobil Oil betrieben. Sie war als Halbtaucher ausgelegt, dessen Bohrplattform sich mit acht Tragsäulen auf zwei vollgetauchte Schwimmkörper stützte. Die Stahlkonstruktion der Insel war durch horizontale und diagonale Verstrebungen verstärkt. Die Plattform wurde durch zwei Decks gebildet, auf denen sich der Bohrturm, Kräne, Antriebs- und Maschineneinrichtungen befanden und alle für die Bohrungen erforderlichen Gestänge, Werkzeuge und Vorräte sowie die Unterkunftsräume der Besatzung. Die Schwimmkörper enthielten insgesamt 32 Tanks für Ballast- und Bohrwasser sowie Treibstoff. Tiefgang, Trimm und Krängung der Bohrinsel konnten durch Variation der Füllung der Ballastwassertanks verändert werden. Füllen, Lenzen oder Umpumpen wurde vom Ballast-Kontrollraum durch eine Fernbedienung gesteuert. Im Kontrollraum, der in einer der Tragsäulen angeordnet war, befanden sich die dafür notwendigen Schränke und Konsolen mit Schalt- und Steuereinrichtungen. Durch vier

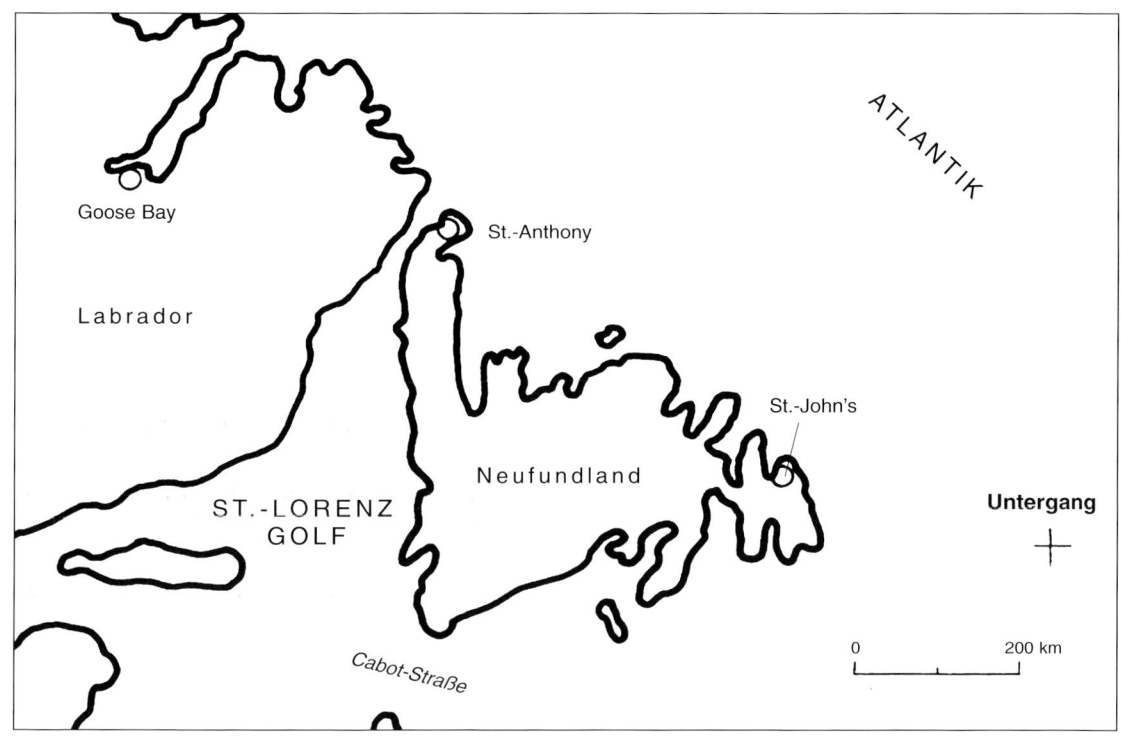

Die Position der Bohrinsel *Ocean Ranger.*

runde Fenster konnte von hier der Tiefgang der Insel an den Tiefgangsmarken auf den Ecksäulen abgelesen werden. Im Heck eines jeden Schwimmkörpers war eine Antriebsanlage für den Eigenantrieb der Bohrinsel installiert. Die Bohrinsel wurde während des Bohrbetriebes durch Winden in Position gehalten, die durch Ketten und Trossen mit zwölf Ankern verbunden waren. Die Ketten liefen in Kettenkästen, die zum oberen Deck hin offen waren. Die umfangreiche Ausrüstung der Bohrinsel wurde durch alle erforderlichen Sicherheitseinrichtungen vervollständigt. So umfaßte die Rettungsausrüstung vier vollgeschlossene 50-Personen-Rettungsboote, die mit Davits zu Wasser gelassen wurden, sowie zehn Rettungsflöße für je 20 Personen. Im Notfall mußten diese selbstaufblasbaren Rettungsflöße über Bord geworfen und vom Wasser aus bestiegen werden.

Die Gesamtlänge der Bohrinsel betrug 121,5 m, die Breite 90,7 m und die Höhe der Arbeits-

plattform über Kiel 46,2 m. Das Bohren wurde normalerweise bei einem Tiefgang von 24,4 m vorgenommen.

Das Unglück

Zusammen mit den beiden Bohrplattformen *SEDCO 706* und *Zapata Ugland* führte die *Ocean Ranger* am 14. Februar 1982 normalen Bohrbetrieb durch. Die Wettervorhersage kündigte für nachmittags den Beginn eines heftigen Sturmes mit hochgehenden Wellen an. Entsprechend stellte man mit Zunahme von Wind und Seegang gegen 16.30 Uhr den Bohrbetrieb ein und trennte das Bohrgestänge von der Plattform. Das Wetter verschlechterte sich sehr schnell. Gegen 19.00 Uhr teilte die *Ocean Ranger* dem Mobil-Büro in St. John's (Neufundland) mit, daß der Wind eine Geschwindigkeit von bis zu 120 km/h erreicht habe. Die Bohrinsel *SEDCO 706* informierte zur etwa glei-

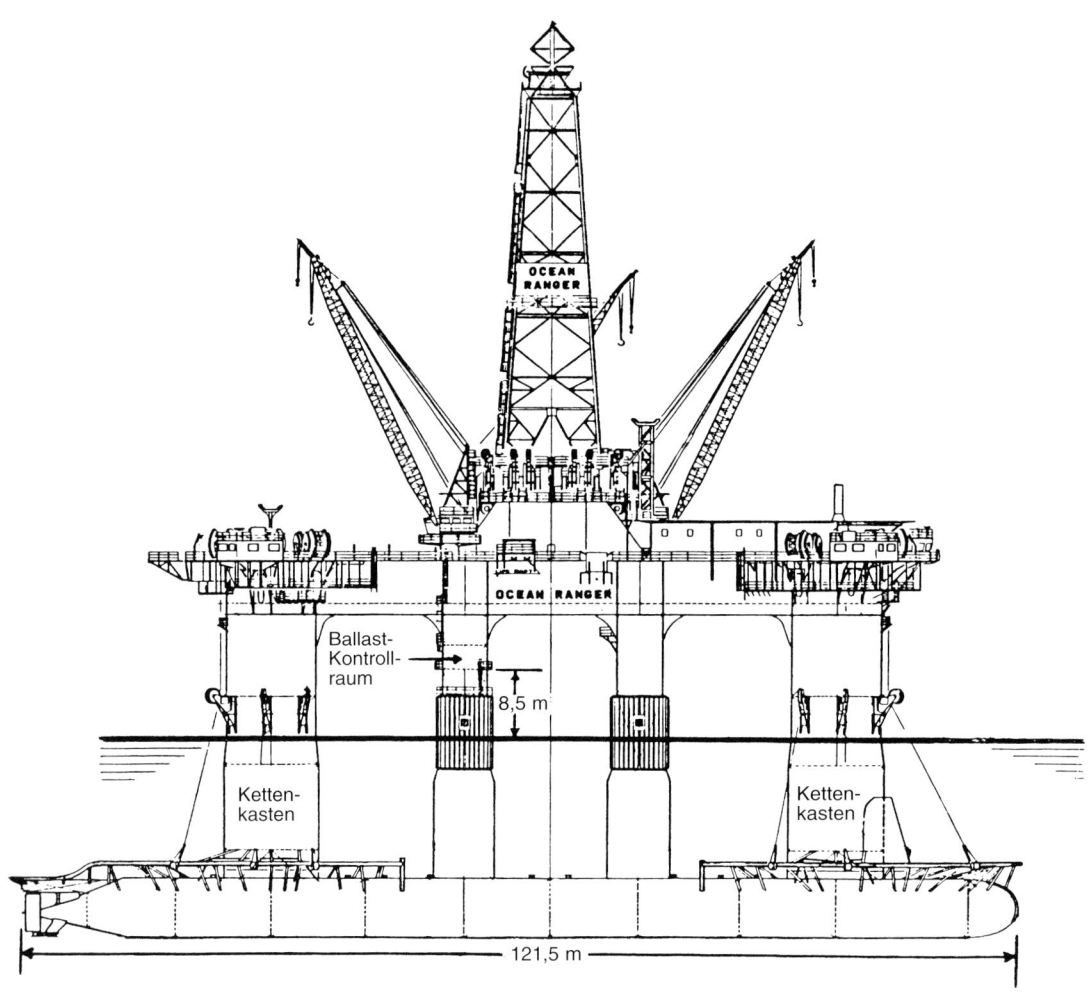

Seitenansicht der Bohrinsel *Ocean Ranger.*

chen Zeit, daß sie bereits von einer riesigen Welle mit einer Höhe von über 20 m getroffen worden sei, wobei nicht nur das Arbeitsdeck, sondern auch das einige Meter höher liegende Hubschrauberdeck kurzzeitig von grüner See überflutet worden wäre.

In einem Funkgespräch mit dem Mobil-Büro teilte die *Ocean Ranger* um 20.44 Uhr mit, daß der Wind Orkangeschwindigkeiten von bis etwa 180 km/h verbunden mit Wellenhöhen von 15 m und mehr erreicht habe. Durch die Wellen sei das

Glas eines der runden Fenster des Ballast-Kontrollraumes eingeschlagen. Es gäbe jedoch keine Probleme, alles funktioniere normal. Um 22.00 Uhr erreichten die Wellen eine Höhe von bis zu 20 m. *Ocean Ranger* teilte mit, daß das Ballast-Kontrollsystem weiterhin einwandfrei arbeite.

Drei Stunden später, um 01.00 Uhr am 15. Februar, informierte *Ocean Ranger* das Mobil-Büro in St. John's darüber, daß der Bug der Insel erheblich tiefer eingetaucht und damit eine

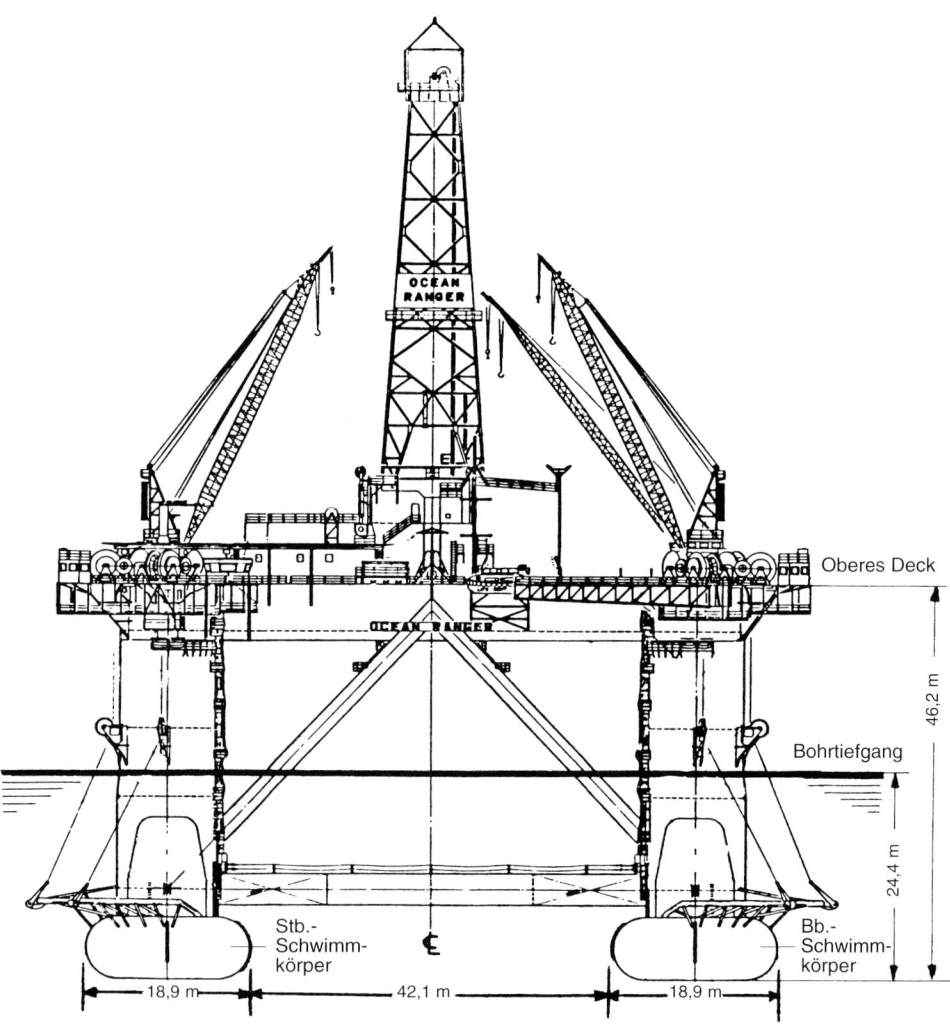

Labels on figure:
OCEAN RANGER
Oberes Deck
46,2 m
Bohrtiefgang
24,4 m
Stb.-Schwimm-körper
Bb.-Schwimm-körper
18,9 m
42,1 m
18,9 m

Vorderansicht der Bohrinsel *Ocean Ranger*.

Vertrimmung von 8°–10° eingetreten sei. Mobil möge die Coast Guard darüber informieren. Um direkte Unterstützung wurde zu diesem Zeitpunkt noch nicht gebeten.

In der nun folgenden halben Stunde überschlugen sich die Ereignisse. Um 01.05 Uhr forderte *Ocean Ranger* das ihm zugeordnete Versorgungsschiff *Searforth Highlander* auf, seine acht Seemeilen entfernte Bereitschaftsposition zu verlassen und zur Unterstützung der Bohrinsel dicht heranzukommen. Die Insel habe einen starken vorlastigen Trimm, und alle Maßnahmen, sie wieder aufzurichten, seien wirkungslos. Die wie alle Versorgungsschiffe äußerst seetüchtige *Seaforth Highlander* begann nun sofort mit voller Kraft in Richtung Bohrinsel zu laufen.

Die Rettungsleitstelle der US Coast Guard empfing um 01.09 Uhr ein Funkgespräch der *Ocean Ranger*, in dem um Hilfe gebeten wurde, da eine Vertrimmung von 12°–15° eingetreten sei. Unmittelbar danach, um 01.10 Uhr, sendete die Bohrinsel einen »Mayday«-Notruf. Über die

Bohrinsel *SEDCO 706* wurden kurze Zeit später auch die Versorgungsschiffe *Boltentor* und *Nordertor*, die 15 beziehungsweise 20 Seemeilen entfernt waren, zur *Ocean Ranger* beordert.

Um 01.30 Uhr teilte die *Ocean Ranger* dem Mobil-Büro und *SEDCO 706* mit, daß sich ihre Besatzung zu den Rettungsbootsstationen begebe. Dies war die letzte Mitteilung, die von der Bohrinsel empfangen wurde.

Der zu Hilfe eilende Versorger *Seaforth Highlander* sichtete um 02.11 Uhr in etwa 1000 m Entfernung die hell erleuchtete *Ocean Ranger*. Als sich das Schiff weiter näherte, sah die Besatzung Lichter auf dem Wasser. Die Rettungswesten, zu denen die Lichter gehörten, waren jedoch leer.

Ein wenige Minuten später beginnender Rettungsversuch endete tragisch. Die *Seaforth Highlander* näherte sich einem tief im Wasser liegenden Rettungsboot, das offensichtlich beschädigt und teilweise geflutet war und ging bei hohem Seegang längsseits. Männer kamen aus der Abdeckung des Bootes heraus. Während eine Leinenverbindung zwischen dem Versorgungsschiff und dem Rettungsboot hergestellt wurde, rollte dieses plötzlich nach Backbord, kenterte und schleuderte die draußen stehenden Männer in die See. Die Besatzung der *Seaforth Highlander* warf ein Rettungsfloß und mehrere Leinen. Die im Wasser schwimmenden Männer trieben jedoch mit der stürmischen See schnell ab, keiner war in der Lage, die geworfenen Leinen oder die des Rettungsfloßes zu ergreifen. Die Wassertemperatur an der Oberfläche der See lag zur Zeit des Unglücks bei 0° C, die Lufttemperatur betrug -5° bis -7° C, für im Wasser treibende ungeschützte Personen also sehr gefährliche Temperaturen.

Als zweites Schiff erreichte der Versorger *Boltentor* um 02.45 Uhr den Unfallort und sichtete die *Ocean Ranger*. Der Versorger suchte mit Scheinwerfern die Bohrinsel ab, auf der nur noch wenige Lichter brannten. An Bord war kein Lebenszeichen zu erkennen, es wurde auch kein Rettungsboot gesichtet. Die Insel war stark ver-

trimmt, die Hubschrauberplattform lag bereits fast im Wasser und wurde von Wellen überspült. Die *Nordertor* war als drittes Schiff auf dem Weg zur Unglücksstelle. Bis gegen 03.00 Uhr hatte sie die *Ocean Ranger* in Radarsicht, dann verschwand die Insel vom Bildschirm. Um 03.38 Uhr teilte die *Nordertor* dieses *SEDCO 706* mit. Alle drei Versorgungsschiffe setzten die Suche nach möglichen Überlebenden fort. Der weiter anhaltende Orkan mit 110–130 km/h Geschwindigkeit und 15–18 m Wellenhöhe erschwerte diese weiteren Rettungsversuche außerordentlich.

Hubschrauber von den Rettungsstationen St. John's, Gander, Halifax und anderen nahmen an der Suche teil. Trotz der äußerst schlechten Wetterbedingungen, die normalerweise keinen Einsatz erlaubten, waren die ersten Helikopter um 04.35 Uhr an der Unglücksstelle. Es gelang ihnen jedoch nicht, Überlebende zu retten. Sie informierten die Schiffe über gesichtete Rettungsboote und -flöße, die aber alle unbesetzt waren, teils gekentert oder halb unter Wasser liegend.

Die Suchaktion durch Hubschrauber, Versorgungsschiffe und weitere zur Hilfe herbeigeeilte Schiffe wurde auch am 16. Februar fortgesetzt und in vermindertem Umfang noch bis zum 19. Februar betrieben. Es wurden keine Überlebenden der 84 Besatzungsmitglieder gefunden. Nur 22 Tote konnten aus der See geborgen werden. Die Schiffe bargen ferner zwei Rettungsboote und sechs Rettungsflöße der *Ocean Ranger*.

Die Untersuchung

Der schwere Unfall der *Ocean Ranger* wurde von zwei Kommissionen untersucht. Die Untersuchungen der gemeinsamen kanadisch-neufundländischen Kommission waren so umfangreich und detailliert, daß der abschließende Bericht erst nach 2,5 Jahren – im August 1984 – veröffentlicht werden konnte. Um die Ursachen des Untergangs der Bohrinsel zu klären, wurde unter anderem der Sprechfunkverkehr an Bord der *Ocean Ranger* analysiert, wurden Unterwasseruntersuchungen des Wracks vorgenommen, von Tauchern geborgene Teile geprüft und Modellversuche durchgeführt; auch das Ballastsystem wurde untersucht und vieles andere genauen Analysen unterzogen.

Mehr oder weniger zufällig wurde der Sprechfunkverkehr auf der *Ocean Ranger* am Abend des 14. Februar zeitweilig von der Bohrinsel *SEDCO 706* und dem Versorgungsschiff *Boltentor* mitgehört. Man verständigte sich zu dem Zeitpunkt auf der *Ocean Ranger* untereinander durch Sprechfunk, da wahrscheinlich das Bordtelefonnetz ausgefallen war. So hörte man insbesondere gegen 19.30–20.00 Uhr Mitteilungen aus dem Ballast-Kontrollraum an die Verantwortlichen der Bohrinsel darüber, daß Seewasser in die Konsole mit den Schalt- und Steuerelementen eingedrungen sei. »Wir sammeln die Glasstücke auf, beseitigen das Wasser und trocknen die Konsole«, hieß es. In dem elektrischen Netz seien Kurzschlüsse aufgetreten. »Ein Ventil oder mehrere Ventile der Ballastwassertanks öffnen und schließen sich von selbst«, wurde weiter mitgeteilt.

Unterwasseruntersuchungen des Wracks durch Taucher sowie durch ein unbemanntes Tauchfahrzeug ergaben, daß die Bohrinsel in einer Wassertiefe von 78 m kieloben auf dem oberen Deck lag. Bohrturm und Kräne waren abgerissen. An der Stahlkonstruktion wurden relativ geringe Schäden festgestellt. Diese waren offensichtlich eine Folge des Kenterns, nicht aber eine Ursache. Taucher drangen in den Ballast-Kontrollraum vor und ermittelten, daß bei zwei der vier runden Beobachtungsfenster das Glas zerstört war. Alle vier Fenster waren jedoch durch die schweren Seeschlagblenden geschlossen. Wichtige Teile der Steuerkonsole und vor allem alle 64 Magnetventile, durch deren Betätigung die Ventile der Ballasttanks ferngesteuert wurden, konnten geborgen werden.

Die normale Arbeitsweise eines Magnetventils war so, daß es durch Druckknopfbetätigung elektrisch eingeschaltet wurde. Dadurch wurde Druckluft zu den entsprechenden Ballastventilen geleitet und diese damit geöffnet. Die Magnetventile konnten jedoch auch manuell durch Einschrauben eines Gewindestiftes betätigt werden. Diese Stifte, von denen 18 Stück vorhanden waren, waren aber nicht für den normalen Betrieb vorgesehen. Sie waren beim Bau der Bohrinsel für die Erprobung des Ballastsystems hergestellt worden und dann aus unbekannten Gründen an Bord geblieben. Während des Betriebes der Bohrinsel wurden sie kein einziges Mal benutzt und waren in der Betriebsanleitung des Ballastsystems auch gar nicht erwähnt. Nun ergaben die Taucheruntersuchungen aber, daß 18 der insgesamt 64 Magnetventile durch Einschrauben der Gewindestifte geöffnet waren. Alle anderen Ventile waren geschlossen.

Umfangreiche Untersuchungen bezogen sich auf Funktion und Zuverlässigkeit des Ballastsystems. Es zeigte sich, daß bei Einwirkung von Seewasser auf die Konsole im Ballast-Kontrollraum Wasser in die unzureichend abgedichteten Schalter der Magnetventile eindringen und elektrische Kurzschlüsse verursachen konnte. Das führte zum Einschalten der Magnetventile mit nachfolgender Öffnung der zugehörigen Ballastventile. Aus der *Ocean Ranger* geborgene Schalter der Magnetventile wiesen zum Teil Schmorstellen auf und bestätigten damit, daß solche Kurzschlüsse aufgetreten waren. Stromüberbrückungen waren auch bei den Lampen der Zustandsanzeige der Ballastventile aufgetreten. Dadurch war das Aufleuchten der roten und grünen Glühbirnen keine sichere Anzeige einer geschlossenen oder offenen Stellung dieser Ventile mehr.

Die Analyse des Ballastwasser-Pumpensystems deckte einen wesentlichen konstruktiven Mangel auf. Die Pumpenräume waren in den Hecks der Schwimmkörper angeordnet. Bei stärkerem buglastigen Trimm der Bohrinsel ergaben sich dadurch für das Lenzen von vorne liegenden Ballasttanks erhebliche Schwierigkeiten für die Pumpen wegen zu großer Ansaughöhe.

Mit einem Modell der Bohrinsel wurden in einer hydrodynamischen Versuchsanstalt aufwendige

Versuche in simuliertem Seegang und Wind durchgeführt. Alle für das Eintreten des Kenterns wichtigen Konstruktionsmerkmale waren detailliert nachgebildet, wie Ballasttanks in den Schwimmkörpern, Kettenkästen mit Öffnungen zum oberen Deck, Aufbauten und dergleichen. Bei den Versuchen ging man von einer solchen Verteilung des Ballastwassers in den Schwimmkörpern aus, wie sie mit hoher Wahrscheinlichkeit dem wirklichen Zustand auf der *Ocean Ranger* am 14./15. Februar entsprach. Öffnete man eine Anzahl der Ballastwasserventile, so konnte sich bei den Bewegungen der Bohrinsel im Seegang das Ballastwasser zwischen den Tanks freifließend verschieben. Bei bestimmten Kombinationen von 18 geöffneten Ballastventilen und bestimmten Füllungsgraden der einzelnen Tanks trat beim Modell eine solche Verschiebung von Ballastwasser nach vorn ein, daß eine vorlastige Vertrimmung der Bohrinsel von 15° eintrat. In dieser Lage wurden die Öffnungen der Kettenkästen von den Wellen überspült und damit die Kettenkästen zunehmend geflutet, womit die Vertrimmung weiter zunahm. Schließlich drang Wasser auch in die Räume des unteren Decks ein, womit ein solcher Stabilitätsverlust verbunden war, daß die Modell-Bohrinsel kenterte.

Aus den Untersuchungen und Analysen wurde der nachfolgend dargestellte Ablauf des Kenterns der *Ocean Ranger* rekonstruiert, der mit hoher Wahrscheinlichkeit dem wirklichen Geschehen entsprach.

Trotz des hohen Seegangs werden die innen angeordneten Seeschlagblenden der runden Fenster des Ballast-Kontrollraumes zunächst nicht geschlossen gewesen sein. Die Glasscheiben von zwei der Fenster wurden dann wahrscheinlich von den Wellen eingeschlagen und Seewasser drang in den Kontrollraum. (Die Seeschlagblenden wurden wahrscheinlich erst nach Zerstörung der Glasscheiben geschlossen.) Die Konsolen mit den Schaltern und Magnetventilen sowie Anzeigelampen des Ballastwassersystems wurden überspült, was zu Kurzschlüssen und

unkontrolliertem Öffnen von Ballastventilen führte. Die Stromversorgung war ausgefallen, und es wurde versucht, Konsolen und Schalter zu trocknen. Die Gefährdung der Bohrinsel durch den Wassereinbruch in den Ballast-Kontrollraum wurde offenbar völlig unterschätzt, sonst hätte es nicht zu Meldungen wie »Es ist alles in Ordnung« kommen können. Nach – zumindest zeitweiligem – Wiedereinschalten der Stromversorgung werden flackernde und falsche Rot/Grün-Anzeigen zu Irritationen über die Stellung der Ballastventile geführt haben. Statt die Stromversorgung der Konsolen sowie die Druckluft dauerhaft abzuschalten, was zur selbsttätigen Schließung der Ballastventile geführt hätte, wurde eine völlig falsche Maßnahme durchgeführt. In der Annahme, daß das Einschrauben der Gewindestifte in 18 Magnetventile zum sicheren Schließen der zugehörigen Ballastventile führt, wurden diese Stifte eingedreht. Diese unverständliche Handlung führte jedoch im Gegenteil zur Daueröffnung der Ventile und bewirkte die Verlagerung von Ballastwasser von hinteren in vordere Tanks der Schwimmkörper. Bei einer so starken Vertrimmung, wie sie vorher sicher noch nie aufgetreten war, konnten die Pumpen das Wasser wegen der zu großen Ansaughöhe aus den vorderen Tanks nicht mehr lenzen. Mit zunehmendem vorlastigen Trimm der Bohrinsel war ihr Schicksal besiegelt. Die Flutung der Kettenkästen und der Decksräume führte letztlich zu einem solchen Stabilitätsverlust, daß die *Ocean Ranger* kenterte und sank.

Wenn auch die Kette der Ereignisse, die zum Kentern und Untergang der Bohrinsel führte, vom Sturm ausgelöst wurde, so war die Ursache doch sowohl in konstruktiven Schwächen der Insel als auch in menschlichen Fehlleistungen bei ihrer Bedienung zu sehen.

So hätte sich die Anordnung des Ballast-Kontrollraumes in einer der Säulen relativ niedrig über dem Wasserspiegel konstruktiv vermeiden lassen. Die wasserdichte Ausführung der Konsolen und/oder Schalt- und Steuerelemente im Ballast-Kontrollraum hätte den Ausfall des Ballastsystems verhindert. Ein Schutz der Kettenkästen gegen das Eindringen von Wasser und eine Möglichkeit des Lenzens dieser Kästen bei Wasseransammlungen hätten trotz Vertrimmung der Bohrinsel das Kentern verhindert. Auch die Wasserdichtigkeit der Räume auf den Decks wäre für die Sicherheit der Insel bedeutend gewesen.

Fehlverhalten und Fehlentscheidungen bei der Bedienung des Ballast-Kontrollsystems waren gravierend. Rechtzeitiges Schließen der Seeschlagblenden bei Sturmbeginn hätte alle Folgeereignisse verhindert. Bei ausreichenden Kenntnissen der Wirkungsweise des Ballastsystems wären die weiteren Fehler vermieden worden. Allein die Ausschaltung der Stromzuführung zu den Konsolen hätte das dauerhafte Schließen der Ballastventile herbeigeführt. Das Einführen der Gewindestifte in die Magnetventile war dann der letzte und entscheidende Fehler, der zum Kentern führte.

Zum Abschluß der umfangreichen Untersuchung des Untergangs der *Ocean Ranger* und des Todes aller 84 Besatzungsmitglieder gab die Kommission eine ganze Reihe von Empfehlungen. So bezog sich eine wesentliche Schlußfolgerung auf die Ausarbeitung von Standards sowohl für Entwurf und Bau als auch für das Betreiben von Bohrinseln. Für jede Bohrinsel wurde die Ausarbeitung eines individuellen Betriebshandbuches unter Einbeziehung des Verhaltens und Vorgehens in Notfällen empfohlen. Der Klärung der Verantwortlichkeiten an Bord von Bohrinseln sollte große Bedeutung beigemessen werden, insbesondere den Zuständigkeiten für den Bohrbetrieb (Bohrmeister) und für den Betrieb der Bohrinsel als Schiff (Kapitän). Für die Bedienung des Ballastsystems sollte für jede Bohrinsel ein Handbuch erarbeitet werden, und die Verantwortlichen für diese Systeme sollten eine spezielle Ausbildung erhalten.

Weitere Empfehlungen bezogen sich auf die Rettung der Besatzung im Notfall. Es sei dringend notwendig, effektive Evakuierungs-systeme für Bohrinseln zu entwickeln. Dabei müßten unter anderem auch die Rettungsflöße bereits an Bord aufgeblasen und bestiegen und dann durch Davits zu Wasser gelassen werden. Für jedes Besatzungsmitglied müsse ein Rettungsanzug vorhanden sein, der einen längeren Aufenthalt im Wasser ohne Unterkühlung zuläßt. Ferner wurde empfohlen, für den Einsatz der Rettungsboote eine spezielle Ausbildung von Besatzungsmitgliedern vorzunehmen und regelmäßige Rettungsbootübungen durchzuführen.

Für Versorgungsschiffe von Bohrinseln wurde der dringende Hinweis gegeben, diese für die Rettung von Schiffbrüchigen besser auszurüsten.

Zum Zeitpunkt des Unglücks der *Ocean Ranger* gab es schon den international gültigen »Code für den Bau und die Ausrüstung von Bohrinseln«. Dieser Code war von der Internationalen Schiffahrtsorganisation IMO nach intensiven Beratungen ausgearbeitet worden. Der Untergang der *Ocean Ranger* war – ebenso wie der zwei Jahre zuvor erfolgte schwere Unfall der *Alexander L. Kielland* – Veranlassung, diesen Code in einem Ausschuß der IMO zu überprüfen und entsprechend neuesten Erfahrungen und Empfehlungen zu überarbeiten.

33. Die Ladung des *MS Kampen* ein Brei aus Kohle und Wasser

Das deutsche *MS Kampen* sank am 1. November 1983 in schwerem Wetter südlich von Island. Dabei kamen der Kapitän und sechs weitere Besatzungsmitglieder ums Leben.

Der in Hamburg beheimatete 3982-GT-Mehrzweckfrachter *Kampen* war 180 m lang und wurde von einem 2870-kW-Dieselmotor angetrieben. Das Schiff war erst im April 1983 in Dienst gestellt worden und an eine isländische Reederei verchartert. Ende Oktober 1983 sollte es mit einer Ladung Kohle von Antwerpen (Belgien) nach Island laufen.

Auf vorangegangenen Reisen hatte die *Kampen*

einige Schäden insbesondere an den Luken des Oberdecks erlitten. Daher wurde vor Ladungsbeginn in Antwerpen eine Besichtigung durch einen Beauftragten des Lukendeckelherstellers vorgenommen. Dabei zeigte die Dichtigkeitsprobe einige erhebliche Leckagen der Lukendeckel, über die auch der Kapitän informiert wurde. Auch fehlten zwei Vorrichtungen zum Abdichten. Der Kapitän erklärte, daß die Leckagen nach Rückkehr in Rotterdam beseitigt würden, nun aber zunächst die Kohlefahrt nach Island ausgeführt werden müsse. Gemeinsam wurden die Undichtigkeiten nicht für derart gravierend gehalten, als daß sie noch unbedingt vor der nun geplanten Reise beseitigt werden müßten.

Die Havarie

Vom 24.–26. Oktober 1983 wurde das Schiff mit 5300 t körniger Kohle – als »steam coal« bezeichnet – für ein isländisches Zementwerk beladen. Der Feuchtigkeitsgehalt der Kohle betrug 10,9 Prozent, die Körnung wurde angegeben mit:

• 0 bis 6 mm: 45 Prozent der Ladung
• 6 bis 31 mm: 49 Prozent der Ladung
• Rest größer als 31 mm.

Die *Kampen* verließ Antwerpen gegen Mittag des 26. Oktober 1983. Am 29. Oktober geriet das Schiff westlich der Färöer-Inseln in ein Orkantief. Bei Windstärken von 9–10 Bft und Wellenhöhen von bis zu sechs Metern mußte die Geschwindigkeit reduziert werden. Am nächsten Tag nahm der Sturm an Heftigkeit weiter zu: mit Windstärken von 10–11 Bft und Wellenhöhen von 8–9 m. Schwere Brecher ergossen sich unaufhörlich über Deck und Luken.
An diesem Tage, dem 30. Oktober, wurde morgens im hinteren Laderaum die erste Laderaumkontrolle vorgenommen. Der Bootsmann stieg durch die achtere Einstiegluke einige Stufen in den Laderaum hinunter. Er sah ein Gemisch von Kohle und Wasser, das im Rhythmus der Schlingerbewegungen des Schiffes hin und her

schwappte. Er verließ den Laderaum mit schwarzen Spritzern im Gesicht.
Es wurde versucht, das Wasser über die im Boden des Laderaums angeordneten Lenzbrunnen abzupumpen. Die Bemühungen scheiterten, da die Brunnen mit feinen Kohleteilchen verstopft waren. Aus gleichem Grund erfolglos blieben Versuche, das Wasser mit transportablen Pumpen, sogenannten Wasserjägern, abzusaugen.

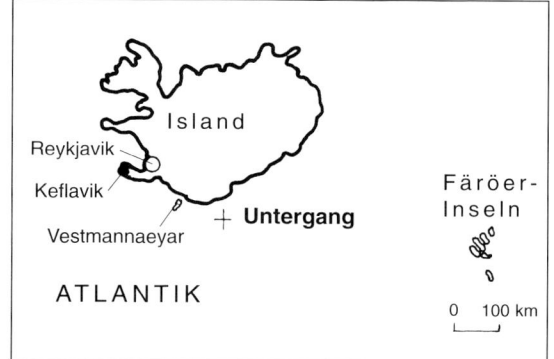

Die Position der *Kampen* zum Zeitpunkt des Unglücks.

Am Abend des 30. Oktober stellten Besatzungsmitglieder erstmalig eine leichte Krängung des Schiffes nach Backbord fest. Am 31. Oktober zeigte sich zunächst eine gewisse Wetterberuhigung, dann jedoch eine erneute Verschlechterung auf Wind von 10–11 Bft und Wellenhöhen von 7–8 m. Wiederum wurden ohne Erfolg Versuche zum Wasserabpumpen unternommen.
Die Situation des Schiffes verschlechterte sich erheblich, als am 1. November gegen 01.00 Uhr sowohl die Hauptmaschine als auch die Hilfsdiesel ausfielen. Kühlwasserleitungen und Ölkühler waren verstopft, es mußten die verschiedensten Verunreinigungen einschließlich Ladungskohle entfernt werden. Während das Schiff etwa 70 sm vor Island antriebslos in der See driftete, funktionierte nur die Notbeleuchtung. Nach etwa zwölf Stunden waren Haupt- und Hilfsdiesel gegen 13.00 Uhr wieder in Betrieb. Das Schiff lief in der rauhen See nur 4–5 kn.

Am 1. November morgens schätzte man die Backbord-Schlagseite auf 10°–15°. Am frühen Nachmittag erfolgte zunehmender Wassereinbruch in die Mannschaftsmesse, die Kombüse und den Gang vor einigen Kammern. Diese Räume waren an das gleiche zusammenhängende Lüftungssystem angeschlossen. Das Wasser drang infolge der starken Schlagseite über einen Lüfter auf der Backbordseite des Schiffes ein. Der Frachter lag mit seiner Backbordseite so im Wasser, daß man den Lüfter zum Abdichten nicht erreichen konnte.

Gegen 19.00 Uhr führte der Kapitän ein Funkgespräch mit der isländischen Radiostation auf Vestmannaeyar. Er teilte mit, daß er zunächst eine geänderte Fahrtrichtung in ruhigere See laufen wolle und dann am 2. November gegen 10.00 Uhr in Vestmannaeyar eintreffen werde. Eine unmittelbare Gefahr für das Schiff bestünde nicht.

Aber schon kurze Zeit später verschlechterte sich die Situation in dramatischer Weise. Die Schlagseite nahm weiter zu und betrug gegen 19.30 Uhr bereits 25°–30°. Nun gab der Kapitän eine Seenotmeldung über Sprechfunk an die isländische Radiostation. Diese gab den Hilferuf sofort an alle in der Nähe weilenden Fischkutter und andere Schiffe mit der Aufforderung zur Hilfeleistung weiter.

Zeitgleich mit dem Notruf löste der Kapitän Schiffsalarm aus. Er gab die Anweisung an die Besatzung, sich sehr warm anzuziehen (»abwechselnd Hemd-Pullover-Hemd-Pullover«), Rettungswesten anzulegen und sich an Deck zu versammeln.

Wegen der starken Backbord-Schlagseite war es nicht mehr möglich, das Backbord-Rettungsboot zu erreichen. Es wurde versucht, das Steuerbord-Boot zu Wasser zu bringen. Auch das gelang wegen der inzwischen auf 45°–50° angestiegenen Backbord-Krängung nicht mehr. Daraufhin wurde das Steuerbord-Rettungsfloß über Bord geworfen; es blies sich im Wasser auf und behielt die Leinenverbindung mit dem Schiff. Ein Matrose sprang mit einem Manntau auf das Floß.

Das Tau wurde von ihm gehalten, und die anderen Besatzungsmitglieder seilten sich daran ab. Nur zwei Männern gelang dies nicht. Der Kapitän rutschte an Deck aus und stürzte ins Wasser. Der Leitende Ingenieur konnte sich am Tau nicht halten und fiel ebenfalls ins Wasser. Beide trieben schnell ab.

Nach einer Weile wurde die Leinenverbindung mit dem Schiff gekappt. Man erwartete nun jede Minute das Kentern des Schiffes: Das erfolgte etwa 30 Minuten nach dem Verlassen des Frachters. Die *Kampen* sank mit brennenden Lichtern und rotierender Radarantenne bei etwa 90° Schlagseite.

Auf dem Schiff waren die Lukendeckel des Zwischendecks, die als Pontons gebaut waren, unterhalb der Oberdeckluken gestaut. Durch das Kentern brachen die Oberdeckluken, die Pontons schwammen auf und gefährdeten das Rettungsfloß. Einer der Pontons riß mit seiner Kante die Luftkammern des Rettungsfloßes so auf, daß nur noch ein geringer Restauftrieb verblieb. Die Insassen wurden in das eiskalte Wasser gezwungen und hielten sich an der Ringleine des Floßes fest. Nach etwa 30 Minuten wurden sie von mehreren Fischkuttern an Bord genommen und an Land in ein Hospital gebracht.

Sieben Seeleute verloren ihr Leben. Sie wurden entweder bereits tot geborgen oder starben an Unterkühlung kurz nach der Bergung.

Die isländische Lebensrettungsgesellschaft hatte eine umfassende Rettungsaktion organisiert, an der sich mehr als zehn Fischkutter und mehrere amerikanische Hubschrauber und Flugzeuge des NATO-Stützpunktes Keflavik beteiligten.

Die Untersuchung

Der schwere Schiffsunfall wurde vor dem Seeamt Hamburg verhandelt. Der Untersuchung wurden die Zeugenaussagen der Überlebenden des Schiffbruchs sowie mehrere Gutachten zugrunde gelegt.

Die Klassifikationsgesellschaft führte aus, daß die Stabilität des Schiffes sehr gut gewesen sei, wenn man eine nicht verschiebbare Ladung voraussetzt. Das untersuchende Seeamt kam zu der Auffassung, daß die Ursache des Unfalls in dem ständigen Wassereinbruch in den Laderaum zu sehen sei. Das eindringende Wasser hätte die feinkörnige Kohleladung breiig werden lassen und nach einer Seite verschwemmt. Das dadurch zunehmende Krängungsmoment führte zur wachsenden Schlagseite des Schiffes und damit schließlich zum Kentern.

Die durch den Backbord-Lüfter eingedrungene Wassermenge wurde als vergleichsweise gering angesehen, wenngleich sie in gewissem Maße an der Vergrößerung der Schlagseite beteiligt gewesen sei.

Der Ausfall der Antriebsanlage für etwa zwölf Stunden infolge Verschmutzung des Kühlwassersystems wurde als wesentlich zum Unfall beitragend angesehen, da das Schiff andernfalls wahrscheinlich noch einen isländischen Hafen erreicht hätte.

Man sah es als erwiesen an, daß die schadhafte Lukenabdeckung zu dem zunehmenden Wassereinbruch geführt hat. Mit solchen Schäden am Schiff hätte man keine Reise in den Nordatlantik antreten dürfen. Der gesamten Schiffsführung wurde der Vorwurf gemacht, trotz Kenntnis der Undichtigkeiten der Lukenabdeckung die Reise begonnen zu haben.

34. Untergang des Massengutfrachters *Cumberlande* durch Risse

Am 12. Juni 1987 sank der unter der Flagge von Hongkong fahrende Massengutfrachter *Cumberlande* nach starkem Wassereinbruch im Pazifischen Ozean nördlich der Pitcairn-Inseln. Die Besatzung wurde vollständig gerettet.

Der 1973 fertiggestellte Massengutfrachter hatte eine Länge von 196,2 m und eine Vermessung von 21.383 GT. Die Antriebsanlage wies eine Leistung von 8950 kW auf, die Geschwindigkeit betrug 16,8 kn.

Der letzte Reeder der vorwiegend für den Transport von Erzen und Kohle eingesetzten *Cumberlande* hatte das Schiff erst im November 1986 gekauft. Es wies zu diesem Zeitpunkt keinen guten Erhaltungszustand auf. Decks, Laderäume und Schotte hatten zum Teil starken Rostansatz und Verbeulungen. Auch tragende Konstruktionsteile waren teilweise durch Rost erheblich geschwächt. Im Januar 1987 wurden daher umfangreiche Reparaturarbeiten vorgenommen, so daß das Schiff den internationalen und nationalen Vorschriften sowie den Forderungen der Klassifikationsgesellschaft wieder entsprach. Dies wurde durch die notwendigen Dokumente bestätigt.

Das Massengutschiff hatte sieben Laderäume, die Maschinenanlage und der Aufbau waren hinten angeordnet. Der Frachter war so entworfen, daß er auch bei Wassereinbruch in einen der Laderäume schwimmfähig blieb. Waren der Maschinenraum von einer Überflutung betroffen oder mehrere Laderäume, so war die Schwimmfähigkeit nicht mehr gegeben.

Die Havarie

Im Mai 1987 wurde das Schiff in Tasmanien und Australien wiederum mit Erz beladen. In Bell Bay (Tasmanien) übernahm es Eisenerzkonzentrat und Sintermangan und in Newcastle (Australien) Bleikonzentrat. Die Ladung von insgesamt 36.000 t war nahezu gleichmäßig über alle Laderäume verteilt. Der 1. Offizier ermittelte die aus der Ladung resultierenden Kräfte und Spannungen im Schiffskörper und stellte fest, daß sie in den zulässigen Grenzen lagen, die im Ladungshandbuch angegeben waren.

Am 27. Mai 1987 um 20.00 Uhr verließ die *Cumberlande* Newcastle mit dem Ziel Burnside (USA). Die Route sollte durch die im Süden Polynesiens liegende Gruppe der Pitcairn-Inseln und dann an den Galapagos-Inseln vorbei zum Panamakanal führen.

Bis zum 10. Juni verlief die Reise normal. Der Kapitän gab täglich an die Reederei die Mittags-

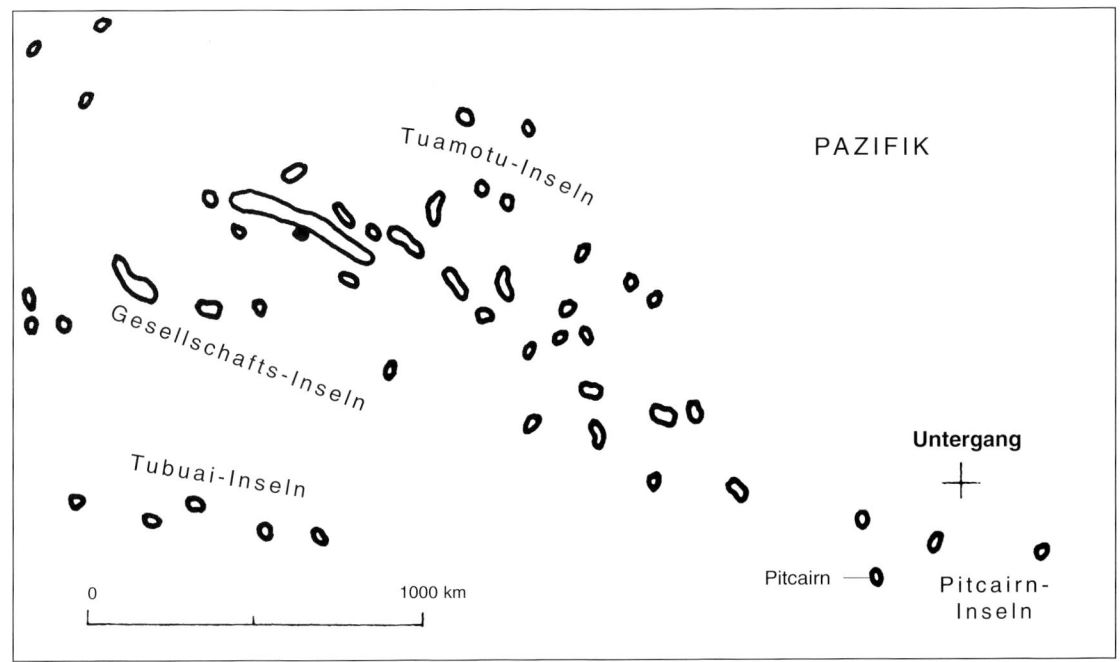

Die Position der *Cumberlande* zum Zeitpunkt des Unglücks.

position, die Geschwindigkeit und die Wetterbedingungen durch. Die Durchschnittsgeschwindigkeit lag zwischen 10,5 und 12 kn. Der Wind wehte aus unterschiedlichen Richtungen mit Bft 7–8, es herrschte in der ersten Zeit rauhe bis sehr rauhe See. Da das Schiff voll beladen war, rollte und stampfte es jedoch nur mäßig. Mit Ausnahme weniger Tage, an denen das Schiff stark Wasser an Deck übernahm, wurden alle Laderäume und Tanks täglich morgens und abends gepeilt. Am 10. Juni wurde im Laderaum 1 (1. Laderaum von vorne) 0,90 m Wasser festgestellt und über die Lenzleitung abgepumpt.

Am 11. Juni um 11.30 Uhr peilte der 2. Ingenieur den Schmieröltank und stellte einen um 4 cm niedrigeren Ölstand als normal fest. Eine weitere Peilung um 16.00 Uhr führte zu dem Ergebnis, daß der Ölstand 8 cm unter Normalniveau lag. Der 2. Ingenieur überprüfte den Schmieröltank, konnte jedoch keine Leckage feststellen.

Kapitän und 1. Offizier ordneten sofort erneutes Peilen aller Laderäume und Tanks an. Nun wurde im Laderaum 1 ein Wasserstand von 6 m festgestellt. Der 1. Offizier kletterte durch die Einstiegsluke in den Laderaum 1 und sah, daß die Ladung vollständig von Wasser überdeckt war. Der Wasserspiegel stand fünf Sprossen unterhalb der oberen Plattform der Laderaumleiter. Die Begehung des Laderaums 2 ergab, daß hier ebenfalls ein Wassereinbruch erfolgt war und das Wasser etwa bis zur halben Höhe der Leiter stand. Eine Inspektion des Laderaums 3 zeigte, daß dieser trocken war. Im weiteren wurden alle im Doppelboden angeordneten Treibstofftanks gepeilt. Es wurde festgestellt, daß der Flüssigkeitsstand in den hinteren Enden der Tanks gesunken war. Dies war auf die Vertrimmung des Schiffes infolge des Wassereinbruchs zurückzuführen. Eine Verunreinigung durch Wasser wurde in keinem der Treibstofftanks festgestellt.

Gegen 18.00 Uhr wurde mit beiden Pumpen mit dem Lenzen der Laderäume begonnen, zunächst Laderaum 1 und ab etwa 20.30 Uhr Laderaum 2. Erneuter Einstieg in die Laderäume zwischen 22.00 Uhr und 22.30 Uhr ergab, daß das Wasser im Laderaum 1 schon wieder bis auf etwa fünf

Sprossen unterhalb der oberen Plattform der Laderaumleiter gestiegen war. Im Laderaum 2 stand nun das Wasser sogar annähernd gleich hoch wie im Laderaum 1. Kurze Zeit später, gegen 23.00 Uhr, war der Wasserspiegel in beiden Laderäumen schon auf nur eine Sprosse unterhalb der oberen Plattform angestiegen. Beide Pumpen wurden gegen 01.00 Uhr am 12. Juni wieder auf Laderaum 1 geschaltet.

Um 02.21 Uhr am 12. Juni wurde über Radio Sydney eine Meldung an die Station Hawaii der US Coast Guard abgesetzt, in der mitgeteilt wurde, daß zwei Laderäume unter Wasser ständen. Gegen 07.00 Uhr wurden die Laderäume erneut untersucht. Der Wasserspiegel lag nun in beiden vorderen Laderäumen schon oberhalb der oberen Plattform. Der vordere Freibord des Schiffes betrug weniger als einen Meter. Im vorderen Schiffsbereich vor der Laderaumluke 3 spülte die See über das Hauptdeck. Gegen 07.00 Uhr blieb das Backdeck zwar noch trocken, aber gegen 09.00 Uhr wusch auch hier die See zeitweilig über das Deck, obgleich nur leichter Seegang und mäßige Dünung herrschten.

Um 09.21 Uhr sandte der Kapitän über Sydney-Radio eine Dringlichkeitsmeldung an die US Coast Guard in Hawaii, in der mitgeteilt wurde, daß der Zustand des Schiffes kritisch sei.

Der Kapitän versammelte um 10.00 Uhr die Besatzung in der Messe und informierte sie über den Wassereinbruch in den beiden Laderäumen sowie darüber, daß das Schiff vielleicht verlassen werden müsse. Es gäbe keine Veranlassung zur Panik, und er sei in ständigem Kontakt mit einer Küstenfunkstation.

Gegen 10.30 Uhr wurden beide Rettungsboote zum Aussetzen vorbereitet und mit zusätzlichen Vorräten und Decken versehen. Bei dem weiter abnehmendem vorderen Freibord war sich der Kapitän darüber im klaren, daß das Schiff innerhalb der nächsten wenigen Stunden sinken würde. Pitcairn-Radio wurde ständig über die Situation des Schiffes auf dem laufenden gehalten. Um 12.16 Uhr wurde über diese Funkstation ein dringendes Hilfesuchen gesendet und ab

14.58 Uhr schließlich mehrfach die »Mayday«-Seenotmeldung mit Positionsangabe.

Es herrschte nun ruhiges Wetter, fast Windstille. Aus südöstlicher Richtung lief eine mäßige Dünung.

Die Order zum Verlassen des Schiffes gab der Kapitän um 15.24 Uhr. Die Hauptmaschine wurde gestoppt, und die Treibstoffventile wurden geschlossen. Mit angelegten Rettungswesten ging die Besatzung in die Boote.

Rettungsboot Nr. 1 wurde vom 2. Offizier zu Wasser gelassen. Dieser hatte sich das Logbuch sowie die zuletzt benutzte Seekarte an den Körper geschnürt und stieg dann die Strickleiter zum im Wasser liegenden Boot herab. Bevor er einsteigen konnte, war das Boot jedoch abgetrieben. Er wollte zunächst auf die Rückkehr des Bootes warten. Doch die *Cumberlande* begann zu sinken, und der 2. Offizier sprang in die See. Kurze Zeit später wurde er vom Rettungsboot aufgenommen. Logbuch und Seekarte hatte er im Wasser verloren.

Das Rettungsboot Nr. 2 wurde vom 1. Offizier gefiert. Um 15.28 Uhr waren beide Boote mit allen 29 Besatzungsmitgliedern besetzt und vom Schiff frei. Bereits wenige Minuten später, um 15.35 Uhr, versank die *Cumberlande* mit dem Vorschiff voran in den Fluten. Die Untergangsstelle mit der Position 23°50' S, 127°50' W lag nördlich der Pitcairn-Inseln bei einer Wassertiefe von etwa 2000 m.

Gegen 18.30 Uhr überflog ein französisches Marineflugzeug vom Mururoa-Atoll die Rettungsboote und warf Fackeln und ein Paket ab, das die Bootsbesatzungen jedoch nicht auffanden. Im Boot Nr. 1 hatte der Funkoffizier das transportable Funkgerät an Bord und war in ständigem Kontakt mit Pitcairn-Radio. Am nächsten Morgen, dem 13. Juni, wurde um 07.36 Uhr mitgeteilt, daß das Schiff *ACT 5* zur Unfallstelle eile und gegen 18.40 Uhr am gleichen Tag bei den Rettungsbooten eintreffen würde.

Gegen 20.00 Uhr traf das britische Containerschiff *ACT 5* dann ein; es war zum Zeitpunkt seiner Alarmierung am Vortag gegen 17.30 Uhr

460 sm entfernt gewesen. Die 29 Besatzungsmitglieder wurden unverletzt übernommen. Das Schiff lief nach Auckland (Neuseeland), wo sie am 22. Juni wieder von Bord gingen.

Die Untersuchung

Bei der Untersuchung des Seeunfalls war offensichtlich, daß die Überflutung der beiden vorderen Laderäume zum Untergang der *Cumberlande* geführt hatte. Der Wassereinbruch war so stark, daß er von den Pumpen nicht kompensiert werden konnte. Ursache für das Eindringen der großen Wassermenge mußte eine Verletzung der Außenhaut des Schiffes mindestens im Bereich des Laderaums 1 gewesen sein. Die Untersuchung der Unfallursachen konzentrierte sich daher auf die möglichen Ursachen der Beschädigung der Beplattung im vorderen Schiffsbereich.

Die Möglichkeit des Aufreißens der Außenhaut an einem Unterwasserhindernis wurde ausgeschlossen, nachdem die Offiziere übereinstimmend aussagten, daß sie in einem solchen Fall einen heftigen Stoß, Erschütterungen oder Vibrationen hätten spüren müssen, jedoch keinesfalls wahrgenommen hätten.

Eine weitere Ursache hätte Slamming sein können – darunter versteht man das harte Aufschlagen des Vorschiffes auf das Wasser bei starkem Seegang. Dabei können sehr hohe Stoßbelastungen auf die Bauteile des vorderen Schiffsbereiches wirken und zu Verformungen und erheblichen Beschädigungen der Stahlkonstruktion führen. Voraussetzungen sind ein Seegang und Stampfbewegungen des Schiffes, bei denen das Vorschiff zeitweilig ganz oder teilweise aus dem Wasser herausragt und in den nächsten Sekunden mit einem harten Schlag wieder in das Wasser einsetzt. Auch bezüglich eventueller Slammingvorgänge sagten Kapitän und Offiziere aus, daß solche Zustände nicht eingetreten seien. Der Seegang sei nicht besonders stark gewesen, und das vollbeladene und damit tief abgetauchte Schiff habe nur mäßige Stampfbewegungen ausgeführt.

Als am wahrscheinlichsten blieb daher die Entstehung eines Risses durch Materialermüdung. Die Bauteile eines Schiffes werden ständig wechselnden Belastungen unterworfen. Dieser Belastungswechsel resultiert vor allem aus dem Seegang. Selbst wenn die dadurch bewirkten Änderungen der Spannung in den Bauteilen und auch die Grundspannung nicht allzu groß sind, so kann doch die sogenannte Betriebsfestigkeit nach mehr oder weniger langer Zeit überschritten werden. Zunächst bilden sich dann sehr kleine und kaum sichtbare Risse aus, die im Laufe der Zeit tiefer eindringen und sich auch zu einem großen Riß vereinigen können. Das wird bei der *Cumberlande* der Fall gewesen sein, zumal die Dicke der Außenhautplatten durch Korrosion um 20 bis 30 Prozent geschwächt war.

Es wurde berechnet, welche Abmessungen ein Riß im Falle der *Cumberlande* gehabt haben könnte. Eine Betrachtung des Havarieverlaufes führte zu der Annahme, daß zunächst etwa 440 Kubikmeter Wasser stündlich eingedrungen sein müssen. Hätte die Beschädigung der Außenhaut tief gelegen, aber oberhalb des Doppelbodens, so hätte ein Riß von etwa 3 m Länge und 5 mm Klaffung diese 440 Kubikmeter Wasser pro Stunde eindringen lassen.

Ein Wassereinbruch nur in den Laderaum 1 hätte jedoch nicht zum Untergang des Schiffes geführt. Dieser ist eingetreten, weil ein weiterer Laderaum unter Wasser gesetzt wurde. Dafür gab es zwei Möglichkeiten: Entweder hatte der Riß eine solche Ausdehnung, daß er auch über den Laderaum 2 reichte, oder das Schott zwischen den beiden Laderäumen hatte dem Wasserdruck im Laderaum 1 nicht standgehalten.

Letzteres wurde für am wahrscheinlichsten gehalten, wofür es mehrere Gründe gab. Da die Schotte während des früheren Betriebes nicht genügend unter schützendem Anstrich gehalten worden waren, war starke Korrosion eingetreten. Die Besichtigungsberichte der Klassifikationsgesellschaft von Januar 1987 wurden geprüft. Sie zeigten vor der Reparatur als Ergebnis von

Dickenmessungen mittels Ultraschall, daß die Schotte um 25 bis 60 Prozent abgerostet waren. Die Dickenabrostung des Schottes zwischen den Laderäumen 1 und 2 betrug im unteren Bereich durchschnittlich 40 Prozent und an mindestens einer Stelle mehr als 60 Prozent. Während die anderen Schotte, die außer der Dickenminderung auch Beulen, Risse und andere Beschädigungen aufwiesen, umfassend repariert wurden, geschah dies am Schott zwischen den Laderäumen 1 und 2 nicht. Dies wurde bei der Untersuchung der Havarie damit begründet, daß man bei diesem Schott keine Risse oder andere Beschädigungen festgestellt habe.

Die Wahrscheinlichkeit eines Versagens des Schotts zwischen den Laderäumen 1 und 2 wurde auch dadurch erhärtet, daß während einer Ballastfahrt von Japan nach Australien im April 1987 ein senkrechter Riß von etwa 2 m Länge in diesem Schott festgestellt und mit Bordmitteln repariert wurde.

Aus den vorgenannten Gründen schien es sicher, daß dieses Schott nicht in ordnungsgemäßem Zustand gewesen war und wahrscheinlich dem Wasserdruck im vorderen Laderaum nicht standgehalten hat. Das Versagen des Schotts wird letztlich zum Untergang des Schiffes geführt haben.

Statistik der Schiffsverluste

Die Zahlen und Diagramme auf dieser und den folgenden Seiten stellen eine Übersicht über die weltweiten Schiffsverluste dar. Die Angaben sind der Unfallstatistik der Londoner Schiffsversicherer entnommen und beziehen sich auf die Totalverluste von Schiffen größer als 500 GT. Unter Totalverlust werden gesunkene Schiffe verstanden und solche, die durch Feuer, Strandung, Kollision oder andere Ursachen zerstört oder so stark beschädigt wurden, daß eine Reparatur nicht mehr sinnvoll war.

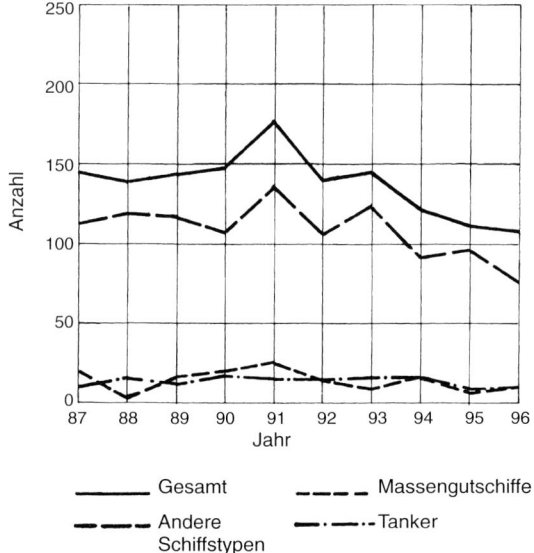

Diagramm 1: Anzahl der jährlichen Totalverluste an Schiffen der Weltflotte von 1987–1996.

Tabelle 1 und *Diagramm 1 und 2* zeigen die jährlichen Totalverluste von 1987 bis 1996 sowohl hinsichtlich der Anzahl als auch der Tonnage der Schiffe. Die Gesamtverluste in Spalte 4 sind in den Spalten 1 bis 3 auf einige Schiffstypen oder -gruppen aufgeschlüsselt.

Die Anzahl der jährlichen Tankerverluste ist interessanterweise in den Jahren 1988 bis 1994 mit Ausnahme des Jahres 1989 nahezu konstant und beträgt 16 bis 18. Bei der Tonnage sind die Schwankungen jedoch beträchtlich.

Die Anzahl der jährlichen Verluste von Massengutschiffen variiert stärker als bei den Tankern. Die Unterschiede der jährlichen Tonnageverluste sind außerordentlich groß, was auf erhebliche Größenunterschiede der jährlich verlorengegangenen Massengutschiffe zurückzuführen ist.

Bei der Gruppe »Andere Schiffstypen« ist der Verlauf hinsichtlich Anzahl und Tonnage bis 1993 mit Ausnahme des Jahres 1991 ziemlich gleichmäßig.

Die Gesamtverluste (Spalte 4) sind bezüglich der Anzahl bis 1993 und wiederum mit Ausnahme des Jahres 1991 relativ gleichbleibend. Ganz anders sieht es dagegen bei der Tonnage aus. Hier sind die jährlichen Schwankungen beträchtlich, wie das Diagramm 2 deutlich zeigt. Ab 1994 beziehungsweise 1995 sinken dann sowohl Anzahl als auch Tonnage.

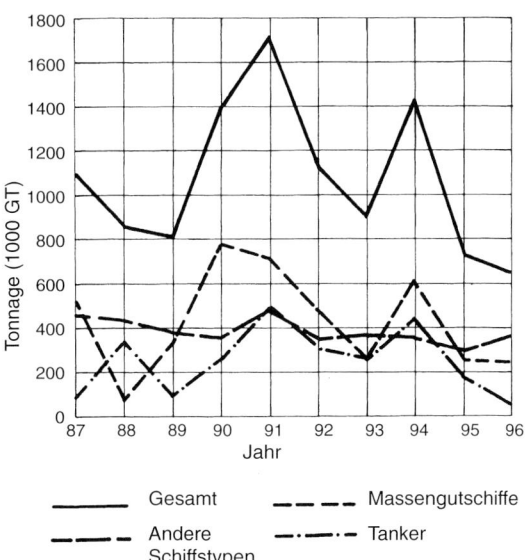

Diagramm 2: Tonnage der jährlichen Totalverluste an Schiffen der Weltflotte von 1987–1996

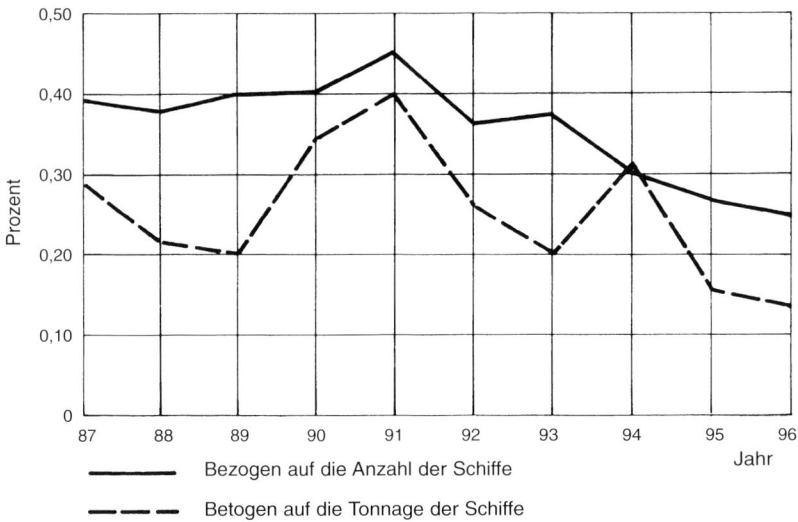

0,50

0,40

0,30

Prozent

0,20

0,10

0

87 88 89 90 91 92 93 94 95 96

Jahr

——————— Bezogen auf die Anzahl der Schiffe

– – – – – Betogen auf die Tonnage der Schiffe

Diagramm 3: Jährliche Totalverluste an Schiffen in Prozent der in Betrieb befindlichen Weltflotte von 1987–1996.

In Spalte 5 der Tabelle 1 und im Diagramm 3 sind die jährlichen Gesamtverluste in Prozent der jeweils in Betrieb befindlichen Weltflotte dargestellt. Auch hier zeigt sich die bereits erwähnte Tendenz: Verlauf des Prozentsatzes bezogen auf die Anzahl der Verluste relativ gleichmäßig und ab 1994 abnehmend, bezogen auf die verlorengegangene Tonnage dagegen stark wechselnd.

Tabelle 2 zeigt die Ursachen der Totalverluste für den Gesamtzeitraum 1992 bis 1996. Bei den Tankern herrschen als Ursache der Verluste deutlich Feuer und Explosion vor. Massengutschiffe erlitten die größten Verluste durch Schlechtwetter, wobei sicher in allererster Linie Schiffskörperschäden (Strukturversagen) durch Rißbildung anzunehmen sind.

Insgesamt (Spalte 4) sind die Hauptursachen für alle Schiffe größer als 500 GT Feuer/Explosion, Schlechtwetter und »Andere Ursachen«.

Die Angabe »Schlechtwetter« als Ursache ist wenig befriedigend. Der Verlust wird dann vorwiegend mit Stabilitätsverlust infolge Ladungsverrutschen und Wassereinbruch oder Beschädigung (Versagen) der Schiffskörperstruktur verbunden gewesen sein. Ebenso undeutlich ist die Angabe »Andere Ursachen«.

In *Tabelle 3* sind die Totalverluste (alle Schiffstypen gesamt) im Zeitraum 1992 bis 1996 auf Schiffsgrößen aufgeteilt. Anzahlmäßig sind die größten Verluste bei kleineren Schiffen zu verzeichnen. Das hängt wohl nicht nur damit zusammen, daß die Anzahl der kleineren bis mittelgroßen Schiffe in der Weltflotte überwiegt, sondern dürfte auch auf die größere Sinksicherheit und Überlebenschance großer Schiffe bei Seeunfällen zurückzuführen sein.

Schließlich sind in *Tabelle 4* die Totalverluste 1992 bis 1996 den Altersgruppen von Schiffen zugeordnet. Obgleich auch ein älteres Schiff durch intensive Wartung und ausreichende Instandhaltung grundsätzlich betriebssicher erhalten werden kann, zeigt sich doch, daß die Verluste mit zunehmendem Schiffsalter erheblich ansteigen. Es wird damit deutlich, daß ältere Schiffe besonders sorgfältig überwacht werden müssen.

Zusammenfassend zeigen die Zahlen, daß das Risiko der Schiffahrt relativ hoch ist und jährlich eine bedauerliche Anzahl von Seeschiffen verlorengeht. Damit sind beklagenswerte Verluste an Menschenleben verbunden sowie erhebliche materielle Schäden und Umweltverschmutzungen.

Die Anzahl der Totalverluste von Seeschiffen mit einer Größe von über 500 GT und auch die verlorengegangene Tonnage waren vor dem hier betrachteten Zeitraum noch größer. So betrug in den Jahren von 1971 bis 1977 die Anzahl der jährlich verlorengegangenen Schiffe 180 bis 200. Die Zahl stieg bis 1979 sprunghaft auf 280 und sank danach ziemlich kontinuierlich auf fast die Hälfte, nämlich 143 im Jahre 1987. Natürlich ist die Anzahl der bis 1993 nahezu gleichbleibenden jährlichen Schiffsverluste immer noch zu hoch. Aber ab 1994 sank sie erfreulicherweise absolut und auch prozentual zur Weltflotte weiter. Ob dieser hoffnungsvolle Trend zukünftig anhält, bleibt abzuwarten. Die internationalen Anstrengungen sind jedenfalls darauf gerichtet, wie weitere Ausführungen zeigen werden.

Tabelle 1: Totalverluste von Schiffen der Weltflotte in den Jahren 1987–1996

	1		2		3		4		5	
	Tanker		Massengutschiffe		Andere Schiffstypen		Gesamt		Gesamtverluste in % der Weltflotte	
	An-zahl	Tonnage GT	An-zahl	Tonnage Gt	An-zahl	Tonnage GT	An-zahl	Tonnage GT	An-zahl	Tonnage GT
1987	10	84.461	20	556.177	113	461.810	143	1.102.488	0,39	0,28
1988	17	350.029	4	77.692	117	422.120	138	849.841	0,37	0,22
1989	13	114.679	18	336.352	114	362.692	145	813.723	0,40	0,20
1990	18	250.032	21	785.192	110	361.061	149	1.396.285	0,40	0,34
1991	16	506.896	26	699.398	132	494.020	174	1.700.314	0,45	0,40
1992	16	320.347	15	470.797	106	344.420	137	1.135.564	0,36	0,26
1993	17	268.846	10	265.603	117	381.368	144	915.817	0,37	0,20
1994	18	430.416	17	615.063	87	375.886	122	1.421.365	0,30	0,31
1995	9	189.857	6	261.236	97	309.419	112	760.512	0,27	0,16
1996	13	58.093	13	241.184	78	354.498	105	653.775	0,25	0,13

Zu Spalte 3: Andere Schiffstypen sind alle Schiffe außer Tanker und Massengutschiffe (also Stückgutfrachter, Containerschiffe, Fahrgastschiffe, Fischereifahrzeuge u. a.)

Tabelle 2: Ursachen der Totalverluste von Schiffen der Weltflotte im Zeitraum 1992–1996

	1		2		3		4	
	Tanker		**Massengutschiffe**		**Andere Frachtschiffe**		**Gesamtverluste**	
	An-zahl	Tonnage GT	An-zahl	Tonnage GT	An-zahl	Tonnage GT	An-zahl	Tonnage GT
Kollision	8	198.059	1	12.507	43	180.310	63	416.933
Feuer/Explosion	33	469.043	8	182.694	36	235.738	126	1.072.947
Grundberührungen und Strandungen	5	27.169	8	193.427	37	174.200	62	437.847
Maschinenschaden	5	100.524	8	209.629	14	43.508	29	358.280
Schlechtwetter	11	235.572	27	1.033.904	131	445.540	187	1.747.785
Andere Ursachen	11	237.192	9	221.721	100	333.948	153	853.241
Gesamt	73	1.267.559	61	1.853.883	361	1.413.244	620	4.887.033

Zu Spalte 3: Andere Frachtschiffe bedeutet hier: Stückgut-, Conntainer-, Ro/Ro-Schiffe u. a.
Zu Spalte 4: Bezieht sich nicht nur auf die Summe der Spalten 1–3, sondern schließt auch solche Schiffe mit ein, die keine Fracht befördern (z. B. Fahrgastschiffe und Fischereifahrzeuge)

Tabelle 3: Aufteilung der Totalverluste der Weltflotte im Zeitraum 1992–1996 auf Schiffsgrößen

Schiffsgröße GT	Gesamtverluste	
	Anzahl	Tonnage GT
500 — 1000	130	99.998
1001 — 2000	136	198.661
2001 — 4000	118	360.492
4001 — 6000	55	259.367
6001 — 10.000	63	513.766
10.001 — 15.000	45	554.541
15.001 — 20.000	30	509.856
20.001 — 30.000	11	248.453
30.001 — 50.000	11	432.829
50.001 — 100.000	17	1.156.171
100.001 und größer	4	552.899
Gesamt	620	4.887.033

Tabelle 4: Aufteilung der Totalverluste der Weltflotte im Zeitraum 1992–1996 auf Altersgruppen

Alter der Schiffe in Jahren	Gesamtverluste	
	Anzahl	Tonnage GT
0 — 4	9	93.857
5 — 9	17	178.754
10 — 14	75	462.683
15 — 19	148	1.619.151
20 — 24	200	1.876.179
25 und darüber	171	656.409
Gesamt	620	4.887.033

Weltweite Institutionen der Schiffssicherheit

Zwei Gruppen von Institutionen

Die Sicherheit der Seeschiffe und der Seeschiffahrt wird insbesondere durch zwei Gruppen von Institutionen überwacht, die in ihrer Tätigkeit und Verantwortung eng miteinander verflochten sind.

Unter der einen Gruppe werden hier die nichtstaatlichen Klassifikationsgesellschaften verstanden, die auf der Grundlage ihrer Vorschriften arbeiten und unter der anderen Gruppe die staatlichen oder staatlich beauftragten Aufsichtsbehörden, deren Tätigkeitsgrundlage die Gesetze des entsprechenden Landes sind. Letztere Gruppe ist vielgestaltig, und die Bezeichnungen dieser Institutionen sind von Land zu Land unterschiedlich.

Die Entwicklung der sogenannten Klassifikationsgesellschaften reicht weit zurück. Als Ursprung wird in der Literatur stets das Kaffeehaus von Mr. Edward Lloyd in der Londoner Hafengegend genannt, in dem Schiffer, Kaufleute und Versicherer Informationen über die einzelnen Schiffe austauschten. Mr. Lloyd gab schon 1696 unter der Bezeichnung »Lloyd's News« ein wöchentlich erscheinendes Handelsblatt heraus. Daraus entstand 1726 »Lloyd's List«, ein Informationsblatt für Schiffahrtskreise und insbesondere für Versicherer. Die Entwicklung führte weiter zu einem »Register of Shipping«, das 1760 in London von Versicherern gegründet wurde, und fand seine Fortsetzung 1834 in einer unabhängigen Gesellschaft mit der Bezeichnung »Lloyd's Register of British and Foreign Shipping«.

Die Schiffe wurden schon in den ersten Registern »klassifiziert«. Man teilte sie in verschiedene Klassen ein, die die Festigkeit des Schiffskörpers, den Zustand des Holzes und der Takelage, die Reiselänge und die Art der Ladung betrafen. Das war eine wesentliche Grundlage für die Versicherer. Jedem Schiff wurde ein entsprechendes Klassezeichen erteilt, aus dem man diese wichtige Charakterisierung erkennen konnte. Die Klassifizierung der Schiffe hat sich bis heute erhalten, wenn auch mit anderem Inhalt und mit anderen Zeichen als früher. Die Bezeichnung »Klassifikationsgesellschaft« hat sich davon abgeleitet.

Etwa um die Mitte des vorigen Jahrhunderts bildeten sich in Europa und auch an der amerikanischen Ostküste solche Klassifikationsgesellschaften, die sich die in England gesammelten Erfahrungen zunutze machten. In Deutschland kam es 1867 zur Gründung des »Germanischen Lloyd«. Im Vordergrund dieser Gesellschaften stand die Sicherung der materiellen Werte, also die Erhaltung des Schiffes und seiner Ladung.

Erst langsam begann man ab Mitte des vorigen Jahrhunderts, sich auch mit der Sicherheit der Menschen auf den Schiffen zu befassen. Nach und nach setzte sich in den traditionellen Schiffahrtsländern die Auffassung durch, daß sich der Staat mit der Frage der Schiffssicherheit und insbesondere mit der Sicherheit der Menschen in der Schiffahrt zu befassen habe, und es kam zu den ersten Versuchen, staatliche Vorschriften zu entwickeln. Da zu dem Zeitpunkt die Klassifikationsgesellschaften schon mehr oder weniger lange bestanden, ließ man deren Arbeitsgebiete unberührt und bezog daher insbesondere Vorschriften für den Schiffskörper und die Maschinenanlage nicht mit ein.

Die Schaffung staatlicher Vorschriften und das Bestreben, Regeln und Vorschriften möglichst international abzugleichen, wurde in starkem Maße durch Schiffsunfälle vorangetrieben. Von entscheidendem Einfluß war die bekannte Tragödie der *Titanic*, die am 14. April 1912 nach einer Kollision mit einem Eisberg unterging.

Diese Schiffskatastrophe führte zur ersten internationalen Schiffssicherheitskonferenz, an der 13 Schiffahrtsländer teilnahmen. Man verständigte sich über technische Bestimmungen für Fahrgastschiffe hinsichtlich der Unterteilung des Schiffskörpers durch Schotte, bezüglich der Rettungsmittel, des Brandschutzes und der Funktelegrafie.

Wegen des Ersten Weltkrieges kam es noch nicht zur Inkraftsetzung der international vereinbarten Regeln, sondern erst eine weitere Konferenz 1929 in London führte zum Abschluß der ersten SOLAS-Konvention, die dann am 1. Januar 1933 in Kraft trat: »SOLAS« wurde im Laufe der Zeit als Abkürzung der englischen Bezeichnung »International Convention for the Safety of Life at Sea« gebräuchlich.

Weitere Schiffssicherheitskonferenzen fanden in der Folge in den Jahren 1948, 1960 und 1974 statt. In die SOLAS-Konventionen wurden zunächst Fahrgast- und Frachtschiffe einbezogen und dann immer weitere Gebiete der Schiffssicherheit einschließlich der Sicherheit des Seeverkehrs.

Von außergewöhnlicher Bedeutung war die Gründung der »Internationalen Seeschiffahrtsorganisation IMO« (»International Maritime Organization«), die im Jahre 1958 als Unterorganisation der UNO ihre Tätigkeit aufnahm. Die zunächst mit IMCO bezeichnete Spezialorganisation der UNO für Sicherheits-, Umweltschutz- und Rechtsfragen der Seeschiffahrt entwickelte rasch eine umfassende Aktivität. Sie organisierte zahlreiche internationale Konferenzen, die zur Schaffung und Annahme neuer Konventionen führten. Darüber wird im nächsten Kapitel genauer berichtet.

Die Umsetzung dieser Konventionen obliegt den Regierungen, die davon landesgültige Gesetze ableiten, und den von ihnen beauftragten staatlichen Institutionen und Behörden. In die praktische Prüf- und Kontrolltätigkeit beziehen diese in großem Umfang die Klassifikationsgesellschaften mit ein, und so besteht eine enge Wechselbeziehung zwischen der staatlichen Aufsichtspflicht und der Arbeit der Klassifikationsgesellschaften.

In Deutschland wurde schon frühzeitig die See-Berufsgenossenschaft gegründet und mit der Wahrnehmung der staatlichen Aufgaben der Schiffssicherheit beauftragt. Zwischen dieser und dem Germanischen Lloyd besteht ein Vertrag, in dessen Rahmen der Germanische Lloyd die technische Seite der Prüf- und Aufsichtstätigkeit ausführt.

Die Internationale Seeschiffahrtsorganisation IMO

Seit Beginn der Tätigkeit der »International Maritime Organization« traten immer mehr Staaten dieser Spezialorganisation für Fragen der Seeschiffahrt bei. Waren es zunächst die traditionellen Schiffahrtsländer, so wurden in den vergangenen Jahrzehnten auch die neu entstandenen Staaten mit einer noch jungen Seeschiffahrt Mitglied der IMO. Im Jahre 1998 umfaßte die Organisation 155 Mitgliedstaaten und spiegelt damit in umfassender Weise die gesamte Weltschiffahrt wider.

Jeder Mitgliedstaat hat das Recht, an der Arbeit der Ausschüsse und Unterausschüsse teilzunehmen, die sich mit den vielfachen Problemen der Weiterentwicklung der Schiffssicherheit befassen. So ist gewährleistet, daß die Erfahrungen und das Wissen aller mit Schiffbau und Schifffahrt befaßten Länder zusammenfließen. Die Ergebnisse dieser weltweiten Beratungen führen zu immer neuen Vorschlägen und Empfehlungen sowohl hinsichtlich der Schiffssicherheit als auch der Verhütung der Meeresverschmutzung durch Schiffe. Letztlich münden sie in neue internationale Konventionen, die auf Konferenzen der IMO-Mitgliedstaaten angenommen werden. Aber auch Änderungen und Ergänzungen der Übereinkommen werden erarbeitet, und oft sind erläuternde Bestimmungen zweckmäßig.

Auch nach Annahme einer Konvention durch eine Staatenkonferenz tritt das Übereinkommen erst dann in Kraft, wenn die jeweils festgelegte Mindestzahl von Staaten mit einem bestimmten Anteil an der Welttonnage der Konvention beigetreten ist. Daher gibt es zum Teil erhebliche Zeitdifferenzen zwischen der Annahme einer Konvention durch eine internationale Konferenz und ihrer Inkraftsetzung.

Die Tabelle zeigt die zehn für Schiffstechnik, Schiffahrt und Umweltschutz wichtigsten Konventionen.

Der »Internationale Schiffssicherheitsvertrag, 1974« (»SOLAS 1974«) ist das umfassendste und für die maritime Sicherheit wichtigste Übereinkommen. In zahlreichen Kapiteln und Abschnitten sind Bestimmungen für Konstruktion, Bau, Ausrüstung und Betrieb von international verkehrenden Seeschiffen größer als 500 GT festgelegt. Neben den geforderten Sicherheitsstandards für Schiffskörper und Maschinenanlage sind insbesondere die Anforderungen an die Rettungsmittel und den Brandschutz hervorzuheben. Aber auch die Mindestforderungen an die Funk- sowie die Navigationsausrüstung sind für die Sicherheit und den Schutz des menschlichen Lebens von gravierender Bedeutung. Die Konvention ist seit 1974 in erheblichem Umfang mehrfach erweitert und ergänzt worden, wobei starke Impulse von Schiffsunfällen ausgingen. Die Darstellungen der neueren Entwicklungen der Schiffssicherheit im nächsten Abschnitt beziehen sich zum größten

Teil auf diese Erweiterungen von »SOLAS 1974«.

Die »Internationale Konvention über die Verhütung der Verschmutzung durch Schiffe, 1973/78 (»MARPOL 73/78«) ist eine Zusammenfassung von in den Jahren 1973 und 1978 angenommenen Regeln unter Einbeziehung einiger späterer Änderungen und Ergänzungen. Die Konvention enthält zahlreiche Bestimmungen, die auf die weitgehende Vermeidung von Verschmutzung der See durch Öl und andere schädliche flüssige und feste Stoffe gerichtet sind. Es sind mehr oder weniger alle Typen von Seeschiffen von Regeln dieser Konvention betroffen, in ganz besonderer Weise aber Öl-, Gas- und Chemikalientanker.

Die »Internationale Konvention über Standards für die Ausbildung, Zeugniserteilung und den Wachdienst von Seeleuten, 1978« (»STCW 1978«) dient der Zielsetzung, die Qualifikation von Kapitänen, Offizieren und Mannschaften international auf ein möglichst gleiches Niveau anzuheben. Die Erfahrungen in der Anwendung der ursprünglichen Fassung dieser Konvention zeigten jedoch, daß die Ausbildung und damit die Qualifikation der Seeleute in manchen schiffahrttreibenden Ländern noch nicht den Erfordernissen entsprach. Das Übereinkommen mußte geändert und detailliert werden, damit unterschiedliche Interpretationen vermieden werden. Auch darüber wird im weiteren berichtet.

Die »Konvention über Internationale Regeln zur Verhütung von Kollisionen auf See, 1972« (»COLREG 1972«) enthält die bei der Führung eines Schiffes zu beachtenden nautischen Regeln. Es werden die Fahr- und Ausweichregeln sowie das Verhalten bei unterschiedlichen Sichtverhältnissen behandelt. Bedauerlicherweise wird immer wieder gegen diese äußerst wichtigen Verkehrsregeln der Seefahrt verstoßen.

Die Einhaltung eines Mindestfreibords ist eine der entscheidenden Sicherheitsmaßnahmen für die Schwimmfähigkeit und Stabilität eines Schiffes. Die Bestimmung dieses Freibords ist nach der »Internationalen Freibord-Konvention, 1966« (»LL 1966«) vorzunehmen, die auch Regeln für die Wasserdichtigkeit des Schiffskörpers in Zusammenhang mit Türen, Luken und Wasserpforten enthält.

Die »Internationale Konvention über die Schiffsvermessung, 1969« (»TONNAGE 1969«) benötigte einen besonders langen Zeitraum, bis sie erst im Jahre 1982 in Kraft trat. Mit diesem Übereinkommen wurde die lange Zeit praktizierte Schiffsvermessung in BRT (Bruttotonnage, 1 Registertonne = 2,83 Kubikmeter) verlassen und durch das metrische Maßsystem abgelöst. Für die Ermittlung der Bruttovermessung wird nunmehr der gesamte umbaute Raum eines Schiffes in Kubikmetern ermittelt und mit einem Faktor multipliziert. Das Ergebnis wird als Bruttoraumzahl BRZ bezeichnet. Gegenwärtig findet man bei älteren Schiffen vielfach noch die Angabe der Vermessung in BRT. Auch die Angabe der Bruttovermessung in GT (Gross Tonnage) ist oft üblich, wobei damit sowohl BRT als auch BRZ gemeint sein können.

Als sich in den sechziger und siebziger Jahren die Situation des internationalen Seefunks durch Überlastung der Frequenzbänder verschlechterte, beriet man in der IMO darüber, die Schwierigkeiten durch Nutzung moderner Weltraumtechnik zu überwinden. Mit der »Konvention über die Internationale Schiffahrtssatelliten-Organisation, 1976« (»INMARSAT 1976«) wurde ein neues Kommunikationssystem der Schiffahrt auf Basis der Satellitentechnologie geschaffen, das eine wesentliche Grundlage des weltweiten Seefunk-Not- und Sicherheitssystems darstellt.

Die 1985 in Kraft getretene »Internationale Konvention über die maritime Suche und Rettung, 1979« (»SAR 1979«) regelt die Zusammenarbeit der Vertragsstaaten dieses Übereinkommens bei der Durchführung von Such- und Rettungsaktionen. Die Weltmeere sind in Bereiche eingeteilt, für die jeweils einer der Anliegerstaaten die Verantwortung für die Einleitung und Koordinierung von Hilfsaktionen bei Seeunfällen übernommen hat.

Die »Internationale Konvention über sichere Container, 1972« (»CSC 1972«) enthält technisch-konstruktive Standards für die global genutzten Container. Damit sind die Abmessungen dieser Behälter normiert, was ein hohes Sicherheitsniveau bei deren Transport, Umschlag und Stapelung gewährleistet.

Bereits vor mehr als zwei Jahrzehnten wurden nach langer Vorbereitungszeit Bestimmungen für Bau und Ausrüstung von Fischereifahrzeugen mit einer Länge von über 24 m geschaffen und in der »Torremolinos Internationale Konvention für die Sicherheit von Fischereifahrzugen, 1977« (»SFV 1977«) zusammengefaßt. Im Jahre 1993 wurde ein Protokoll zu dieser Konvention angenommen, das einige ursprüngliche Forderungen reduzierte. Trotzdem ist das Übereinkommen zusammen mit dem Protokoll bis heute nicht in Kraft getreten, was offensichtlich mit den höheren Kosten für neue Fischereifahrzeuge zusammenhängt, die nach Inkraftsetzung der Konvention dem erhöhten Sicherheitsstandard entsprechen müßten.

Entspricht ein Schiff den in einer Konvention festgelegten Regeln und Bestimmungen, so wird das in einem staatlichen Zeugnis bestätigt. Durch regelmäßige Besichtigungen wird immer wieder geprüft, ob die Übereinstimmung mit dem geforderten Sicherheitsniveau nach wie vor besteht, was zur Verlängerung der Gültigkeit der Zeugnisse führt.

Wie die Tabelle zeigt, sind die meisten der dargestellten Konventionen bei mehr als 90 Prozent der Welttonnage realisiert. Damit wird die globale Wirksamkeit der Sicherheitsstandards deutlich dokumentiert.

Es bestehen noch weitere internationale Konventionen, die in der Tabelle jedoch nicht aufgeführt sind. Diese Übereinkommen regeln zum Beispiel Maßnahmen bei Ölverschmutzungsschäden, Fragen der zivilrechtlichen Haftung bei Ansprüchen aus der Schiffahrt oder die Vereinheitlichung von Formalitäten und Dokumenten des internationalen Seeverkehrs.

Die wichtigsten IMO-Konventionen (Stand 1. Juni 1996)

Konvention und Jahr der Annahme durch eine internationale Konferenz	Kurzbezeichnung	Jahr der Inkraft-setzung	Anzahl der beigetrete-nen Staaten	Prozentsatz der erfaßten Welttonnage
Internationaler Schiffssicherheitsvertrag, 1974	SOLAS 1974	1980	131	98,3
Internationale Konvention über die Verhütung der Verschmutzung durch Schiffe, 1973, und Protokoll von 1978	MARPOL 73/78	1983	97	92,7
Internationale Konvention über Standards für die Ausbildung, Zeugniserteilung und den Wachdienst von Seeleuten, 1978	STCW 1978	1984	118	94,7
Konvention über Internationale Regeln zur Verhütung von Kollisionen auf See, 1972	COLREG 1972	1977	128	96,0
Internationale Freibord-Konvention, 1966	LL 1966	1968	139	98,3
Internationale Konvention über die Schiffsvermessung, 1969	TONNAGE 1969	1982	113	97,1
Konvention über die Internationale Schiffahrtssatelliten-Organisation, 1976	INMARSAT 1976	1979	79	93,3
Internationale Konvention über die maritime Suche und Rettung, 1979	SAR 1979	1985	54	49,7
Internationale Konvention über sichere Container, 1972	CSC 1972	1977	62	63,0
Torremolinos Internationale Konvention für die Sicherheit von Fischereifahrzeugen, 1977, und Protokoll von 1993	SFV 1977	–	18	12,0

Die Kurzbezeichnungen sind von den Konventionsbezeichnungen in englischer Sprache abgeleitet

Klassifikationsgesellschaften

Weltweit wird keine Versicherungsgesellschaft ein Seeschiff und seine Ladung versichern, wenn das Schiff nicht von einer anerkannten Klassifikationsgesellschaft »klassifiziert« ist. Diese Klassifizierung ist auch vielfach eine Voraussetzung für die Erteilung von Zeugnissen auf der Grundlage Internationaler Konventionen. Wie bereits erwähnt, ist der Ausdruck »Klassi-fizierung« historisch entstanden. Es ist keine sehr glückliche Bezeichnung, da der Begriff allein nicht auf den Schiffbau oder das Schiff hinweist und daher zunächst nur von Insidern verstanden wird. Am schnellsten und einfachsten kann man einem Außenstehenden eine Klassifikations-gesellschaft als »TÜV« des Schiffbaus und der Schiffahrt beschreiben. Allerdings besteht zwischen einem Personenkraftwagen und einem Seeschiff ein gewaltiger Unterschied nicht nur hinsichtlich der Größe, sondern insbesondere bezüglich des Umfanges und der Vielfalt der eingebauten Technik.

Die Klassifizierung eines Schiffes bedeutet, daß es einschließlich seiner Maschinen, Einrichtungen und Ausrüstungen nach den Vorschriften einer Klassifikationsgesellschaft konstruiert und gebaut wurde, dies durch Überwachung festgestellt und durch das Klassezertifikat bestätigt wurde, das während des Betriebes des Schiffes regelmäßig erneuert werden muß. Wie dies praktisch geschieht, sei im folgenden beschrieben.

Vor dem Bau eines Schiffes hat die Bauwerft umfangreiche Projektunterlagen – also Zeichnungen, Beschreibungen und Berechnungen – bei der gewählten Klassifikationsgesellschaft einzureichen. Die schiffbaulichen Unterlagen umfassen die gesamte stahlbauliche Konstruktion des Schiffskörpers wie Längs- und Querschnitte, Schotte, Außenhaut, Ruder und dergleichen einschließlich der Festigkeits- und Stabilitätsberechnungen. Für die Maschinenanlage müssen unter anderem Zeichnungen über die Gesamtanordnung des Antriebs, die Haupt- und Hilfsmaschinen, Wellenleitung, Propeller und alle Rohrleitungssysteme übergeben werden. Die elektrotechnische Ausrüstung ist durch Schemen und Berechnungen der Erzeugung und Verteilung der Elektroenergie, der Haupt- und Notschalttafeln, der für die Schiffssicherheit wichtigen Elektroantriebe und der Kabeltrassen zu dokumentieren. Die heutzutage meist umfangreiche Automatisierungsausrüstung muß durch Schemata, Beschreibungen und Verzeichnisse dargestellt werden. Die vorstehend genannten Beispiele geben nur andeutungsweise den großen Umfang der einzureichenden Unterlagen wieder. Die Klassifikationsgesellschaft prüft diese Unterlagen sorgfältig, bespricht im Bedarfsfall Änderungen mit dem Projektanten und erteilt ihre Genehmigung zum Bau des Schiffes, wenn alle Regeln und Forderungen ihrer Vorschriften eingehalten wurden.

Die Fertigung des Schiffes sowie der sicherheitstechnisch wichtigen Zuliefer-Erzeugnisse und Materialien werden von Besichtigern der Gesellschaft sorgfältig überwacht. Diese Besichtiger sind erfahrene Ingenieure auf den verschiedensten schiffstechnischen Gebieten.

In der Stahlindustrie wird die Produktion der Walzerzeugnisse wie Platten und Profile, in den Gießereien und Schmieden die Herstellung der Guß- und Schmiedestücke für Schiff, Motoren, Propeller, Ketten und Anker überwacht. In den Motorenbetrieben werden Fertigung und Prüfstandserprobung des Antriebs kontrollierend begleitet. Getriebe, Rudermaschinen, Winden und Ankereinrichtungen sind weitere Aufsichtsgebiete. Bei den Herstellern elektrotechnischer Erzeugnisse werden die Besichtiger hinsichtlich der Generatoren, Elektromotoren, Schalt- und Verteilereinrichtungen sowie Kabel beaufsichtigend tätig. Auch die Überwachung der Herstellung und Vorerprobung der Automatisierungseinrichtungen stellt hohe Forderungen an die Besichtiger.

Ist die Klassifikationsgesellschaft von einer Regierung beauftragt, in ihrem Namen auch die Zeugnisse nach Internationalen Konventionen zu erteilen, so kommt die Überwachung der Fertigung weiterer Erzeugnisse hinzu wie zum Beispiel Rettungsboote, Rettungsflöße, Brandschutzeinrichtungen oder Anlagen für den Umweltschutz.

Auf der Werft wird der Bau des Schiffes von der Kiellegung an von den Ingenieuren der Klassifikationsgesellschaft ständig kontrolliert. Die Übereinstimmung mit den genehmigten Plänen wird beobachtet. Besonderes Augenmerk gilt den teils automatisch, teils von Hand hergestellten Schweißverbindungen, die mittels Röntgenaufnahmen und Ultraschall überprüft werden. Der Einbau der Motoren, Elektroanlagen, Automatisierungseinrichtungen und sonstigen Ausrüstungen wird verfolgt. Bereits während des Baus werden entsprechend dem Fertigungsstand Prüfungen und Erprobungen vorgenommen, so beispielsweise Dichtigkeitsprüfungen bei Tanks und Lukenabdeckungen oder Teilerprobungen von Antriebseinrichtungen.

Die Probefahrt des Schiffes – manchmal sind auch mehrere Fahrten notwendig – ist der Höhepunkt vor Ablieferung an den Auftraggeber und Inbetriebnahme. Nach einem genauen Programm werden alle wichtigen Funktionen erprobt, sowohl die sicherheitstechnisch bedeutsamen als auch die in wirtschaftlicher Hinsicht relevanten. Die Besichtiger der Klassifikationsgesellschaft überprüfen dabei die sicherheitstechnisch bedeutsamen Funktionen. Dazu gehören neben zahlreichen weiteren Operationen die einwandfreie Funktion der Antriebsanlage einschließlich Anlassen und Umsteuern, der zuverlässige Betrieb von Rudermaschine und Ankereinrichtung, die Kühlanlagenfunktion, die Stromversorgung einschließlich Notstromanlage. Bei entsprechender Beauftragung müssen auch die Sicherheitseinrichtungen wie Rettungsmittel und Brandschutz sowie die Ausrüstung für den Umweltschutz von der Klassifikationsgesellschaft erprobt werden.

Nach erfolgreichem Abschluß der Erprobung erhält das Schiff das Klassezertifikat als Bestätigung und Nachweis seiner sicheren Bauweise und Funktion. War die Klassifikationsgesellschaft auch im Auftrage einer Regierung prüfend tätig und bevollmächtigt, so werden von ihr auch die Zeugnisse auf der Grundlage Internationaler Konventionen erteilt.

Auch nach seiner Indienststellung wird ein klassifiziertes Schiff weiterhin überwacht. Jährlich erfolgen Besichtigungen der wichtigsten Einrichtungen, und in der Regel wird das Klassezertifikat alle fünf Jahre nach einer besonders umfangreichen Besichtigung und Prüfung erneuert. Dabei legt der Besichtiger der Klassifikationsgesellschaft in Zusammenarbeit mit der Reederei fest, welche Erneuerungs- und Reparaturarbeiten erforderlich sind. Je älter ein Schiff ist, desto intensiver und detaillierter sind konsequenterweise die Besichtigungen. Auch die Erhaltungsarbeiten sind bei solchen älteren Schiffen natürlich aufwendiger. Werden sie sorgfältig ausgeführt und die ständig notwendigen Instandhaltungs- und Wartungsarbeiten regel-

mäßig vorgenommen, so kann auch ein 15 bis 20 Jahre altes Schiff noch voll den Sicherheitsnormen entsprechen.

Die weltweit anerkannten Klassifikationsgesellschaften verfügen über ein ausgedehntes Netz von Inspektionen, um in allen bedeutenden Häfen Besichtigungen an den von ihnen klassifizierten Schiffen vornehmen zu können.

Grundlage für die Aufsichtstätigkeit der Klassifikationsgesellschaften sowohl beim Neubau von Schiffen als auch bei Schiffen in Betrieb sind ihre Vorschriften. Die darin enthaltenen Mindestforderungen hinsichtlich des Schiffskörpers, der Maschinen- und der elektrotechnischen Anlagen sind sehr umfangreich und müssen im Interesse der Sicherheit von den Konstrukteuren eingehalten werden. Die Weiterentwicklung der Schiffstechnik soll durch diese Vorschriften natürlich nicht blockiert werden. Daher sind in begründeten Fällen Abweichungen möglich, wenn nachgewiesen wird, daß die gewählte Lösung mindestens die gleiche Sicherheit für das Schiff bietet wie die in den Vorschriften vorgegebene.

In den Regeln der Vorschriften sind die Besonderheiten der verschiedenen Schiffstypen enthalten. Neben den sogenannten Trockenfrachtschiffen (Frachtschiffe für Stückgut, Massengutfrachter und Containerschiffe) sind sowohl Fahrgastschiffe als auch Tankschiffe für Öl, Flüssiggas und Chemikalien berücksichtigt. Auch die Regeln für Konstruktion und Bau von Fischereifahrzeugen sind beschrieben. Ebenso werden die besonderen Vorschriften für Bohrplattformen, Schwimmdocks und Unterwasserfahrzeuge dargestellt, und auch das Gebiet der Binnenschiffe wird behandelt. Detaillierte Forderungen werden an die metallischen und nichtmetallischen Werkstoffe gestellt. Wichtige mit dem Schiffbau zusammenhängende Konstruktionen sind ebenfalls erfaßt, wie insbesondere Container und ihre sichere Zurrung innerhalb und außerhalb des Schiffskörpers.

Die ständige rasche Fortentwicklung der Schiffstechnik erfordert auch die Weiterentwicklung der Vorschriften. Daher ist es notwendig, sie in

Abständen von wenigen Jahren immer wieder zu überarbeiten und neu herauszugeben.

Diese Entwicklung der Vorschriften basiert einerseits auf den mit der Anwendung der Vorschriften gesammelten Erfahrungen. Die Besichtiger einer Klassifikationsgesellschaft inspizieren und prüfen jährlich Tausende von Schiffen und erkennen dabei sehr deutlich, ob die Vorschriften ihrer Gesellschaft den harten Anforderungen der Seefahrt gerecht werden. Schwachstellen oder Schäden an den Schiffen und ihren Anlagen werden analysiert und daraufhin geprüft, ob sie auf eine unzureichende Instandhaltung des Schiffes, eine Schwäche in der Konstruktion oder auf eine nicht ausreichende Forderung in der Vorschrift zurückzuführen sind.

Andererseits ist die Weiterentwicklung der Vorschriften durch Forschungs- und Entwicklungsarbeiten gekennzeichnet, die von jeder Klassifikationsgesellschaft mit großer Intensität vorgenommen werden. Auch das Feld dieser Arbeiten ist umfangreich und vielfältig. Von außergewöhnlicher Bedeutung sind dabei Forschungsarbeiten auf dem Gebiet der Festigkeit des Schiffskörpers, der durch Beladung und Seegang wechselnden Belastungen ausgesetzt ist. Immer neue computergestützte Berechnungsmethoden dienen der Gewährleistung der Betriebsfestigkeit und führen zu weiterentwickelten Entwurfsvorschriften. Ähnlich ist es mit Schwingungsberechnungen, die heute eine recht sichere Gestaltung des Schiffes und seiner Antriebsanlage zur Vermeidung unangenehmer und zum Teil auch gefährlicher Schwingungserscheinungen ermöglichen.

International bestehen elf weltweit anerkannte Klassifikationsgesellschaften mit langzeitigen Erfahrungen und versierten Ingenieuren, die als Besichtiger und wissenschaftliche Mitarbeiter im In- und Ausland tätig sind. Diese Gesellschaften arbeiten in der »Internationalen Vereinigung von Klassifikationsgesellschaften IACS« (»International Association of Classification Societies«) zusammen. Die Tonnage der von diesen Gesell-

schaften klassifizierten Schiffe beträgt mehr als 95 Prozent der Welttonnage an Schiffen größer als 500 GT. Die IACS behandelt gemeinsam interessierende Fragen, wobei die Ausarbeitung vereinheitlichter Vorschriftenforderungen zum wichtigsten Gebiet der Zusammenarbeit gehört. Diese vereinheitlichten Vorschriftenforderungen werden von den einzelnen Klassifikationsgesellschaften in ihre Vorschriften aufgenommen, was inzwischen dazu geführt hat, daß sich wichtige Vorschriften weltweit ähneln.

Ein bedeutsames Arbeitsfeld der Klassifikationsgesellschaften liegt in Besichtigungs- und Prüftätigkeiten im Auftrage von Regierungen. Wie im vorigen Abschnitt dargestellt, treten Regierungen den von der IMO ausgearbeiteten »Internationalen Konventionen« bei und sind dann auch dafür verantwortlich, daß die in diesen Konventionen enthaltenen Regeln durchgesetzt werden. Die technischen Belange können am besten von Klassifikationsgesellschaften wahrgenommen werden, da sie über die größten Erfahrungen verfügen. Und so erhalten sie vielfach die Vollmacht, im Auftrage von Regierungen Besichtigungen im Rahmen solcher Konventionen wie »SOLAS 1974«, »MARPOL 73/78«, »LL 1966« oder »CSC 1972« vorzunehmen und auch die zugehörigen Zeugnisse auszustellen.

Ähnlich sieht es bei den Hafenstaatkontrollen aus. Auch hier werden die technischen Aufgaben vielfach den Besichtigern von Klassifikationsgesellschaften übertragen.

In der Bundesrepublik Deutschland ist der Germanische Lloyd mit dem Sitz der Hauptverwaltung in Hamburg eine international renommierte Klassifikationsgesellschaft, die zu den Mitgliedern der IACS gehört. Die Gesellschaft besteht – wie bereits erwähnt – seit 1867 und hat damit seit langer Zeit bedeutende Entwicklungen des Schiffbaus begleitet und mitgestaltet. Ihre Aktivitäten beziehen sich heute nicht nur auf See- und Binnenschiffe, sondern beziehen auch Offshore-Technik und Industrieaufträge verschiedenster Art mit ein.

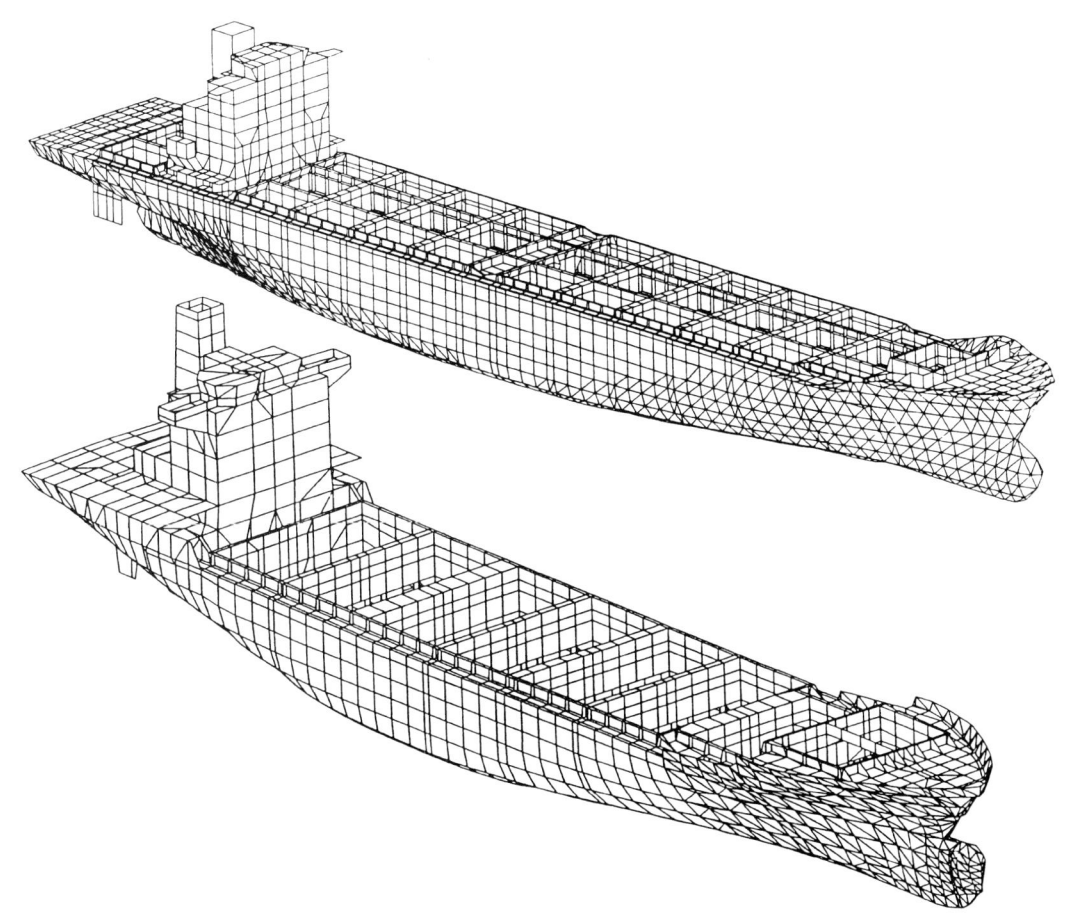

Die Finite-Elemente-Technik ist eine moderne Methode der Festigkeits- und Schwingungsberechnungen von Schiffskörpern. Die Abbildung zeigt die entsprechende Modellierung (Zerlegung in Elemente) von zwei Containerschiffen.

Der Germanische Lloyd (GL) spielt eine international bedeutende Rolle bei der Entwicklung von Containerschiffen und ist zur führenden Klassifikation bei diesem Schiffstyp geworden. Besonders die Festigkeitsberechnungen dieser Schiffe wurden von ihm nachhaltig beeinflußt und gestaltet. Ende 1996 waren 53 Prozent der weltweit georderten Containerschiffe mit Klasse des GL bestellt.

Zusammen mit mehreren Tochtergesellschaften hatte der GL Ende 1997 1602 Mitarbeiter und verfügte über 136 Exklusiv-Niederlassungen in aller Welt.

Im Jahre 1997 wurden unter Aufsicht und mit Klasse des Germanischen Lloyd 326 Schiffe mit zusammen 3 Mio GT fertiggestellt. Am Ende des Jahres lagen Aufträge für weitere 437 Neubauschiffe mit 4,2 Mio GT vor. Die Neubauten mit GL-Klasse werden auf Werften in 37 Ländern der Welt gebaut. Diese wenigen Zahlen vermitteln sowohl einen Eindruck über die umfangreiche Tätigkeit dieser Gesellschaft als auch über ihren internationalen Charakter. Die in Betrieb befindliche Flotte mit GL-Klasse umfaßte am Ende des Jahres 1997 4664 Seeschiffe mit 26,6 Mio GT. Diese Schiffe fuhren unter 114 unterschiedlichen Flaggen.

Entwicklung der Schiffssicherheit

Der Mensch im Vordergrund

Immer stärker ist in den letzten Jahren erkannt worden, daß der sogenannte »menschliche Faktor« den entscheidenden Ansatzpunkt bildet, die Anzahl der Seeunfälle wirksam zu reduzieren. Die verschiedensten internationalen Untersuchungen zeigen, daß etwa 80 Prozent aller Schiffskollisionen, Grundberührungen und Strandungen, Brände und anderen Schiffsunfälle auf menschliches Fehlverhalten zurückzuführen sind. Dieser hohe Anteil menschlichen Versagens unterscheidet sich im Grundsatz nicht von den Unfallursachen bei anderen Verkehrsträgern auf Straße, Schiene und in der Luft. Menschliche Fehler und Verhaltensmängel werden sich auch in Zukunft nicht vermeiden lassen, aber es gibt Möglichkeiten, sie zu minimieren. Daher hat sich auch die IMO dieser Frage in den letzten Jahren in verstärktem Maße angenommen.

Befaßt man sich mit den Ursachen menschlichen Fehlverhaltens in der Schiffahrt, so sind an erster Stelle Ermüdung und ungenügende Ausbildung zu nennen. Das Problem der Ermüdung von Kapitänen, Offizieren und anderen Besatzungsmitgliedern ist außerordentlich komplex. Natürlich beginnt Ermüdung mit zu langen Arbeitszeiten, oft vielen Überstunden und zu geringen Ruhezeiten. Hierbei besteht ein deutlicher Zusammenhang mit den heute üblichen geringen Besatzungszahlen und den meist kurzen Hafenliegezeiten. Die IMO berichtete zum Beispiel von der 1995 veröffentlichten Untersuchung einer Kollision vor der belgischen Küste, bei der der Kapitän des einen Schiffes seit 23 Stunden im Dienst war. In Lade- und Löschhäfen sind vielfach Offiziere weit über eine normale Arbeitszeit hinaus tätig. Solche Überlastungen sind aber nicht nur bei Kapitänen und Offizieren zu verzeichnen, sondern aus den verschiedensten Gründen auch bei Mannschaften.

Die Automatisierung hat eine erhebliche Veränderung des Schiffsbetriebes verursacht. Sie hat einerseits zur Steigerung der Sicherheit beigetragen, andererseits aber manche Tätigkeit langweiliger werden lassen, beispielsweise durch automatisierte Schiffsführung und Satellitennavigation. Wenn ein Schiff mit Selbststeueranlage auf einer wenig befahrenen Route fährt und Wachoffizier und Ausguck stundenlang den Horizont anstarren, ohne daß irgend etwas geschieht, so ist das verständlicherweise eine sehr ermüdende Tätigkeit.

Das eintönige, sich ständig wiederholende Bordleben wurde noch vor 25 oder 30 Jahren oft durch mehrtägige Hafenliegezeiten zum Laden oder Entladen der Schiffe unterbrochen. Die Besatzungen hatten die Möglichkeit, an Land zu gehen und sich vom Einerlei an Bord des Schiffes zu entspannen. Heutige Containerschiffe und Öltanker liegen meist nur wenige Stunden im Hafen, der zudem vielfach von dem früheren Hafen mit direkter Anbindung an eine Stadt weiter entfernt liegt. So bleibt meist keine Zeit für einen Landgang.

Die seemännischen Fähig- und Fertigkeiten der Kapitäne, der Offiziere und der Mannschaften entscheiden weitgehend über die Sicherheit eines Schiffes. Nichtbefolgung von Verkehrsvorschriften, Fehler in der Navigation, unzureichendes Wachegehen, Verletzung seemännischer Sorgfaltspflicht und Fehlverhalten bei der Bedienung von Anlagen und Geräten sind vielfach – wenn auch nicht immer – auf unzureichende Qualifizierung, also eine ungenügende Ausbildung, zurückzuführen.

Welche Bedeutung eine gute Ausbildung gepaart mit ausreichender Erfahrung hat, zeigt sich am Beispiel der Radarbenutzung sehr deutlich. Mit Einführung der Radargeräte hatte man geglaubt, daß die Sicherheit der Schiffahrt erheblich gesteigert und die Gefahr von Kollisionen deutlich vermindert werden würde. Schon bald zeigte sich jedoch, daß dies nicht »automatisch« der Fall war. Technikhörigkeit und zum Teil wohl auch Bequemlichkeit führten zu einer Überschätzung der Radargeräte. Erfahrene Fachleute sprachen sogar von »Radarkollisionen«, weil man ohne Radargerät unter Anwendung der herkömmlichen Navigation in dem einen oder anderen Fall den Zusammenstoß wahrscheinlich vermieden hätte. Man erkannte, daß eine sorgfältige Ausbildung notwendig ist, um den Mißbrauch von Radargeräten zu vermeiden. Ein ausschließliches Verlassen auf Radargeräte, die Unkenntnis ihrer Grenzen und eine unkritische Anwendung können zu einem falschen Gefühl der Sicherheit führen. Das gilt trotz aller Weiterentwicklung auch für die ARPA-Geräte.

Mangelhafte und nicht regelmäßig wiederholte Sicherheitsübungen sind eine ernste Gefahr für Schiff und Besatzung. Das menschliche Versagen ist vorprogrammiert, wenn Offiziere und Besatzung die Handhabung der Sicherheitseinrichtungen nicht ständig trainieren. Bei einer der größten Gefahren für ein Schiff, nämlich der Entstehung und Bekämpfung eines Feuers, wird das zum Beispiel leider immer wieder sichtbar. Oft verstreichen wertvolle Minuten, bis Maßnahmen zur Bekämpfung eines Feuers beginnen. Die Einsatzkräfte werden unzureichend geführt und die Brandabwehr nicht als Gesamtprozeß organisiert. Zahlreiche taktische Fehler treten immer wieder auf, wie mangelhafte Vorbereitung eines Brandangriffs, ungesichertes Vorgehen, fehlende Kooperation während der Bekämpfung. Leider haben auch manche Offiziere ein unterentwickeltes Engagement in der Frage der Sicherheitsübungen und führen sie nur formal durch.

Fehler und Versagen entstehen auch durch Mängel in der Kommunikation. Multinational zusammengesetzte Besatzungen müssen sich einwandfrei verständigen können. Ist das nicht der Fall, kann es insbesondere bei Havarien und den daraus resultierenden Rettungsmaßnahmen zu schwerwiegenden Fehlern und sogar dem Verlust von Menschenleben kommen.

Vor 25 bis 30 Jahren betrug die Besatzungsstärke eines durchschnittlichen Frachtschiffes oder Tankers 40 bis 50 Mann. Die gleichen Schiffstypen werden heute mit weniger als 20 Seeleuten oder sogar unterhalb 15 Mann betrieben. Auf den Zusammenhang mit Ermüdungserscheinungen wurde schon verwiesen. Aber auch weitere für die Sicherheit negative Folgen sind möglich. So kann unter Umständen der Ausguck zeitweilig nicht besetzt werden, was zur erhöhten Belastung des Wachoffiziers führt. Die früher übliche planmäßige Instandhaltung der Maschinenanlage ist bei kleiner Besatzungszahl während der Reise meist nicht möglich.

Auch soziale Probleme können mit einer geringen Besatzungszahl verbunden sein. Für den einzelnen Seemann ist es schwieriger geworden, Gleichgesinnte an Bord zu finden und Freundschaften zu schließen. Einer sich so entwickelnden Vereinsamung wird durch multinationale Besatzungen mit unterschiedlichen Sprachen und Kulturen noch Vorschub geleistet.

Es versteht sich von selbst, daß eine unzureichende Motivation der zuverlässigen Wahrnehmung der Pflichten abträglich ist. Das Zugehörigkeitsgefühl zu einer Reederei, bei der man als junger Mann seine Ausbildung begonnen hat und dann nach Sammlung von Erfahrungen weiter aufgestiegen ist, ist heute weitgehend verloren gegangen. Im übrigen ist auch von Einfluß, daß der Beruf des Seefahrers von der Gesellschaft nicht mehr so hoch gewertet wird wie früher, was sich nicht zuletzt in der Höhe des Einkommens widerspiegelt.

Für die Sicherheit des Schiffsbetriebes spielen die Nahtstellen zwischen Mensch und Technik eine nicht zu unterschätzende Rolle. Die Systeme sind hinsichtlich der Bedienfreundlichkeit und der Erkennbarkeit von Fehlhandlungen nicht immer optimal gestaltet. Das gilt in besonderem Maße für Gefahrensituationen. Hier gibt es zweifellos weitere Möglichkeiten für die entwerfenden Ingenieure, bei der Vermeidung menschlicher Fehler mitzuwirken.

Die Einstellung des Management einer Reederei oder eines Charterers in Fragen der Sicherheit ihrer Schiffe ist von einer Bedeutung, die nicht hoch genug eingeschätzt werden kann. Wird die Minimierung der Kosten des Schiffsbetriebes in einem solchen Maße als Primat betrachtet, daß die Sicherheit weit dahinter rangiert, so wirkt sich das auch auf die Kapitäne, Offiziere und Mannschaften aus. Herrscht eine Firmenkultur vor, die eine Risikobereitschaft belohnt, so verleitet das bei allem Verantwortungsbewußtsein eben auch einen Kapitän, zum Beispiel den Fahrplan einer Fähre auch bei sehr schlechtem Wetter unbedingt einhalten zu wollen. Nachlässigkeit oder geringe Wertung der Sicherheitsfragen in der Spitze einer Reederei können sich die ganze Linie herab über Kapitän, Offiziere und Mannschaft fortsetzen. Hat die Geschäftsführung einer Reederei keine ständige direkte Verbindung zu ihren Schiffen, so wird sie auch keine Vorschläge zur sicheren Gestaltung des Schiffsbetriebes bekommen oder diesen kein Gehör schenken. Das Management motiviert ihre Schiffsbesatzungen dann in keiner Weise, Sicherheit groß zu schreiben.

Auch Disziplinlosigkeit und Schlamperei in den unterschiedlichen Ebenen einer Schiffsbesatzung tragen zu den Ursachen von Seeunfällen bei. Wenn Kapitäne und Offiziere gegen die Regeln guter Seemannschaft und gegen ihre Sorgfaltspflicht verstoßen, wirkt sich das natürlich negativ auf die gesamte Besatzung aus. Disziplinlosigkeit bei der Brückenorganisation in der Form, daß der Wachoffizier zeitweilig die Brücke verläßt oder der Ausguck nicht ständig anwesend ist, kann außerordentliche negative Folgen haben, wie leider immer wieder festzustellen ist.

In den meisten Fällen ist es nicht ein einzelner Faktor, nicht das Versagen eines einzelnen Menschen, das zu einem Seeunfall führt, sondern es ist eine ganze Kette von Ursachen. Das zeigt sich allerdings erst, wenn tief genug in die Ursachenermittlung eingedrungen wird. Die Verkettung von Einzelursachen ist sehr vielfältig und unterschiedlich, wie auch bei manchem der hier beschriebenen Unfälle sichtbar wurde.

Es ist sicher deutlich geworden, daß die Verbesserung der Ausbildung und des Trainings von Kapitänen, Offizieren und Mannschaften im internationalen Maßstab die größte »Reserve« zur Steigerung der Schiffssicherheit und damit zur Verringerung der Anzahl der Seeunfälle darstellt. Nachdem die »Internationale Konvention über Standards für die Ausbildung, Zeugniserteilung und den Wachdienst von Seeleuten, 1978« im Jahre 1984 in Kraft getreten war, bestanden erstmals weltweit Regeln hinsichtlich der Anforderungen an Kapitäne, nautische und technische Offiziere sowie wachegehende Mannschaftsmitglieder.

Die in dem Übereinkommen enthaltenen Bestimmungen über die Mindestkenntnisse als Voraussetzung für die Erteilung von Befähigungszeugnissen an Kapitäne und Offiziere waren recht detailliert. So waren diese für Kapitäne und 1. Offiziere unter anderem auf den Gebieten Schiffsführung und Positionsbestimmung, Wachdienst, Radaranlagen, Manövrieren, Meteorologie, Ladungsbehandlung, Stabilität, Brandbekämpfung und Rettungsmittel weitgehend im einzelnen beschrieben. Die Forderungen an die Kenntnisse der Leitenden Ingenieure und die 2. Ingenieure umfaßten unter anderem Aufbau und Wirkungsweise der verschiedenen Antriebsmaschinen, der Schiffselektrotechnik und -elektronik, der Schiffsautomatisierung und der Betriebsüberwachung. Sie mußten ferner über Fertigkeiten bei Betrieb und Instandhaltung von Schiffsantriebsanlagen, Hilfsmaschinen, Pumpen- und Rohrleitungssystemen, Ruderanlagen, Umschlagseinrichtungen und elektrischen Anlagen verfügen sowie Methoden und Mittel der Brandbekämpfung und der Verhütung der Umweltverschmutzung beherrschen.

Aber schon Anfang der 90er Jahre wurde erkannt, daß die Regeln dieser Konvention vielfach unterschiedliche Interpretationen zuließen und nicht zu dem angestrebten Ziel eines gleichen hohen Ausbildungsniveaus der Seefahrer in den verschiedenen schiffahrttreibenden Ländern

Die von der IMO gebildete Weltschiffahrtsuniversität in Malmö (Schweden).

führte. Während die traditionellen Schiffahrtländer vielfach über dem von der Konvention geforderten Niveau lagen, wurde es zum Teil von solchen Staaten, die sich erst seit kurzer Zeit mit der Seefahrt befaßten, nicht erreicht.

Es wurde daher über mehrere Jahre in der IMO an Änderungen und Ergänzungen der Konvention gearbeitet. Diese waren so erheblich, daß praktisch eine Neufassung des Übereinkommens entstanden war, die 1995 auf einer Konferenz in London angenommen wurde. Sie trat am 1. Februar 1997 in Kraft, ließ aber Übergangsregelungen bis zum Jahre 2002 zu.

In der neugefaßten Konvention sind die Regelungen über die erforderlichen Kenntnisse, Fertigkeiten und Leitungsfähigkeiten für jeden Offiziersgrad noch detaillierter beschrieben. Neu sind auch die Bestimmungen über die Prüfungsmethoden zum Nachweis der erfolgreichen Ausbildung auf den verschiedenen Gebieten.

Besondere Forderungen beziehen sich unter anderem auf die Ausbildung an Simulatoren und Radareinrichtungen. Die Qualifikation des Personals von Ro/Ro-Fahrgastschiffen wird speziell behandelt. Anforderungen im Fall der Doppelqualifikation Deck/Maschine werden beschrieben. Zur Vermeidung der Ermüdung des Wachpersonals werden notwendige Erholungsphasen gefordert. Ein bedeutender Schritt zur Gewährleistung der Sicherheit ist insbesondere auch darin zu sehen, daß Kapitäne und Offiziere in Abständen von höchstens fünf Jahren nachweisen müssen, daß sie den in der Konvention enthaltenen Anforderungen nach wie vor entsprechen.

In der Konvention ist eine völlig neue Autorität der IMO festgeschrieben. Zum ersten Mal müssen nämlich die einer Konvention beigetretenen Vertragsstaaten der IMO genaue Informationen über die Durchsetzung der in der Konvention enthaltenen Forderungen geben. Dazu gehören unter anderem die Beschreibung der Ausbildungs- und Prüfungsprogramme für die verschiedenen Befähigungszeugnisse und die Weiterbildung sowie auch die Erläuterung eines Qualitätssicherungssystems für die Ausbildung.

In Resolutionen der Konferenz im Jahre 1995 wurde darauf verwiesen, daß es für manche Staaten, insbesondere Entwicklungsländer, schwierig sein wird, den neuen Ausbildungsforderungen zu entsprechen. Die erfahrenen Schiffahrtsstaaten wurden daher aufgefordert, zusammen mit der IMO diesen Staaten die gewünschte und erforderliche Hilfe zu leisten. Dabei wurde die Rolle der von der IMO betriebenen Weltschiffahrtsuniversität in Malmö, Schweden, unterstrichen. Diese Universität hat in den zurückliegenden Jahren bereits einer großen Zahl von Nautikern, Ingenieuren, Inspektoren und anderen in der Schiffahrt von Entwicklungs-

ländern tätigen leitenden Mitarbeitern zusätzliche Kenntnisse hinsichtlich der Sicherheit der Schiffahrt vermittelt.

Es ist zu erwarten, daß die Durchsetzung der Neufassung der Ausbildungskonvention mit größerer Intensität und Konsequenz als bei der früheren Fassung erfolgen wird. Dies wird insbesondere im nächsten Jahrtausend spürbar sein und einen wirksamen Beitrag zur Steigerung der Sicherheit der Seeschiffahrt darstellen.

Management für den sicheren Schiffsbetrieb

Im Laufe der letzten Jahrzehnte führte es zunehmend zu negativen Auswirkungen, daß sich manche Reederei, mancher Schiffseigner oder Charterer in zu geringem Maße mit den Pro-

Der Autor bei einem Seminar an der Weltschiffahrtsuniversität.

blemen der Sicherheit seiner Schiffe und der Vermeidung der Umweltverschmutzung befaßte. Ein deutliches Beispiel dafür war das katastrophale Unglück der Ro/Ro-Fahrgastfähre *Herald of Free Enterprise*. Dieser Seeunfall und auch andere Havarien sowie die steigende Anzahl von Substandardschiffen hatten die IMO veranlaßt, sich verstärkt mit den Fragen des Management an Land und an Bord und insbesondere mit dem Zusammenwirken von Reedereimanagement und Schiffsführung zu befassen. Aus den Überlegungen, die umfassend beraten wurden, entstand 1993 der »Internationale Code über das Management für den sicheren Schiffsbetrieb« (»International Safety Management Code«, kurz »ISM-Code« genannt), der zunächst nur eine Empfehlung war. Aber schon ein Jahr später, 1994, wurde dieser Code als verbindliche Ergänzung in den »Schiffssicherheitsvertrag SOLAS 1974« aufgenommen. Ziel dieses Codes ist es, die Schiffssicherheit und den Umweltschutz zum ständigen Bestandteil der Unternehmenspolitik von Reedereien und Charterern zu machen, ein alle Entscheidungen durchdringendes Sicherheitsbewußtsein zu fördern und damit zu einer neuen Sicherheitskultur zu gelangen. Diese sollte ständig mit im Vordergrund aller Überlegungen stehen anstelle eines teilweise vorrangig praktizierten Wirtschaftlichkeitsdenkens. Priorität gebührt dabei der Reduzierung menschlicher Fehlleistungen.

Der »ISM-Code« fordert, daß in jedem Schiffahrtsunternehmen ein Mitarbeiter des Top-Management für die Aufgaben der Sicherheit und des Umweltschutzes verantwortlich ist und dabei auch die ständige Verbindung zwischen der Geschäftsführung der Reederei und den Schiffsführungen zu gewährleisten hat. Es ist ein »Sicherheits-Management-System« (»SM-System«) auszuarbeiten und zu dokumentieren, in dem die Fragen der Sicherheit und des Umweltschutzes geregelt sind. Dazu gehören unter anderem die eindeutige Festlegung der Verantwortlichkeiten an Land und an Bord, die Gewährleistung von Umfang und Qualifikation der Besatzungen, die Ausarbeitung von Handbüchern für den sicheren Schiffbetrieb und insbesondere auch das ständige Training von Not- und Gefahrensituationen. Die Sicherstellung der materiellen Voraussetzungen für die Schiffssicherheit und den Umweltschutz muß enthalten sein. Besonderer Wert wird auch auf die Herausarbeitung der Verantwortung und der Weisungsbefugnis der Kapitäne gelegt sowie ihrer landseitigen Unterstützung, damit sie ihre Pflichten sicher wahrnehmen können. Die Informationskanäle zwischen Land und Bord sind zu regeln und festzulegen. Das »SM-System« ist praktisch eine auf die jeweilige Reederei zugeschnittene Bündelung von Maßnahmen, die in verschiedenen Konventionen vorgeschrieben sind. Das System muß auf allen Hierarchieebenen des Schiffahrtsbetriebes sowohl land- als auch bordseitig bekannt sein und eingehalten werden.

Die Flaggenstaaten beziehungsweise die von ihnen beauftragten Institutionen haben die Dokumentation der »SM-Systeme« durch Zertifikate zu bestätigen. In Deutschland nimmt der Germanische Lloyd diese Aufgabe wahr.

Für Fahrgastschiffe, Tanker und Massengutschiffe trat der Code am 1. Juli 1998 in Kraft. Für alle anderen Seeschiffe ist er bis spätestens 1. Juli 2002 einzuführen.

Navigation im Wandel

Seit einer Reihe von Jahren ist in der Navigation ein Wandel vor sich gegangen, den man als revolutionär bezeichnen kann. Die raschen Veränderungen, die zweifellos auch in der nächsten Zeit noch fortgesetzt werden, dienen nicht nur der Weiterentwicklung der Sicherheit der Schiffahrt, sondern auch der Steigerung der Effektivität der Schiffsführung und der Wirtschaftlichkeit des Schiffsbetriebes. Die Entwicklung verstärkt die Tendenz zu solchen Integrierten Navigationssystemen, bei denen eine einzige Person die Schiffsführung vornehmen kann – oder zumindest könnte.

Eine wichtige Entwicklung bezog sich auf die Radartechnik. Über einen langen Zeitraum waren die Nautiker zum Beispiel daran gewöhnt, daß sie das Radarbild nur durch einen Tubus abgedunkelt betrachten konnten. Das Bild baute sich bei jeder Drehung der Radarantenne neu auf und verlosch dann langsam wieder, womit viele Nachteile verbunden waren. Die Entwicklung und Einführung der sogenannten Raster-Scan-Technologie führte zu einem hellen Bild, das bei Tageslicht betrachtet werden kann und ständig auf einem großen Bildschirm die Situation auf dem umgebenden Seeraum darstellt. War das Bild zunächst noch einfarbig, so wurde der Informationsgehalt bald durch die Einführung von Farbradargeräten erweitert.

Der nächste Entwicklungsschritt auf dem Radargebiet war die Einführung der Computertechnik, die zu den sogenannten ARPA-Geräten führte. Die Abkürzung ARPA steht für die englische Bezeichnung »Automatic Radar Plotting Aid«, die eine automatisierte Unterstützung bei der Darstellung und Auswertung des Radarbildes darstellt. Die im Seeraum vor, neben und hinter dem eigenen Schiff laufenden oder kreuzenden Fahrzeuge werden ständig verfolgt, ihre Geschwindigkeit, Kurs und Entfernung zum eigenen Schiff können angezeigt werden. Errechnet der Computer eine Kollisionsgefahr, wird eine optische und akustische Warnung gegeben. Die Ausrüstung mit einem ARPA-Radargerät gehört heute zum Standard eines jeden Seeschiffes und wird auch in der Konvention »SOLAS 1974« gefordert. Aber auch die Automatisierung der Erfassung der umgebenden Schiffe ändert nichts daran, daß Kapitäne und Offiziere in der Anwendung dieser Geräte geübt sein müssen.

Ein neues Zeitalter für die Navigation wurde durch die Einführung des »Global Positioning Systems« GPS eingeleitet. Dieses globale System zur Standortermittlung – zunehmend auch auf anderen Gebieten wie zum Beispiel dem Kraftfahrzeugverkehr angewendet – wurde in den USA zunächst für militärische Zwecke entwickelt, dann aber auch für die zivile Nutzung

freigegeben. Das Prinzip basiert auf der Messung der Laufzeit von Signalen, die von um die Erde kreisenden Satelliten ausgestrahlt werden. Mindestens 18 Satelliten werden eingesetzt, und zusätzlich einige als Reserve für mögliche Ausfälle. Für die Ermittlung der Schiffsposition (Länge und Breite) sind drei Satelliten erforderlich, die auch weltweit ständig erreichbar sind. Der Schiffsstandort wird laufend durch entsprechende Geräte angezeigt und kann in die Seekarte eingetragen werden. Das normale GPS-System ist für die Schiffahrt mit einer Genauigkeit der Positionsermittlung von 50 bis 100 m verfügbar. Für die hohe See ist das ausreichend, nicht aber für Fahrten in engen Gewässern, Revieren, Verkehrstrennungsgebieten und Hafeneinfahrten. Daher wurden und werden weiterhin sogenannte Referenzstationen geschaffen, die Korrektursignale an die Schiffe im Umfeld senden. Damit ist ein »Differential-GPS« (DGPS) möglich, das die Genauigkeit der Positionsangabe auf 10 bis 20 m verbessert. Ist die Referenzstation in der Nähe, werden sogar Genauigkeiten von ein bis fünf Metern erreicht.

Da schon gegenwärtig sowohl GPS als auch DGPS von vielen Schiffen benutzt werden, sind die konventionellen Funknavigationsverfahren Decca, Omega und Loran, die auf der Auswertung der Funksignale von landgebundenen Sendern basieren, praktisch »Auslaufmodelle«. Dem mit Loran-C bezeichneten Verfahren wird noch eine gewisse Chance des Überlebens als Redundanz zu den GPS-Verfahren eingeräumt, da stets eine zweite Möglichkeit zur Standortermittlung an Bord vorhanden sein muß.

Gegenwärtig geht es bei der Kennzeichnung der Position und des Kurses eines Schiffes noch vorwiegend konventionell zu: Nach Bestimmung des Standortes auf die eine oder andere Weise wird dieser mit dem Bleistift in die Papier-Seekarte eingetragen. Mit zunehmender Einführung elektronischer Anlagen an Bord von Schiffen befaßte man sich mit der Entwicklung von elektronischen Seekarten, die die bisherigen

Papierkarten ersetzen und die Darstellung auf dem Bildschirm vornehmen. Gekoppelt mit der Positionsbestimmung kann die Seekarte zusammen mit der fortlaufenden Anzeige des Schiffsstandortes auf einem Bildschirm dargestellt werden. Positive Erfahrungen mit diesem System wurden bereits gesammelt, und es kommt zunehmend bei modernen Schiffen zur Anwendung.

Ein weiterer Schritt ist die Überlagerung von elektronischer Seekarte und Radarbild auf einem einzigen Bildschirm. Diese kombinierte Anzeige ist eine elegante Methode zur Erleichterung der Navigation und der Verhütung von Kollisionen und wird ebenfalls bereits gegenwärtig angewendet.

Eine Reihe weiterer Entwicklungen, auf die hier nicht eingegangen werden kann, wird noch stärker als bisher zu Brückensystemen führen, die Navigation, Kommunikation und Schiffsbetrieb vereinigen. Dabei sollen der Schiffsführung nicht noch mehr Informationen als bereits gegenwärtig übermittelt werden, sondern es ist das Optimum der notwendigen Daten zu finden und das Zusammenwirken von Mensch und Technik so zu gestalten, daß menschliches Fehlverhalten weitgehend minimiert wird.

Der zunehmende Schiffsverkehr, der sich besonders vor und in Hafeneinfahrten und engen Meeresdurchfahrten konzentriert, veranlaßte die IMO schon 1973, sich mit Fragen der Schiffswegeführung zu befassen und dafür Richtlinien zu erarbeiten.

So bestehen heute weltweit zahlreiche Verkehrstrennungsgebiete, und ständig kommen neue hinzu. Das Prinzip besteht darin, den in engen Regionen oder Revieren in zwei entgegengesetzte Richtungen verlaufenden Schiffsverkehr in zwei »Einbahnwege« aufzuteilen und dazwischen eine Zone zu schaffen, die aus Sicherheitsgründen nicht befahren werden darf. Solche Verkehrstrennungen werden von interessierten Staaten in der IMO vorgeschlagen und nach allgemeiner Zustimmung für international verbindlich erklärt und in die Seekarten aufgenommen. Die Einführung solcher Systeme hat bei vielen Durch- und Zufahrten zu einer erheblichen Reduzierung der Kollisionen geführt, wie zum Beispiel im Englischen Kanal.

Tanker, Massengutschiffe und andere Schiffstypen haben vielfach einen großen Tiefgang, eine eingeschränkte Manövrierfähigkeit und stellen bei Havarien wie Maschinenausfall oder Ruderstörungen eine erhebliche Gefahr für die Küstenregionen dar, wenn sie in zu großer Nähe der Küste verkehren. Für solche Schiffe wurden und werden daher Tiefwasserrouten festgelegt, die in größerer Entfernung von der Küste verlaufen, und bei denen diese Schiffe von dem normalen Verkehr getrennt sind. Auch in der Deutschen Bucht besteht zum Beispiel eine solche Routenführung für Tanker zu den Ölterminals.

Auch werden zunehmend Melde- und Überwachungssysteme eingeführt, die mit moderner Radartechnik und Lotsenberatung von Land die Erfassung und Verfolgung aller in ihrem Revier verkehrenden Schiffe und ihre Warnung bei einer sich entwickelnden Kollisionsgefahr ermöglichen. Der Schiffsverkehr auf der Elbe zwischen dem Hamburger Hafen und der Deutschen Bucht wird zum Beispiel schon seit langer Zeit von einem solchen System überwacht. Im Mai 1994 wurde ein neues Verkehrssicherungssystem in Betrieb genommen, das mit einer Kette von Radaranlagen den genannten Elbeabschnitt auf 200 Flußkilometern beobachtet. In den Verkehrszentralen Brunsbüttel und Cuxhaven laufen alle Informationen zusammen, und von dort werden die Schiffe im Bedarfsfall durch Land-Radarlotsen beraten. Diese Lotsenberatung der Schiffsführungen ersetzt jedoch nicht die Lotsenberatung an Bord, die weiterhin »vor Ort« beibehalten werden muß.

Anforderungen an Rettungsmittel erhöht

In den Schiffssicherheitsverträgen »SOLAS 1960« und »SOLAS 1974« hatten die Standards der geforderten Rettungsmittel bereits ein hohes Niveau erreicht. Und trotzdem verloren immer wieder Seeleute und Passagiere bei Seeunfällen ihr Leben.

Die Ursachen waren vielfältiger Art. Besonders bei hohem Seegang war das Zuwasserlassen der Boote oft schwierig. Sie wurden beschädigt, schlugen voll Wasser oder kenterten. Starke Schlagseite des beschädigten Schiffes erschwerte das Fieren der Boote, und bei schweren Havarien fehlte oft auch die Zeit für ein erfolgreiches Rettungsmanöver.

So erteilte die IMO 1975 einem Unterausschuß den Auftrag, eine wirksame Weiterentwicklung der Regeln für Rettungsmittel auszuarbeiten. Nach einem Zeitraum von acht Jahren wurde diese nicht einfache Aufgabe nach zahlreichen Debatten über unterschiedliche Auffassungen gelöst. Das Ergebnis wurde als Änderung der Konvention »SOLAS 1974« eingeführt und trat für neue Schiffe ab 1. Juli 1986 in Kraft. Hier können nur die wichtigsten der neuen Forderungen beschrieben werden.

Bei Frachtschiffen bestand schon vorher die Forderung, daß die Plätze in den Rettungsbooten auf jeder Schiffsseite für 100 Prozent aller Personen an Bord ausreichen mußten. Die zurückliegenden Jahre hatten aber gezeigt, daß in manchen Fällen aufblasbare Rettungsflöße den Rettungsbooten überlegen waren. Sie konnten in kurzer Zeit zu Wasser gelassen oder geworfen werden. Bei sehr schnellem Sinken eines Schiffes lösen sie sich selbsttätig aus ihrer Halterung, steigen an die Wasseroberfläche und blasen sich auf. Scheiterten Rettungsversuche mit Booten, so waren die Flöße immer noch eine effektive Möglichkeit der Rettung. Daher wurde nunmehr die Anzahl der Plätze in den Flößen ebenfalls auf 100 Prozent der Personenzahl an Bord erhöht. Dadurch wurde die Gesamtzahl der Plätze in den Rettungsmitteln auf Frachtschiffen auf 300 Prozent der Personenzahl an Bord vergrößert.

Ein außerordentlicher Fortschritt wurde bei der Konstruktion der Rettungsboote erzielt. Früher waren die Boote oben offen, die Wellen konnten bei starker See überspülen, die Insassen waren Wind und Wetter schutzlos ausgesetzt. Nun dürfen bei neuen Frachtschiffen nur noch vollständig geschlossene Rettungsboote verwendet werden, und alle Boote müssen mit Motorantrieb ausgerüstet sein. Die Boote müssen selbstaufrichtend sein, sich also aus jeder Schräglage einschließlich des Kenterns wieder aufrichten. Die Insassen sind gegen alle Unbilden der See, gegen Wasser und Kälte sowie gegen tropische Sonne geschützt. Dies ist besonders dann wichtig, wenn sich das Auffinden der Boote durch Retter über eine längere Zeit hinzieht.

Für vor dem 1. Juli 1986 gebaute Schiffe sind noch weiterhin offene Rettungsboote zugelassen. Für den Einsatz solcher Boote wurde bei den Beratungen in der IMO der Vorschlag unterbreitet, daß für alle Insassen Rettungsanzüge zur Verfügung stehen müßten. Leider stimmten die meisten Staaten – wohl aus Kostengründen – gegen diesen Vorschlag. So werden je offenes Rettungsboot nur drei solche Anzüge gefordert, um die für die Führung der Boote verantwortlichen Seeleute wirksam zu schützen.

Auch für Fahrgastschiffe sind offene Rettungsboote nicht mehr gestattet. Die Boote müssen entweder voll- oder teilgeschlossen sein.

Das Aussetzen der besetzten Rettungsmittel im Seenotfall ist ein sehr kritischer Abschnitt des Rettungsvorganges. Bei größerer Schlagseite kann das Aussetzen auf der austauchenden Seite des Schiffes schwierig oder unmöglich werden. Daher wird jetzt gefordert, daß die Rettungsboote mindestens bei einer Krängung des Schiffes von bis zu 20 Grad nach beiden Seiten ausgesetzt werden können.

Insbesondere für Ro/Ro-Fahrgastfähren mit einer großen Anzahl von Fahrgästen sind Rettungssysteme gestattet, bei denen die Passagiere in schneller Folge über aufgeblasene Rutschen das Schiff verlassen und in Rettungsmittel einsteigen. Als sehr bedeutsame Neuerung der Aussetzungsmethode der Besatzung von Frachtschiffen werden Freifallrettungsboote zugelassen. Diese am Schiffsheck angeordneten Boote werden voll beladen mit den Insassen nach Abrutschen auf einer schräg angeordneten Gleitbahn im freien Fall zu Wasser gelassen. Die im Boot befindlichen Personen werden durch die Anordnung spezieller Sitze vor Schäden durch das Aufschlagen und Eintauchen des Bootes in das Wasser geschützt. Solche Freifallrettungsboote werden inzwischen häufig verwendet und sind zu einem normalen Rettungsmittel moderner Schiffe geworden.

Höhere Sicherheit gegen Feuer

Feuer an Bord gehört zu den größten Gefahren, denen ein Seeschiff ausgesetzt ist. Daher sind die Brandschutzvorschriften in den Schiffssicherheitsverträgen SOLAS 1948, 1960 und 1974 ständig weiterentwickelt worden. Auch eine Änderung der diesbezüglichen Vorschriften von 1981 zu »SOLAS 1974« resultiert aus der Notwendigkeit der andauernden Weiterentwicklung entsprechend neuer Erfahrungen und Erkenntnisse.

So führten Brände in den achtziger und Anfang der neunziger Jahre zu weiteren Beratungen in den Ausschüssen der IMO. Insbesondere das verheerende Feuer auf der *Scandinavian Star* führte zu einer Intensivierung der Beratungen über verschärfte Regeln für Fahrgastschiffe. Diese traten am 1. Oktober 1994 für neue Fahrgastschiffe in Kraft und berücksichtigten vor allem auch die Schlußfolgerungen und Vorschläge aus der Untersuchung der *Scandinavian-Star*-Katastrophe.

Auf den ersten Blick mögen die Änderungen nicht umwälzend erscheinen, aber ein solcher Eindruck wäre trügerisch, da gerade bei Entstehung und Bekämpfung eines Brandes eine große Anzahl von Detailvorschriften von erheblichem Einfluß ist. Einige der erhöhten Forderungen an Fahrgastschiffe seien im folgenden genannt.

So wurde eine generelle Neuregelung der Hauptbrandabschnitte vorgenommen, damit die Begrenzungsschotte solcher Brandabschnitte mit den wasserdichten Schotten der Schiffskörperunterteilung in Übereinstimmung gebracht werden können. Die Anforderungen an Feuertüren in den Schotten der senkrechten Hauptbrandabschnitte wurden stärker detailliert. So wurden minimale und maximale Schließzeiten und der größte Neigungswinkel, bei der die Türen noch geschlossen werden können, festgelegt.

Die Vorschriften für Gänge und Fluchtwege wurden neu geregelt. Für Unterkünfte wurden zwei Fluchtwege zwingend vorgeschrieben und die Anordnung von blind endenden Gängen (»tote Gänge«) untersagt. Ein bodennahes Markierungssystem für Fluchtwege wurde gefordert, das nicht höher als 0,3 m über dem Boden angebracht sein darf. Bei einem Brand bleibt eine bodennahe Zone zunächst noch rauchfrei, so daß das Markierungssystem erkennbar ist, wenn man den Gefahrenbereich kriechend verläßt. Unabhängig von der Haupt- oder Notstromversorgung muß dieses System entweder elektrisch durch Batterien gespeist werden oder lange nachleuchtend gestaltet sein.

Für den Bereich der Unterkünfte einschließlich der Gänge und Treppen sind Sprinkleranlagen vorgeschrieben. An die Einbootungsbereiche sowie die Verbindungen zwischen den Treppenaufgängen zu den Einbootungsdecks werden erhöhte Forderungen bezüglich des baulichen Brandschutzes gestellt.

Besondere Bedeutung ist auch der Forderung nach einer ständig besetzten Kontrollstation beizumessen, in der die Alarme des Feuermeldesystems auflaufen. Für größere Schiffe war das schon immer eine Selbstverständlichkeit, aber die jetzigen Regeln gelten auch für kleinere Fahrgastschiffe mit mehr als 36 Fahrgästen. In diesen Kontrollstationen sollen auch die Bedien- und Überwachungseinrichtungen für die fernbedienten Feuertüren, das Abstellen der Lüfter und das Schließen der Brandklappen zusammengefaßt sein.

Neu ist ferner die Veränderung des Auslösemechanismus für die Freisetzung von Kohlendioxyd-Löschmitteln. Aufgrund von tödlichen Unfällen auf Seeschiffen müssen nun zwei unabhängige Auslösevorrichtungen für Kohlendioxyd-Anlagen vorhanden sein. Ein akustischer Alarm muß während des Ausströmens des Löschmittels gegeben werden.

Ein Teil der vorgenannten Neuregelungen wird auch für solche Fahrgastschiffe gefordert, die am 1. Oktober 1994 bereits in Betrieb waren. Das gilt beispielsweise für die Fluchtwegemarkierung, die Sprinkleranlagen für Unterkunftsbereiche und erhöhten Brandschutz für Einbootungsbereiche und Zugänge zu Einbootungsdecks. Die erforderlichen Änderungen sind – zumindest teilweise – recht kostenaufwendig, werden aber im Interesse der Fahrgäste für erforderlich gehalten. Die Termine sind gestaffelt, die meisten Änderungen sind bis zum Jahr 2000 auszuführen. Sollen die Nachrüstungen nicht vorgenommen werden, sind diese Fahrgastschiffe spätestens bis 2010 außer Betrieb zu nehmen.

An weiteren Überlegungen auf dem umfassenden Gebiet des Brandschutzes wird ständig gearbeitet. So sind Regelungen für Hochgeschwindigkeitsfahrzeuge erforderlich, bei denen anstelle von Stahl vielfach Kompositwerkstoffe verwendet werden, die die bisherigen Forderungen an die Nichtbrennbarkeit beziehungsweise Schwerentflammbarkeit der Schiffbauwerkstoffe nicht voll erfüllen. Auch die zunehmend eingesetzten Containerschiffe mit offenen Laderäumen verlangen besondere Regelungen des Brandschutzes.

Der Explosions- und Brandschutz auf Tankschiffen wird unter dem Kapitel »Öltanker wurden sicherer« behandelt.

Hafenstaatkontrollen gegen Substandardschiffe

Theoretisch müßten nahezu alle Seeschiffe der Welt den gleichen hohen Sicherheitsstandard aufweisen, da die wichtigsten internationalen Konventionen weit über 90 Prozent der Welttonnage erfassen. In der Praxis ist das leider nicht der Fall. Es ist bedauerlicherweise immer wieder festzustellen, daß auch »Substandardschiffe« im internationalen Verkehr auf den Meeren betrieben werden. Darunter versteht man Schiffe, deren Instandhaltungs- und Ausrüstungszustand unterhalb des in den Konventionen festgelegten Sicherheitsstandards liegt. Vorwiegend sind es verantwortungslose Eigner, die aus Kostengründen manchmal sogar die einfachsten Regeln der Sicherheit und des Umweltschutzes mißachten und immer wieder Wege finden, dringend notwendige Reparaturen zu umgehen.

In einigen internationalen Konventionen, insbesondere in SOLAS und MARPOL, ist daher festgelegt worden, daß die diesen Übereinkommen beigetretenen Staaten sich durch sogenannte »Hafenstaatkontrollen« gegenseitig auf Einhaltung der Vorschriften kontrollieren dürfen. Organe eines Staates oder von ihnen beauftragte Institutionen haben damit das Recht, die in ihre Häfen einlaufenden Schiffe in zweckmäßiger Weise zu überprüfen und zu besichtigen. Schon bald zeigte sich, daß damit eine wirksame Methode zur Zurückdrängung der Mißachtung von Sicherheitsmaßnahmen gefunden worden war.

Bereits im Jahre 1982 schlossen sich 15 europäische Staaten und Kanada in einem »Pariser Memorandum« mit dem Ziel zusammen, 25 Prozent der ihre Häfen anlaufenden Seeschiffe zu kontrollieren. In diesem Rahmen und auf Grundlage der international vereinbarten Regelungen wurden zum Beispiel im Jahre 1993 11.525 Schiffe in europäischen Häfen einer Hafenstaatkontrolle unterzogen, wobei eine relativ große Anzahl von Mängeln aufgedeckt wurde. Bei 8,2 Prozent der überprüften Schiffe waren die Mängel derart gravierend, daß sie zunächst beseitigt werden mußten, bevor den Schiffen die Erlaubnis zum Wiederauslaufen erteilt wurde. Besonders bedenklich war, daß ein großer Teil der Mängel die Rettungsboote und -

flöße, die Brandbekämpfungseinrichtungen und die Navigationsmittel betraf.

In der Bundesrepublik Deutschland ist die See-Berufsgenossenschaft mit der Durchführung der Hafenstaatkontrollen beauftragt. Im Jahre 1993 wurden insgesamt 1625 Schiffe aus 85 Ländern in deutschen Seehäfen überprüft. In 66 Fällen waren die Mängel so schwerwiegend, daß ein Auslaufverbot bis zur Behebung der Regelverstöße ausgesprochen werden mußte.

Der prozentuale Anteil der bemängelten Schiffe war bei den Flaggenstaaten Panama, Zypern und Malta überdurchschnittlich hoch: Sie gehören zu den sogenannten Billigflaggenländern mit »Offenen Registern«, die unabhängig vom Heimatland der Reederei Schiffe registrieren, ihnen erhebliche steuerliche Vorteile bieten und wesentlich niedrigere Heuern der Seeleute als in anderen Flaggenstaaten zulassen.

Der Umfang der Hafenstaatkontrollen ist seit 1. Januar 1996 auf ein außerordentlich wichtiges Gebiet ausgedehnt worden, nämlich das der Eignung der Besatzung zum sicheren Betrieb des Schiffes. Damit können die Kontrollen zum Beispiel erweitert werden auf den Nachweis einer ausreichenden Qualifikation von Kapitän, Offizieren und Mannschaften, die regelmäßige Durchführung effektiver Sicherheitsübungen, eine zuverlässige Kommunikation, die Kenntnis der bei der entsprechenden Reederei gültigen Instruktionen und vieles andere mehr.

Die IMO legt großen Wert darauf, daß das System der Hafenstaatkontrollen ständig ausgebaut wird und nach europäischem Vorbild weitere regionale Vereinbarungen abgeschlossen werden.

Seefunksystem mit neuer Technik

Die Einführung der Funktelegrafie in der Schiffahrt im ersten Viertel dieses Jahrhunderts war ein bahnbrechender Schritt zur Erhöhung der Sicherheit des Menschen auf See. Über viele Jahrzehnte wurde dieses Seefunksystem ständig weiterentwickelt und hat in zahllosen Seenotfäl-len entscheidend zur Hilfeleistung beigetragen.

Im Laufe der Zeit wurden aber auch die Unzulänglichkeiten dieses Systems sichtbar. Bei vielen schweren Havarien gelang es nicht, rechtzeitig Hilfe zu leisten, und es verschwanden auch immer wieder Schiffe, ohne daß ein einziger Hilferuf empfangen worden war. Zu den größten Nachteilen gehörte die starke Orientierung der Notalarmierung auf Funkverbindungen von Schiff zu Schiff sowie die mit 100 bis 150 sm relativ geringe Reichweite. Aber auch das Fehlen automatischer Einrichtungen für eine Notalarmierung und die starke Abhängigkeit von subjektiven Faktoren hatten negativen Einfluß.

Daher wurde auf einer Versammlung der IMO im Jahre 1973 der Beschluß gefaßt, ein neues Seefunk-Notsystem unter Nutzung aller nun zur Verfügung stehenden technischen Möglichkeiten zu entwickeln. Dieses System sollte eine Notalarmierung unter allen Bedingungen und von allen Punkten der Weltmeere aus ermöglichen. Dadurch sollte gewährleistet werden, daß stets in kürzester Zeit alle Stellen erreicht werden, die schnellstmöglich effektive Hilfe leisten können.

Über viele Jahre wurde diese Aufgabe in Ausschüssen der IMO diskutiert. Es spricht sowohl für die Schwierigkeit der Problematik als auch für die oft unterschiedlichen Auffassungen bei deren Bearbeitung, daß das Ergebnis erst im Jahre 1988 auf einer internationalen Konferenz der IMO verabschiedet werden konnte: Das »Weltweite Seefunk-Not- und Sicherheitssystem GMDSS« (»Global Maritime Distress and Safety System«) wurde beschlossen.

Bei dem neuen System werden als Übertragungstechniken – wie bisher auch – Frequenzen des Ultrakurzwellen- (UKW), des Kurzwellen- (KW) und des Mittelwellenbereiches (MW) benutzt. Wesentlicher neuer Grundpfeiler ist jedoch die Einbeziehung von Satelliten in die Informationsübermittlung. So werden in umfassender Weise die Satelliten des ursprünglich für den kommerziellen Funkverkehr entwickelten »INMARSAT-Systems« genutzt. Träger dieses Systems ist die »Internationale Schiffahrts-

Satellitenorganisation INMARSAT« (»International Maritime Satellite Organization«), die 1982 gebildet wurde. Die geostationären Satelliten ermöglichen als Relaisstationen (Transponder) Funkverbindungen sowohl zwischen Schiffen und Küstenfunkstellen als auch zwischen Schiffen. Die von einem Satelliten empfangenen Signale werden verstärkt, frequenzmäßig umgesetzt, wieder ausgestrahlt und von Küstenfunkstellen und Schiffen empfangen. In das GMDSS wurde ferner das sogenannte »COSPAS/SARSAT-System« einbezogen, das von mehreren Staaten als Alarmierungssystem für den Flugfunkdienst entwickelt worden war. In diesem System werden polumlaufende Satelliten verwendet, die ursprünglich nur zur Entdeckung und Ortung von Flugzeug-Notsituationen genutzt wurden.

Auf den verschiedenen Frequenzen wird im neuen Seefunksystem der gesamte Funkverkehr nur mit Sprechfunk (Telefoniefunk) und Funkfernschreiben (Telex) abgewickelt. Der frühere Telegrafiefunk unter Anwendung der Morse-Zeichen gehört der Vergangenheit an.

Ein in Seenot geratenes Schiff kann andere Schiffe direkt alarmieren, und diese können sich natürlich auch untereinander verständigen. Eine weitere Möglichkeit ist die Alarmierung von Küstenfunkstellen über UKW, KW, MW. Diese Funkstellen können sowohl mit weiteren Schiffen Kontakt aufnehmen als auch Mitteilungen in die nationalen oder internationalen Nachrichtennetze (Telefonie, Telex) geben. Für Havaristen auf hoher See ist die Alarmierung über Satelliten von größter Bedeutung, da sie die Notsignale an Satelliten-Küstenfunkstellen (Erdekontroll-

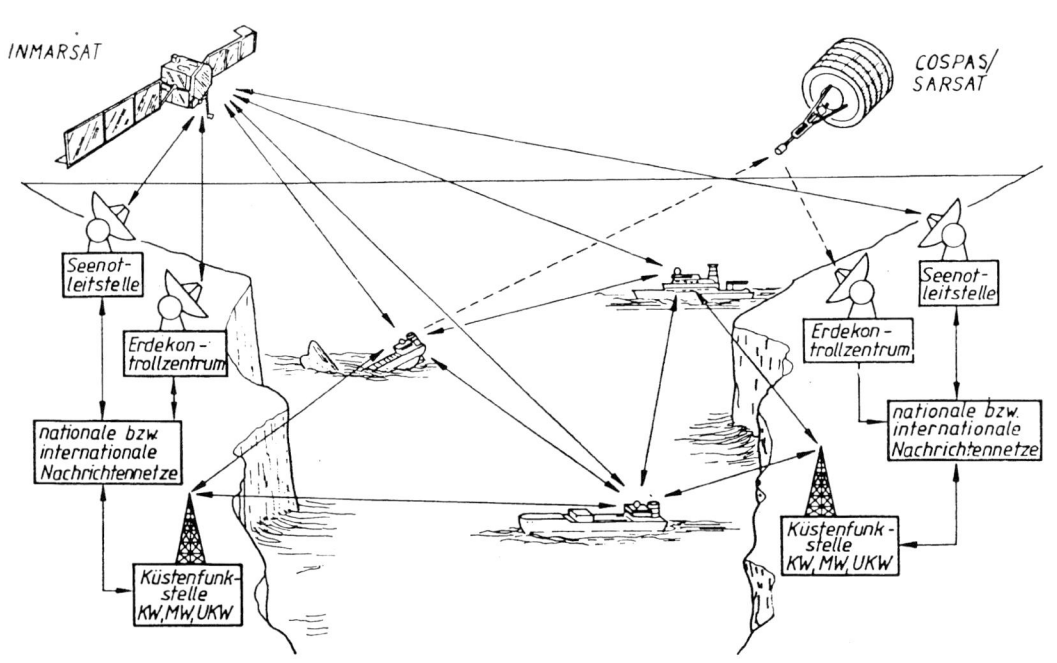

Grundkonzept des weltweiten Seefunk-Not- und Sicherheitssystems.

zentren) und Seenotleitstellen senden. Über die nationalen beziehungsweise internationalen Nachrichtennetze kann nun alles weitere veranlaßt werden, wie insbesondere Auslösung einer koordinierten Suche und Rettung (SAR).

Der Informationsweg über Satelliten wird automatisch so geschaltet, daß Notmeldungen absolute Priorität haben, der Übertragungsweg wird innerhalb von Sekunden freigegeben.

Das System ist vorrangig für schnelle Hilfe im Seenotfall konzipiert. Es wird aber auch in umfassender Weise für den kommerziellen Funkverkehr mit Reedern, Charterern, Maklern, Häfen und dergleichen genutzt.

Der für das GMDSS erforderliche Ausrüstungsumfang der Schiffe hängt vom Fahrtbereich ab. Der höchste Ausrüstungsgrad ist für ein sogenanntes Seegebiet A 4 erforderlich, das sich unbeschränkt über alle Weltmeere erstreckt. Die Funkausrüstung solcher Schiffe umfaßt Sende- und Empfangsanlagen der verschiedenen Frequenzbereiche einschließlich einer Satelliten-Seefunkanlage für Sprechfunk und Funkfernschreiben und die zugehörigen Geräte. Hierin sind Einrichtungen zum automatischen Aussenden und Empfangen von Notrufen enthalten. Zu den Geräten gehört auch ein Navtex-Empfänger mit Druckeinrichtung, der fortlaufend automatisch nautische, meteorologische und andere wichtige Sicherheitsinformationen empfängt und aufzeichnet. Neu ist auch die Ausrüstung mit einer Satelliten-Notfunkbake, die beim Sinken des Schiffes aufschwimmt und automatisch Notsignale aussendet. Diese werden von COSPAS-SARSAT-Satelliten erfaßt und zusammen mit der ermittelten Position ausgestrahlt. So soll gewährleistet werden, daß auch bei sehr schnellem Sinken des Schiffes eine Alarmierung und Bekanntgabe der Notposition erfolgt. Für diese Notfunkbaken wird auch der Ausdruck »EPIRB« (»Emergency Position Indicating Radio Beacon«) verwendet.

Weitgehend automatisiert und ohne die frühere Morse-Telegrafie ist das neue Seefunk-System wesentlich einfacher zu bedienen als der bisherige Seefunk: Es ist nicht mehr notwendig, zur Bedienung der Einrichtungen einen speziell ausgebildeten Funkoffizier an Bord mitzuführen.

Das neue Seefunk-Not- und Sicherheitssystem ist seit 1993 stufenweise eingeführt worden. Ab 1. Februar 1999 müssen alle Seeschiffe, die der Konvention »SOLAS 1974« unterliegen, vollständig dafür ausgerüstet sein.

Öltanker wurden sicherer

Schritt für Schritt ist in den zurückliegenden zwei Jahrzehnten die Sicherheit der Tanker erhöht und die Verschmutzung der Meeresumwelt durch betriebliche Operationen dieser Schiffe verringert worden. Eine herausragende Rolle bei dieser Entwicklung spielte die Internationale Konferenz über Tankersicherheit und Verschmutzungsverhütung im Jahre 1978. Sie wurde organisiert, nachdem sich in den sechziger und siebziger Jahren Explosionen und Brände von Öltankern weltweit in unerträglicher Weise gehäuft hatten und auch die Ölverschmutzung in Häfen und auf dem offenen Meer durch normalen Tankerbetrieb zugenommen hatte. Die wichtigsten auf dieser Konferenz beschlossenen Maßnahmen werden im folgenden dargestellt.

Zwei dieser neuen Regelungen waren darauf gerichtet, die Verschmutzung der Umwelt durch den Routinebetrieb der Tanker weitgehend zu reduzieren. Hatte ein Tanker sein Öl im Bestimmungshafen gelöscht, so wurde bislang für die Rückfahrt Ballastwasser in die vorher mit Öl gefüllten Ladetanks genommen, um einen ausreichenden Tiefgang des Schiffes zu erreichen. Dieses Wasser vermischte sich mit dem stets in den Tanks verbleibenden Restöl. Die Menge dieses Wasser-Öl-Gemisches wurde noch dadurch vergrößert, daß auf der Rückreise die Tanks durch Waschmaschinen mit Wasser gewaschen wurden. Das gesamte ölverschmutzte Wasser in den Ladetanks wurde entweder unterwegs auf See oder unmittelbar vor dem Hafen, wo die erneute Ölübernahme erfolgte, über Bord gepumpt.

Nun wurde beschlossen, die Tanker zukünftig mit Tanks zu bauen, in denen ausschließlich Ballastwasser gefahren werden durfte. Diese Tanks waren von den Ladetanks für Öl zu trennen, was zu der Bezeichnung »Getrennte Ballasttanks« führte. In den Ladetanks durfte andererseits kein Wasser mehr gefahren werden. Diese neue Bauweise der Öltanker verminderte bei gleichbleibender Schiffsgröße allerdings die Transportkapazität für Öl um 10 bis 20 Prozent, wurde also ziemlich teuer erkauft.

Noch verblieb aber die Verfahrensweise des Waschens der Öltanks durch Wasser, was nach wie vor zu einem Wasser-Öl-Gemisch in den Ladetanks führte. Um auch das zu vermeiden, wurde ein neues Waschverfahren gefordert: Das Waschen der Ladetanks durch Rohöl. Hierbei wird anstelle von Wasser das vom Tanker transportierte Rohöl zum Waschen verwendet: Es ist ausgezeichnet in der Lage, die Ölrückstände in den Tanks aufzulösen. Wie früher das Wasser, wird das Öl durch Waschmaschinen an Wände, Böden und Versteifungen der Ladetanks gestrahlt und löst die Rückstände auf, die dann dem Ladeöl zugeführt und mit diesem an Land gepumpt werden. Die Tanks werden durch dieses »Rohölwaschen« ausgezeichnet gereinigt.

Die entscheidende Verbesserung der Sicherheit der Tanker gegen Explosionen und Brände wurde durch die Einführung der Inertisierung der Tanks erreicht. Explosionen und Brände können sich nur dort entwickeln, wo ausreichend Sauerstoff zur Verfügung steht. Entzieht man der normalen Atmosphäre einen großen Teil des Sauerstoffs, so kann kein Brand entstehen oder sich fortsetzen. Dieser im Prinzip einfache Mechanismus wird bei den Inertgasanlagen genutzt, deren Einsatz auf der Konferenz beschlossen und für neue Tanker zwingend vorgeschrieben wurde.

Als Inertgas wird vorwiegend das Abgas von ölbeheizten Kesseln verwendet, deren Dampf für die Antriebsturbinen der Tanker notwendig ist. Das Abgas wird gereinigt und über ein Rohrleitungssystem den Ladetanks zugeführt. Der nicht mit Öl gefüllte Teil der Tanks wird ständig mit Inertgas gefüllt – bei voller Ölfüllung befindet sich also nur wenig Inertgas oberhalb des Öls. Wird der Tank entladen, fließt in gleichem Maße Inertgas nach. Umgekehrt wird Inertgas wieder abgeführt, wenn die Tanks mit Öl gefüllt werden. Auch bei leerem Tank, zum Beispiel beim Waschen mit Rohöl, muß dieser vollständig mit Inertgas gefüllt sein.

Die Einführung der Inertgassysteme hat sich sehr positiv auf die Reduzierung von Explosions- und Brandfällen auf Tankern ausgewirkt. Voraussetzung für die Wirksamkeit solcher Systeme ist allerdings eine qualifizierte und sorgfältige Bedienung und Überwachung der Anlagen.

Die Konferenz beschloß noch weitere Maßnahmen und Empfehlungen zur Erhöhung der Tankersicherheit. So wurde festgelegt, daß zukünftig zwei unabhängig voneinander arbeitende Radargeräte an Bord zu installieren sind, eines davon mit ARPA-Funktionen. In entsprechenden Regeln wurde eine Intensivierung der regelmäßigen Besichtigungen von Tankern gefordert.

Im gleichen Jahr, in dem die vorgenannte Konferenz stattfand, ereignete sich die Strandung des Tankers *Amoco Cadiz*, der – wie beschrieben – nach Ausfall der Ruderanlage manövrierunfähig geworden war. Dieser Seeunfall und seine Ursachen wurden von der IMO sorgfältig untersucht. Die Überlegungen führten zu der Forderung, zukünftig den hydraulischen Antrieb und die Steuereinrichtungen der Ruderanlagen von Tankern doppelt auszuführen, so daß der Ausfall einer einzelnen Anlage nicht zum Verlust der Manövrierfähigkeit führen kann. Es wurde vorgeschlagen zu prüfen, ob diese Vorschrift auch für andere Schiffstypen eingeführt werden sollte.

Eine Vorschrift mit außergewöhnlicher Auswirkung leitete sich von dem Seeunfall des Tankers *Exxon Valdez* im Prince William-Sund ab. In den USA wurde nach dieser folgenschweren Havarie vom Präsidenten der »Oil Pollution Act« (Gesetz zur Verhinderung von Ölverschmutzungen) unterzeichnet. Die in diesem auch mit »OPA« bezeichneten Gesetz enthaltenen neuen nationalen Sicherheitsvorschriften der

USA wurden in der Folgezeit in der IMO beraten und führten zu umwälzenden internationalen Forderungen an die Konstruktion von Tankern. So wurde im März 1992 beschlossen, Öltanker zukünftig in Doppelhüllenkonstruktion zu bauen, die Tanker also sowohl mit doppeltem Boden als auch mit doppelten Seitenwänden auszuführen. Diese Festlegung führt zu Tankern, die praktisch eine doppelte Barriere gegen Verletzungen sowohl durch Grundberührungen und Strandungen als auch durch Kollisionen mit anderen Schiffen aufweisen. Bei den verschiedenen Arten von Seeunfällen soll damit das Auslaufen von Öl weitgehend vermieden, zumindest aber erheblich reduziert werden.

Diese Forderung nach Doppelhüllenschiffen ist nicht unumstritten. So wiesen Gegner dieser Vorschrift darauf hin, daß beispielsweise bei heftigen Grundberührungen oder Kollisionen auch die Doppelhülle durchbrochen werden kann. Es ist daher zulässig, auch andere konstruktive Lösungen als die der Doppelhülle auszuführen, wenn sie eine mindestens gleiche Sicherheit gegen ein Auslaufen des Öls bei Havarien gewährleisten.

Neue Konstruktionsforderungen für Ro/Ro-Schiffe

Die Unfälle mit Ro/Ro-Schiffen haben die internationale Schiffahrt seit Jahren immer wieder mit Sorge erfüllt und mehrfach zu mehr oder weniger wirksamen Maßnahmen zur Erhöhung der Sicherheit dieses wirtschaftlichen Schiffstyps veranlaßt.

Bereits nach dem Kenterunfall der *Herald of Free Enterprise* hatte sich die IMO mit der Ausarbeitung neuer Sicherheitsforderungen an Ro/Ro-Fahrgastfähren befaßt. Eine ganze Reihe neuer Regeln wurde 1987 und 1988 in den »Schiffssicherheitsvertrag SOLAS 1974« aufgenommen. Dabei wurden schon damals Zweifel laut, ob die Gefahren, die mit einer Überflutung der durchgehenden Fahrzeugdecks verbunden sind, genügend berücksichtigt wurden.

Im Januar 1993 sank die polnische Ro/Ro-Fähre *Jan Heweliusz* und riß 54 Menschen in den Tod. Vollends schockiert war die Weltschiffahrt und -öffentlichkeit, als sich am 28. September 1994 der hier beschriebene katastrophale Unfall der Ro/Ro-Fahrgastfähre *Estonia* ereignete, bei dem 852 Menschen ums Leben kamen.

Kurze Zeit danach bildete die IMO ein Expertengremium, in dem erfahrene Schiffbauländer mit ihren besten Sicherheitsfachleuten vertreten waren. Die Gruppe erhielt die Aufgabe, detaillierte Vorschläge zur entscheidenden Erhöhung der Sicherheit von neuen und von vorhandenen Ro/Ro-Fahrgastschiffen auszuarbeiten. Die Vorschläge sollten der Vorbereitung einer internationalen Konferenz über diesen Komplex dienen.

Die Gruppe arbeitete eine beachtliche Anzahl von Vorschlägen für neue Sicherheitsmaßnahmen für diesen Schiffstyp aus. Sie wurden der Konferenz vorgelegt, die im November 1995 in London stattfand und über die Aufnahme der Vorschläge in den »Schiffssicherheitsvertrag SOLAS 1974« zu entscheiden hatte. Nach umfassender Beratung wurde dann eine Reihe von Änderungen zu dieser Konvention angenommen.

So wurden die Vorschriften für die Stabilität beschädigter Ro/Ro-Fahrgastschiffe weiter verschärft. Um das Eindringen von Wasser auf das erste Fahrzeugdeck oberhalb der Wasserlinie zu verhindern, wurden Verstärkungen der Bug- und Heckpforten gefordert. Hinter einer Bugpforte sollte stets ein weiterer Verschluß angeordnet werden, der auch bei Beschädigung der Bugpforte wasserdicht bleiben muß. Weitere Maßnahmen waren auf die Wasserdichtigkeit zwischen dem Ro/Ro-Deck und den darunter liegenden Räumen gerichtet.

Der Verschlußzustand aller Pforten, Rampen und anderer Außenhautöffnungen sollte auf der Brücke angezeigt werden. Die Anzahl der Rettungsflöße wurde erhöht. Evakuierungssysteme unter Verwendung von Notrutschen sollten das schnelle Verlassen eines Schiffes und Besteigen der Flöße ermöglichen. Für jedes Fahrgastschiff wurde die Ausarbeitung eines Notfallplanes gefordert, der als Entscheidungshilfe für den Kapitän in einer Notsituation vorgesehen war.

Für neu zu bauende Ro/Ro-Fahrgastschiffe traten die meisten der vorstehenden Regeln – sowie weitere hier nicht genannte – am 1. Juli 1997 in Kraft. Für bereits in Betrieb befindliche Schiffe wurden gewisse zeitliche Verschiebungen für die Anpassung an die neuen Vorschriften vereinbart. Man konnte sich bedauerlicherweise jedoch nicht darauf einigen, zusätzlich zu den Stabilitätsvorschriften für beschädigte Ro/Ro-Schiffe auch die Auswirkungen von Wasser auf dem Fahrzeugdeck zu berücksichtigen. Statt dessen wurde eine Resolution angenommen, die sich auf die Möglichkeit des Abschlusses von Regionalabkommen interessierter Länder über weiter verschärfte Sicherheitsmaßnahmen für Ro/Ro-Fahrgastschiffe bezieht.

Von dieser Resolution ausgehend fanden im Frühjahr 1996 in Stockholm zwei Regionalkonferenzen der IMO statt, auf denen sich europäische Staaten über zusätzliche Sicherheitsvorschriften für Ro/Ro-Fahrgastfähren verständigten, die in der Nord- und in der Ostsee verkehren. Zu den beschlossenen Regeln gehört die Forderung, daß Ro/Ro-Fähren auch bei einem Wassereinbruch auf das Fahrzeugdeck bis zu einer Höhe von 0,5 m schwimmfähig bleiben müssen.

Abhängig von verschiedenen Entwurfsfaktoren führt dies für zahlreiche in Betrieb befindliche Ro/Ro-Fahrgastschiffe zu der Notwendigkeit, auf dem Fahrzeugdeck flexible Schotte anzuordnen, die das Deck nach dem Beladen durch Fahrzeuge in mehrere Abteilungen untergliedern.

Die Klassifikationsgesellschaften erweiterten und verschärften in Schlußfolgerung aus dem *Estonia*-Unglück ihre Bau- und Überwachungsvorschriften für Bug-, Seiten- und Heckpforten von Ro/Ro- und anderen Schiffen. So werden für die Ermittlung der Belastungen von Pforten sowie ihrer Scharniere, Auflager und Ver-

schlußvorrichtungen Kriterien vorgeschrieben. Anzahl und Anordnung sowie Sicherung der Verschlußvorrichtungen sind reglementiert. In einem Betriebshandbuch sind unter anderem monatliche Überwachungen und Kontrollen durch die Schiffsführung zu registrieren, und für die intensive jährliche Inspektion durch die Besichtiger der Klassifikationsgesellschaften wurden detaillierte Richtlinien herausgegeben.

Verluste von Massengutschiffen reduziert

Ende der achtziger und Anfang der neunziger Jahre wurden Schiffahrtskreise stark beunruhigt durch eine erhebliche Zunahme schwerer Seeunfälle und Totalverluste von Massengutschiffen. So gingen von 1990 bis 1994 89 solche Schiffe verloren, wobei 532 Seeleute ums Leben kamen. Es waren zumeist Frachtschiffe für den Transport von Erz und Kohle, die hinsichtlich ihrer Größe an die großer Tanker heranreichten und vorwiegend älter als 15 Jahre waren. Einige der Schiffe gingen ohne jegliche Spur verloren. Die Häufung der Havarien war derart, daß sich staatliche Aufsichtsorgane und Klassifikationsgesellschaften sehr intensiv um die Ermittlung der Ursachen bemühten und Vorschläge zur Vermeidung der Fortsetzung der Unglückskette erarbeiteten.

Wie schon bald erkannt, lag die Hauptursache in der Schwächung der Schiffskörper durch Korrosion. Außenhautbeplattung, Schotte, Spanten und seitliche Ballasttanks wurden in ihren Dicken und den Verbindungen untereinander so geschwächt, daß sie den betrieblichen Beanspruchungen nicht mehr gewachsen waren. Mangelhafte Instandhaltung durch den Reeder oder Charterer, insbesondere fehlende rechtzeitige Erneuerung des Farbanstrichs, leisteten der Korrosion Vorschub. Dazu kam, daß zum Zeitpunkt des Neubaus dieser Schiffe die heutigen hochwertigen Farbanstriche und insbesondere

Beschichtungen der Ballasttanks noch nicht zur Verfügung standen.

Im Gegensatz zu anderen Frachtschiffen trug gerade bei diesen Bulkcarriern die oft aggressive Ladung zum schnellen Fortschreiten der Korrosion bei. Der Transport schwefelhaltiger Kohle ist dafür ein typisches Beispiel. Aber auch der oft robuste Lade- und Löschbetrieb bei diesen Schiffen zeigte negative Auswirkungen. Schott, Außenhaut und Spanten der Laderäume wurden durch schwere Geräte, wie zum Beispiel Bulldozer, deformiert und beschädigt.

Die regelmäßigen Besichtigungen der Massengutschiffe hatten nicht immer zum frühzeitigen Erkennen der gefährlichen Schwächung der Schiffskörper geführt. Man muß dabei berücksichtigen, daß die genaue Inspektion der sehr hohen und großen Laderäume dieser Schiffe ohne besondere Hilfsmittel nicht möglich ist und daß die Platten von Außenhaut, Schotten und Tanks Zehntausende von m² und die Schweißnähte Hunderte von km umfassen.

Die Schwächung der Stahlkonstruktion führte dann bei den wechselnden Belastungen im Seegang zu Rissen und Wassereinbrüchen und zu manchmal außerordentlich schnell verlaufenden Untergängen solcher Schiffe.

Sehr bald wurden von den Klassifikationsgesellschaften Richtlinien zur zukünftigen Vermeidung solcher schweren Seeunfälle herausgegeben. Den Betreibern wurden detaillierte Vorschläge zur Instandhaltung aufgelistet und den Besichtigern genaue Richtlinien für Überprüfungen vorgeschrieben. Dickenmessungen von Schotten und Außenhaut wurden gefordert. Auf die Verbindungen der Spanten mit der Außenhaut oder auf die Ecken der Lukensülle war ganz besonders zu achten. Die schützende Beschichtung der Ballasttanks war genau zu prüfen und dergleichen mehr. Größter Wert war auch darauf zu legen, daß die von den besichtigenden Ingenieuren geforderten Reparaturen vollständig und in hoher Qualität ausgeführt wurden. Im übrigen wurde bei diesen Massengutschiffen bereits ab einem Alter von fünf Jahren der Umfang der Inspektionen wesentlich erweitert. Diese und dann auch von der IMO ergriffene Maßnahmen wirkten sich positiv aus und führten zur Verringerung der Unfälle mit Bulkcarriern.

Anhang

Fachausdrücke

ARPA Automatic Radar Plotting Aid (Automatische Radar-Zielerkennung und -Verfolgung). Ein in das ARPA-Radargerät integrierter Computer kann Geschwindigkeit, Kurs und Entfernung der das eigene Schiff umgebenden Wasserfahrzeuge ermitteln sowie die Zeitdauer bis zur geringsten Annäherung solcher Schiffe, die zur Kollisionsverhütung besonders beachtet werden müssen.

Back, Backdeck Decksaufbau auf dem Vorschiff.

Barrel Flüssigkeitsmaß, 1 US-Barrel = 119 l.

Backbord Linke Seite in Fahrtrichtung des Schiffes.

Bergy Bits Von Eisbergen abgebrochene große Eisstücke, 1–5 m aus der See herausragend.

Bft Beaufort: Angabe der Windstärke in Bft nach der 12teiligen Beaufortskala.

Brandabschnitt Räumlicher Bereich eines Schiffskörpers oder eines Aufbaus, der durch feuerfeste oder feuerhemmende Trennflächen von angrenzenden Brandabschnitten abgegrenzt ist.

Brückennock, Nock Seitliche Fortsetzung der Kommandobrücke, die über das Brückenhaus oder den Aufbau hinausragt (Backbord- oder Steuerbordnock).

Bruttotonnage Früher Angabe des Rauminhalts von Schiffen in Bruttoregistertonnen (1 BRT = 2,83 Kubikmeter). Nunmehr Angabe als Bruttoraumzahl (BRZ). Hierfür wird umbauter Raum in Kubikmetern mit einem Faktor multipliziert, so daß BRZ und BRT bei den meisten Schiffen zahlenmäßig ähnlich sind. Bei den hier behandelten Schiffen erfolgt die Angabe der Bruttotonnage ausschließlich in GT (Gross Tonnage), die sowohl BRZ als auch BRT bedeuten kann.

Coast Guard Küstenwache. In zahlreichen Küstenstaaten mit Kontroll- und Überwachungsaufgaben beauftragte staatliche Institution, z.B. US Coast Guard in den USA.

Davit Kranartige Vorrichtung zum Aussetzen und Wiederanbordnehmen von Rettungsbooten und -flößen.

Decca-Navigation Verfahren der Funknavigation. Die von landseitigen Decca-Senderketten ausgestrahlten Funkwellen mit geringer bis mittlerer Reichweite dienen mit einem an Bord installierten Decca-Gerät zur Standortbestimmung des Schiffes.

DGPS Differential Global Positioning System, siehe GPS.

Dringlichkeitsmeldung Die in manchen Fällen dem Notruf eines Schiffes vorhergehende Mitteilung über eine eingetretene oder sich entwickelnde schwierige Situation.

EPIRB Emergency Position Indicating Radio Beacon (Seenotposition anzeigende Boje), siehe Seenotfunkboje.

Faden Nautisches Längenmaß: 1 Faden = 6 ft = 1,83 m.

Freibord Mittschiffs gemessener Abstand zwischen Freiborddeck (meistens Hauptdeck) und Wasseroberfläche. Der Mindestfreibord ist der senkrechte Abstand zwischen Freiborddeck und den an den Schiffsseiten angebrachten Freibordmarken. Ein Schiff darf nicht tiefer eintauchen (abgeladen werden) als bis zu diesen Freibordmarken.

Fuß Abk.: ft, 1 ft = 0,305 m.

GPS Global Positioning System. Globales System zur Positionsbestimmung auf Grundlage der Laufzeitmessung von Signalen, die von Satelliten ausgestrahlt werden. Zusätzliche Landstationen führen zum DGPS, dem Differential Global Positioning System, das die Genauigkeit der Standortbestimmung erheblich erhöht (GPS und DGPS haben zunehmend Decca-, Loran- und Omegaverfahren abgelöst.)

Growler Von Eisbergen abgebrochene kleinere Eisstücke, die weniger als 1 m aus der See herausragen (»Brummer«: nach dem Geräusch beim Auf- und Abtauchen in der See.)

GT Gross Tonnage, siehe »Bruttotonnage«.

Heißhaken An Tau, Seil oder Talje (Flaschenzug) befestigter Haken, der dem Heißen (Hochziehen) und Fieren (Herablassen) von seemännischen Gegenständen – z.B. Rettungsbooten – dient.

IMO International Maritime Organization (Internationale Seeschiffahrtsorganisation). Spezialorganisation der UNO, Sitz des Sekretariats in London.

Inertgasanlage Anlage zur Erzeugung und Verteilung einer sauerstoffarmen Atmosphäre (Inertgas), die in leeren oder teilweise gefüllten Ladetanks von Öl- und Chemikalientankern die Entstehung von Explosionen verhindert.

inertisieren Füllen des freien Raumes in einem Ladetank eines Öl- oder Chemikalientankers mit Inertgas.

Kabellänge Nautisches Längenmaß, 1 Kabellänge = 0,1 Seemeile = 185,3 m.

kn Knoten: 1 kn = 1 sm/h = 1,853 km/h.

Kofferdamm Leerer, meist schmaler Zwischenraum zwischen Tanks, z.B. zwischen Trinkwasser- und Treibstofftanks.

Koppeln, Koppelnavigation Ermittlung des Schiffskurses und der Position aus bisher gefahrenem Kurs sowie dem letzten genau bestimmten Standort unter Berücksichtigung von Geschwindigkeit, Zeit sowie Wind- und Strömungseinfluß ohne Zuhilfenahme weiterer nautischer Mittel.

Kurs Hier ist stets der »rechtweisende« (geographische) Kurs gemeint und nicht der »mißweisende« (magnetische) Kurs.

Ladungsrechner Bordcomputer, mit dem Gesamtmasse und optimale Verteilung der festen oder flüssigen Ladung zwecks Gewährleistung von Freibord und Stabilität sowie Einhaltung der zulässigen Schiffskörperbeanspruchung ermittelt werden.

Länge Als Schiffslänge ist hier vorwiegend die sogenannte »Länge über alles« (größte Länge) angegeben.

Lasching Sicherung von Ladungsgut mit Hilfe von Seilen, Gurten oder anderen Zurr- und Spannmitteln mit dem Ziel, ein Verrutschen der Ladung im Seegang zu verhindern.

Leinenwurfgerät Mit Rakete betriebenes Gerät zur Herstellung einer Leinenverbindung Land-Schiff zur Rettung Schiffbrüchiger oder Schiff-Schiff bei Schiffsbergungen. Nach Herstellung der Leinenverbindung wird eine stärkere Trosse nachgezogen.

Leitender Technischer Offizier Siehe »Offizier«.

LORAN-Navigation Verfahren der Funknavigation. Die Zeitdifferenz der eintreffenden Signale von weit auseinanderstehenden synchronisierten Sendern mit größerer Reichweite wird zur Positionsbestimmung genutzt.

Mayday Internationaler Seenotruf im Sprechfunkverkehr, heute gebräuchlichster Notruf (abgeleitet von französisch »m'aidez!« = »Helft mir!«).

Offizier Die dem Kapitän nachgeordneten nautischen und technischen Offiziere sowie der Funkoffizier. Die technischen Offiziere werden vielfach auch als »Ingenieure« bezeichnet. Hier wurde vereinheitlichend wie folgt verfahren:
• »**Offizier**« meint stets einen nautischen Offizier.
• »**Ingenieur**« meint stets einen technischen Offizier.

Omega-Navigation Verfahren der Funknavigation, bei dem die von insgesamt nur acht Langwellensendern ausgestrahlten Signale weltweit zur Positionsbestimmung empfangen werden.

Radar Mit elektromagnetischen Wellen arbeitendes Verfahren zur Ortung von Schiffen, Flugzeugen u.a. Bei den heutigen Schiffs-Radargeräten wird der umgebende Seeraum ständig auf einem hellen Bildschirm dargestellt. Weitere Entwicklung siehe unter »ARPA«.

Radarleitzentrale Nautische Land-Einrichtung zur radargestützten Überwachung des Schiffsverkehrs einschließlich Lotsenberatung in vorwiegend stark befahrenen und/oder beengten Revieren. Siehe auch »Verkehrsleitzentrale«.

Rettungsanzug Schutzanzug aus wasserdichtem und isolierendem Material, der den Körperwärmeverlust in kaltem Wasser verringert und gleichzeitig Auftrieb erzeugt.

Rettungsleitstelle Die bei einem Seenotfall alle Rettungsmaßnahmen zur See und aus der Luft leitende und koordinierende Zentrale, vielfach auch als RCC=Rescue Coordination Centre bezeichnet.

SAR Search and Rescue (Suche und Rettung). Rettungskreuzer, Rettungshubschrauber und Rettungsflugzeuge sind oft mit den Buchstaben SAR gekennzeichnet.

Seenotfunkboje Beim Untergang eines Schiffes selbsttätig aufschwimmende Boje, die automatisch Funksignale aussendet, die der Ortung und Auffindung der Unfallposition dienen. Auch »EPIRB« genannt.

sm Seemeile: 1 sm = 1,853 km.

SOLAS Safety of Life at Sea (Sicherheit des menschlichen Lebens auf See). Wird als Kurzbezeichnung für die »Internationale Konvention für die Sicherheit des menschlichen Lebens auf See« meist in Verbindung mit der Angabe des Jahres verwendet, in dem die Konvention verabschiedet wurde. So bedeutet »SOLAS 1974« die im Jahre 1974 beschlossene Konvention. (Im deutschen Sprachgebrauch wird die Konvention auch als »Internationaler Schiffssicherheitsvertrag« bezeichnet.)

SOS Früherer internationaler Seenotruf im Telegrafiefunkverkehr, heute kaum mehr gebräuchlich.

Sprinkleranlage Brauseartige Feuerlöscheinrichtung, die in Decken installiert wird und bei Überschreitung einer bestimmten Raumtemperatur automatisch eine Berieselung mit Wasser auslöst.

Stabilität Stabilität oder Querstabilität eines Schiffes ist die Fähigkeit, sich aus einer gekrängten Lage (Schlagseite) wieder aufzurichten bzw. in Querrichtung einwirkenden Kräften (z.B. verrutschte Ladung, Winddruck) entgegenzuwirken und eine stabile Schwimmlage – wenn auch gekrängt – einzunehmen. Leckstabilität bedeutet, auch nach einem begrenzten und definierten Wassereinbruch die für eine stabile Schwimmlage erforderliche Mindeststabilität einzuhalten.

Steuerbord Rechte Seite in Fahrtrichtung des Schiffes.

Stand-by Betriebsbereitschaft eines Gerätes oder einer Anlage zum jederzeitigen sofortigen Einschalten.

TEU Twenty feet Equivalent Unit (20-Fuß-Standardcontainer).

Tragfähigkeit Zulässige Zuladung eines Schiffes in metrischen Tonnen (t). Umfaßt die Nutzladung, Treib- und Schmierstoffe, Besatzung und Fahrgäste sowie sämtliche erforderlichen Vorräte an Frischwasser, Proviant und Verbrauchsmaterialien.

Trimm Schwimmlage eines Schiffes in Längsrichtung.

trimmen Herstellen der gewünschten Schwimmlage eines Schiffes in Längsrichtung durch entsprechende Ladungsverteilung oder Fluten von vorderen bzw. hinteren Tanks. (Ein Schiff ist unvertrimmt, wenn es auf ebenem Kiel schwimmt.)

Uhrzeit Es wurde in den hier dargestellten Berichten stets die Ortszeit bzw. Bordzeit entsprechend der jeweiligen Weltzeitzone angegeben. Dabei wurde zur Vereinfachung darauf verzichtet, zu vermerken, um welche Zeitzone es sich handelt (z.B. Koordinierte Weltzeit UTC oder Atlantic Standard Time oder andere).

Verkehrsleitzentrale Nautische Einrichtung zur Erhöhung der Sicherheit des Schiffsverkehrs durch Überwachung und Beratung von Land. Meist gleichzeitig Radarleitzentrale. Gebräuchliche Kurzbezeichnung: VTS (Vessel Traffic Service).

Verkehrstrennungsgebiet Wird in stark befahrenen Revieren zur Erhöhung der Sicherheit des Schiffsverkehrs eingerichtet. Dabei wird der gegenläufige Verkehr durch »Einbahnwege« voneinander getrennt. Zwischen den beiden Wegen wird eine nicht zu befahrende Trennungszone ausgewiesen.

Beaufortskala der Windstärken

Windstärke nach Beaufort	m/s	km/h	kn	Bezeichnung
0	0,0–0,2	0–1	0–0,5	Windstille
1	0,3–1,5	1–5	0,6–3	leichter Zug
2	1,6–3,3	6–12	3–6	leichte Brise
3	3,4–5,4	12–19	7–10	schwache Brise
4	5,5–7,9	20–28	11–15	mäßige Brise
5	8,0–10,7	29–38	16–20	frische Brise
6	10,8–13,8	39–49	21–26	starker Wind
7	13,9–17,1	50–61	27–33	steifer Wind
8	17,2–20,7	62–74	34–40	stürmischer Wind
9	20,8–24,4	75–87	41–47	Sturm
10	24,5–28,4	88–102	48–55	schwerer Sturm
11	28,5–32,6	103–117	56–63	orkanartiger Sturm
12	32,7–36,9	118–133	64–72	Orkan

Quellenverzeichnis

- The Joint Accident Investigation Commission of Estonia, Finland and Sweden: Final Report on the Capsizing on 28 September 1994 in the Baltic Sea of the Ro-Ro Passenger Vessel *MV ESTONIA*. The Joint Accident Investigation Commission of *ESTONIA* and Edita Ltd. Helsinki: 1997.
- Dr. P. Holtappels und Capt. W. Hummel: The German Group of Experts investigating the sinking of *MV ESTONIA*. Hamburg: 19.11.1997.
- Wolfgang Dreyer: Das tragische Ende der letzten Reise der *Admiral Nakhimov*. Schiffahrt international, Heft 10/1993, S. 20-22.
- Board of Marine Inquiry, Philippine Coast Guard: Alleged Collision on December 20, 1987 between *MV DONA PAZ* and *MT VECTOR* in the vicinity of Tablas Strait, between Marinduque and Mindoro. Manila: Headquarters Philippine Coast Guard.
- Seeamt Bremerhaven: Motorschiff *SLOMAN RANGER* aus Bremen, Motorschiff *ARTEMIS ISLAND* aus Tokyo, Kollision am 12.06.1981 im Mittelmeer vor der Küste von Nordafrika. Entscheidungen des Bundesoberseeamtes und der Seeämter. Hamburg: Bundesamt für Seeschiffahrt und Hydrographie (BSH), Heft 7/1982, S. 117-122.
- Ministry of Justice, The Planning Commission for Investigation of Major Accidents: Investigation Report on the Collision between *MT TEBOSTAR* and the Fishing Vessel *LADUSHKIN* SW of Gotland on Sept. 5,1989. Accident Report No. 3/1989. Helsinki: 1990.
- Commissioner of Maritime Affairs: Report of the Preliminary Investigation in the Matter of the Collision of the *M/S FEDDY* (O.N.5836) and the Greek *M/S SOUNION* and Sinking of *FEDDY* with the Loss of 31 Men off the Coast of Algeria on 10 February 1981. Monrovia/Liberia: Bureau of Maritime Affairs, 2 April 1984.
- Seeamt Bremerhaven: Trockenfrachter *Yu Lin*, Containerfrachter *Robert*, Kollision in der Außenweser am 22.12.1990. Entscheidungen des Bundesoberseeamtes und der Seeämter. Hamburg: Bundesamt für Seeschiffahrt und Hydrographie (BSH), Heft 11/1991, S. 431-445.
- Seeamt Hamburg: Tankmotorschiff *Esso Parentis*, Motorschiff *Merlin*, Kollision auf der Unterelbe unterhalb Cuxhaven am 16.12.1991. Entscheidungen des Bundesoberseeamtes und der Seeämter. Hamburg: Bundesamt für Seeschiffahrt und Hydrographie (BSH), Heft 2/1995, S. 41-53.
- Transportation Safety Board of Canada – Investigation Branch-Marine: Marine Occurrence Report, Collision between the Bulk Carrier *TUO HAI* and the Factory Fishing Vessel *TENYO MARU* with the subsequent Sinking of the *TENYO MARU* off Cape Beale West Coast of Vancouver Island, British Columbia, 22 July 1991. Quebec: Transportation Safety Board of Canada – Investigation Branch-Marine 1995.
- Marine Accident Investigation Branch: Report of the Investigation into the Collision between *BRITISH TRENT* and *WESTERN WINNER* with the loss of nine lives on 3 June 1993. Southampton: Marine Accident Investigation Branch 1995.
- Board of Marine Inquiry, Philippine Coast Guard: Alleged Collision on 02 December 1994 between *MV CEBU CITY* and *KOTA SURIA* at Manila Bay. Manila: Headquarters Philippine Coast Guard.
- Marine Department, Hong Kong Government: Report of Investigation into the Collision between *M.T. NEW WORLD* and *M.V. YA MAWLAYA* off Portugal on 21 December 1994. Hong Kong Government.
- Seekammer der Deutschen Demokratischen Republik: Havariespruch in dem Havarieverfahren *MT Böhlen* – Sinken vor der franz. Küste am 14.10.1976. Rostock: 25.2.1977.
- Commissioner of Maritime Affairs: Final and Interim Reports of the Formal Investigation by the Marine Board of Investigation in the Matter

of the Loss by Grounding of the VLCC *AMOCO CADIZ* 16 March 1978. Monrovia/Liberia: Bureau of Maritime Affairs 30 December 1980.

- Inquiry under section 545 of the Canada Shipping Act: Report into the circumstances surrounding the capsizing of the Panamanian *M.V. LEE WANG ZIN* with the loss of all 30 crewmembers in Dixon Entrance, Northern B.C. Waters on December 25, 1979.

- National Transportation Safety Board, Marine Accident Report: Grounding of the U.S.Tankship *EXXON VALDEZ* on Bligh Reef, Prince William Sound near Valdez, Alaska, March 24, 1989. Washington: July 31, 1990.

- Marine Accident Investigation Branch: Report of the Investigation into the Grounding of Passenger Vessel *QUEEN ELIZABETH 2* on 7 August 1992. Southampton: Marine Accident Investigation Branch 1993.

- Commissioner of Maritime Affairs: Report of Investigation into the Matter of the Loss by Grounding of the Motor Tanker *BRAER* O.N.7703 on the South Coast of Shetland Island 5 January 1993. Monrovia/Liberia: Bureau of Maritime Affairs 17 January 1994.

- Investigation Commission: The Grounding of the *M/S SILJA EUROPA* at Furusund in the Stockholm Archipelago on 13 January 1995. Helsinki: Accident Investigation Board Finland, Investigation Report No.1/1995, 1997.

- French Commission of Inquiry: Report on the *Betelgeuse* Disaster at Whiddy Island, (Ireland) on 8th January, 1979. Ministere de la Mer June 1981.

- Netherlands Court of Inquiry: *PRINSENDAM* fire and loss. Transcript of Findings of the Netherlands Court of Inquiry, 7.12.1981.

- United States Coast Guard: *SS AMERICAN EAGLE*, O.N. 278327, Explosion in the Gulf of Mexico on 26 February 1984 and subsequent Sinking on 27 February 1984 with loss of live. U.S. Coast Guard, Marine Board of Investigation Report and Commandant's Action, Report No. USCG 16732/0001 HQS 84.

- Norges Offentlige Utredninger NOU 1991: 1 A: *SCANDINAVIAN STAR*-ulykken, 7.april 1990, Hovedrapport. Oslo: Statens Forvaltningstjeneste Seksjon Statens Trykning 1991.

- Commissioner of Maritime Affairs: Report of the Investigation into the Matter of the Explosion, Fire, Loss of Life and the Constructive Total Loss of the Motortanker *SEASTAR* ON 4562 in the South China Sea 20 April 1992. Monrovia/Liberia: Bureau of Maritime Affairs 1 November 1993.

- Canadian Coast Guard, Marine Casualty Investigations: Report of Investigation into the Circumstances attending the Shift of Deck Cargo and resultant Sinking of the Canadian Supply Vessel *Seaforth Jarl* some 35 Miles south-west of the Islands of St-Pierre-Miquelon, on December 18, 1983. Ottawa, Ontario: March 1984, Report No. 285.

- Report of Court No. 8074 Formal Investigation: *mv HERALD OF FREE ENTERPRISE*. London: Department of Transport 1987.

- Swedish Maritime Investigation Commission: Marine Accident Report concerning the heeling and capsizing of the Swedish-flagged Ro-Ro ship *Vinca Gorthon* in the North Sea on February 28, 1988. Norrköping, Sweden: National Maritime Administration.

- Transportation Safety Board of Canada (TSB) – Investigations Marine: Report of Investigation into the Circumstances attending the Sinking of the Vanuatuan registered Vessel *CAPITAINE TORRES*, in the Gulf of St.Lawrence, Canada, on December 8, 1989, with the Loss of her full Complement of 23 Persons. Quebec: Transportation Safety Board of Canada (TSB) – Investigations Marine.

- Supreme Court of Newfoundland, Trial Division: In the Matter of a Formal Investigation into the sinking of the *M.V. WILLIAM CARSON* off the coast of the Province of Newfoundland on 3 June 1977. St.John's, Newfoundland 1978.

- Seeamt Bremerhaven: Leichterträgerschiff

München, Untergang im Nordatlantik am 13.12.1978. Entscheidungen des Bundesoberseeamtes und der Seeämter. Hamburg: Bundesamt für Seeschiffahrt und Hydrographie (BSH), Heft 1/1981.

• Commission appointed by Royal Decree of 28 March 1980: The *Alexander L.Kielland*-accident. NORWEGIAN PUBLIC REPORTS NOU 1981: 11, March 1981.

• Seeamt Hamburg: Motorschiff *E.L.M.A. Tres* aus Hamburg, Untergang im Nordatlantik am 26.11.1981. Entscheidungen des Bundesoberseeamtes und der Seeämter. Hamburg: Bundesamt für Seeschiffahrt und Hydrographie (BSH), Heft 12/1982.

• Royal Commission on the *OCEAN RANGER* Marine Disaster (Canada and Newfoundland): The Loss of the Submersible Drill Rig *Ocean Ranger* and its Crew. Minister of Supply and Services Canada 1984.

• Seeamt Hamburg: *MS KAMPEN* aus Hamburg, Untergang und Tod von sieben Besatzungsmitgliedern durch Ertrinken und Unterkühlung. Entscheidungen des Bundesoberseeamtes und der Seeämter. Hamburg: Bundesamt für Seeschiffahrt und Hydrographie (BSH), Heft 7/1984, S. 109-118.

• Preliminary Inquiry No. 1 of 1987: Foundering of *CUMBERLANDE* on 12.6.1987. Hong Kong: Marine Department.

• Berking, B.: Quo vadis, navigatio? Schiff und Hafen, Heft 4, 1997, S. 9-16.

• Bossow, G.: Technische Sicherheit und Aufsicht, in Schiffsmaschinenbetrieb. Berlin: Verlag Technik 1990, S. 585-616.

• Bossow, G.: Die maritime Sicherheit ist ein internationales Thema. Hamburg: Koehlers Verlagsgesellschaft, Koehlers Flottenkalender 1998, S. 69-75.

• Bossow, G.: Veröffentlichungen in Zeitschriften und Zeitungen über Fragen und Entwicklung der Schiffssicherheit.

• Diestel, H.H.: Seeunfälle und »menschliches Versagen« aus der Sicht der Beteiligten. Schiff und Hafen/ Seewirtschaft, Heft 8, 1991, S. 9-14.

• Diestel, H.H.: Quo Vadis Seemannschaft? Schiff und Hafen 1995, Heft 2, S. 92-95.

• Germanischer Lloyd: Tätigkeitsbericht 1996. Hamburg: Selbstverlag des Germanischer Lloyd 1997.

• Hogrebe, V.: Der Untersuchungsbericht zum Untergang der Fähre läßt viele Fragen offen. Schiff und Hafen 1998, Heft 2, S. 17-19.

• Hormann, H.: Schiffssicherheit – Historische Entwicklung und Umsetzung durch Klassifikationsgesellschaften und staatliche Organe. Schiff und Hafen 1984, Heft 9, S. 221-224.

• Hummel,W.: Der Untergang der *Estonia*. Die deutsche Expertengruppe informierte in Stockholm. Schiff und Hafen 1997, Heft 9, S. 9-18.

• IMO NEWS: The Magazine of the International Maritime Organization. London: Jahrgänge 1993-1997.

• Kaps, D.: Brandschutz auf Fahrgastschiffen. Hansa 1993, Nr.9, S. 36-38.

• Lehmann, E. und Mau, R.: Geprüfte Sicherheit, Der Germanische Lloyd im Wandel der Zeiten. Bremerhaven: Nordwestdeutsche Verlagsgesellschaft 1997.

• NN: Abschlußbericht mit vielen offenen Fragen. Hansa 1998, Heft 2, S. 6-9.

• Payer,H.G.: Schiffssicherheit und das menschliche Versagen. Hansa 1994, Nr.10, S. 6-10.

• The Institute of London Underwriters ILU, Casualty Statistics 1996.